»Richtig reisen«
Friaul · Triest · Venetien

W0195826

In der vorderen Umschlagklappe: Die Regionen Friaul-Julisch Venetien und Venetien

In der hinteren Umschlagklappe: Triest

»Richtig reisen«

Friaul · Triest Venetien

Land hinter dem Strand

Eva Bakos

Fotos: Gerold Jung

DuMont Buchverlag Köln

Im Gelben Info-Teil ➤

Umschlagvorderseite: Asolo
Umschlaginnenseite: Restaurant im Castello Superiore in Maròstica
Umschlagrückseite: Markuslöwe in Santa Catarina

Für Lionello und Christine, denen auf unserem weiten Weg das Lachen
wunderbarerweise nicht vergangen ist

Die Autorin dankt für Empfehlungen an Verwandte und Freunde, Insidertips,
Arbeitserleichterungen und eine tief berührende Gastlichkeit: Marietheres Baronin
Waldbott-Bassenheim, Alexandra von Reden, Denise Lister, Teresa Contessa de
Pace-Perusini, Giusi Contessa Perusini, Alexander Bakos, Mario Nordio, Greta und
Otto Hausa, Dr. Christine Chaloupka, Lino Carpinteri und Mariano Faraguna,
Professor Dr. Adam Wandruszka, Dr. Isabella und Hugo Ackerl.

© 1985 DuMont Buchverlag, Köln
4. Auflage 1989
Alle Rechte vorbehalten
Satz und Druck: Rasch, Bramsche
Buchbinderische Verarbeitung: Bramscher Buchbinder Betriebe

Printed in Germany   ISBN 3-7701-1712-3

Friaul · Triest
Venetien-Information

Inhalt

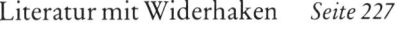

Land zu entdecken oder Vergebliche Warnung vor einer schönen alten Welt

»Und nun habe ich nur noch, gemäß den Vorschriften für einen Reisepaß, das Porträt meines Lesers zu skizzieren, das, wie ich annehme, für jedes Alter und Geschlecht zutrifft:

Aussehen:	schön
Augen:	sehr freundlich
Nase:	nicht allzu hoch
Mund:	lächelnd
Gesicht:	strahlend
Gesamt-eindruck:	außerordentlich angenehm.«

Charles Dickens,
»Italienische Reise«

Nichts, gar nichts wird wieder so sein, wie es war, wenn Sie vom geraden Weg zwischen Alpen und Adria abweichen. Bleiben Sie auf der Direttissima, die Sie so schnell an den Strand bringt, wenn Ihnen Ihre Seelenruhe heilig ist!

Das Land rechts und links der großen Straßen ist nicht geheuer. Ganze Völkerschaften sind hier schon versickert. Geschichten könnte man da erzählen . . . Horror, Phantasy, Thriller, Romance made in Hollywood sind dagegen sanfte Märchen.

Auronzo di Cadore: Dorf zwischen See und Fels ▷

Daß in zweieinhalbtausend Jahren so viele, die hier eigentlich nur durchreisen wollten, hängenblieben, hat Gründe. In keiner anderen Landschaft gibt es auf so knappem Raum so viel Abwechslung. »Ein Konzentrat der ganzen Welt«, nannte Ippolito Nievo das Friaul, die Landschaft zwischen der kärntner-italienischen Grenze und dem Meer. Dieses Wort gilt aber genauso für das benachbarte Venetien.

Da sind die schroff aus dunklen Wäldern aufsteigenden Berge. Ihre höchsten sind der Monte Coglians (2780 m) in den Karnischen Alpen, der Jôf di Montasio (2753 m) in den Julischen Alpen, die Marmolada (3442 m) in den Dolomiten. Zu ihren Füßen breitet sich fruchtbares Hügelland bis zum Gardasee, an dessen Ufer Zitronen und Oliven reifen wie im tiefen Süden. In den Hügeln wachsen die besten Weißweine Italiens und Rotweine, die ihnen nur wenig nachstehen. Kochlöffelmagier haben hier ihre Menschenfallen aufgerichtet, und schon ein einziger Besuch bei ihnen kann schwere Bewußtseinsänderungen, gefährliche Abhängigkeit bewirken.

Das Land hinter dem langen Strand hat es in sich. Im Nordosten, im Karst, verschwinden Flüsse von der Oberfläche, um Kilometer weiter wieder aufzutauchen. Tropfsteinhöhlen dehnen sich – unter ihren Stalaktiten hätte der Petersdom Platz. Über Nacht lächeln Seen, wo gestern Wiese war. Burgen und Fischerhäuser krallen sich in den Stein der Küste – wer von hier aufs Meer schaut, wird immer wieder kommen wollen. Gehen Sie nicht hin! »Wer, wenn ich schriee, hörte mich denn aus der Engel Ordnungen?« Schloß Duino und Rilkes Duineser Elegien liegen nahe.

◁ *Schloß Duino an der Triestiner Riviera. Hier war Rilke zu Gast bei Marie von Thurn und Taxis*

Zähnefletschende Stadtmauern umgeben die mittelalterliche Stadt Maròstica

Nicht einmal die Ebene ist so, wie sie überall sonst ist – übersichtlich fad. Nein, sie zerbröselt in tausend kleine Inseln zu einem seltsamen Amphibienreich in der Lagune: dem Nährboden Venedigs. Die großen Flüsse formen, verändern das Land stärker als anderswo, tragen es hinaus ins Meer, schaffen fruchtbaren Boden für weite Äcker und dschungelartige Wildnis.

Dahinter Hochplateaus, wie das von Asiago – wo man heute noch eine Art Althochdeutsch spricht – Vulkankegel und heiße Quellen in den euganeeischen Hügeln,

11

versteinerte Lagunen in den Lessinischen Bergen. Das alles war einmal Meeresgrund als die Alpen Küstenwacht hielten.

Ein Land von verwirrender Vielfalt. Mit Siedlungen, die dazu passen. Herbe Holzbauten im Norden, sie sehen wie eine Fortsetzung der Natur aus, vor der sie den Menschen schützen. In den Lagunen struppige Schilfhütten, die *casoni* der Fischer. Auf den Hügeln Friauls Burgen, um die sich kleine, freundliche Orte ducken, wie Küken um eine Glucke. Man merkt ihnen das Leid nicht an, das sie bis in die Gegenwart immer wieder heimsuchte: Invasionen, Erdbeben, eine Armut, die viele ihrer Bewohner in die Fremde trieb. Und in Venetien mittelalterliche Städte mit dem Grundriß aus Römerzeiten und Stadtmauern aus der Zeit Kaiser Barbarossas.

Im Hügelland zwischen Treviso, Vicenza und Verona stehen Villen, als deren Besitzer man sich die schönen und erotischen Flur- und Wassergeister der Antike vorstellen möchte, so überirdisch ist ihre Harmonie.

In den kleinen und größeren Trattorien dieses Landes herrscht Wärme und Heiterkeit als säße unter jedem Rauchfang eine Muse.

Erstaunlich, daß eine so tumultöse Geschichte soviel Grazie und Gelassenheit hervorbrachte! Welches Hin und Her, Auf und Ab, Für und Wider. Leider müssen wir feststellen, daß unsere Vorfahren aufs heftigste an diesem Durcheinander beteiligt waren. Als durchziehende Kelten, Germanen, im Gefolge deutscher und österreichischer Kaiser.

Drei Machtzentren gab es, die einander im Lauf von 2000 Jahren abwechselten: Aquileia, Venedig, Triest. Venedig besiegte Aquileia, Triest übernahm Venedigs Stellung als Hafen und Handelszentrum. Und im Hinterland wuchs eine Vielzahl kleiner und kleinster Städte, die ihre erlesene Schönheit den mörderischsten Scherereien des Mittelalters verdanken.

Friaul-Julisch Venetien mit der Hauptstadt Triest und Venetien mit der Hauptstadt Venedig – so heißen die beiden Regionen, die man auf dem Weg zur oberen Adria durchquert, heute. Es gab Zeiten, da gehörte fast das ganze Land zu Venedig. Wie es dazu kam und was nachher geschah – das soll hier in großen Bögen erzählt werden. Es wird also noch sehr oft von Venedig die Rede sein, auch wenn die Stadtrepublik selbst nicht das Thema dieses Buches ist. Mit ihr beschäftigt sich ein eigener, bereits erschienener Band dieser Reihe.

Dort, wo heute Venedig steht, nisteten auf ein paar unbewohnten Inseln die Moskitos, brandeten ungedämmt die winterlichen Sturmfluten, als sich von Norden und Süden verschiedene Völker in Bewegung setzten. Von Norden kam zwischen dem 6. und 4. vorchristlichen Jahrhundert ein ziemlich kriegerischer Stamm, die Kelten, die auch Gallier und im Gebiet des heutigen Friaul Karnier genannt wurden. Von Süden rückten die Veneter und die Römer an. Um ein weiteres Vordringen der Kelten zu verhindern, gründeten die Römer 181 v. Chr. an der oberen Adria ein Militärlager: Aquileia, aus dem sich ein Welthafen entwickelt. Die Kelten werden seßhaft, lernen die Sprache der Römer und übernehmen schließlich das Christentum. Aquileia wird zum wichtigen frühchristlichen Zentrum.

Die romanisierten Kelten haben sich in und um Aquileia einen unruhigen Platz ausgesucht. 167 n. Chr. verwüsten die Markomannen die Stadt, dann kommen in

Schüben zwischen 375 und 568 Westgoten, Hunnen, Ostgoten und als letztes und ausdauerndstes Volk, die Langobarden. Im ehemals römischen Lager Forum Julii etablieren sie die Hauptstadt ihres Herzogtums. Die Stadt heißt heute Cividale, aus dem Herzogtum entwickelt sich Friaul.

Und was allen geschieht, die sich hier niederlassen: die Langobarden verschmelzen chamäleongleich mit ihrem Untergrund. Sie werden Christen, übernehmen die Kultur romanisierter Kelten und bringen ihre eigene ein. Die Völkerwanderung hat die römische Ordnung zerstört. Und nun teilen die jungen Völker die Brösel des Kuchens, den sie so gründlich zertrampelt haben. Westrom ist tot, Ostrom behält seinen Einfluß nur auf die Bewohner der Lagune.

Aus dem Norden drängt eine neue Kraft vor: Karl der Große besiegt 774 die Langobarden und macht das Herzogtum Friaul zur Grenzmark gegen Südosten. Die uralten, von den Venetern gegründeten Städte Padua, Vicenza, Verona werden von fränkischen Lehensherren dominiert. Jahrhundertelang sind diese Städte die wichtigsten Schachfiguren im Machtspiel zwischen deutschen Kaisern, ihren Vasallen, dem Papst und schließlich Venedig. In dieser Zersplitterung, diesen nicht enden wollenden Einfällen fremder Völker – zwischen 899 und 952 kommen zur Abwechslung

»Der Traum von Mitteleuropa ist eigentlich etwas Natürliches, worauf man nicht verzichten kann. Mitteleuropa wird es nur dann geben, wenn wir es wollen. Der Traum von Mitteleuropa ist eine neue Progression, eine neue Ebene unseres Selbstbewußtseins, ja der Traum von Mitteleuropa ist Idealismus. Ebenso wie auch der Nationalstaat für die romantischen Patrioten ein verheißungsvoller Traum war. Ein wenig könnten wir getrost auch Matrioten sein. Mitteleuropa, das ist etwas Mütterliches.«

György Konrád, »Wiener Journal«, Juni 1984

Bewahrte Antike: das römische Forum in Aquileia

viermal die Ungarn – gibt es bis 1420 einen einzigen einigenden Einfluß: er geht von den Patriarchen Aquileias aus und verlagert sich immer stärker auf weltliche Bereiche.

Venedig, bis ins 12. Jahrhundert mit dem Ausbau seiner Seemacht und seiner Handelsniederlassungen rund ums Mittelmeer beschäftigt, beginnt sich zum erstenmal 1163 für sein Hinterland zu interessieren. Es schließt sich gemeinsam mit Verona, Padua und Vicenza gegen Kaiser Barbarossa zusammen, der alte, inzwischen ein wenig in Vergessenheit geratene Ansprüche auf oberitalienische Städte hat.

Damit beginnt das genialste Katz-und-Maus-Spiel, mit dem jemals ein Staat seine Macht erweiterte. Ein eleganter Seiltanz zwischen Machtblöcken, mit kühnen Pirouetten in der Luft, die dann zum jähen Richtungswechsel führen. Dazwischen wird das Seil abmontiert, zum Lasso umfunktioniert, um Kaiser und Papst und die inzwischen zur Lombardischen Liga erweiterte Städtegruppe an einen gemeinsamen Verhandlungstisch zu schleppen. Der steht natürlich in Venedig und der Friede, der dort geschlossen wird, nützt allen Beteiligten. Auch das ist eine venezianische Spezialität: möglichst viele Sieger aus einem Streit herauszukitzeln – wenn es nicht möglich ist, einen absoluten Verlierer zu finden.

Dann werden die »Signori«, die Stadtdespoten, die zunächst kaiserliche Interessen, bald aber nur noch die eigenen vertreten, *dolce, dolce* unschädlich gemacht. Venedig spielt sie gegeneinander aus, bis einer den anderen ausrottet. Was bedeutet es, daß sie Kaiser oder Papst hinter sich haben, was sich ohnehin über Nacht ändern kann – Venedig verstrahlt sein Löwenlächeln, macht nur gelegentliche träumerische Tatzenhiebe, ehe es sich wieder schnurrend zusammenringelt.

Säulen unserer Zeit: Autobahnabschnitt bei Resiutta während des Baus

1381 stehen die Genuesen, die größten Rivalen im Revier, plötzlich am Eingang der Lagune, in Chioggia, und lehren Venedig das Fürchten. Als Staat ohne Land herrscht die Serenissima nur über ein paar kleine Inseln und das Wasser. Wer die Lagune erobert, treibt den Löwen in die Falle. Aber er wehrt sich verzweifelt und verscheucht den Feind. Eine Narbe bleibt in seiner Seele. Land ist in Sichtweite. Wie wäre es...?

Also streckt und dehnt er sich eines Tages genießerisch, sträubt sachte den Schnurrbart und setzt mit weichem Sprung aufs Festland über. 1405 ist es so weit. Die Despoten haben einander weitgehend selbst abgeschafft, der Rest ist gerade gut für ein kleines Löwenfrühstück. Und dann sind die wichtigsten Städte Padua, Vicenza, Verona und das Umland venezianisch. Ein kurzes Verdauungsnickerchen und dann ein neuer Satz ins Cadore, nach Karnien, Aquileia, Monfalcone, Udine.

1420 ist Venedig ein Festlandstaat. Mit Konsequenzen, die ihm noch schwer zu schaffen machen werden. Es tritt unter einem Gesetz an, das es bisher selbst klug zu nützen wußte: je ausgedehnter ein Besitz, desto größer der Neid der Nachbarn, desto gefährdeter die Grenzen. Nachbar im Norden und Osten ist das Habsburgerimperium, im Süden der Kirchenstaat, im Westen Frankreich, und mit den von Venedig beherrschten apulischen Häfen stört es spanische Interessen. Die gemeinsame Wut dieser Staaten auf Venedig ist so groß, daß alle anderen Unstimmigkeiten in den Hintergrund treten. Venedigs »unstillbare Gier nach Besitz und Expansion« zwingt 1508 seine Feinde zur Liga von Cambrai zusammen. Ihr Ziel: ein neuer Kreuzzug gegen die Feinde der Christenheit. Feind Nummer 1: Venedig. Feind Nummer 2: die immer unternehmungslustiger werdenden Türken.

Die Heere der Liga rücken vor, Venedig verliert eine Schlacht bei Agnadello (1509), kann das unter Maximilian anmarschierende kaiserliche Heer bei Padua schlagen und den gefürchteten Vorstoß zur Lagune stoppen. Mit seiner ureigensten Waffe, der Diplomatie, stellt Venedig für sich die annähernd gleichen Verhältnisse wie vor der Liga von Cambrai her. Nur das Cadore geht an Österreich verloren.

In der Zeit, in der sich die christlichen Staaten unter Anführung des Heiligen Vaters wie die Straßenräuber prügeln, rückt der gemeinsame Feind, die Türken, unaufhaltsam vor: über das Mittelmeer und den Balkan, ins Herz Europas. 1529 stehen sie vor Wien.

Venedig verliert die reiche Insel Zypern an sie. Der Gegenschlag der Großmächte erfolgt 1571 bei der Seeschlacht von Lepanto unter Don Juan d'Austria, dem unehelichen Sohn Karls V.; Venedig, das sich löwenhaft am Kampf beteiligte, geht bei der Teilung der Beute leer aus. Wann es sein unerschütterliches Selbstvertrauen verloren hat, läßt sich nicht sagen. In den über zwei Jahrhunderten bis zu seinem Ende kann es noch einige Siege feiern. Aber die Verluste der auswärtigen Besitzungen mehren sich.

Der Nachbar Österreich rückte schon 1511 seine Grenzen bei Görz gefährlich nahe an venezianischen Festlandbesitz und betrachtet wohlgefällig die Hafenlage des noch recht unbedeutenden Triest. Daraus ließe sich etwas machen, aber das hat noch etwas Zeit.

Eine Entdeckung für Seitenspringer von den Hauptstraßen: die Pfarrkirche von Tarvis

Villa Piovene Porto Godi bei Thiene, eine der zweitausend Villen Venetiens

Venedig verliert einen der fetten Beutebrocken nach dem anderen. Und fällt 1797 fast kampflos in die Hände Napoleons, der die Stadt und ihren Festlandbesitz Österreich zuspielt. Nach einem kurzen Zwischenspiel als Teil des Königreichs Italien unter Eugène Beauharnais beginnt 1815 die österreichische Geschichte Venedigs, Venetiens und Friauls. Und die große Karriere von Triest. Es ist seit 1382 mit Österreich verbunden, gehörte 1508 kurze Zeit wieder zu Venedig und wurde von den Österreichern unter Karl VI. 1719 Freihafen. Maria Theresia und Josef II. bauten Triest zum internationalen Handelsplatz aus. Die große Chance für den Adriahafen kam mit dem Untergang Venedigs.

Triest blüht im 19. Jahrhundert zur kommerziellen Adriametropole auf. Eine wahrhaft internationale Stadt mit gleichberechtigten italienischen, slawischen und österreichischen Bürgern, einflußreichen serbischen, griechischen, jüdischen und deutschen Minderheiten. Aber eine Stadt ohne Universität, in der Kaufleute, Beamte und Seefahrer dominieren. Eine zerrissene Stadt, mit wenig Möglichkeiten für seine jungen Intellektuellen und darum am Ende der Monarchie antiösterreichisch. Heute gelegentlich wieder von seiner österreichischen Vergangenheit träumend. Sie endete für Triest und das Küstenland 1918, für Venetien und das Westfriaul schon 1866. Das Gebiet mit einer der interessantesten, vielschichtigsten Entwicklungen Mitteleuropas wurde italienisch. Und blieb auf unverwechselbare Weise triestinisch, friulanisch, venetisch.

Bürgt für Verzauberung wie für kluge Geschäfte: der venezianische Löwe

Ein Schlaraffenland für Individualisten, Schlemmer, Kunstfreunde, Kraxler, Menschensammler, Genießer interessantester Widersprüche.

Unter jedem Stein, den man anhebt, kommt Vergangenheit hervor. In jedem Gesicht spiegelt sich Schicksal. Schöne alte Welt...

Das Betreten erfolgt auf eigene Gefahr.

Die Autorin haftet nicht für Suchterscheinungen.

Sie hat mit ihren eigenen genug zu tun.

Sprungbrett nach Venedig:
Aquileia und Grado

Glitzernde Wasserflächen im Gegenlicht – in denen zarte Abdrücke von Vogelfüßen erstarren. Grellgrüne Inseln – die sich im Wind wiegen, deren Algenboden unter der Berührung nachgibt wie Wasser. Lagunen – Zwischenreich von Land und Meer, in dem sich Festes verflüssigt, Flüssiges verfestigt.

Region der sanften Übergänge.

Das kleine Boot zieht in einem der vielen, nur Eingeweihten bekannten Kanälen dahin. Wer sie verläßt, bleibt unweigerlich im Schlamm stecken. Und da, mitten im Wasser, auf einem der Begrenzungspfosten ein Wegweiser: Venezia. Ein zweiter: Trieste. Sachlicher Hinweis für die Lagunenschiffer. Und Kürzel für 2000 Jahre europäischer Geschichte. Aus dem Urschlamm der Lagune stieg Venedig. Der Weg dahin ging über Aquileia und Grado, zweigte nach dem Untergang der Serenissima nach Triest ab.

Die Lagunen von Grado und Marano lassen noch viel stärker als die Lagune Venedigs das ursprüngliche Leben auf den kleinen Inseln ahnen. Auch wenn dort, wo noch vor ein paar Jahrzehnten ein unberührtes Vogelparadies war, sich die Skyline von Lignano erhebt. Auch wenn der dichte Pinienwald fast verschwunden ist, in dem die Römer ihre Villen rund um das Militärlager Aquileia bauten.

Aber auf den struppigen Inseln mit den struppigen Häusern hat sich wenig verändert. *Casoni* heißen diese Häuser, ihr Baumaterial ist Schilf, es wird nach uralten Regeln überlappend auf einem Holzgestell verflochten. In den *casoni* leben die Fischer heute kaum anders als zur Zeit der Hunnen- und Germanenstürme. Sie haben den *fugher*, den offenen Kamin, an dem sie sich wärmen und auf dem sie ihre Fische und die Polenta zubereiten, einfachste Möbel und ein gutes Boot vor der Türe. Und

Die Kirchen der Patriarchen: Aquileia (links) und Grado ▷

Schilfhütten auf winzigen Inseln, davor ein kleines Boot – so leben die Fischer der Lagune seit über tausend Jahren

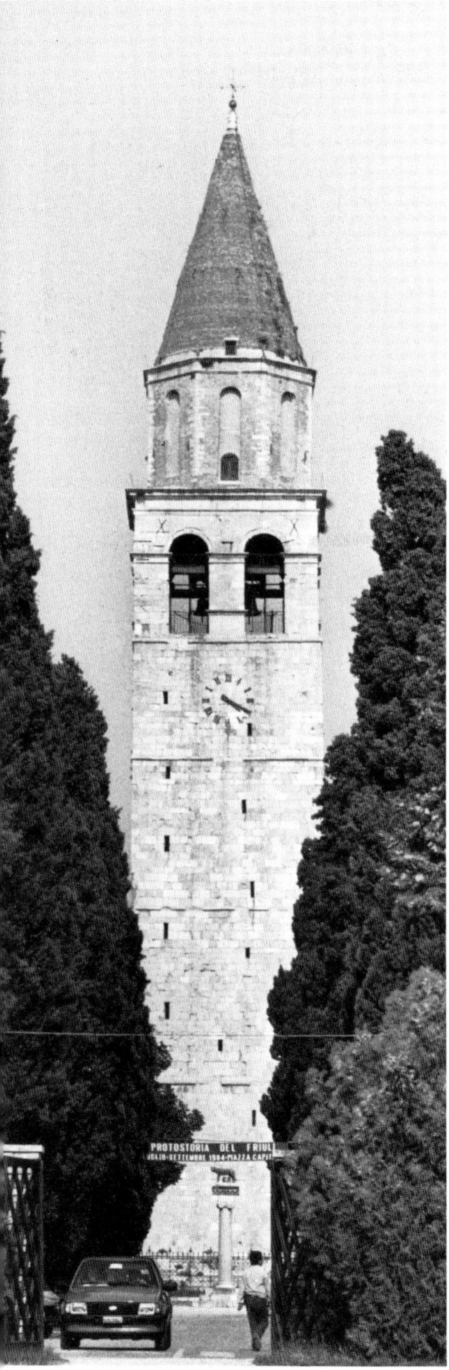
PROTOSTORIA DEL FRIUL

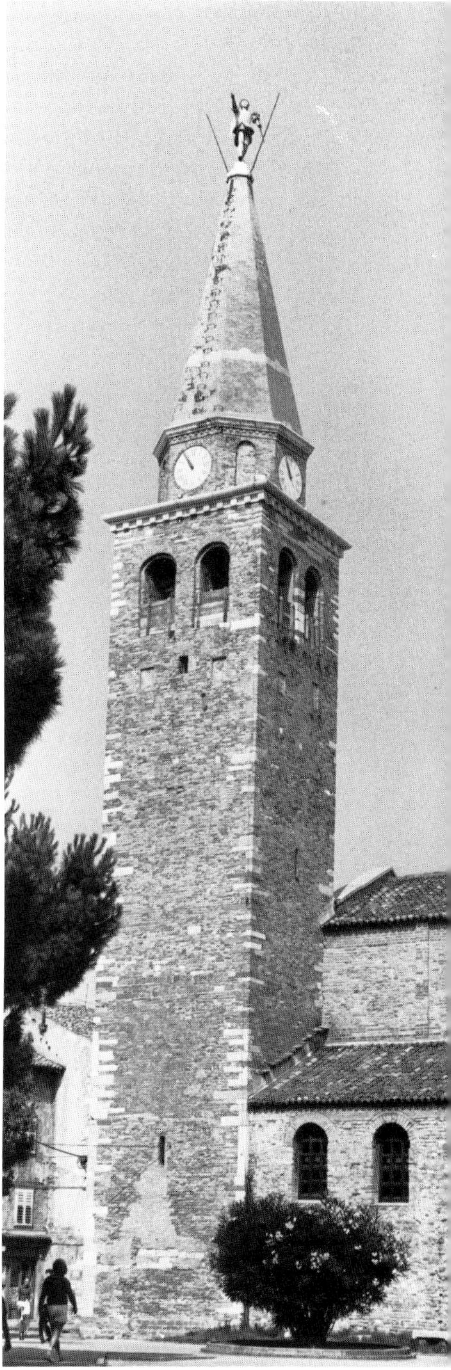

sie kennen die verschlungenen Wege durch die Lagunen, die von Grado über Lignano, Bibione, Caorle, Iésolo, Cavallino nach Venedig und Chioggia führen, ohne jemals offenes Meer zu berühren. Die versteckten Inseln der Lagune wurden zur lebensrettenden Zuflucht vor den brennenden und mordenden Barbaren. Zum Biotop eines Überlebensgedankens, der sich unauslöschlich in die Gene der Nachgeborenen eingrub. Der schwankende Boden der Inseln, die geheimen Kanäle in Schlick und Niederwasser waren die Sicherheit, auf die sie bauen konnten. Wer hier aufwächst, kennt alle Schliche, sich als Amphibium zu behaupten. Er lernte es, sich nicht nur auf den Fischfang zu verlassen, er nützt und sichert die Teiche zwischen den Inseln und züchtet hier Meeresgetier. Das Wissen um die Ohnmacht der anderen, hier einzudringen und zu überleben, machten den Lagunenmenschen stark. Die Notwendigkeit, in der Unsicherheit Sicherheit zu finden, sehr klug. Die zärtliche Verbundenheit zu seinem Zwischenreich überträgt sich auch auf seine Beute: Fisch, das ist mehr als Nahrung, das ist ein Stück Leben, das man sich mit Respekt und Würde einverleibt.

Die Lagune war die Nähr- und Lehrmutter eines Menschenschlages, der fast 1000 Jahre lang Vernunft höher schätzte als Gewalt: die Venezianer. Ihr Stichwort, in die Geschichte einzutreten und sie fortzuführen, kam von Aquileia.

✳

Die römische Stadt beim Fluß Aquilis sollte den abenteuerlustigen Brüdern des Asterix den Appetit auf das Land zwischen Adria und Alpen verderben. Aquileia wurde mitten in den Weg gepflanzt, den die Karnier sich auf höchst unfriedliche Weise gebahnt hatten. Es ist der gleiche Weg, auf dem wir heute noch sonnenhungrig nach Süden ziehen. Den Römern waren die kämpferischen, unberechenbaren Kelten, zu denen Gallier wie Karnier gehörten, aus gutem Grund nicht geheuer. Sie waren schon einmal, 387 v. Chr., bis Rom vorgedrungen und hätten die wachsamen Gänse am Kapitol nicht Alarm geschlagen, wäre es um die Stadt geschehen gewesen.

In günstiger Lage, nahe des Meers, im Einzugsbereich großer Flüsse entstand 181 v. Chr. ein römisches Militärlager. Daß sein Name Aquileia sich von aquila – Adler – ableitet, ist eine romantische Fehlinterpretation. Die nüchternen Römer hatten zu

Mosaik der Basilika von Aquileia ▷
Mit einem Ochsengespann furchten die ersten Siedler Aquileias den Umriß der Stadt

Priestern, die mittels Adlersflug den göttergefälligen Platz für eine Kolonie festlegten, ein sehr ungebrochenes Verhältnis: Sie nützten sie als PR-Agenten für handfeste militärische und ökonomische Entscheidungen. Die Namengebung war nüchterner, die Stadt liegt nahe des Flusses Aquilis.

Aquileia kontrollierte ein wichtiges und konfliktträchtiges Gebiet nördlich und südlich des Isonzo, das schließlich als Region »Venetia et Histria« Teil des römischen Reiches wurde. Die Hauptstadt Aquileia profitierte von den großen Straßen, die nach Norden und Osten vorangetrieben wurden. Auf ihnen kamen viele der Handelswaren, die die Stadt so reich machten: Gold und Eisen, Bernstein und Bergkristall, Vieh und Pelze. Von Aquileia aus wurde dieses Rohmaterial verschifft, im Orient veredelt und kam als luxuriöse Handelsware zurück, von der sich heimische Handwerker zu neuen Kostbarkeiten inspirieren ließen.

Der Hafen Aquileias öffnete sich in Stufen zum Meer. Stufe heißt gradus. Und so nannte man auch den Platz an einer heute nicht mehr existierenden Flußmündung, an dem die großen Schiffe anlegten. Hier wurden die kostbaren Früchte und Gewürze entladen, die ausgefallenen Tiere und Spezereien, die afrikanische und orientalische Märkte für die Tafeln reicher Römer lieferten. Was für den Eigengebrauch Aquileias bestimmt war, schiffte man, in kleine Boote verladen, in den winzigen, noch heute erkennbaren Zentralhafen. Hochqualifizierte Sklaven schufen aus diesen Rohstoffen dann jene Mähler, die der Römer Apicius in einer Mischung von Ironie und Realismus schilderte: Saueuter mit gesalzenen Seeigeln gefüllt. Strauß, in süßer Sauce gekocht. Flamingo mit Datteln. Rosenfrikassee in Blätterteig. Und war da nicht auch einmal von Sklaven die Rede, die man mit duftenden Kräutern ernährte, ehe man sie Muränen zum Fraß vorwarf? Legenden entstehen nie ohne Grund, auch wenn sie Zerrbild der Wirklichkeit sind.

In welchem Luxus die Reichen von Aquileia lebten, läßt sich an vielen Dingen nachprüfen, die uns erhalten geblieben sind, man muß sich nur den Museumsstaub wegdenken. Welch raffinierte Modeidee, einen Schleier mit unzähligen kleinen Goldfliegen zu übersäen. Oder Parfumfläschchen aus Bernstein mit Amoretten und Akanthusblättern zu schmücken. Haarnadeln aus Elfenbein mit plastischen Porträtköpfen auszustatten. Das Licht von Öllampen über orientalische Ornamente zucken zu lassen. Und Balsam in türkisschimmernde Glasflacons zu füllen. Der tägliche Luxus sollte nach dem Tod kein Ende haben. Die reizvollen Alltagsdinge begleiteten die Bürger von Aquileia ins Grab. Ihre Porträtbüsten schmückten mit einer Beschwörung ihrer Tugenden den Grabstein. Die Hinterbliebenen wurden mit Marmorreliefs getröstet, die den ehrenvollen Einzug der geliebten Toten in die Unterwelt darstellten.

Welches Leben in Aquileia – in Häusern, die mit prachtvollen Säulen und Statuen geschmückt waren, mit phantasievollen Mosaikböden, unter denen die Warmwasserheizung an nebligen Wintertagen für Behagen sorgte.

Welche Großzügigkeit auch im religiösen Bereich. Aus den Ländern, die Rom besiegte, mit denen es Handel trieb, übernahm es auch die Götter. Von den Etruskern die Personalisierung der Götter, von den Griechen die Biographien der Götter, aus dem Orient die Magna Mater, eine Fruchtbarkeitsgöttin, und aus Persien den Mithraskult. In Aquileia kam noch der keltische Sonnengott Belenus ins Pantheon römischer Weitherzigkeit, sein Name lebt in Beligna, einem Vorort Aquileias, weiter. Nur das Christentum muß, wie auch in Rom, in den Untergrund gehen. Zu gefährlich erscheint eine Religion, die sich im Besitz der einzigen Wahrheit glaubt. Und die sich weigert, zu den vielen Göttern für jeden Zweck auch noch den Kaiser zu zählen. Aber genauso wie in Rom wird auch in Aquileia das Christentum römisches Erbe übernehmen.

Aus der kleinen Militärkolonie wurde eine mächtige Großstadt. Zur Zeit des Kaisers Augustus lebten hier 100000 Menschen, die der Handel offen für neue Ideen machte. Über den Hafen Gradus, der so frequentiert war, wie später Venedig und noch später Triest, kamen nicht nur Luxusgüter aus dem Osten. Sondern auch eine ungewohnte Art zu denken: Liebe deinen Nächsten wie dich selbst.

✳

Die Umrisse der Küstenlinie zerfließen im Dunst. Dahinter steigt aus der Industriezone San Giorgio Nogaros schwarzer Rauch auf. Am südlichen Rand der Lagune schiebt sich die Halbinsel von Lignano wie ein Enterhaken vor. Fabrik und Fremdenverkehr nehmen das Zwischenreich von Erde und Wasser in die Zange.

In Marano Lagunare, einem der lebendigsten Fischerhäfen der oberen Adria, liegen die verwittert-bunten Boote in dichten Reihen am Molo. Einige haben schwarze Fetzen vom Mast flattern. Tragen sie Trauer? Nein, antwortet einer von denen, die beim Ausladen helfen, der schwarze Streifen sagt nur, daß ein Boot mit Schleppnetz unterwegs ist. Sonst nichts.

Violetter Tintenfisch, schillernde Muscheln, schlangengleiche Aale – das dunkle Getier der Lagune kam ans Licht. Kräftige Männerhände packen es in die Verkaufsbehälter und tragen es in die Halle. Am Molo warten Lieferwagen mit Nummern der umliegenden Distrikte, oft mit den Namen berühmter Restaurants an der Türe. Männer mit knappem Blick gehen durch die Reihen der Verkaufsstände, kurze Sätze fliegen hin und her, es gibt nicht viel zu reden. Wer hier einkauft, weiß, wie guter Fisch aussieht, riecht, sich anfühlt. Stabmuscheln auf einem Bett aus gehacktem Eis wechseln den Besitzer. Der Mann, der sie kaufte, schichtet sie ins Auto und setzt sich dann gemächlich in Bewegung. In Richtung »Vedova Raddi«. In diesem Restaurant essen die, die sonst für andere kochen. Die gratinierten Jakobsmuscheln, die man hier bekommt, die Riesenplatte mit gegrilltem Fisch, der Hausschnaps, sie passen zur ruhigen Professionalität der Gäste, zu ihrem Respekt vor Fisch und Fischer.

✳

Die goldenen Zeiten des Kaisers Augustus gingen zu Ende, innere Kämpfe schwächten das römische Imperium. Ihre Herrscher wechselten in rascher Folge und wurden immer bedeutungsloser. Das nach außen gewandte, siegesgewisse Leben bekam Sprünge. Fragen nach dem Wozu und Wohin ließen sich von den Philosophen nicht

Kanzel in der Basilika Santa Eufemia in Grado ▷

Badespaß im Grado der Jahrhundertwende

mehr befriedigend beantworten. Das Christentum setzte seine Alternative der Liebe, der Gewaltlosigkeit triumphal einer Toleranz aus Gleichgültigkeit gegenüber.

Aquileia war die zweite Stadt nach Rom, in der das Christentum Fuß faßte. Die Patriarchen waren die wichtigsten Priester nach dem Papst. Zunächst trafen die Neubekehrten einander in Privathäusern und unterirdischen Sälen. Und sie statteten diese Versammlungsstätten mit großem Geschmack und hoher Kunstfertigkeit aus. So entstanden die berühmten frühchristlichen Mosaiken der ersten Betsäle und des angrenzenden Doms, die ihre Leuchtkraft bis heute bewahrt haben.

Nirgends hat das altchristliche Motiv vom Fischzug des Herrn unter den Seelen der Menschen eine so naturalistische Form gefunden wie in Aquileia. Diese zoologische Vielfalt konnten nur Menschen reproduzieren und verstehen, die zwischen Land und Wasser zu Hause waren. Die Lagune inspirierte zu einem der größten Kunstwerke dieser Zeit. Die Mosaiken sind Bilderrätsel und Ornament, sie sprechen von christlichen Tugenden und altrömischer Freude an Augenluxus. Da tummeln sich Papagei und Fasan mit schimmerndem Gefieder im Ornamentendschungel – ihre Schönheit mag genauso eine Kraftquelle der ersten Christen gewesen sein wie die Konfrontation zwischen Hahn und Schildkröte, des Lichtbringers und der Botin der Unterwelt.

Als das Christentum 313 durch Konstantin den Großen anerkannt wird, hat Aquileia bereits eine große christliche Gemeinde. Ihr Bischof Theodorus – er starb 319 – baut in der Nachbarschaft der Betsäle die erste Kirche Aquileias. Das Mosaik dieser ersten Kirche bildet noch heute den Fußboden der im 11. Jahrhundert erbauten, 1348 nach einem Erdbeben renovierten Basilika. Auch diese Architekturform ist römisches Erbe: Der weite, rechteckige Raum mit dem in der Apsis mündenden Mittelschiff und den beiden Seitenschiffen wurde von den Römern als Markt- oder

Gerichtshalle genützt. Das Christentum richtete die Apsis nach Osten – nach Jerusalem – und verlegte den Eingang nach Westen.

Die Antike lebt in der Basilika von Aquileia auch in 20 Säulen weiter. Sie ruhen auf römischen Grabaltären, ihr Schaft ist aus Trümmern römischer Bauwerke zusammengesetzt. Auch in der Verwaltung, z. B. in der Einteilung nach Diözesen, wurden von der Kirche römische Strukturen übernommen.

Mit unbeschreiblicher Grausamkeit stürmen im 5. Jahrhundert die jungen Völker über die römischen Straßen nach Süden und überrennen die alte Stadt. Zuerst die Westgoten unter Alarich (402, 408), dann die Hunnen mit Attila (452), schließlich die Ostgoten mit Theoderich (489). Überall an der Küste weichen die Bewohner auf die Laguneninseln. Sie kehren zurück, müssen wieder flüchten, bis sie eines Tages mit ihrer Vergangenheit abschließen und sich einer Zukunft auf der Insel zuwenden. Torcello wird zur blühenden Handelsstadt, Malamocco zum ersten Inselsitz des *duca*, des Vorläufers des Dogen. Und eine noch sehr lange unbedeutende Siedlung entsteht: Rivo alto, dort wo heute Venedigs Rialtobrücke den Canal Grande überspannt.

Auf zweifache Weise machte sich der Hafen Gradus bei Aquileia selbständig. Zuerst trennte das nagende, stürmende Meer ihn vom Festland – eine neue Insel wurde geboren. Die Isolation, die Sicherheit bedeutete, gab den Bewohnern von Gradus ein neues Selbstbewußtsein, das sie immer unabhängiger von Aquileia machte. Als die Bewohner Aquileias in Bedrängnis geraten, befestigt Grado, der alte

Der alte Hafen von Grado

Hafen Gradus, seine Häuser und bietet den verzweifelten Flüchtlingen Schutz. Unter ihnen: der Patriarch mit dem Kirchenschatz. Immer wieder bewegt sich der Zug der Flüchtlinge hinter dem Patriarchen zwischen Festland und Insel hin und her. Es wird notwendig, eine große Kirche in Grado zu bauen, die Hoffnung, in Frieden in Aquileia leben zu können, erlischt langsam. Über 100 Jahre dauert der Bau der Basilika S. Eufemia, in der Amtszeit des Bischofs Elias zwischen 571–586 wird sie fertiggestellt. Man braucht sie dringend, da die Langobarden 568 in das Land eingebrochen sind, die letzten aus der langen Reihe der Barbaren. Aquileia fällt in ihre Hand, Grado wird offiziell Sitz des Patriarchen, seine Basilika so kostbar mit Mosaiken und antiken Säulen ausgestattet, wie es dem nun hohen Rang entspricht.

Mit der politischen Einheit geht bald auch die kirchliche verloren: dogmatische Auseinandersetzungen (der sog. »Dreikapitelstreit«) führen dazu, daß es ab 607 zwei Patriarchate gibt – das unierte byzantinische Grado und das schismatisch-langobardische Aquileia. Der Patriarch von Aquileia verlegt seinen Sitz zuerst nach Cormons, dann in die langobardische Herzogstadt Cividale. Auch nach der Beilegung des Schismas (um 700) bleiben die beiden Patriarchensitze bestehen. Der Streit um die rechtmäßige Nachfolge des alten Patriarchats allerdings geht noch fast 500 Jahre weiter, ein Streit, in dem, wie Heinrich Schmidinger in »Friaul und die Patriarchen von Aquileia« schreibt, »große weltgeschichtliche Auseinandersetzungen sichtbar werden: der Gegensatz zwischen dem byzantinischen und dem fränkischen Reich und die Rivalität der beiden politischen Mächte Oberitaliens, der Republik Venedig und des Regnum Italicum.«

Aber zunächst wird es sehr still um Aquileia und Grado. Ein Lied aus dem 8. Jahrhundert, dem heiligen Paulinus zugeschrieben, klagt, daß Aquileia zum Banditennest verkommen ist. Die Einfälle der Awaren und Slawen hatten die blühende Stadt verödet. Auch in Grado stagniert das Leben. Winterliche Sturmfluten schwemmen Teile der Insel weg, die Lagune verlandet, Malaria breitet sich aus. Die Anziehungskraft Aquileias ist jedoch nicht erloschen.

Ein Gefolgsmann Heinrich II., der aus Oberösterreich stammende Patriarch Poppo von Traungau (1019–1042), leitet eine neue Glanzzeit für die Stadt ein. Er baut die neue Kirche, den Bischofspalast, bringt eine geistige und wirtschaftliche Erneuerung des Patriarchats zustande. Er und seine Nachfolger – viele aus dem deutschen Hochadel – schaffen ein Ordnungssystem, das Fundament wirtschaftlicher und kultureller Hochblüte des Landes wird. Wie weltlich es dabei zugeht, beweist die Ernennung des Patriarchen Sigehard (1068–1077) zum Herzog von Friaul durch Kaiser Heinrich IV. Mit den deutschen Patriarchen Aquileias beginnt die enge Verflechtung der Landes- mit der Reichspolitik. Sie werden in die Fehden zwischen Kaiser und Papst hineingezogen und in ihnen zerrieben.

Inzwischen steigt Rivo alto aus dem Schlamm der Lagune, wird zur machtvollen Stadt Venedig, die sich nicht mehr zufrieden gibt, Anhängsel des Patriarchats Grado zu sein. 1156 folgt der Patriarch Enrico Dandolo den vielen alten Familien, die vor ihm Grado verließen, um am Canal Grande eine neue Heimat zu finden. »Als Rialtos Stern im Aufsteigen war, wanderten die alten Familien nach und nach dorthin aus und gossen das edle Römerblut des alten Aquileia in die Adern des jungen Stadtgebildes«, schreibt der Historiker J. von Schlosser. 1445 verzichtete der Patriarch Lodovico Scarampo in der Konfrontation zwischen Kaiser, Papst und der Serenissima auf Friaul. Das Patriarchat ging 1451 von Grado auf Venedig über, das Schicksal Friauls verband sich zuerst mit Venedig, dann mit Österreich.

❃

Eine Kolonie Silberreiher fliegt auf, als das kleine Boot zwischen den steinbefestigten Inseln dahinfährt. Die Schiffahrtskanäle entsprechen zum Teil Wasserläufen. Sie haben die Lagune mit dem Sand und Geröll, das sie aus den Bergen heranschleppten ständig verändert. Zur leisen, unmerklichen Wandlung kamen die dramatischen Stürme des Winters, die Inseln atomisieren – unvorstellbar sind sie an diesem Frühsommertag, mit der leichten Brise, die das Wasser nur zart kräuselt.

Von der Klosterinsel Barbana werden silbrige Glockentöne herübergetragen, die wie ein Netz, zart und unwiderstehlich unsere Stimmung einfangen. So ist Santa Maria di Barbana am schönsten – als akustisches Signal und als Vision jener Schiffsprozessionen, mit denen die Fischer von Grado ihre eigene Madonna am ersten Sonntag im Juli auf die Insel bringen. Zum Besuch des Gnadenbildes des uralten Wallfahrtsortes. Das Innere der pseudobyzantinischen Kirche, die 1925 ihre endgültige Form bekam, hält eine leise Ernüchterung bereit.

Man fährt unter der Brücke durch, die 1929 Grado an die Leine des Festlandes nahm, wechselt in den östlichen Teil der Lagune. Großstadtlärm brandet heran – Grado nimmt es heute mit jedem der viel jüngeren Adriaorte an Betriebsamkeit auf.

❃

Als der Patriarch nach Venedig zog, war Grado bald ein vergessener Ort. Nur Fischer blieben zurück im dunklen Winkelwerk seiner Gassen. Die urchristlichen Kirchen und das Baptisterium verfielen, die Stadtmauer zerbröckelte, Seeräuber und Banditen plünderten die Reste einstiger Pracht. Venedig kümmerte sich nicht um die Mutterstadt.

Und dann kam Mitte des 19. Jahrhunderts der florentinische Arzt Dr. Giuseppe Barellai und brachte die Leute von Grado zum Lachen. Ihr Sand, sagte er, sei nicht wie jeder andere, er sei heilkräftig, denn das Meer vor Grado hätte den höchsten Salzgehalt der Adria. Und ihr Klima sei durch eine günstige Meeresströmung besonders mild. Wer wurde davon schon satt?

Aber die Leute von Grado lachten nicht mehr, als 1883 eine große Kuranstalt entstand, als Bahnverbindungen ihre weltferne Insel den großen Städten näherbrachten. Mondäne Hotels schossen rund um die Altstadt in die Höhe, Gartenanlagen mit Musikpavillons, elegante Restaurants und Cafés lockten Damen mit Wespentaillen und Pleureusenhüten, Herren im Gehrock und mit Knopfstiefeletten zu einem neuartigen Vergnügen: zur heilkräftigen Sommerfrische am Meer.

Grado war seit dem Wiener Kongreß (1815) österreichisch. Gäste aus Czernowitz, Budapest, Wien, Prag und Agram machten hier Ferien im eigenen Land, aber in

Schiffsprozession nach Barbana – die Madonna von Grado fährt mit

ungewohnter Umgebung. Die Mischung von venezianischer und altösterreichischer Atmosphäre gibt Grado noch heute seinen eigenen Reiz. Noch immer stehen am Rand der Altstadt k. und k. Sommervillen mit verspielten Erkern und Zinnen, im Schatten der neuen Betonburgen.

Am 24. Mai 1915 landeten auf der Laguneninsel Porto Buso italienische Marineeinheiten, die bald darauf Grado eroberten. Die österreichische Karriere war zu Ende, die italienische konnte beginnen. Neue Städte wuchsen aus den trockengelegten Sümpfen an der Küste. Rund um sehr alte Orte, wie Caorle, bildete sich ein Ring moderner Hotels und Pensionen. Zwischen Venedig und Triest entstand ein neues Imperium, das im Winter zugesperrt wird: die ineinanderwachsenden Strandsiedlungen der Freizeitgesellschaft.

Ihre Patrizier tragen Gummiflossen.

DATEN und TATEN

5000–2000 v. Chr. Im Neolithikum ist das Gebiet von Friaul und Venetien bereits relativ gut besiedelt – das beweisen archäologische Funde.

2000–1900 v. Chr. Im Friaul leben Menschen in Dörfern, die von Ringwällen umgeben sind *(castellieri)*, ihre Kultur unterscheidet sich deutlich von der des benachbarten Venetien. In den Lessinischen Bergen und den euganeeischen Hügeln siedeln Gruppen, die man Euganeer nennt.

Um 1000 v. Chr. dringen die Veneter von der Po-Ebene gegen Osten vor. Es sind friedliebende Pferdezüchter und Händler. Sie breiten sich in der Ebene zwischen Etsch und Livenza aus und gründen Ansiedlungen im Gebiet der heutigen Städte Altino, Padua, Vicenza, Treviso, Belluno, Oderzo, Feltre. In der nördlichen Region Venetiens leben die Räter.

Ab 500 v. Chr. klettern die Kelten in mehreren Etappen über die Karnischen

Alpen in das Gebiet zwischen den Bergen, der Livenza und der nördlichen Adria und werden hier seßhaft. Sie werden Karner genannt, ihre Kultur ist das Fundament friulanischer Kultur.

3. Jh. v. Chr. Die Veneter verbünden sich mit Rom. Sie dämmen das Vordringen der Etrusker, deren Kernland zwischen Arno und Tiber liegt, und die Expansion der Karner ein.

Etruskischer Herakles (500 v. Chr.)

Keltische Gürtelschnalle

Ab dem 2. Jh. v. Chr. Vordringen des römischen Imperiums nach Norden.

181 v. Chr. Aquileia wird als römischer Vorposten gegen die Karner gegründet.

115 v. Chr. Letzter erfolgreicher Feldzug Roms gegen die Karner. Die Romanisierung der keltischen Bevölkerung beginnt.

104 v. Chr. Tergesteo = Triest wird zum erstenmal erwähnt.

50 v. Chr. Gründung von Forum Julium Carnicum = Zúglio, südlich des Plöckenpasses; zur selben Zeit entsteht Forum Julii = Cividale; seinen Namen bekommt es zu Ehren von Julius Caesar.

167 Verwüstung von Aquileia durch die Markomannen.

Um 319 Bischof Theodorus errichtet in Aquileia eine Kirche, deren Bodenmosaik bis heute erhalten blieb.

3. und 4. Jh. Die romanisierten Kelten sprechen einen lateinischen Dialekt, der sich bereits so stark von Latein unterscheidet, daß Bischof Fortunatianus (342–346) von Aquileia einen erklärenden Kommentar zur Heiligen Schrift verfassen muß. Aus diesem Dialekt entwickelt sich später Friulanisch.

Ende des 4. Jh. Aquileias Einfluß reicht über die inzwischen gegründeten Diözesen bis ins heutige Bayern, nach Österreich und Ungarn. Alle frühchristlichen Basiliken in den Ostalpen richten sich nach dem Vorbild Aquileias.

401–403 Vorstoß der Westgoten, sie zerstören Aquileia und ziehen nach einer verlorenen Schlacht bei Verona weiter nach Rom, das sie 410 einnehmen.

Um 450 Die Hunnen unter Attila vertreiben die Veneter vom Festland.

476 Der germanische Heerkönig Odoaker setzt Kaiser Romulus Augustulus ab. Ende des Weströmischen Reiches.

Theoderich, Relief in S. Zeno in Verona

493 Der am oströmischen Hof erzogene Ostgote Theoderich (493–526) besiegt im Auftrag von Byzanz Odoaker und tötet ihn. Er wird Stellvertreter des byzantinischen Kaisers Zeno und Herr über Italien. Seine Residenzen sind Ravenna und Verona. Durch Bündnisse versucht er Byzanz auszuschalten, um ein neues Weströmisches Reich zu errichten.

552 Der byzantinische Feldherr Narses macht die Bewohner der Lagune zu Angehörigen Ostroms.

553 erlischt das Ostgotenreich, Theoderichs Nachfolger unterliegen Byzanz.

568 Einfall der Langobarden in Italien und Schaffung des Herzogtums Friaul = Ductus Fori Julii mit der Hauptstadt Cividale. Patriarch Paulinus von Aquileia flieht mit seiner Gemeinde und dem Kirchenschatz nach Grado.

Langobardisches Baptisterium, Cividale

697 Der erste Doge wird gewählt: Paoluccio Anafesta. Sein Amtssitz ist zunächst Heraclea, dann die Insel Malamocco in der Lagune. Er untersteht dem Kaiser von Byzanz. Zwischen dem 8. und 10. Jahrhundert vollzieht sich der

Aufstieg Venedigs als Handelsmacht und seine politische Ablösung von Byzanz.

774 Karl der Große besiegt den langobardischen König Desiderius, zwingt ihn zur Abdankung. Das langobardische Reich, in dem sich eine Vermischung der

Karl der Große

keltisch-romanischen Kultur mit der germanischen vollzog, wird mit dem fränkischen Reich vereint. Karl der Große nennt sich König der Langobarden, die Bezeichnung Romanum Imperium gehört zu seinem Kaisertitel. Friaul wird karolingische Grenzmark. Zwischen dem 8. und 10. Jahrhundert entwickeln sich die venetischen Städte Padua, Treviso, Vicenza, Verona, Ceneda zu befestigten Stützpunkten von Feudalherren und Bischöfen, die mit großen Privilegien der fränkischen Herrscher ausgestattet sind.

812 Im Vertrag von Aachen erkennt Byzanz das Kaisertum Karls des Großen an; dieser tritt dafür Dalmatien und Venedig ab.

899–952 Wiederholte Einfälle der Ungarn nach Friaul und Venetien. Schwere Verluste dezimieren die Bevölkerung. Die gemeinsame Not löscht die Gegensätze zwischen der romanisierten und der germanischen Bevölkerung aus. Langobardische und romanische Geistliche bauen gemeinsam auf klassischen und christlichen Idealen auf und gewinnen dafür auch die Slawen im Isonzo- und Natisonetal. Bis zum Jahr 1000 werden die von den Römern geschaffenen sozialen Strukturen aufgelöst. Das Patriarchat Aquileia bleibt die einzige einigende Institution.

888–962 Nach dem Zerfall des Frankenreiches kommen italienische Nationalkönige an die Macht. Berengar, Markgraf von Friaul, ein Enkel Ludwigs des Frommen, wird 888 König von Italien und 915 Kaiser, sein Enkel Berengar II., 950 italienischer König.

951 Otto der Große kommt nach Italien, um sich mit Adelheid, der Witwe von Berengars Vorgänger, zu verloben. Er nennt sich König der Franken und Langobarden. Berengar bekommt Italien als Lehen, verliert aber Friaul, Verona und Istrien an Bayern.

962 Otto der Große wird in Rom zum Kaiser gekrönt.

966–972 Dritter Italienzug Ottos des Großen; sowohl die langobardischen Fürsten als auch Byzanz erkennen sein Kaisertum an. Mit ihm festigt sich die Bindung zwischen deutschem Kaiserreich und Italien, die als Fortsetzung des römischen Imperiums gilt. Seine Nachfolger beanspruchen das lombardische = langobardische Reich als Bestandteil des Imperiums. Heinrich II. (1002–1024) dämmt den Einfluß Byzanz' auf Italien ein.

Um das Jahr 1000 ist die Verschmelzung keltischer, romanischer, langobardischer und slawischer Volksgruppen abgeschlossen – Friaul ist friulanisch.

1001 Otto III. schenkt dem Patriarchen Johannes IV. Görz.

1019–1042 Poppo von Traungau, der einstige Hofkaplan Heinrichs II., ist Patriarch von Aquileia. Mit ihm beginnen die starken Verflechtungen zwischen den deutschstämmigen Patriarchen und dem Kaiser. Erst mit dem italienischen Patriarchen Gregor von Montelongo (1251–1269) wächst der Einfluß des Papsttums.

1077 Heinrich IV. überträgt dem Patriarchen Sigehard die weltliche Herrschaft über Friaul. Die Einigung Friauls unter der Herrschaft des Patriarchen dauert bis 1420, als der größte Teil Friauls venezianisch wird.

Um 1100 kaufen die Grafen von Lurngau und Pustertal Grafenrecht im Land um Görz.

Im 11. Jahrhundert wächst das Selbstbewußtsein der venetischen Städte, sie lösen sich langsam aus der Herrschaft der Bischöfe und der Lehensherren staufischer Kaiser.

1150 Rotta di Ficarolo – ein Dammbruch des Po lenkt einen Teil seines Laufs nach Norden ab.

1163 Verona, Padua, Vicenza schließen sich, von Venedig unterstützt, gegen Barbarossa zusammen, der das römische Kaisertum mit der Herrschaft über Italien wiederherstellen will. Zum erstenmal identifiziert sich Venedig mit den Anliegen der Festlandstädte.

1167 Erweiterung des Veroneser Städtebundes zur Lombardischen Liga.

1176 Niederlage Barbarossas in Legnano.

Kaiser Friedrich I. Barbarossa

strahlt ins Cadore, nach Niederkärnten und Slowenien aus.

1204 Die Kreuzfahrer unter dem Dogen Enrico Dandolo zerstören Konstantinopel.

1194–1259 Ezzelino III. da Romano wird zum grausamen Beherrscher der venetischen Städte. Er ist mit Selvaggia, einer unehelichen Tochter Kaiser Friedrichs II., verheiratet und vertritt neben seinen eigenen auch die Interessen der Staufer.

1222 Gründung der Universität Padua.

1259–1387 Angehörige der Familie della Scala, die Scaliger, werden zu Herren über Verona, Vicenza, Feltre, Belluno, Padua und Treviso. Cangrande della Scala wird 1311 von Heinrich VII. zum Reichsvikar ernannt.

1177 Friede von Venedig. Barbarossa versöhnt sich mit dem Papst Alexander III. und schließt Waffenstillstand mit den Städten der Lombardischen Liga.

1183 Friede von Konstanz. Barbarossa erkennt die Lombardische Liga an und gibt den Städten größere Selbständigkeit.

Im 12. Jahrhundert entwickelt sich im Friaul eine Frühform des Parlaments unter starker Beteiligung der freien Stände – La Patria dal Friûl. Aquileias Bedeutung

1286 Kärnten kommt zur Grafschaft Görz. Im Friaul entstehen deutsche Handelsplätze, vor allem in Cividale, Gemona und Görz.

1318 Jacopo di Carrara gewinnt die Herrschaft über Padua.

Die Burganlage von Búia Ende des 14. Jahrhunderts

Die Scaliger setzten sich in Verona ein prunkvolles Grabmal

1339 Die Scaliger verlieren Treviso an Venedig, sie müssen die Unabhängigkeit Paduas anerkennen.

1379–1381 Chioggia-Krieg, die Genuesen belagern Chioggia und werden von venezianischen Truppen besiegt. Im Frieden von Turin fällt Treviso an Österreich.

1382 Triest sucht bei Österreich Schutz vor Venedig, den Grafen von Görz und dem Patriarchen von Aquileia.

1387–1402 Der Mailänder Gian Galeazzo Visconti entmachtet die Scaliger und nimmt Verona und Vicenza ein.

1388 Krieg zwischen Padua und Venedig. Gian Galeazzo Visconti erobert Padua, Treviso kommt 1389 zu Venedig.

1405 Venedig besetzt die wichtigsten Städte der *terra ferma:* Padua, Vicenza, Verona.

1420 Das Cadore, Karnien, Aquileia, Monfalcone und Udine werden venezianisch. In Udine regiert der Luogotenente, ein Stellvertreter des Dogen.

1451 Das Patriarchat von Grado geht auf Venedig über.

1453 Konstantinopel gerät in türkischen Besitz.

1470 Einfall der Türken im Friaul.

1481 Venedig okkupiert Polesine, das Land um das Po-Delta.

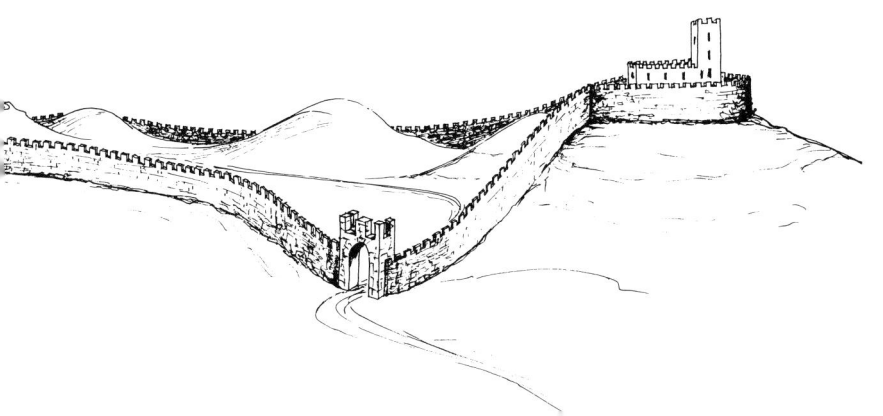

Grabstein des letzten Grafen von Görz

1500 Die Grafen von Görz sterben aus; nach Kämpfen mit Venedig gewinnt Österreich Görz und das Ostfriaul mit Aquileia und der von den Venezianern ausgebauten Festung Gradisca (Friede von Verona 1514).

1508 Die Liga von Cambrai vereinigt Kaiser Maximilian I., Papst Julius II., Ludwig XII. von Frankreich, Ferdinand von Aragon-Kastilien und die Stadtstaaten gegen Venedig.

1509 Venedig verliert die Schlacht bei Agnadello. Kaiser Maximilian nimmt Padua ein, verliert es aber wieder an Venedig.

1510 Pest im Friaul.

1511 Großes Erdbeben im Friaul.

1571 Seeschlacht von Lepanto, die Großmächte kämpfen mit Venedig gegen die Türken und besiegen sie. Venedig hat großen Anteil an diesem Sieg, wird aber um Zypern gebracht.

Gebetbuch mit Pistole, Accessoire des venezianischen Befehlshabers der Schlacht von Lepanto

1575 Schwere Pestepidemie in Venedig, in deren Verlauf Tizian stirbt. Die Pest dezimiert auch die Festlandbevölkerung. Ende des 16. Jahrhunderts hat Friaul um ein Drittel weniger Bewohner als zu Beginn dieses Jahrhunderts.

1604 Taglio del Po – die Venezianer lenken einen Arm des Po, der die Lagune zu verlanden droht, nach Süden ab.

1630 Zweite große Pestepidemie in Venedig.

1669 Die Türken vertreiben die Venezianer aus Candia (Kreta).

1718 Friede von Passarowitz zwischen Österreich und den Türken. Venedig verliert dabei fast alle auswärtigen Besitzungen.

1748 Österreich gewinnt im Frieden von Aachen Besitzungen rund um Venedig.

1796 Napoleon nimmt Venedig ein. Der Doge Ludovico Manin dankt ab.

1797 Friede von Campoformido – Venedig kommt zu Österreich.

1807–1813 Friaul, Venetien und Venedig sind Teil des Königreichs Italien unter dem französischen Vizekönig Eugène Beauharnais.

1815 Nach dem Sieg über Napoleon kommen Venedig, Friaul, Venetien zu Österreich als Teil des Lombardo-Venezianischen Königreichs. Generalgouverneur ist 1857–1859 Erzherzog Maximilian.

1846 Eine Eisenbahnbrücke verbindet das Festland mit Venedig.

1866 Nach dem preußisch-österreichischen Krieg kommen Westfriaul und Venetien zum neugeschaffenen Königreich Italien. Friaul östlich des Judrio mit Cormons, Grado, Görz und Triest bleibt bei Österreich.

1915–1918 Die Front zwischen Italien und Österreich geht mitten durch das Land. Italien erklärt am 23. Mai 1915 Österreich und am 28. August 1916 Deutschland den Krieg. Die schwersten Kämpfe finden am unteren Isonzo und an der Grenze zwischen Italien, Tirol und Kärnten statt. Am 28. Oktober 1918 bricht die österreichische Front an der Piave zusammen.

1919 Nach dem Friedensschluß von St. Germain gelangt das Küstenland mit Triest zu Italien.

1932 Die Autobrücke zwischen dem Festland und Venedig ist fertig.

1947–1954 Triest ist Freistaat. Das Gebiet zwischen Duino und Triest – Zone A – wird von Engländern und Amerikanern besetzt, die Zone B zwischen dem heutigen Koper und Novigrad ist jugoslawisch. 1954 kommt der größte Teil der Zone A zu Italien, der Rest zu Jugoslawien.

1964 Die autonome Region Friaul–Julisch Venetien mit der Hauptstadt Triest wird geschaffen. Die alte Hauptstadt Udine bleibt wirtschaftliches Zentrum.

1976 Am 6. Mai, am 11. und 15. September sind die schwersten Erdbeben in der Geschichte des Landes. Sie legen uralte Städte wie Venzone und Gemona in Trümmer und zerstören unwiederbringliche Kulturgüter. Nach wenigen Tagen beginnen der Wiederaufbau und die Rettung verschütteter Kunstschätze.

Wiederaufbau nach dem Erdbeben in Venzone

HAFEN
der Widersprüche
TRIEST

Ein weites Hafenbecken im sanftgeschwungenen Golf. Molen mit patriotischen Namen. Riesige Lagerhallen – aber ihre Fenster sind blind oder geborsten. Die Anlegeplätze verlassen. Weit draußen zieht ein einsamer Öltanker vorbei, mit Kursrichtung Jugoslawien.

Hinter der breiten Uferstraße mit den eleganten Häusern türmt sich die Stadt wie ein Theater für Riesen auf.

Im Hafen verliert sich ein halbes Dutzend Segler, eine kleine Flottille Ruderboote. Die anfeuernden Kommandos des Trainers hallen über die Bucht.

Triest heute. An einem sonnigen Sonntagvormittag.

Nach dem Untergang Venedigs explodierte das Wachstum Triests. Bis zum Ersten Weltkrieg liefen hier die wichtigsten Fäden der mitteleuropäischen Wirtschaft zusammen. Schiffe des Österreichischen Lloyd trugen die Zivilisationsgüter eines Riesenreichs in alle Welt und holten Rohstoffe aus Afrika, Japan, China. Triest gehörte zu den fünf lebendigsten Häfen Europas.

»Die Habsburger haben die Hafenmentalität der Stadt erfunden«, sagt Mario Nordio, außenpolitischer Redakteur der Zeitung »Il Piccolo«. »Sie gaben ihr das Toleranzpatent, die Religionsfreiheit und eine kosmopolitische Kultur.«

Heute finden die Wassersportler Triests viel Platz für ihr sonntägliches Bootsvergnügen.

»Wir bewerben uns um den Oskar für ›E la nave non va‹«, lästert die Figur einer Karikatur in der satirischen Beilage des »Piccolo« in Anspielung auf Fellinis Film. Das Schiff »Wirtschaftskonjunktur« legt hier nicht an. Abends kreisen die Lichtfinger des alten Leuchtturms über den stillen Wassern der Bucht. Das nahe jugoslawische Rijeka – als es noch Fiume hieß, ein bedeutungsloser österreichisch-ungarischer

HAROLD LLOYD TRIESTINO

— Concorreremo all'Oscar con «E la nave non va...»...

Hafen – hat Triest durch seine niedrigeren Preise und seine stabile Arbeitssituation längst überflügelt.

Ruderboote im Überseehafen – nur einer der vielen Widersprüche dieser Stadt. Das alles ist Triest: feudale, von Prunkbauten gesäumte Boulevards und ein nekrotischer, mittelalterlicher Stadtkern, von dessen Revitalisierung seit langem nur gesprochen wird. Die Weite des Golfs und die Intimität der Gassen und Plätze. Kosmopolitische Allüre der Bewohner und Abkehr von der Gegenwart. Römersteine und Pipeline. Eine große Geschichte und eine ungewisse Zukunft.

»Mit dem Kosmopolitismus ist das so eine Sache«, sagt Mario Nordio, »die Triestiner mögen die Zugereisten nicht.«

Auch die Neigung zu ironischer Selbstkritik ist etwas, das Triest und Wien sehr verbindet. Man darf sie hier und dort nicht immer wörtlich nehmen, sie ist Aperçu einer schwierig zu vermittelnden Realität.

Was immer man über Triest schreibt, ist richtig und falsch zugleich, bestätigt die eine oder die andere der vielen Wahrheiten dieser vielgesichtigen Stadt. Man kann sich die aussuchen, die der eigenen am nächsten kommt und Triest als trotz allem vitale oder tief deprimierende Stadt empfinden, sich von ihrer Schönheit oder ihrem Verfall beeindrucken lassen, von ihrer Offenheit oder ihren vertrackten inneren Verschachtelungen. Für alles gibt es überzeugende Beweise, aus deren Summe sich das Mosaik Triest zusammensetzt.

Im Mittelalter war Triest ein Fischerort mit vergessener römischer Vergangenheit. Von Patriziern beherrscht, die im 14. Jahrhundert bei Österreich vor den übermächtigen Venezianern Schutz suchten. Aber es dauerte noch Jahrhunderte, ehe Triest als Hafen Bedeutung gewann. »Die Österreicher haben die Landkarte auf den Tisch

---

»Der Kobold Herr Hinzelmann, immer noch Wanderer der Lüfte, suchte eine Stadt, die der Vorhang der Welt ist.

Und wieder war sein Kopf wie eine leere Kammer, in der ein einziger Gedanke widerhallte: Wo finde ich le point le plus proche au centre de l'Europe.

Hinzelmann hob seinen Stab, und der Stab wies wie durch Zaubermacht auf den Breitengrad 45 und 48′ und auf Längengrad 2 und 20′ westlich von Wien.

Der Kobold verspürte auch einen Geruch von salzigen Algen und Lindenblüten. Weitere Gerüche und Düfte stiegen ihm in die Nase, es roch nach Trauben aus Samos, Pfeffer und Zuckerhut aus Havanna, aber auch nach Tabak, so blond wie der Bart des Sultans Selim, der von Gemüt undankbar und besonders grausam war.

Und Hinzelmann landete im Gleitflug in Triest, das einem Korb mit frischen Frühlingsblumen auf einer Klippe gleicht.«

Carolus L. Cergoly, »Als Triest noch bei Österreich war«

STAZIONE DELLA FERROVIA ERPELLE · HÔTEL DE LA VILLE · STAZIONE DELLA FERROVIA MERIDIONALE · HERPELJE BAHNHOF · SÜD BAHNHOF · MONUMENTO MASSIMILIANO MAX MONUMENT · PANORAMA DI TRIENTE · PANORAMA VON TRIEST · MONUMENTO DI DEDIZIONE DEDITIONS DENKMAL

gelegt und den idealen Hafenort gesucht. Vor Triest war San Giovanni di Duino im Gespräch.« Als Triest 1719 unter dem Habsburger Karl VI. Freihafen wurde, war das der Startschuß zu einem wirtschaftlichen Aufschwung ohnegleichen, zu einer Zeit, da in Venedig der Karneval kein Ende nahm und der Hafen verödete.

In die ökumenische Stadt strömten jüdische, griechische, deutsche, serbische Kaufleute und konnten ungestört ihren gewohnten Lebensstil entfalten. Sie bauten ihre eigenen Kirchen, spannen tausend Fäden in ihre alte Heimat und machten Triest farbig und weltoffen. Handwerker aus Krain und Friaul zogen in die Stadt und behielten ihre Idiome bei – Triest klang wider von fremden Sprachen und Dialekten. Im 19. Jahrhundert war aus einer Vielfalt von Kulturen ein vielschichtiges Ganzes geworden: Triest. Die Zeit der großen Erfolge und der großen Spannungen begann. Triest war *der* Industriehafen Mitteleuropas, Italienisch die lingua franca der Balkanschiffahrt. Der alte Adel verschwand, das Geld kam an die Macht.

»Die Kaufleute sind ganz gegen ihren Willen in die Politik geraten.« Mario Nordio erzählt mit der typisch triestinischen Freude an der Pointe, wie sich das Revolutionsjahr 1848 in Triest abspielte: »Das war während des piemontinischen Kriegs, da ist der Admiral Albini mit seinem Schiff vor Triest gekreuzt. Kanonenbootpolitik. Und eine Delegation von Triestiner Kaufleuten hat ihn händeringend beschworen abzuziehen. Er hat ja den Verkehr mit Italien gestört.«

Das war bereits die Zeit, als sich nationale Kräfte in Triest sammelten und davon träumten, sich vom Habsburgerreich abzukoppeln. In der Stadt gab es wohl hervorragende Schulen für Seeleute und Kaufleute, aber keine Universität. Triest, das verkörperte im übersichtlichen Herrschaftssystem der Monarchie eben Schiffahrt und Handel. Wer anderes studieren wollte, mußte nach Padua oder Graz gehen – sofern er

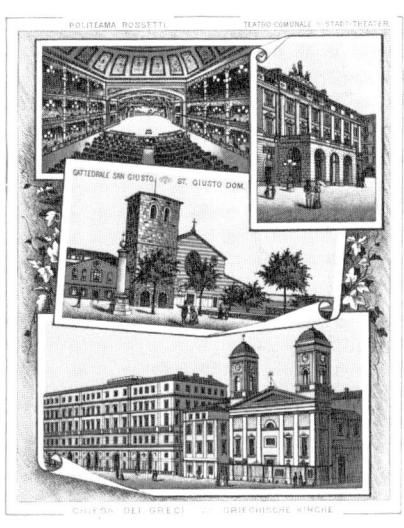

genug Geld dafür hatte. Von den jungen Intellektuellen, die es nicht besaßen, kam die Sprengkraft gegen ein nicht mehr flexibles System.

Die Nationalismusidee wuchs. »Und damit der Gegensatz zwischen wirtschaftlichem Interesse und Politik. Die Oberschicht hatte die Brieftasche in Wien und wählte liberal. Sie war für eine italienische Universität und für Kriegsschiffe, die auf die Italiener schießen.« Im Ersten Weltkrieg wurde dieses Dilemma zur Tragödie. Viele Triestiner gingen nach Italien, um nicht gegen ihre Landsleute kämpfen zu müssen. Andere galten bei den Österreichern als unverläßliche Soldaten und wurden an der Ostfront eingesetzt.

Schon vor dem Ersten Weltkrieg wuchs der Konflikt zwischen den politischen Parteien einerseits und den Italienern und Slowenen andererseits. Der österreichische Statthalter spielte diese Blöcke gegeneinander aus. Nach dem Zusammenbruch des Habsburgerreichs stand Triest unter militärischer Verwaltung, dann wurde es eine der Gründungsstädte des italienischen Faschismus. Es gab Gewaltakte gegen die sozialdemokratischen Arbeiter, Kanonen schossen auf die rote Arbeiterhochburg San Giacomo.

»Die Grenze ist ein Nährboden für Extremismus«, sagt Mario Nordio. »Das Bürgertum stellte die ersten Faschisten aus Angst vor einer slowenischen Gefahr.«

Bis 1938 hatte der Triestiner Hafen die gleiche Frequenz wie 1914, mit dem Zweiten Weltkrieg kam der große Schock für die Stadt. Und am 1. Mai 1945 marschierten jugoslawische Partisanen ein, ehe die Alliierten die Verwaltung übernahmen; bis 1954 war Triest Freistaat. »Seit 1954 sind wir eine ganz gewöhnliche Stadt«, sagt Mario Nordio und lacht.

Gewöhnlich – mit dieser Vergangenheit?

Bummelt man von der breiten Uferstraße ins Zentrum, begreift man, warum die bei den Triestinern so heftig umstrittene Umfrage nach der Lebensqualität italienischer Städte Triest 1984 zum zweitenmal den Spitzenplatz zuwies. Die Schönheit der Lage, das Menschenmaß seiner Architektur machen Triest zu einer der anziehendsten Städte Europas.

»Eine Phäakenstadt«, sagt Mario Nordio. »Der durchschnittliche Triestiner stirbt verschuldet. Der Friulaner hat Geld unter der Matratze.«

Auch einer der vielen Widersprüche Triests: es wurde die politische Hauptstadt des so anders gearteten Friaul, dessen gewachsenes Zentrum Udine ist. Eine Stadt mit Geburtendefizit und überproportionaler Überalterung repräsentiert eine kinderreiche Musterregion, deren Zukunft erst vor kurzem begonnen hat. Auf das Entsetzen des großen Erdbebens folgte nach kurzem Schock ein Wirtschaftsboom ohnegleichen.

Piazza dell'Unità, der Hauptplatz Triests – ein Stück Ringstraßen-Wien am Meer. Feudalbauten, Cafés, ein Denkmal des Habsburgers Karl VI., viel allegorisches Steingekröse um einen Gründerzeitbrunnen. Der Palazzo des Lloyd Triestino, einst Österreichischer Lloyd, signalisiert nicht grundlos genausoviel Macht wie das Rathaus und das Regierungsgebäude. Hier lag das geistige Kraftwerk des Hafens. Ursprünglich eine Versicherungsgesellschaft, nach 1836 die wichtigste Schiffahrtsgesellschaft der Adria und der Levante. Um die Jahrhundertwende besaß sie 76 Schiffe, die den Handelsverkehr Österreich-Ungarns über die Adria nach Kleinasien, Syrien bis Alexandria, Indien, China und Japan aufrechterhielten. Es war kein Zufall, daß zum Österreichischen Lloyd auch ein wichtiger Verlag gehörte.

Das römische Theater in Triest: Schnittpunkt der Stadtgeschichte

Mosaik im linken Seitenschiff des Doms von San Giusto

Ein weißes Spruchband hängt an einem heißen Augusttag über dem reichge-
schmückten Portal: »Wir kämpfen gegen die Isolierung Triests.«

Triest macht wenig Aufhebens von seiner Vergangenheit, es besitzt ja genug davon.
Hinweistafeln für Touristen fehlen, Fremdenverkehr ist in Triest kein traditioneller
Erwerbszweig, das merkt man auf Schritt und Tritt. Aber gerade das macht den
Besuch für Individualisten, die gerne auf eigene Faust entdecken, so interessant.
Verirren kann man sich kaum. Das Meer und die Karstberge, auf deren Höhen die
Stadt klettert, sorgen für Orientierung.

Machen wir uns auf den Weg durch das offenliegende archäologische Feld Triest.
Nur eine kleine Stadtwanderung führt von der Gegenwart zu den Anfängen Triestiner Geschichte. Piazza dell'Unità – sie bekam ihren Namen nach der Einigung Italiens 1866, die Triest damals noch ausschloß. Erst seit 1918 gehört die Stadt zur
Republik – was manche heute wieder bedauern. Geht man am Rathaus vorbei zum

»Mich hat immer die Angst des Triestiners betroffen gemacht, eine Angst, die in der Stadt fühlbar ist, die sich in allen Lebensformen ausdrückt: angefangen vom Dialekt, der eine unglaubliche Ausdrucksgeschwindigkeit hat, so daß er manchmal einen geradezu manischen Charakter annimmt (man muß alles sofort sagen), bis zur Angst, daß dir jemand das Leben nimmt, bis zum Bedürfnis, alle Lebensprobleme gleich auszupacken. Diese Angst kann zu einer existentiellen Krise führen, die die notwendigen Entscheidungen gefährden, die nun einmal gefällt werden müssen. Angesichts einer Entscheidungssituation muß jeder auf seine Art seine Probleme lösen; und der Triestiner hat sich immer in der Zwangslage befunden, sich in größter Eile entscheiden zu müssen. Die Geschichte hat ihn immer zwischen zwei Feuer, zwischen zwei Kulturen, zwischen zwei Staaten gestellt.
(ponterosso, rusi most, 1. Juni 1979)«
Franco Basaglia, Zitat in: »Die neuen Kleider der Psychiatrie«
von Klaus Hartung

klassizistischen Teatro Verdi, das auch heute noch eine Hochburg der Wiener Operette ist, kommt man zur Tergesteo-Passage. Ein stimmungsvoller überdeckter Durchgang mit Boutiquen, Cafés und einer Buchhandlung, deren Schaufenster voll nostalgischer Publikationen sind. Hier kann man Doppeladler als Autoaufkleber oder Anstecknadel kaufen und Bücher, in denen die Zeit verherrlicht wird, als Triest noch zu Österreich gehörte.

Verläßt man die Passage auf der anderen Seite, ist man mitten auf der lebendigen Piazza della Borsa und nahe des römischen Theaters, das rechts vom Corso Italia liegt. Es stammt aus dem 2. Jahrhundert n. Chr., wurde im Mittelalter überbaut und geriet in Vergessenheit. 1938 ließ Mussolini einen Teil der Altstadt schleifen, und dabei entdeckte man das römische Theater wieder – ein gefundenes Fressen für den Propagandisten der römischen Vergangenheit Italiens. Als architektonischer Treppenwitz der Weltgeschichte wurde die klotzige, pseudoklassische Questura genau gegenüber gebaut.

Ob die skeptischen Triestiner von all dem beeindruckt waren? Ihre Vergangenheit reicht ja noch viel weiter zurück, in die Zeit der Illyrer. Ihr Hafen bot schon griechischen Schiffen Schutz. Aber nun haben sie eben das römische Theater, neben all den anderen Relikten einer großen Vergangenheit. Man spürt diese achselzuckende Gelassenheit, wenn man davor steht, die scheußlichen Nachkriegshäuser daneben aufragen sieht, die Baukräne und die venezianischen Villen. Auffallend ist hier höchstens die Katzenchoreographie. Zwischen Römersteinen und Unkraut ist Platz für allerlei Pirouetten und amouröse Pas de deux.

So salopp tragen große alte Damen ihren abgeschabten, mottenzerfressenen Zobel. Die alte Dame Triest hat auch sonst noch manche Kostbarkeiten, aus denen sie sich nichts macht – mattgewordene Perlen, verstaubte Brillanten. Wer lange so reich war, braucht sich und anderen nichts zu beweisen.

»Die Griechen waren aber eben weit entfernt von der modernen Barbarei, Holz und Stein unbemalt zu lassen; sie haben, aus einer sehr natürlichen und sehr künstlerischen Empfindung heraus, alles bunt angetüncht, was ihnen unter die Hände kam, und unsere weiße Plastik und Architektur wäre ihnen wie eine Kunst für Farbenblinde vorgekommen. Selbstverständlich haben sie die Augen sorgfältig aufgepinselt oder noch lieber durch eingesetzte Edelsteine, Kristalle und dergleichen wiedergegeben; und wie weit man in der völlig kritiklosen Nachahmung der griechischen Denkmäler ging, zeigt die groteske Tatsache, daß man, weil auch hiervon die Spuren sich nicht sogleich fanden, die bizarre Sitte annahm, das Organ des höchsten seelischen Ausdrucks überhaupt wegzulassen! Der ›griechische Kopf‹ mit der bleichen Gipswange, ohne Augenstern, ohne Blick in die Welt ist das sprechendste Symbol des neudeutschen Humanismus.«

Egon Friedell, »Kulturgeschichte der Neuzeit«

Muggia, die kleine Schwester Venedigs

Oben auf dem Burghügel von San Giusto, den man auch über eine steile alte Straße erreicht – vorbei an der Barockkirche Santa Maria Maggiore und der romanischen Kapelle San Silvestro – liegen die Pretiosen der alten Dame ziemlich kunterbunt durcheinander. Rest eines römischen Forums unterhalb des Kastells. Neben dem Dom, im Lapidarium: römische Plastiken, Säulen, Kapitelle. Mittendrin ein Tempel für Johann Joachim Winckelmann, den Erfinder der Archäologie. Er wurde 1768 in Triest von einem Räuber erstochen. Und wenn man auf die ausgewaschenen, kno-

chenbleichen Steine sieht, denkt man vielleicht nicht nur daran, daß er seinen Zeitgenossen Goethe, Herder und Lessing die »edle Einfalt, stille Größe« der Antike nahebrachte. Sondern, daß er auch für das Gipsgriechentum des Klassizismus verantwortlich ist. In so manchem Gründerzeitpalais finden sich die süßlichen Spätfolgen des Mißverständnisses, daß klassische Plastiken weiß und augenlos zu sein haben.

In die Kirche von San Giusto wurden altrömische Plastiken eingebacken wie alte Brotkrumen in einen neuen Teig. Es ist eine echt triestinische Kirche des: sowohl – als auch. Eigentlich besteht sie aus zwei Kirchen, vermutlich aus dem 11. Jahrhundert, die im 14. Jahrhundert zusammengefügt wurden. Ein eigenwilliger Bau mit byzantinischen Mosaiken, einer venezianischen Fensterrosette und ziemlich grobschlächtigen Renovierungen aus unserem Jahrhundert.

Die alte Dame Triest trägt auch ein bißchen Straß zu ihren alten Juwelen und das paßt gut zu ihrer aristokratischen Gleichgültigkeit.

In der Schatzkammer des Doms wird unter anderen Kostbarkeiten die Lanze aufbewahrt, die den Heiligen Sergius tötete. Sie ist das Stadtzeichen von Triest und erinnert in ihrer Stilisierung an die Lilie der Bourbonen.

Das wuchtige Kastell von San Giusto wurde 1368 von den Venezianern erbaut, Waffen, Möbel und Bilder erinnern an die kurze Epoche venezianischer Herrschaft. Im Sommer werden im Hof auf einer Freilichtbühne Operetten aufgeführt. Von der Blumenterrasse des Burgrestaurants hört man die Glocken von San Giusto. In natura und manchmal auch in der Umsetzung in ein sentimentales Volkslied. Es bringt hier auch der schlechtesten Sängerin den todsicheren Applaus, lästern boshafte Triestiner.

Der Blick von den weitläufigen Wehrgängen des Kastells ist ein Grund, gleich am ersten Tag eines Stadtbesuchs heraufzukommen. Von hier oben erschließen sich Triest und seine Umgebung am schnellsten. Da leuchtet am Rand der Bucht das Schloß Miramare (s. S. 90). Darüber türmen sich die Karstberge (s. S. 83) und der moderne Pyramidenbau der Wallfahrtskirche Monte Grisa. Wo die Stadt dem Hochplateau zustrebt, macht sich die Doppelfassade der Universität und ihr Glasannex breit. Sie liegt auf dem Weg zum hochgelegenen Villenvorort Opicina (die Triestiner sprechen das erste i nicht aus). Dort beginnt das karstige Hinterland Triests, mit seinen Weinschenken, den *osmizze*, den schütteren Steineichenwäldern zwischen Fels und Feld, den kargen Weingärten, in denen der *terrano* wächst, ein herber Rotwein, dem die Karstbauern manchmal mit Brombeersaft mehr Farbe geben sollen. Die Steinhäuser sind mit falben Schindeln gedeckt, an ihren Holzbalkonen rankt der Wein. Reste vorzeitlicher Steinburgen, die *castellieri*, finden sich zwischen den ausgewaschenen Steinen. Einer der reizvollsten Orte ist Monrupino mit seiner Wehrkirche.

In diesem schmalen Grenzstreifen des östlichsten Italiens leben fast nur Slowe-

Triest und Umgebung
Einen Stadtplan mit den wichtigsten Sehenswürdigkeiten finden Sie in der hinteren Umschlagklappe

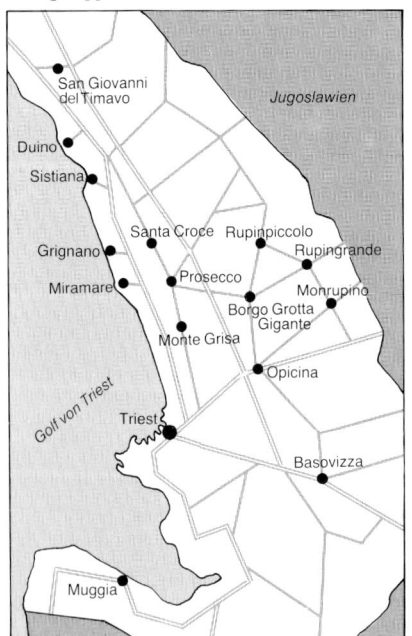

San Giovanni del Timavo
Jugoslawien
Duino
Sistiana
Santa Croce   Rupinpiccolo
Grignano   Rupingrande
Prosecco
Miramare   Monrupino
Borgo Grotta Gigante
Monte Grisa
Opicina
Golf von Triest
Triest
Basovizza
Muggia

Piazza Carlo Goldoni mit der Treppe zum Burghügel

nen, die ihre Eigenart, ihre Sprache in zäher Beharrlichkeit verteidigen. Das Miteinander, Nebeneinander der italienischen und slowenischen Triestiner ist von heikelster Balance. Sprachliche und politische Differenzen flammen in diesem Land an der Grenze zehnmal so leicht auf wie anderswo. Mißverständnisse werden auf beiden Seiten über Generationen mitgeschleppt. In seinem Buch »Triestiner Freundschaft« schildert der aus Istrien stammende, in Triest lebende Schriftsteller Fulvio Tomizza, wie schwer sich die Kluft zwischen diesen beiden Kulturen überbrücken läßt. Am Beispiel zweier Freunde – der eine ist in Triest geboren, der andere aus Istrien zugewandert – fächert er das Schicksal einer Stadt auf, in der die Grenze mitten durchs Leben, durch die Freundschaften und die Liebe seiner Bewohner geht.

Den Mann aus Istrien zieht es hinauf in den Karst, wo seine Muttersprache gesprochen wird, wo die Menschen und die Landschaft so ähnlich sind wie in der verlorenen Heimat. »Du führtest mich zum Gipfelpunkt des Dorfes, wo die Häuser, je näher wir zur Kirche kamen, abgestützte Mauern, erneuerte Türen und Fenster aufwiesen. Vom Schatten des Kampanile aus lag die Stadt unter uns in ihrem ursprünglichen Bogen, wie er auf den alten Stichen zu sehen ist: mit dem Hafen in seiner ganzen Ausdehnung, dem Kastell, dem Kanal und den deutlichen Furchen der Straßen, die sich fächerförmig auf die Piazza Grande öffnen. Mich packte geradezu heftiger Widerwille: ›Was habe ich mit dieser Stadt zu tun? Ich kann sie im Höchstfall von außen betrachten, als von der Natur gegebenes, gelegentliches und immer provisorisches Ziel. Um sie lieben zu können, hätte ich das in ihr finden müssen, was diese Steine, dieses Gras, dieser Aschenhaufen zwischen den Brennesseln bedeuten, die zärtliche Vertrautheit, die sie mir vermitteln.‹«

Man sollte dieses Buch als Reiselektüre mitnehmen, wenn man die stillen Karstdörfer besucht, Santa Croce, auf dessen Friedhof man kaum einen italienischen Namen findet, Rupingrande, Basovizza, Prosecco mit ihren gemütlichen Schenken, der unberührten Landschaft so nahe einer großen Stadt.

Aber unsere Augen- und Gedankenreise vom Kastell San Giusto ist noch nicht zu Ende, sie geht nach Osten, über die Dächer Triests, dorthin wo Italien endet und sich der Sporn von Capodistria, das heute Koper heißt, ins Meer schiebt. Dort liegt Muggia, ein Stück Venedig an der Grenze. Ein bezaubernder Fischerort mit betriebsamem Bootshafen, kleinen Kanälen, einem Dom aus rosaschimmernden Steinquadern, erlesenen Bögen und einer filigranen Rosette. Enge Gassen schlängeln sich an gotischen Palazzi vorbei. Mit einem turbulenten Karneval, der riesige Figuren in einem Umzug in Bewegung setzt, verabschiedet auch diese kleine Schwester Venedigs den Winter. Muggia gehörte zu Venedig, bis Napoleon die Republik auslöschte. Es wuchs vom Berg zum Meer, darum befindet sich sein ältester Teil mit der antiken Stadtmauer und der romanischen Kirche Santi Ermacora e Fortunato hoch über dem Hafen.

Zwischen dem Kastell San Giusto und Muggia erhebt sich der stählerne Wald des Industriehafens, Lagerhallen, häßliche Wohnblocks und mittendrin das als Monument der Unmenschlichkeit erhaltene einzige faschistische Vernichtungslager Italiens, San Sabba. Und dort wo die Häuser wieder kleiner, älter werden, öffnet sich verblüffend ein Gebirgstal auf Meeresniveau: Val Rosandra, ein schroffer Felseinschnitt im Karst. Kletterer hanteln sich jeden Sonntag in die Steilwände, Wanderer ziehen zwischen Bergbächen und Brombeerdickicht auf die Höhen, wo Italien endet. Manchmal geht die Grenze auf zu einem Fest der Nachbarn, die ohne Paß auf Besuch kommen können.

Steigen wir herunter von San Giusto, diesmal vielleicht über die große Treppe, die vorbei an Erinnerungssteinen für die Gefallenen zweier Weltkriege mitten in die Stadt führt.

Und bleiben wir auf der Spur ihrer Widersprüche.

Arco di Riccardo – römischer Triumphbogen in der Altstadt ▷

Die Städte
in der Stadt

»Es gibt Tage und Orte, an denen Triest nur eine seiner Facetten hervorkehrt, nur venezianisch oder nur slawisch erscheint, nur österreichisch oder ungarisch, aber auch, unter gewissen Umständen, nur jüdisch, griechisch, levantinisch oder sogar französisch – obschon diese Nation, die sich hier einige Male als Besetzer und Unterdrücker eingenistet hat, am wenigsten darauf Anspruch erheben kann, Teil der vielgesichtigen Stadt zu sein.«

Hilde Spiel, »Mirko und Franca«

Eine grellbunte Zeichnung an einer der schwarzen Häuserfronten rund um die Via Cavana, die Triests ältestes Stadtviertel begrenzt. Todkrankes Gemäuer, Gassen, so schmal, daß man die Häuser beider Seiten mit den Händen erreicht. Ruinen, von üppigem Grün überwuchert. Dazwischen immer wieder Durchblick zum Hügel von San Giusto. Triest hat seine Altstadt nicht zurechtgeputzt, seine Fassaden nicht überschminkt. Wer hier wohnt, ist meist arm, alt, häufig geprägt von dieser Düsternis. Die grellbunte Zeichnung ist der einzig sichtbare Protest der Jungen gegen die Enge der modernden Mauern. Irgendwo in einem Hof soll es einen verkrüppelten Feigenbaum geben, in dessen Stamm sie Rauschgift spritzten. Vielleicht sollte er davon Blüten bekommen, so bunt wie die Zeichnung an der Via Cavana.

Es gibt wenig junge Leute in Triest. Die Stadt ist überaltert, die Jungen, die hier bleiben, wirken sehr ernst, sehr gesetzt, ganz anders als junge Menschen der übrigen italienischen Städte. Wie aus einer fernen Zeit. Die *mularia*, wie Triests Jugend genannt wird, rebelliert nicht, ihr Übermut äußert sich nicht grell und verrückt, sondern in jenen Halb- und Vierteltönen, über die die Triestiner so souverän verfügen. Oder in stummer Resignation.

Die Via Cavana mit ihren Antiquariaten, den Trödelläden, winzigen Bars und Trattorien, mit ihren gewundenen Seitengassen, durch die niemals ein Sonnenstrahl dringt, mit den halbherzigen Abbruchprojekten, über die Gras und Schlingpflanzen wachsen, durchzieht das Quartier, in dem Triests Patrizier wohnten, ehe die Kaufleute und Seefahrer die Macht in der Stadt übernahmen und ihre eigenen Viertel bauten.

Es ist das Viertel, in dem die Resignation doppelte Tradition hat.

✻

Am heitersten ist Triest an seinem Canal Grande. Ein sehr kleiner Canal Grande – er endet nur ein paar Meter hinter dem Meer und gibt heute Privatbooten Schutz. Aber in seinem Wasser spiegeln sich die Barockfassaden des Borgo Teresiano, jenes genial

Im Hafen von Triest ▷

Canal Grande im Borgo Teresiano

geplanten Stadtviertels des Handels, der Schiffahrt, der Völkervielfalt. Hier ist Weite, der Wind trägt den Geruch des Meeres herein, in einer kleinen Parkanlage am Ende des Kanals blüht und sprießt üppige Mittelmeerflora. Die Straßen, die von den Architekten der Kaiserin Maria Theresia angelegt wurden, sind kerzengerade und überschneiden einander im rechten Winkel. Aber die Schönheit der Fassaden, die Eigenart der Kirchen und das bunte Marktgewimmel auf der Piazza di Ponterosso lassen das Planungskonzept schnell vergessen, das Leben hat es überwuchert.

Hier hat man eigentlich immer das Gefühl, daß das Wetter gut ist, auch wenn Triests gefürchtete Bora die Fensterscheiben klirren läßt. Die Gelb- und Okkertöne der Fassaden, die Farben der Blumen- und Obststände strahlen gegen Wolken, Wind und Regen an. Auch die Jeansstände, die von Besuchern jenseits der Grenze frequentiert werden, wirken viel fröhlicher als die gegenüber des Bahnhofs, in denen sich so viel Konsumtristesse sammelt. Jahrelang war Triest der große Einkaufsmarkt für Dinge, die man in Jugoslawien nicht bekam: Jeans, technische Geräte, Kaffee, Autozubehör.

Der Jeansmarkt an der Piazza di Ponterosso steht im Schatten der serbisch-orthodoxen Kirche des heiligen Spiridon, die die Harmonie des Borgo Teresiano mit Gründerzeit-Exotik würzt. Hier kamen die serbischen Triestiner zur Andacht in einem byzantinischen Kuppelbau mit Goldmosaiken und Ikonen im Stil der Gründerzeit. Er wurde 1860–1868 von Maciacchini di Macera gebaut. Schräg gegenüber, an der Schmalseite dieses zum Meer offenen Platzes, steht ein klassizistischer Kuppel- und Säulenbau, dessen Ausstrahlung kühlen Besitzstolzes eher die Börse als eine Kirche vermuten läßt. Sant' Antonio Nuovo (1840 von Pietro Nobile gebaut) öffnet den Andächtigen auch keineswegs das mächtige Frontportal unter dem Säulenvorbau, sondern zwei unauffällige, moderne Seitentüren, die wie Lieferanteneingänge in Sachen Frömmigkeit wirken.

In diesem mit Winkelmaß und Zirkel geplanten Viertel, das heute den Charme und die Grazie eines gewachsenen Distrikts besitzt, gibt jede Gasse einen neuen reizvollen Blick zum Meer frei, hinauf nach San Giusto oder zum Karst.

✳

Piazza Venezia – man findet sie leicht. Sie öffnet sich von der großen Uferstraße, schräg gegenüber der Fischhalle mit dem verstaubten kleinen Aquarium. Ein kleiner Platz, von einigen der besten Restaurants Triests flankiert. Nur ein paar Schritte

Markt im theresianischen Viertel

weiter wuchtet der Palazzo Revoltella empor. Residenz eines jener bürgerlichen Kaufleute, die Mitte des 19. Jahrhunderts sehr, sehr reich wurden. Pasquale Revoltella (1795–1869) war Venezianer, er kam Anfang des 19. Jahrhunderts nach Triest, gerade recht, um am Aufstieg der Stadt zu profitieren. Venedig versank in Armut und Vergessenheit, in Triest kreuzten sich die Wege, die in den technischen Fortschritt des Industriezeitalters führten. Revoltella hatte die Courage, sich zukunftsträchtigen Projekten anzuschließen: Er half, den Suezkanal zu finanzieren. Wie alle Reichen und Mächtigen dieser Zeit erholte er sich von seinen kühnen Plänen in einem jener Palais, in denen zwischen Plüsch und Brokat, in einer Überfülle pompöser Möbel und Dekorstücke muffige Kälte herrscht.

Der Berliner Architekt Friedrich Hitzig schuf für Revoltella ein Haus wie es für den neuen, schnellen Reichtum typisch ist. Die Frage der Dekorateure: »Darf's ein bißchen mehr sein?« wurde mit begeistertem »Ja!« beantwortet. Marmorbrunnen mit allegoriebefrachtetem Nymphenclinch, Alabastermusen, die in gedämpfter Laszivität die Hüften unter einem Himmel aus Goldstukkatur verrenken, löwenfüßige Brokatsessel, üppige Samtportieren. Hier konnte ein wagemutiger Neureicher feudale Haltung üben. Man aß von vergoldeten Tellern und hatte hohe Herren zu Gast. Ob damals schon die Bilder verzweifelt Betender, pittoresk Hungernder im Speisesaal hingen? Der Palazzo Revoltella ist heute Museum und beherbergt Malerei der Gründerzeit und der Jahrhundertwende. Die riesige verstaubte Bronzeschlange mit dem roten Lämpchen im Maul, die sich vom Treppengitter des letzten Stockes bis ins Parterre abwärtsringelt löst ein befreiendes Lachen aus. Jede Zeit hat die Scheußlichkeiten, die sie verdient, denkt man. Unsere sind aus Beton und haltbarer.

Bora in Triest. Darstellung auf einer alten Postkarte

Viale XX Settembre – die alten Triestiner nennen sie »Spatzenallee«. Eine Fußgängerstraße mit Platanen, Häusern mit schmalen Balkonen, die auch in Paris stehen könnten. Ein Eissalon, eine Konditorei, eine Bar neben der anderen. Wenn die ersten Sonnenstrahlen zu wärmen beginnen, stehen hier Tische und Sessel. Es ist eine angenehme Straße, die von der belebten Via Caducci abzweigt. Sie führt hinaus zum Boschetto, dem Stadtwäldchen, das sich neben dem Grau der Häuser behauptet.

Parallel zum Viale XX Settembre öffnet sich die breite, freundliche Via Cesare Battisti. Ihre Häuser entstanden um die Jahrhundertwende, ihre Tore haben ver-

Die »Spatzenallee« – Viale XX Settembre und ihre Straßencafés

schnörkelte Gitter, die Fassaden wölben sich zu kleinen Erkern und Balkonen. Es muß gut sein, hier einzukaufen, in den vielen, oft winzigen Läden mit ihrem überreichen Angebot an Käse, Schinken, Salami, Teigwaren, Gemüse, Brot, Wein und Fleisch.

Der ganze Individualismus italienischen Alltags läßt sich hier ablesen, die Lust an Kontakt und Gespräch. Um das Rohmaterial für ein Abendessen zu kaufen, besucht man drei, vier oder fünf Läden, mit einem überwältigenden Angebot frischer Waren. Schließlich muß man ja konkurrenzfähig bleiben im Vergleich zum großen Markt an der Barriera Vecchia, dort, wo Triest plötzlich wie Budapest oder Zagreb ausschaut. In diesem Markt stehen die Verkäuferinnen hoch über den Kunden, ihre Ware bieten sie auf einer schrägen Stapelfläche an. In den kleinen Läden an der Via Cesare Battisti gedeiht das Gespräch besser, Kunde und Verkäufer stehen einander auf gleicher Ebene gegenüber.

Auf Nummer 18 der Via Cesare Battisti ist mein Lieblingscafé in Triest, das »San Marco«. Das »Tommaseo« und das »degli Specchi« sind berühmter, sie liegen zentraler, und man sieht von ihnen das Meer oder die Piazza dell'Unità. Aber das »San Marco« in der Via Cesare Battisti ist so still und so voller Geschichten, wie ein altes Café sein soll. Es hat seinen reinen Jugendstil bewahrt, modische Restaurierungen blieben ihm erspart. Ein breites Band vergoldeter, verstaubter Blätter umrahmt als Halbrelief den Plafond, dazwischen Medaillons mit Masken der Commedia dell'Arte. Die Sessel sind wie in allen Cafés dieser Zeit zwischen Przemysl, Prag, Budapest, Zagreb, Wien und Triest von Thonet. Welches Glück, daß sie nicht stückweise als Antiquität verkauft wurden! Auch die alte Registrierkasse mit Knöpfen und Kurbel steht nicht als nostalgisches Objekt da, sie funktioniert. Hinter der verspiegelten

Café San Marco – hier hat der Jugendstil unverfälscht überlebt

Theke verwaltet eine Café-Fee Würfelzucker und den großen Schlüssel, der weiblichen Gästen den Weg zum stillsten Ort öffnet. (Männer haben zu ihrem Retiro freien Zugang.) Der Kellner mit dem gezwirbelten Schnurrbart und der schwarzen Bauchbinde hat die souveräne, feinst nuancierte Höflichkeit, die aus dem Grüßen hohe Kunst macht. Im »San Marco« sitzen alte Damen mit verschämt kostbaren Innenpelzen und alte Herren mit weisen Augen und einem verirrten Lächeln. Sie trinken Kaffee, plaudern, spielen Schach, lesen Zeitung.

Die beiden jungen Leute in Jeans mit dem kindlich wirkenden Halbwüchsigen scheinen aus einer anderen Welt zu kommen. Sie lachen halblaut, rascheln mit der Illustrierten, die sie dem Halbwüchsigen vor die Nase halten, um ihn auf Neuigkeiten hinzuweisen. Sie helfen ihm, die Kaffeetasse in den unsteten Händen zu halten und ermuntern ihn, ein Stück Kuchen zu essen. Plötzlich umwölkt sich das Gesicht des Jungen, sein Mund biegt sich nach unten, der Blick wird angstvoll. Seine Begleiter streichen behutsam über seine Arme, die Wange, umfassen seine Schultern. Er wird ruhiger, verlangt zu gehen, die beiden anderen helfen ihm in die Jacke. Niemand sieht auf, als die kleine Gruppe verschwindet, ein alter Herr hält ihnen im Eintreten die Türe auf. Triest, das ist unter anderem auch die Stadt, in der sich die Psychiatrie öffnete.

✳

Weiter stadtauswärts die Via Cesare Battisti. Beim Giardino Pubblico, dem öffentlichen Garten, teilt sie sich, geht rechts in die Via Giulia über. Die gleiche angenehme Atmosphäre alter Häuser, kleiner, gutgeführter Läden. Je weiter man geht, desto moderner und häßlicher werden die Häuser. Links steigt der Karst auf, der Monu-

»Ich schreibe im Stehen auf einem an die Wand gehefteten Blatt, da mir keine bequemere Stellung möglich ist, wenn ich mich nicht zwischen Schmutz und Auswurf auf den Boden legen will. Wir sind etwa 45 Personen, eingeschlossen in einen Raum von 25 m²; es gibt 6 Bänke mit jeweils 3 Sitzplätzen und 8 am Boden befestigte Eisenschemel, also genau 26 Sitzplätze. Die Übrigen streifen wie blinde Fliegen in dem Raum umher, angetan mit zerlumpten Kleidern, einige gar barfuß, unter physisch und moralisch gleichermaßen verzweifelten Bedingungen. An einer Seite des Raumes befindet sich eine Toilette, ohne eine Tür oder irgendwie sonst geartete Abtrennung, die während des gesamten Tages ihren Übelkeit erregenden Gestank verbreitet...«

Schilderung eines Patienten, zitiert in: »Absage an die Anstalt«,
Hrsg. Thomas Simon

Das psychiatrische Krankenhaus San Giovanni

mentalbau der Universität wird sichtbar. San Giovanni heißt dieser Stadtteil. Er ist durchsetzt mit kleinen Schenken, volkstümlichen Restaurants, niedrigen Vorstadthäusern. Viele Slowenen leben hier. Und schließlich links am Berghang, an der Via San Cilino, der meistumstrittene Platz von Triest: das Gelände der psychiatrischen Klinik.

Es verblüfft, wie schön sie liegt. Da ist nichts Kerkerartiges, keine Brutalität der Baugesinnung. Ein weit offenes, schönes Gittertor, dahinter zwei von den wenigen Kranken, die hiergeblieben sind nach der Öffnung der geschlossenen Anstalt. Sie sitzen vor der Portiersloge, dort, wo einst die anderen waren, die sie bewachten.

Der asphaltierte Weg führt in Serpentinen den Berg hinauf. Vorbei an villenartigen Pavillons mit Anklängen an toskanische, pompejanische Architektur, gefiltert durch das Stilgefühl der Jahrhundertwende. Von außen sehen sie nicht viel anders aus als die großbürgerlichen Villen ein Stück weiter oben, bei Opicina, mit grünbewucherten Veranden, Emailornamenten, abblätternden Holzjalousien. Nur stehen hier Spray-Graffiti an den Wänden. »Libertà è terapeutica«. Oder: »Casa Rosa Luxemburg«.

Auf dem Vorplatz eines Pavillons ist eine riesige Sonne gemalt, auf einer Wand ein Hubschrauber mit Besatzung. Im Schatten einer Pergola ein gestrandetes Pappendeckelschiff.

Von hier aus nahm 1973 das poetische und politische Spektakel des »Marco Cavallo« seinen Ausgang. Patienten schufen gemeinsam mit Künstlern, die am Öffnungsprozeß der Psychiatrie Anteil nahmen, ein Pferd: »Marco Cavallo«. Sie brachen die Mauern des Pavillons auf, in dem sie es gebaut hatten, und zogen singend,

Franco Basaglia und seine Patienten

lachend, tanzend in das Villenviertel San Vito. Ein Fest der Armen, ein Karneval der Benachteiligten explodierte mit Musik und Straßentheater, Tanz und Trunkenheit. Es waren keineswegs nur die überrumpelten konservativen Triestiner, die auf Distanz gingen. Die schärfste Kritik am Triumphzug des »Marco Cavallo« kam von den Befürwortern der offenen Psychiatrie, sie sprach von Verharmlosung der wahren Probleme von San Giovanni. Ein trojanisches Pferd für jedermann. Ein wahrhaft triestinisches Pferd . . .

Ein verirrter, bunter Ball, Schaukeln, Rutschen vor einem der Pavillons erinnern daran, daß hier ein Kindergarten eingerichtet wurde, um die Kluft zwischen draußen und drinnen, gesund und krank zu überbrücken. Im Café trafen sich Patienten und Besucher, Ärzte und Künstler, um Pläne für eine neue Psychiatrie ohne Gitter, ohne Machtausübung, ohne vermeidbares Leid zu schmieden.

Freiheit heilt - heilt Freiheit?

Der aus Venedig stammende Psychiater Franco Basaglia (1924–1980) schuf die Voraussetzungen für das 1978 beschlossene Gesetz über die Aufhebung psychiatrischer Heilanstalten in Italien. Basaglia leitete ab 1961 die psychiatrische Heilanstalt in Görz, ab 1968 die in Parma und ab 1971 die in Triest.

In Zusammenarbeit mit von ihm geschulten Ärzten beginnt er die Öffnung des psychiatrischen Krankenhauses San Giovanni in Triest Schritt für Schritt vorzubereiten. Basaglias Interesse gilt der sozialen Situation seiner Patienten. Er entdeckt im Obdachlosenasyl Triests einen Verursacher von Verhaltensweisen, die von der Psychiatrie geheilt werden sollen. Die Auszahlung von Beihilfen direkt an die Kranken, die 1972 beschlossen wird, soll ihnen mehr Selbständigkeit geben. Basaglia und sein Team finden Möglichkeiten, den Patienten mehr Freiheit zu verschaffen. Der Status des ospite *entsteht – entlassene Patienten in schlechten Verhältnissen können weiterhin in der Anstalt leben und sich hier verköstigen lassen. 1973 sorgt der große Auszug von Patienten mit ihrem selbstgeschaffenen Pferd »Marco Cavallo« in die Stadt für Aufsehen. Immer mehr Abteilungen von San Giovanni werden geschlossen, immer öfter verlassen Patienten die Klinik zu gemeinsamen Ausflügen und Reisen. Eine Kooperative sorgt für Arbeitsmöglichkeiten. Am Rande Triests, in Barcola, Aurisina, Muggia, und im Zentrum entstehen Ambulanzen, deren Patienten* utente – *Benützer – genannt werden. Auf dem Gelände von San Giovanni wird ein Kindergarten eingerichtet. Erste Wohngemeinschaften nehmen die einstigen Patienten von San Giovanni auf. Es ist schwer, weiteren Wohnraum zu finden. Ein leerstehendes Gebäude, die Casa di marinaio, wird besetzt und nach einer Woche wieder geräumt. Die starke Politisierung der Psychiatriereform führt zur Spaltung ihrer Befürworter.*

1978 erfolgt durch das Gesetz 180 die Schließung der psychiatrischen Krankenhäuser, Franco Basaglia stirbt zwei Jahre später. Die »Rückgabe kranker Menschen an die Gesellschaft«, wie der Präsident der Provinz Triest, Michele Zanetti, das Ziel der Psychiatriereform nannte, wurde zur meistumstrittenen Entscheidung des letzten Jahrzehnts in Italien.

Das Experiment ist gescheitert, sagen die einen. Man hat die Geisteskranken hinausgetrieben in die Stadt, ohne ausreichende Versorgung, ohne den Bürgern draußen zu sagen, wie sie mit denen umgehen sollten, die bisher aus dem Alltag ausgesperrt waren.

Die Reform geht weiter, sagen die anderen, sie mag sich verändern, aber das Bewußtsein für das Elend kranker, verwirrter, brutal verwalteter Menschen ist

Italien: Krach um Irrenanstalt

Reform von 1978 unter Beschuß

Franco Basaglia

Sechs Jahre nach der gesetzlichen Aufhebung der geschlossenen Irrenanstalten in Italien wächst der Druck auf die Regierung, Heilstätten für Geisteskranke wieder einzurichten. Politiker werden von verzweifelten Angehörigen mit Briefen bombardiert, die alle denselben Inhalt haben: Irgendwo muß doch Platz für meinen schizophrenen Verwandten sein! Hier in der Familie haben wir keine ruhige Minute mehr. Wir wissen nicht mehr, was wir tun sollen!

Ärzte und Psychologen verteidigen nach wie vor vehement das System der »offenen Psychiatrie«. Aber unter dem Druck der Öffentlichkeit wird nun doch eine Reform vorbereitet, die den Charakter des bestehenden Gesetzes wahren, letztlich aber die Irrenanstalt wieder installieren soll.

Kurier, 6. 4. 1984

geweckt. Nie wieder kann es ihnen so schlecht gehen, wie es ihnen vor Basaglia, dem Reformator der Psychiatrie, ging.

Sie geistern durch die Spitäler, belästigen die nur körperlich Kranken, gefährden und belasten ihre Familien. Es gibt zu wenig Geld, um die ambulanten Behandlungszentren, die an Stelle der geschlossenen Anstalt getreten sind, effektiv zu führen. Idealismus ist zu wenig, um Geisteskrankheit zu behandeln, sagen die einen.

Wir haben sie aus dem Dreck, aus der totalen Verzweiflung geholt und damit der Welt ein Signal gegeben, daß wir für die Ärmsten, die Schutzlosen verantwortlich sind, sagen die anderen.

Und während man immer weiter hinaufsteigt zum Hang mit seinen dichten

71

Sträuchern, den alten Bäumen und den nicht mehr genützten Anlagen, die von außen so idyllisch wirken und in der Menschen versagten, verzweifelten, kämpften, denkt man nach, wieviel Zeit vergehen mußte, ehe aus den Schlangengruben des Mittelalters eine Anlage von so menschlichen Dimensionen entstehen konnte. Und wie kurz der Zeitraum war, der uns bewußt machte, was in psychiatrischen Anstalten geschieht. Aber für den, der leidet, gibt es nur ein Zeitmaß: sein eigenes Leben.

Es ist kein Zufall, daß der Venezianer Franco Basaglia in Triest das kühnste und riskanteste Experiment der Psychiatrie vollziehen konnte. Nur eine Stadt mit so vielen Widersprüchen, so vielen Spannungen, so vielen Traditionen konnte der Boden für etwas so radikal Neues sein. Für eine Revolution der Phantasie, die an der Realität gescheitert sein mag. Aber die Realität wird nie wieder so sein, wie sie vor Basaglia war.

✳

Roiano – die Straßen, die zu diesem Teil Triests führen, sind so schmal und so steil wie Hochgebirgswege. Weingärten, kleine Häuser, winzige Kapellen, Steinmauern, die fruchtbare Erde vor dem Abrutschen bewahren. Und schließlich ein Blick auf den Hafen, der der Seele Flügel wachsen läßt.

Hier lebt und arbeitet einige Monate im Jahr die Malerin Alexandra von Reden. Das kleine rosa Haus mit der Pergola ist für sie weit mehr als ein idyllisches Refugium hoch über der Bucht von Triest. Es ist das schützende Dach ihrer Heimatlosigkeit. Im Friaul, woher sie stammt, besitzt sie nichts mehr, in Wien, wo sie studierte, lebt und ausstellt, fehlen ihr das Licht und die Farben des Südens. Sie hat jahrelang Bilder von Frauen mit schönen, stolzen Köpfen gemalt, aber ihre Körper waren mumienhaft bandagiert. Im Haus in Roiano veränderte sich ihre Aussage. Die Frauen bekamen Körper, sie bewegten sich im Tanz. Das zarte Rosa des Hauses sickerte in Alexandras Pinsel, mischte sich mit Stahlblau und Ocker – Himmel, Meer und Erde leben jetzt auch in ihren Bildern. Und dann wuchs den fragilen Frauenkörpern Kraft zu, Muskeln zeichneten sich ab. »Ich bin neugierig, wie es weitergeht«, sagt sie, »in Roiano habe ich keine Angst.«

Der Nachbar kommt über den steilen Weg geklettert, bringt eine Flasche Wein und die neuesten Geschichten aus der kleinen Gemeinde, die ein Dorf in der Stadt ist.

Die Dämmerung löscht die strahlenden Farben des Nachmittags, unten in der Stadt beginnen die Lichterketten der Straßen zu irisieren. Freunde werden von einem unermüdlichen Lotsen auf einer Vespa den Berg heraufgeführt. Sie bringen Wein, überbackene *melanzani*, Alexandra holt Fleisch und Brot aus der Küche. »Wir fahren morgen nach Italien«, sagt Odinea, eine schöne, dunkle Frau. »Italien?« – »Ja, nach Milano. Triest ist nicht Italien.« Odinea hat auch zu malen begonnen, und eine Galeriebesitzerin ermutigt sie. Welche Chancen haben junge Maler in Triest? »Gar keine«, sagt sie, »die Triestiner kaufen einen Namen oder ein schönes Karstbild, mehr trauen sie sich nicht.« Luigi Spacal, der hat es geschafft, der ist ein berühmter Maler und Graphiker geworden, trotz Triest. Und wieder fällt diese Ähnlichkeit mit Wien

Neue Kraft und neue Farben aus Roiano: Alexandra von Reden ▷

Denise Lister   *Gastfreundschaft in San Vito*

auf, der Pessimismus, die Selbstironie, die sehnsüchtige Wut über die Unvollkommenheit der eigenen Stadt. »Wir schimpfen, weil wir lieben«, vielleicht wäre das die Antwort.

»Tartaifel«, sagt einer aus dem Dunkel und dieser triestinisch-österreichische Ausdruck lachender Verwünschung, die den Teufel zum Zeugen macht, ist jetzt genau das richtige Wort.

✳

San Vito. Eines der schönsten Villenviertel der Stadt. Klassizistische Landhäuser, in einem lebte Napoleons Bruder Gerôme. Und zwischen den immergrünbewachsenen Pergolen der steilen Gärten, zwischen Palmen und Zypressen – das Meer.

Das Haus, in dem ich zu Gast bin, ist sehr typisch für dieses Viertel. Vor langer Zeit war es ein Kloster, heute bietet es einer englisch-triestinischen Familie und ihren vielen Freunden und Verwandten jene Behaglichkeit, die von jahrhundertelang kultiviert genützten Räumen ausgeht. In Vitrinen altes Glas, Zinnsoldaten, an den Wänden Familienporträts aus Barock und Biedermeier. Zufällig fand die Hausfrau unter allerlei Kellerkram Reliquien mit Beglaubigungen aus dem 18. Jahrhundert.

Ungezwungene Herzlichkeit und Fürsorge begrüßt den Gast. Mathilde Lister ist gebürtige Österreicherin mit Wurzeln in Triest, Major Norman Lister war englischer Offizier und leitet jetzt das englische Konsulat in Triest. Denise, die Tochter lebt in Wien, sie ist Malerin und Bühnenbildnerin. Sie verpflanzt ihre Erinnerungen an Triestiner Gärten in bezaubernde Trompe-l'oeil-Malerei, und setzt ihre Sehnsucht in

kritische Bilder von »Helden« um, die eigentlich Verlierer sind. Sie hat mir lachend erzählt, welches Entsetzen seinerzeit ihr Entschluß auslöste, in Paris bei der aus Triest stammenden berühmten Malerin Lenor Fini zu studieren. »Die Triestiner können sie nicht ausstehen, sie sagen heute noch ›la stregha‹ – die Hexe – zu ihr.« Lenor Fini wurde durch ihre erotisch-surrealen Bilder berühmt.

Während der ersten Viertelstunde meines Besuchs ruft erst Denise aus Wien, dann ihre Tante Angela aus London an, was es denn Neues gäbe, in Triest. Verwandtschaftliche Bindungen werden hier zärtlich, auch um den Preis hoher Telefonrechnungen gepflegt.

Mit der gleichen liebevollen Zuwendung erzählt die Hausfrau später vom *barone,* einem der sympathischsten Männer, die jemals als Held bezeichnet wurden. Jeder in Triest kannte den einstigen Marineflieger Gottfried von Banfield. Er ist der letzte Träger von Österreichs höchster Auszeichnung in der Monarchie, des Maria-Theresia-Ordens. Mit 94 schrieb er im Jahr 1984 seine Memoiren. Ein Mann aus einer fast vergessenen Zeit, voll Gelassenheit und Weisheit. Nach dem Ersten Weltkrieg heiratete er die Tochter eines Triestiner Schiffahrtsunternehmers und spezialisierte sich auf das Bergen von Schiffen. Die Räumung des Suezkanals 1957 war seinem Einfallsreichtum zu verdanken. Es gelang ihm, die eingeschlossenen Schiffe zum erstenmal in der Geschichte des Kanals zu einem Wendemanöver auf kleinstem Raum zu dirigieren.

Meine Gastgeber erzählen, daß sie den *barone* regelmäßig am Steuer seines schnellen Bootes sahen: ein schmaler, nicht sehr großer Man mit einem kühnen Gesicht, dem das Alter nichts anhaben kann. Die charakteristische Augenpartie mit den flügelartig geschwungenen Brauen ist die gleiche wie auf den Jugendbildern des »Adlers von Triest«.

Karl Kraus zitierte einen Ausspruch Banfields in der »Fackel« vom 9. Oktober 1917. »›Wann wird endlich ein Ende sein? Es ist schon genug. Schade um die vielen Menschenleben. Was jetzt geschieht ist nur eine Vernichtung, nur mehr ein Morden, kein Krieg mehr.‹« Dazu Karl Kraus: »Der sieht denn doch aus einer höhern Höhe.«

In Triest erzählt man sich noch heute voll zärtlicher Verehrung hübsche Geschichten, die vielleicht nur gut erfunden sind. »Wir kennen uns doch schon«, soll der österreichische Kaiser bei der Ordensverleihung zum *barone* gesagt haben. »Nicht möglich, Majestät. Bin immer in der Luft.«

Für eine »besondere herzhafte That«: der Maria-Theresia-Orden

Am 18. Juni 1757, dem Tag der Schlacht von Kolin, bei der die österreichische Armee unter Leopold Joseph Graf Daun das preußische Heer Friedrichs II. besiegte, stiftete Kaiserin Maria Theresia einen Orden, der ihren Namen trug. Er wurde vor allem für eine »besondere herzhafte That« im Krieg verliehen, ohne Rücksicht auf Rang, Religion und Abkunft. Mit der Auszeichnung war eine Pension und die Erhebung in den erblichen Freiherrnstand verbunden.

Der Maria-Theresia-Orden honorierte häufig erfolgreiche verantwortungsvolle Einzelinitiativen. Wäre der Prinz von Hom-

Gottfried Baron von Banfield, der letzte Träger des Maria-Theresia-Ordens

burg Österreicher und nicht befehlswidrig erfolgreich gewesen, hätte man ihm, anstatt ihn vor ein Kriegsgericht zu stellen, den höchsten Orden des Landes verliehen.

Mathilde Lister ist nicht die einzige Triestinerin, die ihr starkes Familiengefühl spontan auf Menschen ausdehnt, die sie mag. Sie müssen gar nicht so außergewöhnlich sein wie der *barone*. Es genügt, wenn sie die triestinische Mischung aus spontaner Herzlichkeit und traditionellen Umgangsformen begreifen. An diesen Spielregeln sind Kriege und Nachkriegsprobleme scheinbar spurlos vorübergegangen.

Ein Thema ist bei allen Triestinern begreiflicherweise mit starken Emotionen beladen: das Kriegsende, das Eindringen jugoslawischer Partisanen und Soldaten in die Stadt. »Die Gassen waren leer, die Fensterläden geschlossen und davor hingen die Nachttöpfe«, erzählt Mathilde Lister. Es gab Übergriffe, gegen die man sich mit Einfallsreichtum schützen mußte. »Wir waren allein in unserem Haus, meine Mutter, meine Schwester und ich. Und als ringsum die Häuser besetzt wurden, ging meine Mutter hinaus, um sich die Gesichter der Menschen anzuschauen, die da kamen. Und dann hat sie einen Offizier mit anständigen Augen entdeckt und einfach bei uns einquartiert. Er war tatsächlich anständig, und uns ist nichts passiert.« – »Eigentlich hat unsere Sympathie den Jugoslawen gehört, die von Anfang an den Faschismus bekämpften«, schaltet sich Major Lister bedächtig in das Gespräch ein. »Aber das hat unsere Fairness gegenüber Triest nicht beeinflußt.

Triest wurde »free territory« unter interalliierter Aufsicht, die Jugoslawen zogen ab. Aus diesem Sonderstatus, der Triest wieder von Italien abkapselte, erwuchsen nicht nur Vorteile, sondern lang weiterwirkende Entfremdungen. Offiziell war Triest 1954, als sich die Alliierten zurückzogen, eine italienische Stadt wie jede andere. Aber mit einer Vergangenheit wie keine andere. Jeder Stein im leeren Hafen erinnert daran.

Die Ambivalenz der Stadt hat uns wieder eingeholt in diesem schönen alten Haus in San Vito. Das Telefon läutet. Es ist noch einmal Denise aus Wien. »Ich hab’ solche Sehnsucht nach Triest«, sagt sie.

Erinnerung an eine alte Ordnung

Wer die beiden Männer über die Triestiner Piazza Goldoni zur Arbeit gehen sieht, könnte sie für zwei elegante Geschäftsleute halten, wie sie ihr berühmter Landsmann Italo Svevo so subtil geschildert hat. Oder für hohe Beamte einer Schiffahrtsbehörde, die samstags abends Kammermusik spielen. Ihre klugen, ernsten Gesichter, die Haltung ruhiger Würde passen sehr gut zu einer in Triest unvergessenen alten Ordnung.

Das Erinnern daran, ist ihr Beruf.

Lino Carpinteri (links, s. Abb. unten) und Mariano Faraguna, beide Jahrgang 1924, sind Journalisten und Schriftsteller. Seit 40 Jahren geben sie eine satirische

Beilage heraus, die jeden Montag in der Triestiner Zeitung »Il Piccolo« erscheint. »La Citadella«, heißt sie und bringt pointierte Zeitkritik, Karikaturen, politische Glossen. Und Geschichten, die der alte Fischer Bortolo erzählt.

Geschichten aus einer längst vergangenen, aber nicht vergessenen und erst heute langsam aufgearbeiteten Zeit. Als Triest bei Österreich war, was viele ändern wollten. Und woran viele, seitdem es sich geändert hat, ganz gern zurückdenken. Denn: »Österreich war ein ordentliches Land.« So heißt auch einer der sechs Sammelbände, die Carpinteri und Faraguna inzwischen im eigenen Verlag herausgegeben haben und die alle Bestseller sind. Kein Wunder, denn die beiden Autoren spielen virtuos auf der Seelenklaviatur eines Volkes, das es nicht mehr gibt. Sie sprechen zu ihm in einer Sprache, die es in dieser Form nie gegeben hat, eine Mischung aus Italienisch, Triestinisch, Slowenisch, Altösterreichisch. In Triest, Istrien und Dalmatien versteht man sie heute noch.

Eine Kunstsprache, die genial zusammengefügt genau den Tonfall der Menschen trifft, die sich gern daran erinnern, daß einmal eine Vielfalt von Völkern einen Staat

...denn Österreich war ein ordentliches Land

Ein k. und k. Bilderbogen

CARPINTERI & FARAGUNA & FURIO BORDON

bildeten: Österreich. Linguisten haben über die Sprache dieser Bücher bereits Studien gemacht.

Es gibt auch Übertragungen ins Italienische und daraus übersetzte deutsche Ausgaben: »... denn Österreich war ein ordentliches Land« und »Sünder, Segler & Sirenen oder Die Hose des Kapitäns«. Die Aufmachung ist von hohem nostalgischem Reiz, den Büchern werden Reproduktionen alter Ansichtskarten, Banknoten, Feldpostbriefe beigelegt. (In der Originalausgabe üppiger als in der Übersetzung.)

Die Helden dieser Geschichten sind kleine Leute aus den »alten Provinzen« Österreichs am Meer, zwischen Grado und der Bocche di Cattaro (heute Kotor) – Matrosen und Kapitäne, Soldaten und Hafenarbeiter, Fischer und Leuchtturmwärter und ihre Familien. Ihre Namen enden oft auf – *ich: Bolmarich, Nacinovich, Cuculich.* Auf Triestiner Straßen- und Geschäftsschildern, vor allem von Schiffahrtsfirmen, findet man ähnliche. Seit Jahrhunderten liegt der Schiffsverkehr der oberen Adria in den Händen von Leuten, die einmal aus Istrien oder Dalmatien kamen. Auch die Venezianer holten die begabten, erfahrenen Kapitäne. Sie bauten sich hinter San Marco ein wunderbares Bethaus, die Scuola di San Giorgio degli Schiavoni, statteten sie mit den märchenhaften Bildern Carpaccios aus. Und mit den naiven Porträts ihrer berühmtesten Schiffsleute.

Die phantasievollen und verschmitzten Streiche nennt man: *maldobrie.* Ein Wort – halb italienisch, halb slowenisch – wie die Menschen, die es verwenden. Die »Schlechtguten« heißt es wörtlich übersetzt. Sympathische Spitzbübereien hätte man sie zu ihrer Zeit genannt. Die Abenteuer, die daraus entstehen, stammen zum Teil aus Erzählungen sehr alter Leute, zum Teil haben sie Carpinteri und Faraguna congenial erfunden. Die *maldobrie* bekamen in Hörfunkserien und auf dem Theater Stimme und Leben. Nicht nur in Triest und Rom, auch in Ljubljana, Zagreb und Belgrad hatten diese Geschichten aus dem alten Österreich einen Riesenerfolg.

Neben den listigen und naiven, den zielstrebigen und den vom Pech verfolgten Hauptpersonen verblassen die Großen der Welt, die Honoratioren und Herrscher zur Statisterie. Vielleicht behalten sie vorübergehend das letzte Wort. Aber überlebt haben die Kleinen. In den Geschichten pulsiert der Alltag der kleinen Inseln und Küstenstädte der Jahrhundertwende, eröffnet sich ein Panorama längst vergessenen Lebens. Ihre Spannung entsteht im Aufeinanderprallen von Phantasie und einer alles bedenkenden Gesetzgebung.

Wie in der Geschichte vom Niedergang der Insel Cherso. Erst wird ihr die Verwaltung des Leuchtfeuers entzogen, dann der Stadtzoll und die Postverwaltung. Dann soll das Gefängnis gesperrt werden. Es gibt keine Diebe auf Cherso. Und wer weiß, überlegt der Rechtsanwalt Miagostovich, ob sie nicht auch das Bezirksgericht schließen, wenn sie beim Besuch des alten Kaisers entdecken, daß im Gefängnis nur Kakerlaken sitzen. Einer meint, man sollte für den Kaiserbesuch alle Betrunkenen einsammeln, dazu die vier Schmuggler, die zwei Irredentisten der Insel und den einen, der in Amerika zum Anarchisten geworden ist. Aber was soll der Kaiser denken, wenn das Gefängnis voll ist. Er wird denken, daß die Cherser schlechte Leute sind.

Also bekommt Martin Gherbaz, ein armer Teufel, zehn Kronen. Dafür läßt er sich einen Tag einsperren.

Ein armer Teufel auf Cherso ist einer, der kein Geld hat, aber ein kleines Haus, eine Frau, vier Kinder, viel Phantasie und den Ehrgeiz, sich einen Lohn auch zu verdienen. Und so ist die Tragödie, die er dem Kaiser erzählt von antiker Größe. Gestrauchelt ist er, erzählt Martin Gherbaz, weil er niemals eine Chance hatte, weil er krank und verzweifelt über die Not seiner Frau und der sieben Kinder, einem Freund geholfen hat, einen Sack Tabak an Land zu tragen. Nein, geschmuggelt hat er nicht, nur geholfen.

Der Kaiser ist bewegt, fragt nach der Haftdauer. Und weil der arme Teufel gerade sieben Kinder erfunden hat, acht arbeitslose Jahre und neun Monate Krankheit, sagt er: »Zehn Jahre«. Erschüttert läßt sich der Kaiser zu Gericht bringen zum großen Gnadenakt: Herabsetzung der Gefängnisstrafe des Martin Gherbaz auf die Hälfte.

Und so kam es, daß Cherso sein Gefängnis behielt, damit sein ärmster Teufel darin fünf Jahre Hanf zupfen konnte. Denn Österreich war ein ordentliches Land.

Die Schiffsleute mit dem – ich im Namen kamen weit herum. Einer von ihnen, der Kapitän Bussanich, wäre fast im chinesischen Boxeraufstand getötet worden, hätte ihn nicht der prophetische Traum seines Steuermanns gerettet. Erst nachher fällt ihm dann ein, der Bootsmann mußte ja auf der Wache geträumt und daher geschlafen haben. Das bringt ihn in Wut. Wenn einer auf der Wache schläft, ist er kein Bootsmann, sondern ein Hanswurst. Vor allem dann, wenn man ihn dabei ertappt.

Denn Österreich war ein ordentliches Land. Man mußte seine Ordnung nur begreifen.

Die Listigen haben sie begriffen, ihre Schwächen genützt, ihre Vorzüge genossen. Die Phantasie hat ihnen geholfen, recht gut damit zu leben. Daß Menschen stärker sind als ihre Ordnung – wer möchte das nicht gerne glauben.

»Mitteleuropäer sein ist eine Haltung, eine Weltanschauung, eine ästhetische Sensibilität für das Komplizierte, die Mehrsprachigkeit der Anschauungsweisen. Seine Todfeinde verstehen, das ist die Strategie des Verstehens. Es gibt ein mitteleuropäisches Tao. Umgeben von einem geheimnisvollen Geschmacksbündnis, von der Fähigkeit, auch ohne viele Worte zu verstehen, umgeben vom gemeinsamen Wörterbuch ironischer Anspielungen. Von ähnlichen Vorstellungen über Liebe und Tod, aber auch über Ehe und Beerdigung. Mitteleuropäer sein heißt, die Vielfalt für einen Wert halten. Das wäre eine neuartige Weltanschauung. Sowohl im Osten als auch im Westen kann eine Utopie, hinter der historische Erfahrung und persönliche Selbsterkenntnis stehen, Originalität für sich verbuchen.«

György Konrád, »Wiener Journal«, Juni 1984

Landschaft mit Schicksal: der Karst

Es gibt Landschaften, denen man ansieht, wieviel Schicksal sich in ihnen vollzog – so gnädig die Natur ihre Wunden immer wieder schließt.

Wer durch den triestinischen Karst fährt, spürt es: das ist keine romantisch zerklüftete Landschaft wie viele andere, pittoresk zum Meer abfallend, in bizarren Gesteinsformationen zu den fruchtbaren Hügeln ansteigend. Hier hat sich Gewalt eingeschrieben. Die langsame, unerbittliche von unterirdischen Flüssen, die enorme Höhlen ausbaggerten. Die rücksichtslos gewinnorientierte der Römer und Venezianer, die Wälder in Schiffsbalken verwandelte. Die patriotische, die in den zwölf Isonzoschlachten des Ersten Weltkriegs den Fels zum Leichenfeld machte.

Und trotzdem: es ist eine wunderschöne Landschaft, für viele die schönste der oberen Adria.

Man muß hier einen Sonnenuntergang im Spätsommer erleben, vielleicht von der Terrasse eines der in den Fels geklebten kleinen Restaurants der Küstenstraße mit dem Blick auf Duino. Um diese Zeit ist die Luft so klar, daß man die Häuser am Strand von Grado ausnimmt. Dazwischen das Meer wie gehämmertes Kupfer, nur selten von Schiffen durchfurcht, weit und still. Ringsum der poröse Stein, voll Rinnen und Löchern, Abbrüchen und Spalten. Dazwischen Büsche und Blumen, Gräser, Moos und zäh-zarte Bäume, die direkt im Stein zu wurzeln scheinen.

»Im Spätsommer jenes Jahres lebten wir in einem Hause in einem Dorfe, das über den Fluß und die Ebene zu den Bergen hinübersah. Im Flußbett lagen Kieselsteine und Geröll trocken und weiß in der Sonne, und in den Stromrinnen war das Wasser klar und reißend und blau. Truppen marschierten an unserm Haus vorbei und die Straße hinunter, und der Staub, der von ihnen aufgewirbelt wurde, puderte die Blätter der Bäume. Auch die Stämme der Bäume waren bestaubt, und die Blätter fielen in jenem Jahr früh ab, und wir sahen die Truppen auf der Straße vorbeimarschieren und den Staub aufsteigen und die vom Wind geschüttelten Blätter abfallen und die Soldaten marschieren und die Straße nachher leer und weiß bis auf die Blätter.«

Ernest Hemingway,
»In einem fremden Land«

Der von den Italienern beschossene alte, malerische Stadtteil von Görz.

Görz: Schlüsselstadt am Isonzo – Darstellung auf einer Feldpostkarte

Im Frühjahr liegt ein pastellfarbener Schleier über dem Karst, die Macchia blüht und duftet, eine wahre Explosion von Lebenskraft. Im Herbst verfärbt er sich rot-gold und verbleicht im Eiseshauch der winterlichen Bora.

✳

Die Grotta Gigante liegt oberhalb von Triest. Man fährt die Bergstraße von Opicina hinauf, folgt den Richtungspfeilen bis Borgo Grotta Gigante, einem kleinen Ort, der von der großen Höhle seinen Namen hat.

Eine Föhren- und Zypressenallee führt hinter einem winzigen Höhlenmuseum zum unauffälligen Einstieg in die Unterwelt. Es geht steil bergab auf schmalen Stufen, die ein Eisengeländer sichert. Und mit jedem Schritt tut sich ein neues Wunder auf in der magischen Welt, jenseits aller Realität. Die Weite des Raumes öffnet sich langsam als wäre der volle Überblick zuviel für den sonst in so viel Enge lebenden Menschen. Rötlich schimmernde Zapfen wachsen von der Decke in den Raum, Säulenwälder steigen von den Wänden. Pilzartige Gebilde, geädert, knorpelig säumen den schmalen Weg – Barock, das keinen Steinmetz braucht. Versteinerte Wasserfälle verschlafen die Jahrmillionen. Eine sieben Meter hohe Tropfsteinpalme wächst unerschütterlich 0,23 mm im Jahr.

Die innere Uhr, die uns tickend durch den Alltag begleitet, ist längst verstummt. Nur von den Wänden tropft es leise und unregelmäßig – das Wachstum geht weiter.

Die Grotta Gigante ist nur ein kleines Stück vom doppelten Boden dieser seltsamen Landschaft, die so vielen Schicksalen Raum gab.

✳

Es ist einprägsam und gerade in unserer Zeit naheliegend, sich vorzustellen, daß diese schroffe, karge Landschaft durch menschlichen Übermut geschaffen wurde. Das stimmt aber nur teilweise. Die Römer und Venezianer, die den Karst abholzten, um ihre Schiffe zu bauen, sind zwar für die Baumlosigkeit, aber nicht für die typischen Erscheinungen dieser Landschaft verantwortlich. Die entstehen im wasserlöslichen Gestein, in diesem Fall ist es Kalk. Eine dichte Vegetation, wie sie im Karst häufig vorkommt, intensiviert sogar die Aushöhlung des Gesteins, weil Regenwasser beim

Tödliche Realität im Parco della Rimembranza

Durchdringen der dicken Humusschicht besonders viel Kohlendioxid aufnimmt –
das verstärkt die Auflösung von Kalk.

Dort, wo Römer und Venezianer Raubbau in den Wäldern trieben, bei Triest und
in Istrien, ist der Karst pur erkennbar.

✳

»Doberdò al Lago« (am See), steht auf der Ortstafel an einer Abzweigung der Straße
von Triest nach Görz.

Doberdò war einer der meistumkämpften Orte der Isonzoschlacht. Der kleine Ort
liegt wie ausgestorben, die Häuser mit abwehrend geschlossenen Holzjalousien wirken alterslos. Hatte man sie auf Ruinen gebaut, waren manche erhalten geblieben?
Ein magerer, schwarzer Hund streunt über die staubige Straße, zieht einen Schwarm
Fliegen hinter sich her. Die Hitze ist unerträglich, die Sehnsucht, sich ins Wasser zu
stürzen, wird immer größer. Aber weit und breit kein See. Die jungen Soldaten des
militärischen Sperrgebiets wissen auch nicht, wo er sein könnte. Rechts und links der
Straße dürre, steinige Wiesen, graues Buschwerk. Zurück zur Abzweigung von der
Hauptstraße. Und da ist schließlich die verblichene Tafel: Trattoria al lago. Eine
verlassene kleine Schenke am Rand einer Wiese.

»Wo ist der See?« frage ich den Wirt. »Jetzt haben wir keinen«, sagt er achselzuk-
kend. »Und wann haben Sie einen?« – »Das kommt drauf an, im Karst weiß man das
nie so genau.«

Wenn der Stiefel die Faust ballt…, Feldpostkarten

Worauf es ankommt, erlebe ich nach einem Gewitter, das auch den verwegensten Autofahrer an den Straßenrand scheucht. Die Regenfluten machen die Straße zum Sturzbach, den Fels zum Katarakt, die Nacht zur Arena fulminanter Feuerwerke.

Und am Morgen darauf sind die grauen Büsche grün und Doberdò liegt wieder am See.

❊

Mulden, Wannen, Trichter, Einstürze gliedern die Oberfläche des Karsts. Aber wenige können genau sagen, wieviel Anteil der Mensch an der Durchlöcherung der Landschaft hat, was Doline (Mulde), was überwachsener Geschützeinschlag ist. Beim Monte Santo weiß man es, der wurde im Trommelfeuer um 16 Meter kürzer. Noch heute watet man durch feinen Kies, sieht die Spuren der eineinhalb Jahre dauernden Beschießung.

Zwölf Isonzoschlachten zwischen Juni 1915 und Oktober 1917 – Entsetzen jenseits aller Vorstellungskraft. Das große Monument von Redepuglia, das daran erinnert, gibt keine Auskunft über die Realität dieser fürchterlichsten Schlachten des Ersten Weltkriegs. Es heroisiert und glättet im Stil der Mussolini-Architektur Dreck und Angst, Qualen und Delirien, einen Kampf auf den Leichen der Kameraden, die im Fels nicht begraben werden konnten.

Eine breite Treppe erhebt sich monumental aus dem Fels, bekrönt von drei Kreuzen. Sie soll daran erinnern, daß italienische Soldaten sich Schritt für Schritt von der

Mahnmal Redepuglia: tausendfacher Tod im Karst

Küste durch das sonnenglühende und regengepeitschte Gestein zu den österreichischen Stellungen in den Bergen emporkämpfen mußten. Kann sie das wirklich?

Presente, presente, presente – die ganze Breite der Treppe nimmt diese in Stein gemeißelte militärische Meldung ein. Hier. Hier. Hier. Darunter die Namen der Gefallenen. Dazwischen die Zahl der Gefallenen einzelner Ortschaften. Davor die Sarkophage der Generäle. Der größte für den Duca d'Aosta, den legendären Anführer der 3. Armee. Gestorben 1931.

Viel Film wird hier verschossen, ganze Familien rotten sich zum Gruppenbild mit Toten zusammen. Die Treppe als Kulisse von Ferienfotos. In hohem Pathos wird an die *morti gloriosi,* die glorreichen Toten, erinnert, mit keinem Wort an ihr Elend. Mit viel Marmor deckte ein Regime, das bereits das nächste Kanonenfutter exerzieren ließ, das Grauen des Krieges zu.

✳

Gegenüber der Treppe von Redepuglia liegt der alte italienische Soldatenfriedhof. Und ganz in der Nähe, in Fogliano, der österreichische. Sie entstanden viel früher, knapp nach dem Ersten Weltkrieg, als die Erinnerungen sich noch nicht täuschen ließen.

In Fogliano ein Feld in die Erde gesunkener, gleichartiger Steine, von Gras fast überwuchert. Ein sinnloser Tod und die Natur, der man so tröstlich Raum gibt, haben alle, die hier liegen, gleichgemacht.

Im Parco della Rimembranza, dem alten italienischen Soldatenfriedhof, ist die Armseligkeit dieses Kampfes auf beklemmende Weise präsent. Alte Schützengräben blieben erhalten. In die aus Felsbrocken zusammengefügten Erinnerungssäulen sind militärische Ausrüstungsstücke eingefügt. Zerbeulte Helme, verbogene Stacheldrahtscheren, blechernes Eßgeschirr, ein zerschossenes Meldrad. Auf den Inschriftstafeln steht vor jedem Namen »fante«. Fante Carlo Rossi. Fante Giuseppe Bertoluzzi. Fante Stefano Nordis. Fante heißt Infanterist – enfant, infant Kind. Kind einer Mutter...

Carlo, Giuseppe, Stefano auf der einen Seite und Karl, Josip, Istvan auf der anderen wurden nach der Kriegserklärung Italiens an Österreich am 23. Mai 1915 in Marsch gesetzt. Die Isonzolinie war neben dem Tiroler und Kärntner Grenzgebiet eine der drei wichtigsten Kampfstätten. Das damals österreichische Görz der beherrschende und meistumkämpfte Brückenkopf. Die Italiener planten einen Durchbruch in Richtung Wien und Ungarn, die Österreicher verteidigten Görz und versuchten gleichzeitig eine Offensive zwischen Etsch und Brenta mit Stoßrichtung Venedig. Nach ersten Erfolgen mußte dieser Angriff abgebrochen werden, weil die Brussilow-Offensive in Rußland zusätzliche Truppen erforderte.

Die schroffe, felsige Landschaft des Karst, wo sich die zwölf Isonzoschlachten abspielen, vervielfacht das Grauen des Materialkriegs. Im Muschelkalk lassen sich keine Stellungen graben, mühsam sprengen Soldaten Kavernen, bauen aus Felsbrocken Unterstände. Granateinschläge potenzieren sich durch absplitternde, messerscharfe Felstrümmer. Es gibt kaum Wasser, die Hitze ist so marternd wie die eisigen Winterstürme. Pesthauch liegt über den wochenlang unbestatteten Leichen im Fels, Fliegengeschwader verdunkeln den Himmel. Auf beiden Seiten gehört Schnaps zur Tagesration.

Nach elf Schlachten zwischen der Küste und Karfreit scheint der italienische Durchbruch an der Isonzofront zu gelingen. Görz wird erobert, die Österreicher weichen zurück.

Und dann das Inferno der 12. Isonzoschlacht im Oktober 1917. Bei Flitsch-Tolmein am oberen Isonzo stößt das deutsche Alpencorps zu den dezimierten österreichischen Regimentern. Nachschub kommt über die halsbrecherischen Bergsteige des Wurzenpasses. Diese Schlacht verlieren die Italiener, die Österreicher und Deutschen feiern sie als »Wunder von Karfreit«. Die Entscheidung beschleunigte Blaukreuzgas, das sich in tödlichen Schwaden ins Tal wälzte und das italienische Abwehrfeuer zum Schweigen brachte.

Mag sein, daß Carlo sich in verzweifelter Atemnot den Helm herunterriß, daß Giuseppe im Ersticken die Drahtschere verlor, daß Stefano im Todeskampf das Eßgeschirr von den Knien fiel. – Karl, Josip und Istvan auf der anderen Seite, hinter den Gaswerfern, taten, was ihnen befohlen wurde. Und Feldmarschall Boroevic soll sich geweigert haben, an die Front zu gehen, weil ihm die Leiden der Infanterie zu nahe gingen, erzählte man sich.

Im Parco della Rimembranza leben die wahren Erinnerungen an die Isonzoschlacht. Im österreichischen Soldatenfriedhof von Fogliano kann man über die gleichmachende Gerechtigkeit von Kriegen weiter nachdenken. Das »Wunder von

Karfreit« änderte nichts am Ausgang des Ersten Weltkriegs. Es änderte nur das Leben der Familien von Carlo, Giuseppe und Stefano. Und von Karl, Josip und Istvan.

Im Herbst färben sich manche Sträucher des Karst so tiefrot als hingen die Blutstropfen der Gefallenen daran. Sie machen trauriger als die martialische Todestreppe von Redepuglia.

Heldenhafte Verteidigung Podgoras am Görzer Brückenkopf gegen den italienischen Angriff am 21. Juli 1915.

Mit Genehmigung der Illustrirten Zeitung, Leipzig

Karst

Es gibt noch viele Höhlen im Karst, die wenigsten sind für Touristen begehbar. Die Grotta Gigante ist die größte, aber nicht die tiefste: 130 m lang, 65 m breit und 107 m hoch. Die Höhle von Padriciano reicht 226 m in die Tiefe. Noch schönere Tropfsteine wachsen in der Höhle von Ternovizza. In der Pocala-Höhle haben Urzeitmenschen und Höhlenbären ihre Spuren hinterlassen. Und in der Höhle von Trebiciano fand man, was man in der Grotta Gigante vergeblich suchte: ein Stück vom 40 m langen, unterirdischen Lauf des Flusses Timavo, der knapp vor seiner Mündung bei San Giovanni al Timavo aus der Erde kommt. Im Altertum hielt man diesen Flußaustritt für den Eingang des Hades. In der Höhle von Trebiciano fließt der Timavo 329 m unter der Erdoberfläche.

Keine der italienischen Karsthöhlen ist so gut zugänglich wie die bereits 1840 entdeckte Grotta Gigante, deren Abstieg erst nach dem Zweiten Weltkrieg ausgebaut und beleuchtet wurde.

MÄRCHEN
ohne Happy-End:
MIRAMARE

Bonbonfarbene Lichtfinger durchstoßen die Nacht, greifen nach Zinnen und Söller des Schlosses, holen die Sphinx am Molo des Miniaturhafens aus dem Dunkel. »Märchen am Meer, Miramare«, schluchzt eine Männerstimme. Walzertakt und Marschmusik, großes Burgtheaterpathos erfüllt die Bucht. Dräuendes Intrigantengemurmel, erhabene Willenskundgebungen, die Stimme einer Frau kippt über in Wahnsinn. Dann die Trommeln des Erschießungskommandos, ein peitschender Schuß. Trauermusik. Langsam erlöschen die Lichter. Das Schloß verschmilzt mit der Nacht.

Kaiser Maximilian   *Kaiserin Charlotte*

Nie erscheint Miramare überzeugender als dann, wenn es am Irrealsten ist: beim Son et Lumière-Spektakel »Der Kaisertraum von Miramare«. Bei Tageslicht ist es viel schwieriger, die Widersprüche und Brechungen dieses Orts und seiner Geschichte zu verstehen.

Oberflächlich betrachtet ist das Schicksal des österreichischen Erzherzogs Ferdinand Maximilian, dem dieses Schloß gehörte, der Stoff, aus dem Kolportageromane entstehen. Ein schöner, junger Prinz ohne Thron mit einer ehrgeizigen Frau, dem die Krone eines fernen Landes angeboten wird. Er nimmt sie an, ohne die inneren Verhältnisse zu kennen. Rebellen stehen gegen ihn auf, seine Freunde verraten ihn, seine Frau verliert den Verstand. Die Rebellen erschießen ihn. Ende.

Ein wenig genauer betrachtet, ist es die Geschichte einer gigantischen Desinformation, in die halb Europa verwickelt war. Das Wunschdenken einer zu Ende gehenden Geschichtsepoche spiegelt sich im Los Maximilians. Und in dem Schloß, das er sich an einem der schönsten Punkte der oberen Adria bauen ließ.

»Schritt ist Tod, Trab ist Leben, gestreckter Galopp Seligkeit«, schrieb Maximilian, »mir ist es nicht gegeben, langsam zu reiten«. Und: »Ich erwarte mir nur noch Außerordentliches vom Fliegen, und wird einmal die Luftballonhypothese zur Wirklichkeit, so werde ich mich aufs Fliegen verlegen und darin den größten, konzentrierten Genuß finden«. Diese Worte wurden 1854 geschrieben, als der österreichische Erzherzog 22 Jahre alt war. Nur zwei Jahre ist er jünger als sein Bruder Franz Joseph, der fast sieben Jahrzehnte, 1848–1916, regierte.

Kaiserin Eugénie

Kaiser Napoleon III.

Maximilian ist ein völlig anderer Mensch als sein Bruder: begeisterungsfähig, musisch, ein Schwärmer und Charmeur, dabei von brennendem Ehrgeiz erfüllt und von großer Beharrlichkeit in der Durchsetzung seiner Wünsche. Sein Bruder, der Kaiser, erkennt offenbar sehr früh diese brisante Charaktermischung und schiebt Maximilian aufs ehrenvollste aus der Wiener Hofburg ab. Mit 22 Jahren wird Maximilian Oberkommandant der Kriegsmarine, macht weite Reisen, die in ihm die Sehnsucht nach dem Weltreich der spanischen Habsburger erwecken, in dem »die Sonne nicht unterging«.

In Paris trifft er die beiden Menschen, die sein weiteres Schicksal bestimmen: Napoleon III. und Kaiserin Eugénie. Der erste Eindruck, den der Großneffe Napoleons auf den Habsburger macht, ist der eines unsicheren Parvenus, ein Eindruck, der sich jedoch bald verändert. »Nichts Kaiserliches ist in dieser ersten Erscheinung«, schreibt Maximilian, nachdem er sich über das »kleine breitschultrige Männchen mit den kurzen Beinen und dem ungeheuren Kopf, dem matten, unstet suchenden Blick«

lustig gemacht hatte. »Und doch, was für große Eigenschaften muß der Mann haben, daß er einen trotz seinem unglücklichen Äußeren, trotz dem gemein-französischen Typus im täglichen Umgang so bezaubert, so überzeugt, daß man, ich scheue mich nicht, es zu sagen, als sein Freund und Verehrer von ihm scheidet!« Noch mehr beeindruckt ihn die Kaiserin, deren Schönheit und deren Geist er mit der Detailfreudigkeit eines sinnlichen Mannes schildert. »Aus nordischer Frische und Glanz, aus des Südens Schimmer und Reiz entstand die phantastische Perle, der schönste und lieblichste Schmuck in Napoleons Krone«, beschreibt er die Tochter eines Spaniers und einer Schottin. Maximilian wird sich bis an sein Ende zu dieser Freundschaft bekennen.

Von Paris fährt er nach Belgien, wo er Charlotte, die Tochter des belgischen Königs Leopold, kennenlernt. Daraus wird eine jener seltenen Verbindungen zwischen Herrscherhäusern, in denen Gefühl und Verstand in Harmonie sind. Leopold ist reich, er besitzt durch seine über die Throne Europas verstreute Verwandtschaft – auch Königin Victoria gehört dazu – viel Einfluß. Maximilian hingegen ist von der hübschen, geistig sehr selbständigen sechzehnjährigen Charlotte bezaubert. Es ist sein Schwiegervater Leopold, der beim österreichischen Kaiser eine wichtige Stellung für Maximilian durchsetzt. Franz Joseph ernennt den Bruder zum Generalgouverneur des Königreichs Lombardei-Venetien. Ein heikler Posten in einem Land, das seine Unabhängigkeit von Österreich ersehnt. Maximilian sieht nun endlich eine Möglichkeit, seine liberalen Ideen zu verwirklichen. Er plant eine Verwaltungsautonomie der Region, die Installierung eines Senats, er will Steuerprivilegien abschaffen und die Öffentlichkeit besser informieren. Damit reißt er den noch durch Höflichkeit überbrückten Graben zu Franz Joseph völlig auf.

Der Kaiser und seine Berater glauben nicht daran, daß man durch Entgegenkommen die nationalen Bestrebungen Italiens unterwandern könne. Maximilian führt einen Zweifrontenkrieg, er muß die Sache Österreichs gegenüber einem Volk vertreten, das nach nationaler Einigung strebt, und seine Reformen gegenüber dem mißtrauischen Wiener Hof verteidigen. An seine Mutter, die Erzherzogin Sophie, schreibt Maximilian: »Wir leben jetzt in einem kompletten Chaos, und nur die vollkommene Ruhe, die ich meinen 26 Jahren zum Trotze zu affektieren suche, erhält noch das Ganze mit Ach und Krach; um mich hat alles Kopf und Mut verloren, und mitunter frage ich mich schon selbst, ob das Gewissen es erlaube, den Anordnungen der Wiener blind Folge zu leisten«.

1859, im Alter von 27 Jahren, tritt Maximilian verletzt, entmutigt von seinem Amt zurück.

Vier Jahre vorher hatte er vor einem Sturm an der Landspitze von Grignano bei Triest Zuflucht gesucht. Der idyllische Platz am Fuß des Karsts, wo er erst ein kleines, später ein großes Schloß – Miramare – baute, wird zu seinem Refugium. Abbild seiner Träume und Sehnsüchte. Ein Schloß im Stil der Zuckerbäckergotik, in jener naiven Schwülstigkeit möbliert, die damals altem Adel und neuen Reichen gleich gut gefiel. Die bahnbrechenden technischen Leistungen jener Zeit, wie die kühne Tunnel- und Brückentrasse der Semmeringbahn von Karl von Ghega bleiben noch lange ohne den geringsten Einfluß auf den Wohnstil. Man fährt so schnell wie

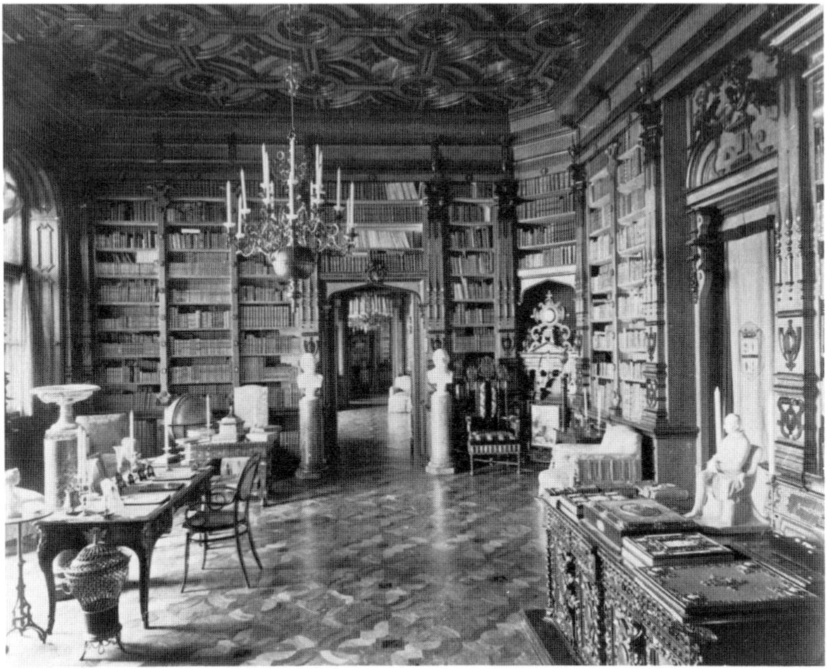

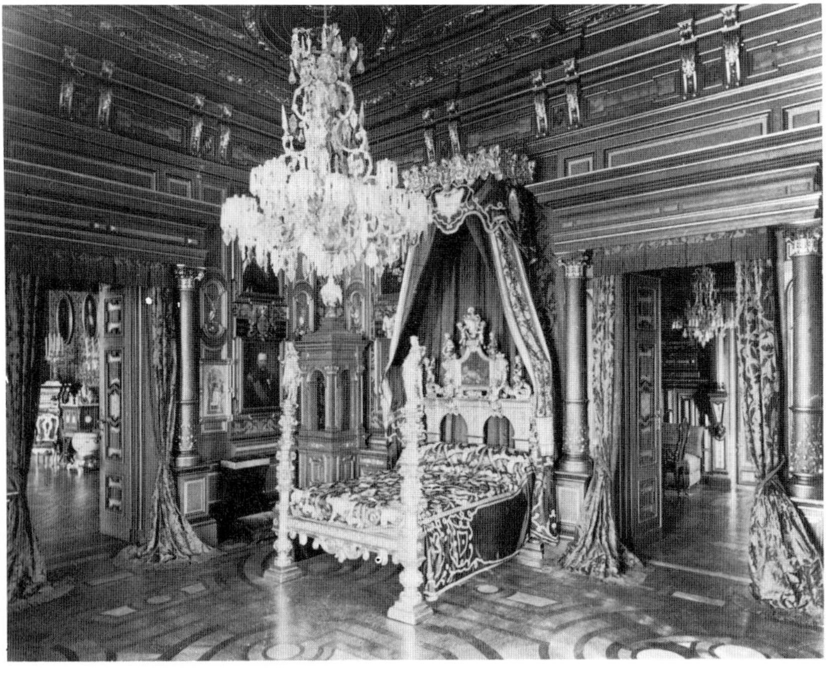

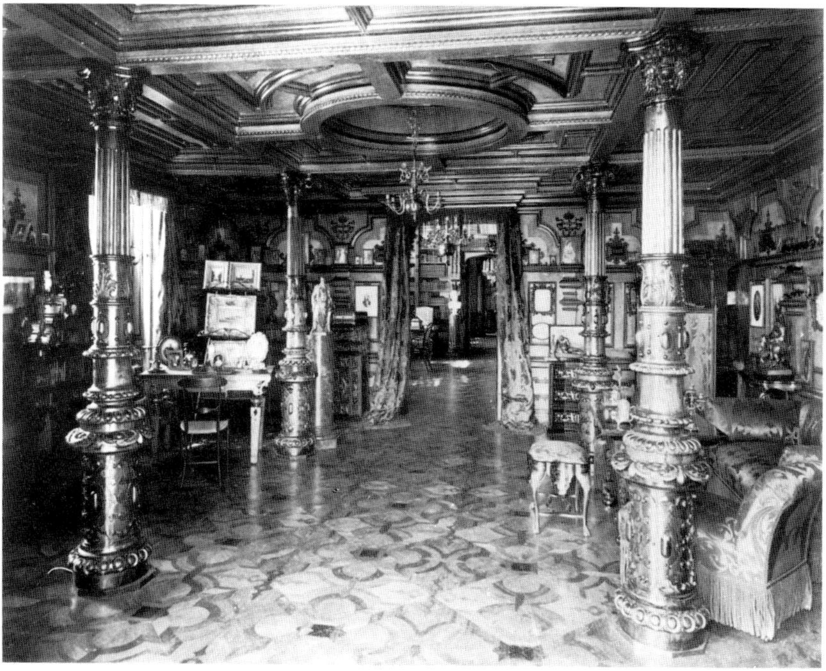

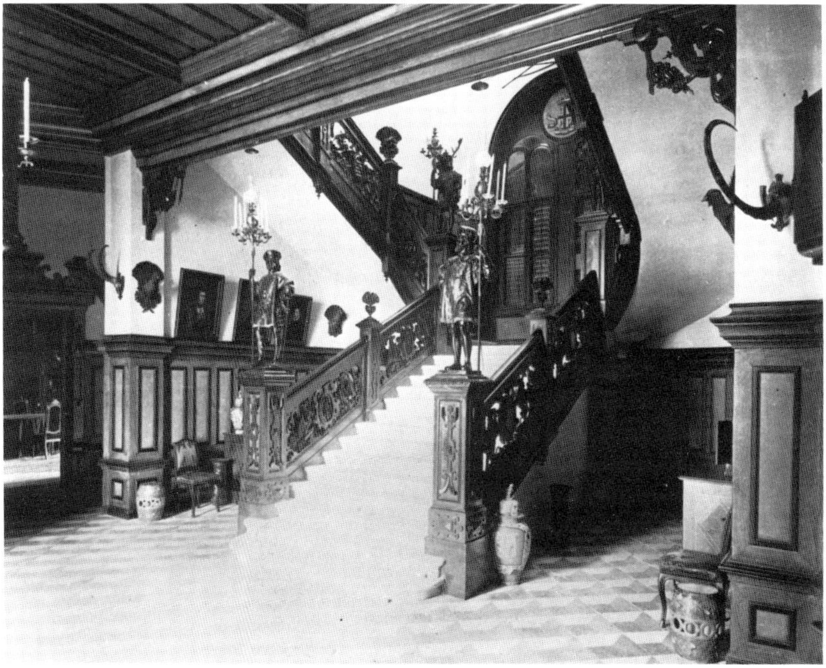

noch nie von Wien nach Triest. Und wohnt als reicher Bürger in einem Palais im Stil der Ringstraßen-Renaissance. Als Erzherzog in einem Schloß, das Mittelalter mimt.

Was Miramare trotz allem so unbeschreiblich schön macht, ist seine Lage zwischen Meer und Karst und sein melancholischer Park. Maximilian brachte von einer botanischen Expedition durch Brasilien exotische Gewächse mit, die er zum Teil hier pflanzte. Das Miteinander und Durcheinander von großbürgerlicher Plüschbehaglichkeit und imperialer Geste ist rührend und ein bißchen grotesk. Da reihen sich Säle aneinander, die wie Messekojen der für diese Epoche so wichtigen Tapezierer, Schnitzer und Stukkateure aussehen. Eine reichgetäfelte und intarsierte Kopie von Maximilians Schiffskoje auf der »Novara« wurde als Arbeitszimmer eingerichtet – domestiziertes Fernweh, mit Bildern der Verwandtschaft behängt. Brüchiger Damast fällt in starren Falten von operettenhaften Thron- und Betthimmeln, Florentiner Samt spannt sich über löwenfüßige Fauteuils im Stil der zweiten Renaissance. Dazwischen stehen kostbare alte Möbel, Boulle Uhren – in dieser Umgebung hält man sie auf den ersten Blick für Kopien. Große Köpfe der Geschichte werden in zweitklassigen Bildern beschworen. Ein Leben aus zweiter Hand hat es sich in einem Stil aus zweiter Hand behaglich gemacht. Erst im späteren Zubau der oberen Stockwerke zeichnet sich ein Aufschwung, ein Wille zur repräsentativen Selbstdarstellung ab.

Aus der Resignation, aus dem Rückzug ins gepolsterte Nest entwickelt sich die eigensinnige Allüre einer Residenz, die Distanz gebieten will und diese Distanz mit tausend Nippsachen wieder aufhebt.

Ein Bilderzyklus stellt steif und langweilig das große Abenteuer dieses Lebens dar: das Angebot der mexikanischen Kaiserkrone durch Herren im Bratenrock, die Abfahrt nach Mexiko in der rotgold drapierten Prunkbarke. Cesare dell'Acqua malte diese Bilder im Stil der Tapeziererarbeit von Miramare: dekorativ, akkurat und seriös. Das Drama Maximilians hielt ein anderer fest, und es war keine Auftragsarbeit: Manets Bild der Hinrichtung Maximilians durch Benito Juárez macht das Ende eines weltfremden Idealisten, der niemals seine Würde verlor, auf atemberaubende Weise greifbar.

Was zwischen der Abfahrt aus dem idyllischen kleinen Hafen von Miramare und dem schicksalhaften Schuß lag, war eine Tragödie der Mißverständnisse, der Fehleinschätzungen und der gebrochenen Versprechungen.

Mexiko, das seit 1521 unter spanischer Herrschaft stand, gewann 1821 seine politische Unabhängigkeit. Und wurde durch den Widerstreit spanischer und mexikanischer Interessengruppen in ein Chaos ohnegleichen getrieben. Zu den inneren Unruhen kam die Bedrohung durch die USA, die zwischen 1845 und 1848 Mexiko fast die Hälfte seiner Territorien abnahmen. Darunter Texas, Kalifornien, Arizona. 1853 kauften die USA um 10 Millionen Dollar von Mexiko weiteres Land im heutigen Gebiet von Neu-Mexiko und Arizona. Auch diese Verkäufe konnten das Land nicht sanieren. Es war so verschuldet, daß sogar die Zolleinkünfte an ausländische Gläubiger verpfändet wurden. Als nicht einmal die Zinsen für ausländische Darlehen gezahlt werden konnten, war der Staatsbankrott in Sicht. Frankreich hatte unter äußerst dubiosen Umständen eine Anleihe von 15 Millionen Pesos gegeben, von denen nur 750 000 ausgezahlt wurden. Napoleon III., der Amerika haßte, träumte von einem

Kaiser Franz Josef und Kaiserin Elisabeth zu Besuch in Miramare

lateinamerikanischen Imperium unter seiner Schutzherrschaft. Und seine spanische Frau Eugénie beteiligte sich sehr aktiv daran, Kontakte zu konservativen mexikanischen Kreisen aufzunehmen.

Seit 1858 stand der mexikanische Rechtsanwalt Benito Juárez an der Spitze der Republik – ein Idealist und Feuergeist, der die Macht des Geldes und der Kirche durch einen Gewaltakt zu brechen vermeinte. Als er keine Möglichkeit sah, die in Europa aufgenommenen Anleihen zurückzuzahlen, erklärte er sie für verfallen. Von allen Gläubigern war Napoleon III. am stärksten daran interessiert, das bestehende Regime zu stürzen und Juárez durch einen europäischen Monarchen zu ersetzen. Mexikanische Grundbesitzer, die Juárez mißtrauten und das Land verließen, darunter Gutierrez de Estrada, begannen ihre großangelegten Intrigen.

1861 erscheint der Augenblick für eine Intervention günstig – die USA, die sich gegen jede europäische Einmischung in Amerika wenden, sind durch den Krieg zwischen Nord- und Südstaaten abgelenkt. Ein junger mexikanischer Diplomat, Don José Hidalgo, gewinnt Kaiserin Eugénie und über sie Napoleon III. für die Pläne der reichen Exilmexikaner. Gesucht wird ein Mann mit großem Namen und freundschaftlichen Verbindungen zu den drei Hauptgläubigern Frankreich, England, Spanien, um das Verhältnis in Mexiko zu normalisieren. Es ist Hidalgo, der Maximilian vorschlägt, und es sind zwei Frauen, die den Erzherzog zu überzeugen suchen:

Eugénie und Charlotte. Maximilians Frau ist ehrgeizig und hochintelligent. Sie hat keine Kinder, was in dieser Zeit ihr angelastet wird. Die verwöhnte Tochter des reichen Belgierkönigs findet am Wiener Hof wenig Sympathien. Zwischen ihr und Kaiserin Elisabeth herrscht kaum verhüllte Feindseligkeit. Auch das mag ein Impuls gewesen sein, daß sie das Abenteuer Mexiko begeistert bejahte.

Der Wiener Hof verhält sich Maximilians mexikanischen Plänen gegenüber abwartend, aber nicht abwiegelnd. König Leopold begrüßt die Aussicht, daß seine Tochter Kaiserin von Mexiko werden könnte. Einzig England verliert nicht seinen kühlen Verstand. Lord Russell sieht das Debakel voraus, das eine europäische Intervention in Mexiko nach sich ziehen muß. Der kluge Biograph Maximilians, Egon Cesar Conte Corti, durchleuchtet die mexikanische Intrige in ihrer ganzen Tragikomik: »Die Frage der Monarchie in Mexiko und der Anwartschaft des Erzherzogs Ferdinand Max ist bisher eigentlich nur von vier Mexikanern, Hidalgo, Almonte, Gutierrez und dessen Sohn ins Rollen gebracht worden... Ferdinand Max aber tut so, als wäre das schon eine gewaltige Volksbewegung, die ihn auf den Schild erheben will.«

Der Habsburger, der von seiner Mutter Wittelsbacher Blut mitbekommen hat, lebt seine politische Schwärmerei so realitätsfern aus, wie Ludwig II. und Kaiserin Elisabeth es auf kulturelle und privat-versponnene Weise tun. Er läßt seinen ehemaligen Leibkammerdiener, der zum Privatsekretär avanciert, die Verhandlungen mit den Mexikanern führen. Und er läßt die verlogenen Schilderungen Gutierrez' ungeprüft.

Inzwischen wird die Lage in Mexiko für Europäer immer schwieriger. Amerika betrachtet das europäische Expeditionskorps mit größtem Mißtrauen. Engländer und Spanier ziehen sich zurück, die Franzosen bleiben. Das Engagement von Napoleon und Eugénie bringt Maximilians sehr geringe Zweifel zum Schweigen. Der englische Gesandte warnt ihn, den Kopf in solch ein Hornissennest zu stecken. Der amerikanische sieht ein tödliches Ende dieses Abenteuers voraus. Und Maximilian schreibt in seinen Aufzeichnungen: »Nun tritt plötzlich der mexikanische Kronantrag an mich heran und mit ihm eine Gelegenheit, auf ehrenhafte und gesetzliche Weise die schwere Bande einer tatenlosen Existenz, eines vergessenen Vegetierens auf immer zu lösen. Wer hätte da in meiner Lage, mit dem Herzen auf dem rechten Fleck und in der Vollkraft des Mannesalters, an seiner Seite eine strebsame und tugendreiche Gattin, wer hätte da, sage ich, nicht mit beiden Händen zugegriffen.«

Doch im letzten Moment schreckt Maximilian fast noch zurück, als er erfährt, daß sein Bruder von ihm den Verzicht auf alle Rechte eines Mitgliedes des Hauses Habsburg-Lothringen verlangt. Nach seinem Neffen Rudolf hätte Maximilian das Nachfolgerecht auf den Thron gehabt. Charlotte rät, heimlich und ohne Verzicht außer Landes zu gehen, um die mexikanische Krone anzunehmen. Dazu ist Maximilian nicht bereit. Eugénie beschwört ihn, zu seinen Abmachungen mit den Mexikanern zu stehen. Napoleon III. versteigt sich zu verwegenen Beschwörungen von Maximilians Loyalität: »Durch den Vertrag, den wir abgeschlossen haben und der uns gegenseitig verpflichtet, durch die Mexiko gegebenen Versprechen und die mit den Unterzeichnern der Anleihe getroffenen Vereinbarungen, haben Eure kaiserliche Hoheit Pflichten übernommen, die einfach zu verleugnen Sie nicht mehr freie Hand haben. Was würden Sie tatsächlich von mir denken, wollte ich, wenn Euer kaiserliche Hoheit schon in Mexiko sind, auf einmal sagen, daß ich die Bedingungen nicht mehr erfüllen kann, die ich mit meiner Unterschrift bekräftigt habe?«

Nun verzichtet Maximilian auf das Nachfolgerecht. Er nimmt die mexikanische Krone an und gibt Napoleon III. die Chance, genau das zu tun, was er in seinem Brief als Beispiel der Unehrenhaftigkeit anführte.

Am Tag vor der Abreise hat Maximilian einen seelischen Zusammenbruch. Charlotte muß ihn beim Abschiedsbankett in Miramare vertreten. »Charlotte scheint aus härterem, widerstandsfähigerem Holze geschnitzt als ihr Gemahl, zumindest geht

Kaiser Maximilian im Krönungsornat　　　*Kaiserin Charlotte*

dahin das Urteil aller jenen, die diesen denkwürdigen und zugleich verhängnisvollen Tag miterlebten«, schreibt Egon Cesar Conte Corti. Auch in Mexiko, dessen Unregierbarkeit sich gleich nach der Ankunft erweist, ist Charlotte die stärkere. »Ich würde gegebenenfalls auch eine Armee kommandieren«, schreibt sie an ihre Freundin Gräfin Grünne. »Es scheint mir nur natürlich, daß in einer Stellung wie der unsrigen eine Frau, die nicht Familienmutter ist, ihrem Gatten direkt beisteht. Ich tue es, weil er es wünscht und aus Geschmack an nützlicher Beschäftigung, nach der ich hungere.« Wahrscheinlich wird es nie ein objektives Bild Charlottes geben. Aber im Urteil ihrer Zeit mußte eine so ungewöhnlich aktive, politisch denkende Frau schlecht abschneiden.

Dem Herrscherpaar wird klar, daß die Verflechtungen von Intrigen der Exilmexikaner und des finanziellen Interesses Frankreichs, die Kombination aus unbeugsamem Freiheitsdrang der Mexikaner und der Zielstrebigkeit Benito Juárez' Maximilians Mission unmöglich machen. Nun wird Charlotte aktiv. 1866 fährt sie nach Europa. Beschwörend schreibt sie auf dieser Reise nach Paris, zu Napoleon III.: »Abdanken heißt, sich verurteilen, sich selbst ein Unfähigkeitszeugnis ausstellen und das ist nur annehmbar bei Greisen und Blödsinnigen, das ist nicht Sache eines Fürsten von vierunddreißig Jahren voller Leben und Zukunftshoffnung.«

In Europa ist die Lage verwandelt. Österreich wurde bei Königgrätz von den Preußen geschlagen. Frankreich fürchtet ein ähnliches Schicksal. Eugénies Einfluß ist schwach geworden, der französische Kaiser vernachlässigt seine Regierungsgeschäfte zugunsten seiner privaten Interessen: Frauen und römische Geschichte.

Charlotte kommt nur mit Schwierigkeiten zu Eugénie vor. Sie selbst ist knapp, präzise, unbeugsam, Eugénie macht hinhaltende Konversation. Mit leidenschaftlicher Festigkeit verficht die sechsundzwanzigjährige Charlotte ihren Standpunkt, erzwingt eine Audienz beim Kaiser, verhandelt mit Ministern, schreit schließlich verzweifelt heraus, die französischen Finanzleute hätten nur einen Teil der Anleihe an Mexiko gezahlt, den Rest veruntreut.

Ihr hartes, undiplomatisches Auftreten entsetzt den Hof. Napoleon lehnt jede Hilfe ab. Die Briefe, die Charlotte nach Mexiko schreibt, sind verzweifelt, starrsinnig. In der Entspannung, die ihr ein Aufenthalt in Miramare gibt, scheint sich ihr Verstand zu trüben. In Rom, bei einer Audienz bei Papst Pius IX. wird ihre Verstörung offenbar. Man bringt sie nach Miramare. Sie wird Maximilian und Mexiko nie wieder sehen.

Inzwischen scheitern alle Aktionen Maximilians, weil alle Prämissen falsch sind. Das Volk steht keineswegs hinter den Ultrakonservativen, die ihn ins Land gerufen haben. Als Maximilian erkennt, daß ihn alle verraten haben, die ihn nach Mexiko trieben, ist es für eine Rückkehr zu spät.

Am 14. Mai 1867 steht Benito Juárez mit 30 000 Mann vor der Stadt Querétaro, in der sich Maximilian mit 9000 Mann verbarrikadiert hat. Die Stadt muß sich ergeben. Maximilian und seine Generäle werden gefangengenommen. Einen Monat später fallen die Schüsse auf dem Cerro de las Campanas.

»Sie sind Soldat, Sie müssen gehorchen«, sagt er zu dem Erschießungskommando und gibt jedem Soldaten eine Goldmünze. »Es lebe Mexiko, es lebe die Unab...« Und dann nur noch: »Hombre.«

Charlotte hat ihren Mann um Jahrzehnte überlebt, sie starb 1927 als Siebenundachtzigjährige im belgischen Schloß Bouchout.

Daß Häuser und Gärten etwas von den Menschen verraten, die sie schufen – in Miramare glaubt man es. Ein Mann mit vielen Eigenschaften außer der einen – Realitätssinn – baute ein unwirkliches Schloß in einem verzauberten Garten. Ein typischer Park des Fin de siècle – melancholisch, kontrastreich in seiner dschungelhaften Üppigkeit und der geometrischen Abgezirkeltheit der Beete. Ein Garten wohlgeordneter Überraschungen mit vielen Treppen, steinernen Einfassungen, Teichen, Bosketten, Plastiken und Pavillons. Uralte chinesische Glyzinien schlingen ihre armdicken Stämme um eine Pergola, Zypressen, Zedern, Sequoia und Myrthen, Lorbeer-

Die Erschießung Maximilians von Mexiko. Ausschnitt aus dem Bild von Manet

und Schneeballsträucher wölben sich über Wege, umrahmen Plätze, wuchern den Karst hinauf. Das Ende einer Epoche hat sich in dieser kunstvollen Idylle auf 22 Hektar verewigt.

Nach dem Ersten Weltkrieg ging Miramare in italienischen Besitz über. Amedeo von Savoyen-Aosta, der Sohn des legendären Kommandanten der III. Armee, die die Isonzoschlachten schlug, wohnte hier. 1941 wurde er während der Abessinienkämpfe von den Engländern gefangengenommen. Er starb 1942 in Nairobi.

Deutsche, neuseeländische, englische und amerikanische Militärkommandos waren zwischen 1943 und 1945 in Miramare stationiert. 1946 wurde das Schloß Museum – offen für alle, die Romantik, ein Stück Geschichte oder einen der schönsten Plätze der Adria suchen. Vielleicht im bonbonfarbenen Licht von Son et Lumière und der unwiderstehlichen Alliteration: »Miramare, Märchen am Meere ...«

Feste

für den neuen

Wein

und einen alten

Kaiser

Rotgelbe Fähnchen flackern durch die Stadt, weisen den Weg zum Wein: Gorizia, der alte Stammsitz der Grafen von Görz, feiert die Ernte, die draußen auf den Hügeln eingebracht wird.

Wie Fliegen im Bernstein blieb hier Altösterreichisches erhalten: Barockkirchen mit Zwiebeltürmen, Adelspalais von unterspielter Noblesse, ärarische Bauten, die den Aktenstaub einer verschollenen Bürokratie ahnen lassen, platanenbestandene Plätze, Flanierstraßen, die zum Korso einladen, und die alte Burg, die eigentlich ein wehrhaftes Dorf ist mit grauen Türmen, freundlichen Nebengebäuden, grasbestandenen Höfen, einer uralten Kirche und Basteien, von denen man weit ins Land sieht. Vor allem ins fremde Land, denn die Grenze geht quer durch die Stadt, der alte Bahnhof liegt bereits in Jugoslawien.

Die Jahre der Trennung haben die beiden Hälften auch optisch entfremdet. Der jugoslawische Teil – Nova Gorica – ist zu einem gesichtslosen Industrieort versteinert. Auf einem Berg hinter der italienischen Grenze huldigt eine riesige Inschrift noch immer Tito.

»Wenn mir der Wind die Wäsche über den Zaun weht«, sagt Lyduschka, die in einer venezianischen Villa inmitten von Feldern und Weingärten lebt, »heben sie mir die jugoslawischen Nachbarn auf.« An Lyduschkas Zaun endet Italien und beginnt Jugoslawien. Die Nachbarschaft ist gut. In diesem Winkel Mitteleuropas hat man das Miteinander verschiedener Völker lange genug geübt.

In Lyduschkas strahlend blauen Augen gewittert es, wenn sie von der Grenzziehung nach dem letzten Krieg erzählt. »Meine Mutter und ich haben den englischen

מִזְמוֹר שִׁיר

אֵל נָא הַשְׁקִיפָה מִמְּרוֹמֵי עֲרָכוֹת,
וְהָגֵן מַלְכֵּנוּ וְהוֹפַע אַרְצֵנוּ !
אֵיתָן בָּאֱמוּנָה, מִשְׁעֶנֶת לְכָבוֹד ,
בִּתְבוּנוֹת כַּפָּיו לָעַד יְנַהֲלֵנוּ .
נֵזֶר אֲבוֹתָיו , יָצִיץ עַל־רֹאשֵׁהוּ ,

Гимн народний

Бóже, бýди покровитель
Цїсарю, Єгó краям!
Крíпкий вíрою правитель
Мýдро най провóдить нам!
Прáдїдну Єгó корóну
Боронíм від вóрога,

Volkshymne

Gott erhalte, Gott beschütze
Unsern Kaiser, unser Land!
Mächtig durch des Glaubens Stütze
Führ' Er uns mit weiser Hand!
Laßt uns Seiner Väter Krone
Schirmen wider jeden Feind:
Innig bleibt mit Habsburgs Throne

Inno Popolare

Serbi Dio l'austriaco Regno,
Guardi il nostro Imperator!
Nella fe che Gli è sostegno
Regga noi con saggio amor!
Difendiamo il serto avito
che Gli adorna il regio crin;
Sempre d'Austria il soglio unito
Sia d'Absburgo col destin.

(Da „Serbidiola", Milano 1968)

Görz: österreichisches Barock und Biedermeier unter Palmen

Offizieren klar gemacht, daß sie die Grenze nicht quer durch unseren Garten führen können.« Ihr unwiderstehliches Lachen geht durch das große Haus mit den vielen Erinnerungen an den österreichischen Vater, die slawische Mutter und den italienischen Mann, an Jahre in Venedig und in Afrika. »Was sind Sie eigentlich, Lyduschka?« – »Mitteleuropäerin natürlich!« Die Antwort kommt sehr schnell. Ein Mitteleuropa einer anderen Zeit steigt hier auf, in der legeren Eleganz der Gesten und Worte, im Gemisch der Sprachen, die einander harmonisch durchdringen. Es spiegelt sich in den ausdrucksvollen Gesichtern, die aus Porträts der Jahrhundertwende gestiegen sein könnten. »Keine Spur«, wehrt Lyduschka ab, »es ist kaum noch etwas geblieben, wie es einmal war.«

Dieser Ort an der Grenze hat in seiner leisen Melancholie noch immer Maß und Würde. Seine übersichtliche Gliederung macht ihn dem Besucher schnell vertraut. Österreichisches Barock und Biedermeier unter Palmen – eine bezaubernde Mischung. Mit Österreich war Görz jahrhundertelang verbunden. Die Grafen von Görz besaßen Ländereien in Tirol, Kärnten, Krain und Istrien. Als sie sich Anfang des 14. Jahrhunderts aus dem Einfluß der Patriarchen von Aquileia gelöst hatten, gewannen sie großen Einfluß im Friaul und in Venetien. In der Auseinandersetzung zwischen Venedig und dem Kaiser Maximilian I. geriet Görz 1508 in venezianischen Besitz, wurde 1511 habsburgisch und blieb es bis zum Ersten Weltkrieg, der Görz zur Frontstadt machte.

Ende August, wenn die Weinlese beginnt, ist die Burg von Görz mit ihren weiten Sälen und Höfen, den Basteien und Kellern Bühne für Sänger und Komödianten, Musiker und Tänzer. Und für Genießer mit dem kleinen Probierglas in der Hand. Es gibt kaum Räusche. Und wenige Touristen. Hier feiert eine Region die Früchte eines arbeitsamen Jahres. Das ist Grund zu wacher Freude. Unter einem kühn geschwungenen Zelt stellen die Weingüter ihre besten Sorten aus. Am Stadtrand beginnt bereits der Collio, das Hügelland, wo einige der besten Weißweine Italiens gedeihen: Pinot Grigio, Tocai, Malvasia.

Prüfend gehen die Besucher von einem Stand zum anderen, kosten bedächtig, stärken sich an Schinken, Brot und Käse, spülen am Brunnen Mund und Gläser für den nächsten Schluck. Mitglieder der italienischen Weinbruderschaft ziehen in ihren purpurnen oder smaragdgrünen Roben mit schweren Goldketten um den Hals den Berg hinauf. Zu den ausdrucksvollen, lebendigen Gesichtern passen die theatralischen Gewänder. Auch Frauen sind dabei, sie raffen ihre Roben elegant, rücken die Baretts in kühnem Winkel über die Stirn.

Im Cortile delle Milizie versammelt sich eine Commedia dell'Arte Truppe. Die Hauptdarsteller bereiten sich auf ihr abendliches Spektakel vor, die anderen beginnen mit Kindern ein Fingerspiel, das in ein Lied übergeht. »Mariechen saß auf einem Stein« – auf italienisch, mit dramatischen Effekten. Ein falsettierendes, schnurrbärti-

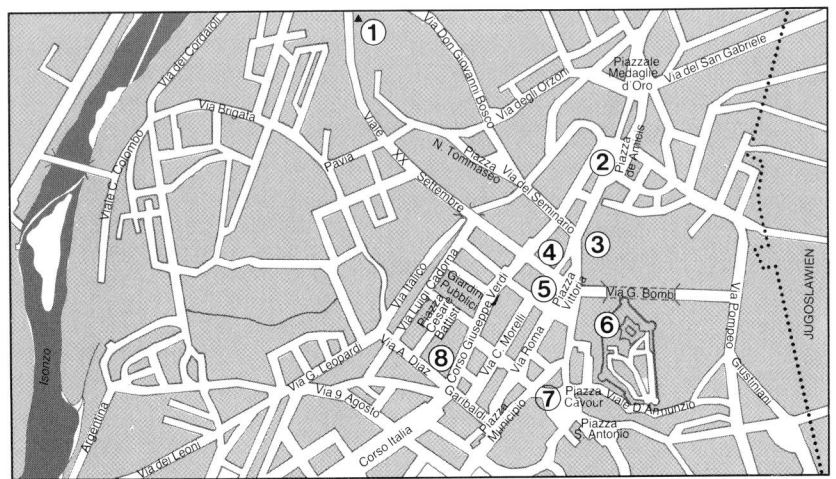

Die Innenstadt von Görz
1 Mahnmal von Oslavia; 2 Palazzo Attems (Provinzialmuseum); 3 Erzbischöfliches Palais; 4 Palazzo Vendemberg (Bibliothek); 5 Kirche Sant' Ignazio; 6 Kastell und Altstadt mit Palazzo Formentini (Historisches Museum), Palazzo Morassi (Restaurant »Lanterna d'Oro«) und Kirche S. Spirito; 7 Dom 8 Touristeninformation

ges Rotkäppchen hüpft heran, verwandelt sich gleich darauf in eine krächzende Großmutter und den großmäuligen Wolf.

Dann ist es Zeit für die Abendvorstellung. Der tanzende, musizierende Vortrupp der Komödianten wirbelt über den Burgberg. Das Spiel kann beginnen. Es geht um einen falschen Würdenträger, der seine Lektion lernen muß. Und um eine spanische Prinzessin, die alle Herzen gewinnt. Die Bühne ist nicht viel größer als ein Tisch, die Versatzstücke lassen sich simpler nicht denken und wechseln ihre Bestimmung. Gebannt schaut man gen Himmel, ob der geflochtene Reisekorb der vielgeliebten Heldin nicht schon als Gondel eines Luftballons abhebt.

Es wird finster, und man möchte das genauso wie die riesigen Tropfen als Teil dieses federleichten Spiels verstehen. Und muß erkennen, daß die heißen Lampen im jähen Regen platzten. Es geht im Trockenen weiter. Die Komödianten haben es nur angefacht, die Zuschauer führen es zu Ende. Beim Hochzeitsschmaus, beim Wein, beim Tanz. Draußen geht ein Unwetter nieder, mit Blitz, Donner und Regenströmen – wer das Fest deswegen verläßt, ist selber schuld.

Am nächsten Tag ist es strahlend schön, ideal für eine Fahrt durch den Collio, über die berühmte Strada del Vino.

Sie beginnt beim Mahnmal von Oslavia, das für die Toten der Isonzoschlacht errichtet wurde, die auf heute jugoslawischem Gebiet fielen. Es gibt kaum einen größeren Kontrast als dieses düstere Monument für 60 000 junge Menschen und die heiter ausschwingenden Hügel vor dem Hintergrund der weißschimmernden Julischen Alpen. Hier der schmerzhafte, sinnlose Tod, für den man in allen Ländern nach den gleichen, heroischen Rechtfertigungen sucht, und da das lockende Leben.

Im gleißenden Licht des Spätsommers, das alle Farben emailliert, liegt eine Landschaft, deren Harmonie der Mensch mit der schönen Struktur der Weingärten verstärkte. Kleine Dörfer scharen sich rund um Kirchen und Burgen auf Hügelkuppen. San Floriano ist das schönste. Ein paar Häuser rund um ein Schloß, das seit 1520 den Grafen Formentini, bekannten Weinproduzenten des Collio, gehört. Im Restaurant des »Parco Formentini« ißt man im behaglichen Speisesaal friulanische Spezialitäten zu den Weinen des Hauses.

Man feiert oft und gern in den Orten der Weinstraße. In Cormons zieht zur Zeit der Weinlese ein langer Zug festlich geschmückter Wagen durch die engen Straßen der Stadt. Vorbei an Massimiliano I. – nach dem Ersten Weltkrieg wurde das Standbild dieses Habsburgers vom Sockel geholt. Es verschwand unauffällig in einem Depot. Vor ein paar Jahren stellte man es wieder in allen Ehren auf. Die Friulaner leben heute komplexfrei mit der Geschichte.

Die zartrosa Barockkirche Santa Rosa Mistica in Cormons mit ihren Kuppeltürmen könnte irgendwo in Österreich stehen. Die Musik spielt altösterreichische Märsche, zu denen man so gut tanzen kann. Die Fahnenschwinger zeigen wie es geht, ihre heraldischen Stoffbahnen winden sich rhythmisch zum Radetzkymarsch. Tararamtararamtararamtamtam... Die Musik kommt von einer Kärntner Kapelle in Trachten. Die Verbindung zu Österreich hat sich bewährt als hier die Erde bebte und Kärntner als erste Helfer zur Stelle waren. Blumenstreuende Kinder, Kärntner Bandltänzer, traktorengezogene Wagen mit Trauben, Blumen, kostümierten Winzern, Pappfigu-

Friulanische Bauern, historische Darstellung

ren. Köpfe von Politikern wackeln verzweifelt unter einer drohenden Weinpresse – Revanche für den Steuerdruck, der auf den Bauern lastet.

Entlang der Weinstraßen, die immer wieder in die Vergangenheit führen, werden viele Feste gefeiert. Ein liebenswert anachronistisches jeden 18. August in Giassico bei Cormons: das Kaiserfest. Es heißt auch auf Italienisch so.

Schon Tage vorher sind Häuser, Bäume, Zäune mit schwarz-gelben Plakaten bepflastert, die auf Deutsch, Italienisch und Slowenisch Attraktionen ankündigen: »Musik aus Österreich. Gran ballo. Wein und Spezialitäten. K. und k . Seeleute und Marine – Eintritt frei.« Der 18. August, der Geburtstag von Kaiser Franz Joseph, war während dessen achtundsechzigjähriger Regierungszeit ein Volksfest der

Das Kastell von Görz

Monarchie. Vor ein paar Jahren besannen sich Traditionalisten aus Triest, Cervignano und dem Collio alter Zeiten. Und weil am 18. August meist auch das sprichwörtliche Kaiserwetter herrscht, feiert man jetzt vergnügt ohne Ressentiments ein Fest. Auf einem mauerumgebenen Platz in Giassico bei Cormons passiert nicht viel anderes als bei allen sommerlichen Festen, egal ob sie zu Ehren des Weins, reifer Kirschen oder der kommunistischen Zeitung »L'Unità« veranstaltet werden. Lichterketten schlingen sich um Mauerzinnen, Würste brutzeln in blauen Wolken, Wein und Bier schwappen in Pappbechern. Ein paar Hühner laufen herum und werden bei Bedarf geschlachtet, gerupft und gegrillt – welch ökonomisches Frischhaltesystem.

Bei den Verkaufsständen kommt man allerdings zur Sache: Hier gibt es neue und antiquarische Literatur über die Habsburger und ihr Reich, alte und neue Souvenirs mit dem Doppeladler. T-Shirts mit dem freundlichen Kopf von Cecco Beppe – das ist die friulanische Bezeichnung für Franz Joseph.

Ein alter Mann in einer verwitterten, edelweißbestickten Lederhose verkauft Ansichtskarten mit dem gleichen Motiv und dem Text der alten Volkshymne auf italienisch, slowenisch, deutsch. Und hebräisch. Schließlich war Cecco Beppe auch König von Jerusalem. Frauen im Dirndl verteilen glänzende Folien mit einem violetten Cecco Beppe. Erinnerung an Giassico. Knirpse in alpinen Lederhosen, Hut mit Gamsbart und Schuhen von typisch italienischem Zuschnitt wackeln zwischen Federvieh und Schießstand herum. Die Banda in posamentrieverschnürten roten Jacken marschiert ein und feuert mit rasend schnell gespielten österreichischen Märschen Turner im Laufdress zum Fitness-Kaisermarsch auf. »Keine Konkurrenz. Jeder gewinnt.«

Bis auf Cecco Beppe in vielerlei Fasson ist alles wie immer. Man ißt, man trinkt, freut sich am schönen Wetter, tanzt ein bißchen, applaudiert den verschwitzten Kaisermarschierern, die nach einem Achtkilometerlauf um Giassico langsam eintrudeln. Und ist eigentlich sehr zufrieden, daß ganz und gar nichts Dramatisches geschieht. Italiener von heute haben sich an ein Stück Vergangenheit erinnert. Gelassen, heiter. Basta.

Nostalgie oder neues Geschichtsbewußtsein?

XXX SETTEMBRE 1382-1982

AGLI ABITANTI DI TRIESTE!

600 anni fa il borgo costiero di Trieste, abitato da ladini e sloveni ed oppresso sanguinosamente da Venezia, si affidava con atto di spontanea dedizione alla Casa d'Austria.

Iniziava così, 110 anni prima della scoperta delle Americhe, un libero ed autonomo legame di diritto che durerà ininterrotto per oltre mezzo millennio, sino al 1918.

Esso integrò Trieste col suo retroterra e, in virtù di leggi illuminate e per afflusso di popolazione mista di lingua slava, latina, tedesca ed altre numerose, ne fece una città portuale di dimensione europea.

Sei decenni di interruzione e negazione del legame vitale della città col proprio retroterra hanno dimostrato che senza di esso Trieste muore.

In questa ricorrenza secolare ricordiamo dunque che Trieste potrà rinascere soltanto se saprà ricostruire liberamente, nella mutata realtà dei tempi, un nuovo e solido legame economico e culturale con la Slovenia, l'Austria ed il resto del proprio retroterra mitteleuropeo.

Trieste, 30 settembre 1982 — Civiltà Mitteleuropea

XXX. SEPTEMBRA 1382-1982

PREBIVALCEM TRSTA!

Pred šesto leti je tržaško obmorsko mestece, ki so v njem živeli Ladinci in Slovenci, in je ječalo pod krvavo beneško tlako, prostovoljno priznalo nadoblast avstrijske hiše.

Tako je bil vzpostavljen 110 let pred odkritjem Amerike svobodni in avtonomni pravni odnos, ki je brez prestanka trajal več kot pol tisočletja, vse do 1918.

Ta odnos je povezal Trst z njegovim zaledjem in ga spremenil — pod vplivom razsvetljenih zakonov in zaradi priliva mešanega prebivalstva, predvsem slovanskega, romanskega in nemškega jezika — v pristanišče evropskih razsežnosti.

Šest desetletij, v katerih je bila pretrgana in zatajena ta življenjska vez mesta z zaledjem, dokazuje, da je brez nje Trst obsojen na smrt.

Ob tej častitljivi obletnici torej poudarjamo, da bo Trst lahko znova zaživel, če bo znal, v razmerah, ki jih narekuje čas, svobodno vzpostaviti novo trdno ekonomsko in kulturno zvezo s Slovenijo, Avstrijo in drugimi pokrajinami svojega srednjeevropskega zaledja.

Trst, 30. septembra 1982 — Srednjeevropska omika

XXX. SEPTEMBER 1382-1982

AN DIE BEWOHNER TRIESTS!

Sechs Jahrhunderte sind vergangen, seitdem der Küstenort Triest, von Ladinern und Slowenern bewohnt und von Venedig blutig unterjocht, mit einem Akt bereitwilliger Hingabe seine Zuflucht zum Haus Österreich nahm.

So begann, 110 Jahre vor der Entdeckung Amerikas, ein freier und unabhängiger Rechtsbund, der über ein halbes Jahrtausend ununterbrochen bis 1918 gedauert hat.

Er vereinigte Triest mit seinem Hinterland, und dank einer wohldurchdachten Gesetzgebung sowie dem Zustrom verschiedenartiger Volksgruppen — hauptsächlich slawischer, romanischer und deutscher Sprache — wurde die Stadt ein Hafenplatz von europäischer Bedeutung.

Sechs Jahrzehnte Unterbrechung und Leugnung dieser lebenswichtigen Verbundenheit der Stadt mit seinem natürlichen Hinterland haben gezeigt, dass ohne letzteres Triest abstirbt.

Anlässlich der sechshundertsten Wiederkehr des Jahrestages wollen wir nicht vergessen, dass Triest wieder aufleben kann, wenn es die Fähigkeit besitzt, in einer veränderten Welt, selbständig, mit Slowenien, Österreich, und dem übrigen mitteleuropäischen Hinterland ein neues, dauerhaftes Band wirtschaftlicher und kultureller Natur anzuknüpfen.

Triest, 30. September 1982 — Kulturgemeinschaft Mitteleuropa

1382 — 1982

schaftlicher Akademien in Wien, München, Rom, Mantua, Präsident des Wissenschaftlichen Beirats des Italienisch-Deutschen Historischen Instituts in Trient, Vorsitzender der Südostdeutschen Historischen Kommission in München, Autor vieler historischer Werke, darunter einer Geschichte der Habsburger. Gemeinsam mit Silvio Furlani verfaßte er ein bilaterales Geschichtsbuch.

Herr Professor Wandruszka, man hört und liest im Friaul und in Triest immer wieder von der Civiltà Mitteleuropea, ist das eine politische oder eine kulturelle Bewegung?

Karten mit dem Bild Kaiser Franz Josephs, Volksfeste zu seinem Geburtstag in Giassico und Cervignano, erfolgreiche Bücher mit Geschichten aus der Monarchie, Gruppen im Friaul und Triest, die sich der österreichischen Vergangenheit verbundener fühlen als der italienischen Gegenwart – wie ernst ist das zu nehmen? Verblaßt die Erinnerung an die Nationalhelden Garibaldi und Oberdan, nach denen in fast jeder italienischen Stadt Plätze und Gassen benannt sind? Ist die Irredenta vergessen, jene Befreiungsbewegung der italienisch sprechenden Gebiete außerhalb des Königreichs Italien, die 1882 mit dem rechtzeitig entdeckten Bombenattentat gegen Kaiser Franz Joseph in Triest und der Hinrichtung des Verschwörers Oberdan einen Höhepunkt erreichte? Versucht die österreichfreundliche Civiltà Mitteleuropea eine Geschichtskorrektur?

Die Autorin sprach mit Universitätsprofessor Dr. Adam Wandruszka von der Universität Wien, einem Experten österreichisch-italienischer Geschichte. Er ist Sohn eines k. und k. Offiziers und einer Triestinerin, Mitglied wissen-

Professor Wandruszka: Man könnte sie als Zeichen der Geschichtsentkrampfung verstehen. Begonnen hat das Umdenken der Historiker ja bereits vor über 25 Jahren. 1961, beim Jahrhundertjubiläum der Einigung Italiens, war ein eigener Saal der damals in Turin veranstalteten großen Ausstellung den Habsburgern Maria Theresia, Joseph II. und Leopold

Mitteleuropäer Giorgio Strehler

II. gewidmet. Die große Bedeutung ihrer Reformen wurde von den Wissenschaftlern voll anerkannt. Das war der Beginn einer neuen, offenen Einstellung zur gemeinsamen österreichisch-italienischen Geschichte. Interessant ist dabei, daß die italienischen Linken aus Opposition gegen das Haus Savoyen die reformfreudigen Habsburger favorisieren.

Vom Umdenken der Historiker bis zu populären Kaiserfesten – das ist doch ein weiter Weg?

Professor Wandruszka: Dieses Umdenken hat viele Ursachen und hat sich auch auf die verschiedenste Weise verbreitet. Die Italiener tun sehr viel für ihre Ge-

---

»Mitteleuropa ist dort, wo es Mitteleuropäer gibt. Wieviel gibt es davon? Die Mehrheit sind sicher keine Mitteleuropäer. Mitteleuropäer sein heißt, in der Minderheit sein. In der Minderheit sein ist eine mitteleuropäische Angelegenheit.«
György Konrád,
»Wiener Journal«, Juni 1984

---

schichte. Es gibt häufig Historikertreffen, übrigens sind auch viele Politiker Historiker. Das Ergebnis der Tagungen speist zahlreiche Publikationen, die meist von den regionalen Sparkassen finanziert werden. Die Neigung der Italiener zum Regionalismus, zum *campanilismo*, bedeutet auch eine Zuwendung zur regionalen Geschichte. Bei der Einigung Italiens waren Provinzen geschaffen worden, die die alten Einteilungen vergessen lassen sollten. Früher waren z. B. Görz und Gradisca eine Einheit, Triest und das Küstenland eine andere. Aber trotz der neuen Einteilungen blieb die Eigenart der Menschen, ihr Dialekt, ihre Küche, erhalten, und man bekennt sich bewußt zu ihnen.

Woher kommt der Begriff Civiltà Mitteleuropea?

Professor Wandruszka: Er geht von Triest aus. Dort hat etwa schon in den fünfziger Jahren Giorgio Strehler im Gespräch gesagt: »Sono Mitteleuropeo!« Und der Triestiner Professor Arduino Agnelli hat diesen Begriff in seinem Werk »La Genesi dell' Idea di Mitteleuropa« 1961 verwendet. Seit mehr als anderthalb Jahrzehnten gibt es in Görz jährlich »Incontri culturali mitteleuropei« mit Teilnehmern aus Österreich, Ungarn, Jugoslawien. Eine Reihe italienischer Publikationen distanzieren sich von der nationalistischen Demagogie etwa eines Gabriele d'Annunzio. Bereits 1936 schrieb der Irredentist Mario Alberti in seinem Buch »Irredentismus ohne Romantik«: »Im Gegensatz zur Volksmeinung war das alte Österreich der Habsburger ein ausnehmend gesetzmäßiger Staat, einer der gesetzmäßigsten Staaten, die je bestanden haben.«

Regionalismus, Sehnsucht nach Gesetz-mäßigkeit – sind das die wichtigsten Wurzeln der Civiltà Mitteleuropea?

Professor Wandruszka: Natürlich kommt auch noch die wirtschaftliche Enttäuschung hinzu. Triest war in der Monarchie ein Welthafen. Heute ist seine einstige Funktion auf die Häfen von Venedig und Genua aufgesplittert, seitdem der Lloyd Triestino verstaatlicht wurde. Fiume (Rijeka) ist zur mächtigen Konkurrenz geworden – dort gibt es keine Streiks. Triest ist wirtschaftlich isoliert.

Triest – das war doch die Stadt, in der der Einigungsgedanke einst sehr stark war. Die Stadt, die Guglielmo Oberdan zum Märtyrer machte, ihm ein Denkmal setzte.

Professor Wandruszka: Triest ist die Stadt mit dem zerrissenen Herzen. Die Stadt, in der man stolz ist auf einen Großvater, der Irredentist war. Aber auch auf den anderen, der ein *austriacante*, ein Österreichfreund, war. Wo man gelegentlich wieder zu seinem österreichischen Namen zurückkehrt, der 1918 italienisiert wurde. Die Ideen der Irredenta sind vergessen. Es gab nach 1918 einen Witz von einem Hafenarbeiter, der laut schreit: »Abasso l'Austria, nieder mit Österreich!« Ein anderer sagt: »Was willst du, die Österreicher sind doch schon lange weg!« – »Ja«, sagt der Arbeiter, »trotzdem: nieder mit Österreich, das mich gelehrt hat, fünfmal am Tag zu essen!«

Man erlebt ähnliches auch im Veneto. In Conegliano war ich dabei, wie junge Leute Zettel mit einer Anklage gegen Österreich verteilten – weil es 1866 das Veneto »an Italien verkaufte«.

Triest und der Karst hatten doch immer schon einen slowenischen Bevölkerungsanteil. Welche Haltung nimmt diese Gruppe ein?

Professor Wandruszka: Die Slowenen wurden in der Mussolinizeit gewaltsam italienisiert – das hat bei manchen die pro-österreichische Haltung verstärkt. Ich habe das im persönlichen Bereich erlebt. Mein Vater ist auf dem Ortsfriedhof von Prosecco begraben. Als ich nach dem Krieg völlig unangemeldet zum ersten Mal hinkam, war das Grab wunderbar gepflegt, mit Pflanzen und frischen Blumen geschmückt. Das haben die slowenischen Frauen gemacht, die die angrenzenden Gräber pflegten. Ohne jeden Auftrag, aus eigenem Antrieb. Und als ich später mit einem Fremden darüber sprach, daß ich nach Prosecco gekommen war, weil mein Vater hier sein Grab hat, sagte er ohne zu zögern: »Ah, der Major Wandruszka!« Mag sein, daß diese Dinge auch geschehen, um die italienischen Carabinieri zu ärgern. Aber nicht nur deswegen.

Der amerikanische Historiker Dennison Rusinow hat in seinem Buch »Italy's Austrian Heritage 1919–1946« geschrieben, manche Italiener meinen, ihr Staat sei mit dem Minderheiten- und Nationalitätenproblem keineswegs besser, sondern eher schlechter fertiggeworden als seinerzeit das österreichische Vielvölkerreich. Dennoch sollte man aus solchen Stimmungen und Umwertungen keine weiterreichenden Folgerungen ziehen als jene, daß alte Vorurteile auf beiden Seiten abgebaut werden können und auch abgebaut werden.

Zeitreise durch
Cividale

Der Teufel hat die Brücke über den Natisonefluß gebaut, die nach Cividale führt, sagen die Friulaner. Natürlich gab es auch einen Baumeister, Erhard von Villach, aber ihm allein traute man offenbar die Konstruktion der hohen eleganten Bogen, die das felsige Flußufer überspannen, nicht zu. Und auch nicht die Verankerung des mittleren Pfeilers auf einem Felsblock.

Im Mittelalter, als die *ponte del diavolo* entstand, war man schnell mit dem Teufel zur Hand – auch in einer Stadt wie Cividale, die erlebte, was Menschen vermögen. Also verdanken wir dem Teufel und Meister Erhard die reizvolle Annäherung ins Zentrum von Cividale. Aus den bizarren Uferfelsen wachsen die aneinandergeduckten Häuser der Bastei, die festungsgleich die Stadt beschirmen. Die Teufelsbrücke führt mitten in die Vergangenheit eines Ortes, in dem sich das Schicksal Mitteleuropas spiegelt.

Unter Julius Cäsar entstand hier um 50 v. Chr. eine Militärkolonie, das Forum Julii, das in der Bezeichnung Julisch Venetien, aber auch im Wort Friaul weiterlebt. Im 6. Jahrhundert fielen mordend und plündernd die Langobarden ein. Sie waren 200 Jahre lang Erben der Spätantike und verdrängten Byzanz mit der Eroberung Ravennas (751) aus Mittelitalien. 774 schlug Karl der Große die Langobarden so vernichtend, daß mit ihrem Reich auch ihre Geschichte endete – Oberitalien wurde ein Teil des fränkischen Imperiums. Der Sieger nannte die Hauptstadt des einstigen langobardischen Herzogtums Civitas Austriae – die Stadt im Osten.

Civitas Austriae – Cividale. Venedig streckte die Hand danach aus, als Landbesitz seine Verluste zur See kompensieren sollten. Cividale wurde zu einer jener vielen florierenden Städte unter Venedigs kluger Herrschaft. Kostbare Relikte dieser reichen Vergangenheit sind in der Stadt erhalten geblieben. Relikte voll der Geheimnisse und der Legenden, die nur teilweise die Fragen beantworten, die man ihnen stellt. Sie sind von starker Anziehungskraft für Menschen mit Phantasie.

Ein schmaler Weg am Steilufer der Natisone, ein paar Blumen an einer alten Mauer. Man betritt einen grottenhaften Raum. Im spärlichen Licht tauchen sechs Frauenfiguren in klassischen Gewändern, wie Geister der toten Antike aus dem Dunkel. Unter ihnen wölbt sich ein plastischer Bogen aus Trauben und Blättern geflochten, von filigranem Ornament umrankt: das schönste Relikt langobardischer Herrschaft, der Tempietto Langobardo (auch Santa Maria della Valle). Hier verabschiedet sich die Spätantike in atemberaubender Schönheit. Und mit vielen Rätseln. Niemand weiß, wer dieses Gotteshaus baute, wann es genau entstand.

Wer waren eigentlich diese Langobarden, die mit dem Sturm der Völkerwanderung als Barbaren kamen und als missing link zwischen Antike und Neuzeit Spuren aus Stein hinterließen? Sie sollen aus dem skandinavischen Raum gekommen sein, behauptet ihr Chronist, der Diakon Paulus, der in Cividale lebte, ehe er seine Wanderungen, die ihn auch an den Hof Karls des Großen führten, im Kloster von Monte Cassino beendete. Die Wissenschaft hat seine Vermutung bisher nicht widerlegt. Winniler hießen die Langobarden ursprünglich, schreibt er. Das bedeutet: Kämpfer. Als sie im ersten Jahrhundert vor Christi Geburt an der Niederelbe gegen die Wandalen kämpften, gab ihnen die Göttermutter Freia den Rat, mit ihren Frauen bei Sonnenaufgang in die Schlacht zu ziehen. Die Frauen sollten ihr Haar auflösen und es sich

Tempietto Langobardo – Abschied von der Spätantike

wie Bärte ans Gesicht binden. Als es so weit war, wendete Freia den Kopf des Göttervaters Wodan nach Osten und weckte ihn auf. Er sah die Winniler und ihre Frauen und fragte: »Wer sind diese Langbärte?« Freia sprach: »Wie du ihnen den Namen gegeben hast, gib ihnen den Sieg.«

Die langbärtigen Langobarden zogen im 6. Jahrhundert über Böhmen und Pannonien nach Oberitalien. Eine Geschichte von Gewalt und Assimilation nahm ihren Anfang. Mit dem legendären König Alboin gelang ihnen im Mai 568 der Vorstoß über die alten römischen Heerstraßen entlang des Isonzo. Forum Julii, später Cividale genannt, war die erste große Stadt, die erobert wurde. Sie gehörte damals zu Byzanz, das kurz vorher die Ostgoten besiegt hatte.

Mit unbeschreiblicher Grausamkeit überrannten die heidnischen oder arianischen Langobarden Nord- und Mittelitalien. Sie schonten weder Leben noch Besitz, rafften Kostbarkeiten aller Art an sich, plünderten Kirchen und Paläste. Alboin starb so gewaltsam, wie er gelebt hatte. Ein grausiges Detail, das den Erzählern germanischer Heldensagen lieb und wert ist, garniert auch seine Geschichte. Alboin ließ aus dem Schädel seines Schwiegervaters, des Gepidenkönigs Cunimund, einen Becher machen und zwang seine Frau Rosamunde, daraus zu trinken. Voll Haß stachelte Rosamunde Alboins Waffenträger Helmegis auf, seinen König zu ermorden. Das Volk verjagte die Verräter – sie mußten Selbstmord begehen. Auf Langobardentreue war eben Verlaß!

Mit Frauen, Kindern, Sklaven und Vieh kamen die Langobarden nach Italien und schufen ihrem Troß gewalttätig Platz. Die romanische Bevölkerung wurde getötet oder vertrieben, wer überlebte, mußte ein Drittel der Ernte an die Besatzer abliefern. Dieses machtgierige, brutale Soldatenvolk mit dem rührenden Familiensinn machte sich in Häusern und Festungen breit, die von uralter Kultur geprägt waren. Ihre Frauen ließen sich von romanischen Sklaven bedienen, die gewohnt waren, alle Voraussetzungen für Luxus zu schaffen. Die Langobarden lernten schnell und gründlich, sie nützten das antike Besitztum, das in ihre Hände fiel – das prägte die von ihnen geschaffene oder in Auftrag gegebene Kunst. Bald nahmen sie die Bräuche ihrer neuen Heimat an, bekannten sich zum Katholizismus und respektierten die geistige Oberhoheit des Patriarchats Aquileia.

Einem dieser Patriarchen, Callisto, verdankt das achteckige Taufbecken im Museo Christiano, im rechten Schiff des Doms, seinen Namen. Es ist ein verblüffendes Werk aus dem 8. Jahrhundert, primitiv und kunstvoll, das Werk von Menschen, die sich mit unverbrauchter Kraft der müde gewordenen Antike bemächtigen. Die Durchdringung zweier Kulturen läßt sich an den grobschlächtigen und raffinierten Reliefs, den eleganten Ornamenten und den düsteren Dämonenköpfen wie aus einem Buch ablesen. Die Verbindung der Bögen und Fundamente bilden acht spätklassische Säulen.

Das zweite große Kunstwerk der Langobarden in diesem Museum, der Altar des Ratchis, ist fast zur gleichen Zeit entstanden, aber in seiner Wirkung viel barbarischer. Seine klobigen, expressionistisch verkürzten Figuren haben den intensiven,

Fassade des Doms von Cividale ▷

Altar des Ratchis im Dom von Cividale

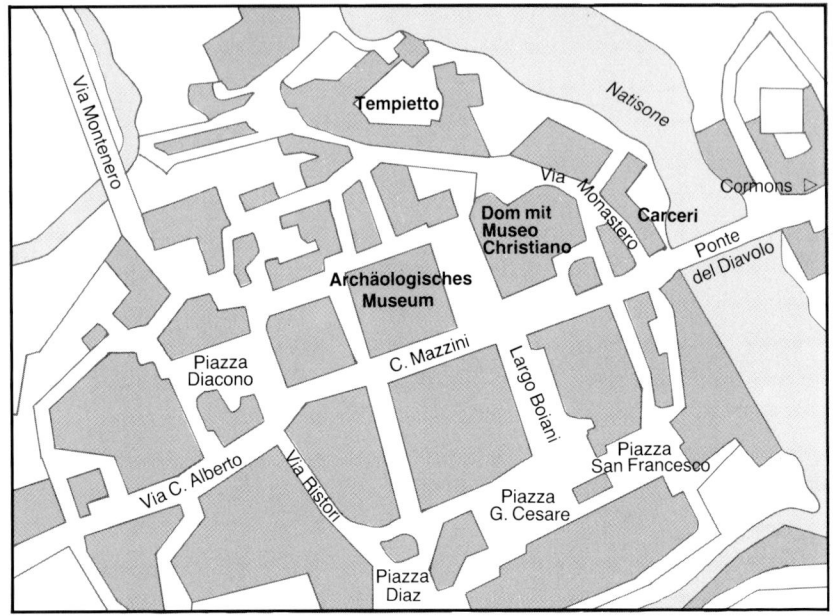

Die Innenstadt von Cividale

entrückten Blick byzantinischer Ikonen. Ratchis, Herzog von Friaul und ab 744 König der Langobarden, war ein Mann des Ausgleichs, der Integration. Er heiratete eine Römerin und versuchte, die romanische Bevölkerung an sich zu binden. Seinen Zwiespalt, beiden Kulturen gerecht zu werden, drückt der zu seiner Zeit geschaffene Altar sehr deutlich aus. Das langobardische Element triumphierte, Ratchis Politik der Versöhnung scheiterte – er selbst ging, wahrscheinlich nicht ganz freiwillig, ins Kloster.

Sein militanter Bruder Aistulf (749–756) gewann so viel Macht in Italien, daß sich der Papst bedroht fühlte und den Karolinger Pippin zu Hilfe rief. Der Zeitpunkt war günstig, interne Spaltungen schwächten die Langobarden. Sie unterlagen den Franken. Karl der Große setzte mit seinem Sieg über Desiderius 774 dem Langobardenreich ein Ende.

Die Überlebenden verschmolzen mit der romanischen Bevölkerung, ein paar hundert Wörter ihrer Sprache sind Bestandteil des Italienischen geworden. Viele Ortsnamen zwischen Cividale und Udine, die auf – *acco* enden, sollen langobardischen Ursprungs sein. Eine oberitalienische Landschaft erinnert gleichfalls an diese Zeit: aus Langobardia wurde Lombardia.

Aber die Geschichte Cividales reicht noch viel weiter zurück. Man muß tief in eine Höhle unter dem Haus in der Via Monastero 2 hinuntersteigen, um sie zu entdecken, und kommt in einen verliesartigen Raum mit verwitterten, aber deutlich erkennbaren Köpfen. Kerker oder Begräbnisstätte – niemand weiß, wozu dieser Raum unter dem Bett der Natisone diente. Wahrscheinlich haben ihn die Kelten gegraben und nicht die

Hunnen, denen man die *carceri* wohl wegen ihrer Unheimlichkeit zuschrieb. Im Zweiten Weltkrieg überlebten hier Menschen aus Cividale die schweren Kämpfe um die Stadt – geborgen an den Wurzeln.

Es ist gut, etwas vom Schicksal Cividales zu wissen, wenn man über die intimen Plätze bummelt, in die Höfe der venezianischen Häuser schaut, die 1503 von Pietro Lombardo gebaute Kirche besucht, die römische, langobardische und venezianische Vergangenheit im Museo Archeologico Nazionale aufstöbert. Vier Kostbarkeiten von vielen: das Mosaik eines römischen Meergottes, die Goldfibeln der Nekropole San Stefano, die Friedenskußtafel des Herzogs Ursus aus dem 8. Jahrhundert, das riesige, handgestickte Altartuch mit 41 Figuren aus dem 14. Jahrhundert, eine Arbeit von Beata Benvenuta Boiani.

Dann vielleicht eine Rast bei üppiger friulanischer Kost im Restaurant des alten Kastells. Noch mag man sich nicht von der seltsamen Stimmung dieser Gegend losreißen. Und so fährt man zum Heiligtum der Madonna di Castelmonte.

Es liegt hoch oben im Hügelland, wo längst kein Wein mehr gedeiht. Die Straße führt in Serpentinen durch dichten Laubwald, kirschgroße Brombeeren wachsen im Herbst an der Böschung. Ein kleiner Ort wird sichtbar, geduckte alte Häuser, ein häßlicher Zweckbau, das Pilgerheim. Und steil aufragend, auf einem Fels die Kirche und das Kloster Castelmonte. Ein heiliger Platz, dessen Überlieferung älter ist als jede Geschichtsschreibung.

Eiserne Geländer säumen den Weg, auf dem sich Beladene zum Heiligtum schleppen. Devotionalienläden, kleine Bars, Reproduktionen der dunklen Madonna von Castelmonte mit ihrem steinblitzenden Kronreif über dem goldenen Schleier. Soldaten, Kinder, eine Gruppe alter Leute nähern sich der Kirche.

Hängt es mit Erdstrahlen zusammen, daß im Laufe der Jahrtausende am selben Platz Götter verschiedenster Religionen verehrt wurden? Oder haben Dankbarkeit und Sehnsucht der Menschen über Jahrtausende ein so unerschütterliches Ortsgedächtnis?

Castelmonte war das erste Marienheiligtum, das nach dem Konzil von Ephesos 431 geschaffen wurde. Seit damals ist die Mutter Gottes in christliche Kulthandlungen einbezogen. Im 8. Jahrhundert nannten die Slawen das Heiligtum »die alte Madonna auf dem alten Berg«. Im Patriarchat Aquileia gab es keine bedeutendere heilige Stätte.

Viel Vergangenheit muß abgeblättert sein, als die Kirche in den letzten Jahren renoviert wurde. Allzu glatt, mit pflegeleichtem Komfort ist der legendenträchtige Platz ausgestattet. Aber dann wandert man die Bildreihen entlang, die die Kirchenwände und die Gänge bedecken. Naive Malerei, Buntstiftzeichnungen, Fotos oder Collagen, die alle Schrecken der Menschen zeigen: Feuersbrunst und Kriegsgefahr, Krankheit, Unfälle, Mordversuche. Einer hat der Zeichnung eines Traktorunglücks das Farbfoto seines zerfleischten und wieder geheilten Beins hinzugefügt. Dank an die Madonna, die schlimmeres verhinderte.

Unten in der Krypta abgeworfene Krücken, Stöcke, Prothesen. Der Zug der Mühseligen und Beladenen hat hier sein Ziel gefunden, einen Rastplatz der eigenen Kräfte, ein Spannungsfeld des Willens, einen Akkumulator der Hoffnung. Man könnte das alles Aberglauben nennen. Aber – wozu?

Radio zum Anfassen

Die meistens fröhlichen, gelegentlich verkaterten Stimmen, die knapp nach acht Uhr morgens via Radio Adria erzählen, was es denn Neues gibt am Teutonengrill, sind den Urlaubern nach ein paar Tagen so vertraut, als ob sie Familienmitgliedern gehörten. Man lacht über Frechheiten, verzeiht Versprecher, freut sich über Hilfeleistungen. Und weiß auch sehr bald, wie die Menschen aussehen, zu denen diese Stimmen gehören.

Radio Adria, in Aquileia stationiert und an der Küste von Rimini über Triest bis Pula zu hören, bietet 14 Stunden täglich totales Urlaubsservice. Maßgeschneiderte, exakte Information, Musik und Moderatorengeblödel. Von einem Team serviert, das völlig ungeschützt und ohne Netz arbeitet, mit ungebremster Begeisterung und erstaunlich wenig Abstürzen. Profiroutine und Anfängerbegeisterung erweisen sich als Erfolgsmischung.

Mit einem Koffer voller Platten und einem vagen Konzept für einen Urlaubssender kam die Wienerin Brigitte Fritz im Frühsommer 1977 nach Aquileia. Die ausgebildete Kindergärtnerin mit Berufserfahrung im Fernsehen und in einer Konzertagentur ahnte damals noch nicht, daß es genau diese Qualifikationen waren, die Radio Adria den Erfolg brachten. Die Kombination von echter Herzlichkeit und kühlem Kalkül, von Beschäftigungstherapie, Information und Spektakel eroberte die Liegestuhlinsassen der oberen Adria in kürzester Zeit. Gab ihnen ein Gefühl der Sicherheit, der Vertrautheit und der Selbstbestätigung. Die Meldungen von verlorenen und wiedergefundenen Hunden, Kindern und Gepäckstücken, von Krankheiten, für die ein deutschsprechender Arzt gesucht und gefunden wurde, von Streiks und Straßenblokkaden, die man umgehen konnte, bestärkten das Gefühl, auch ein Adria-Urlaub könne ein Abenteuer sein. Aber man war ihm nicht schutzlos ausgeliefert.

Die Kinderkrankheiten der ersten Sendesaisons waren bald überstanden. Radio Adria präsentiert sich als immer noch spontaner, aber klug programmierter Sender, in dessen Mittelpunkt einzig und allein die Wünsche der Hörer stehen.

Zwei Redakteure, drei Moderatoren, ein Techniker und die Sendeleiterin halten den Betrieb als Allroundtalente aufrecht. Kein rotes Licht, keine schallschluckenden Türen oder Glaswände, kein Kordon von Portieren und Sekretärinnen trennen Hörer und Sendepersonal. »Radio zum Anfassen« war von Anbeginn die Devise der ambitionierten Funkleute. Darum bewegen sich an trüben, regnerischen Tagen ganze Karavanen von Touristen zur Via Fermi 13, nicht weit vom Dom in Aquileia. Ein sandfarbener Bungalow mit hübschen Markisen und einem 15 Meter hohen Sendemast: das Funkhäuschen. Ein kleiner Vorgarten, ein winziges Entree und schließlich das Studio von 18(!) Quadratmetern. Ein Moderator blödelt sich von Schlager zu Schlager, legt Kassetten mit Werbedurchsagen ein, läßt die bewußt seriös und sachlich gehaltenen Nachrichten durchlaufen. An den Wänden stehen mucksmäuschenstill die Besucher und warten darauf, Grüße an den Zeltnachbarn, den Flirt aus der Disco, die jubilierende Oma ins Mikrophon zu sprechen. »Das Radio sind wir« – und darauf sind sie stolz.

Aus dem Nebenzimmer, wo pausenlos das Telefon geht, wird ein Zettel hereingebracht: »Wer hat braun-schwarz gefleckte Promenadenmischung mit Dackeleinschlag am Strand von Lignano Pineta gesehen. Hört auf Fledermaus. Frißt besonders gern

Popcorn.« Worauf Scharen von Touristen mit Popcorn in der Hand in Lignano Pineta und Umgebung hinter Promenadenmischungen herrennen und »Fledermaus« flöten. So oder ähnlich muß sich das wohl abspielen, denn ein paar Minuten später ist der Ausreißer gefunden und mit seinen Besitzern vereint. Bald darauf

◁ *Brigitte Fritz mit Studiogast Veronika Carstens*

Lockerer Schmäh am laufenden Band:
Andreas Wörz

stehen sie gemeinsam in der Via Fermi 13 und Radio Adria bittet sie ans Mikrophon. Wau! Und alle, die zuhören, mit oder ohne Hund, wissen dann: es bleibt in der Familie.

Inzwischen quetscht sich ein dreißigköpfiger gemischter Camper-Chor ins Studio und singt a cappella: »Die schwäb'sche Eisenbahn.« Gewonnen, gewonnen, gewonnen, denn zehn andere Camper haben gewettet, daß die Sangesfrohen nicht genug Courage dafür aufbringen. Das Radioteam gratuliert, ermuntert weitere Talente, diese über 99 MHz auszuüben. Was sich die Talente nicht zweimal sagen lassen.

Im Hochsommer, wenn die Löwensonne die Adria aufheizt, messen Urlauber und Funkleute ihre Kräfte beim Goalschießen. Tourismusfördernde Schwindelei ist dabei nicht angesagt. Der Bessere muß gewinnen. Und manchmal sind das eben die ebenso fuß- wie wortgewandten Funkleute. Schließlich haben sie ein Renommee als Allroundler zu verteidigen. Bei Fußballmeisterschaften produzieren sie aus Agenturmeldungen »Live«-Übertragungen.

Ein Kasperlbus fährt vor, das Krokodil sperrt sein Maul auf und kriegt eins übergebraten. Knirpse springen in Säcken zum Ziel, Erwachsene lassen von Experten der Autofahrerklubs ihre Reaktionsgeschwindigkeit testen. Zweimal in jedem Sommer finden solche völkerverbindenden Feste statt. Alles hat seine Ordnung bei Radio Adria – spontan ist man zwischendurch.

Der in der Sonne bratende Urlauber muß nicht auf die Uhr schauen, wenn aus dem Transistor die Signation von »Sommer, Sonne und Musik« quillt. Dann ist es mit dem Gongschlag 12.05 Uhr und Zeit, die Magensäfte langsam aufs Mittagessen einzustellen. Einschmeichelnde Evergreens? Dann ist es 15 Uhr vorbei. Auch wer vielleicht den ganzen Tag radiolos der Küste entlang segelt, dreht automatisch um 19 Uhr den Tagesreport auf, um eine komprimierte Fassung aller wichtigen Nachrichten, mit besonderer Berücksichtigung der Meldungen aus Deutschland, Österreich und der Schweiz zu hören.

Ein geniales akustisches Geflecht aus genau Vorhersehbarem garniert mit ein paar freundlichen Überraschungen, schlingt sich um Urlauberseelen und wiegt sie wie eine bequeme Hängematte.

Manchmal kommen Politiker, Schauspieler, Autoren ins Studio und reden dort viel lockerer, animierter als in den sterilen Glaskästen öffentlich-rechtlicher Rundfunkanstalten. Beim Fenster schauen ein paar neugierige Kinder herein. Vielleicht ist wieder einmal der Blitz in den Sendemast gefahren, und der Moderator bedient eine improvisierte Maschinerie mit Händen und Füßen. Und erzählt seinen Hörern haargenau, wieviel Plage und Spaß das bedeutet. Manch einer der Politiker verabschiedet sich mit nachdenklichem Lächeln, wenn wieder Hörer ins Studio schneien, die selbstgemachte Kuchen zum Verkosten bringen oder eine ganz besondere Wurst aus dem Campingproviant.

Nur ein paar Kilometer von Aquileia entfernt, in Lignano, hat ein ehemaliger Moderator von Radio Adria, Fritz Wurm, eine zweite Urlaubsantenne in den Adriasand gepflanzt. Um auf der Frequenz 102 MHz viel rockige Musik und viel weniger Text auszustrahlen. Das System: Unterhaltung plus Information ist das gleiche, auch wenn die Mischung etwas anders gerät. Manchmal teilen sich Radio Adria und Radio Lignano International geschwisterlich die Prominenten, die nun aus einer Reise zwei Mikrophonauftritte herausschlagen. Wie das Wiener Original Waluliso, ein weißgewandeter, blätterumkränzter Friedensapostel, der vom Stephansplatz an die Adria wechselte und seine sanften Botschaften nacheinander in zwei Mikrophone flüsterte.

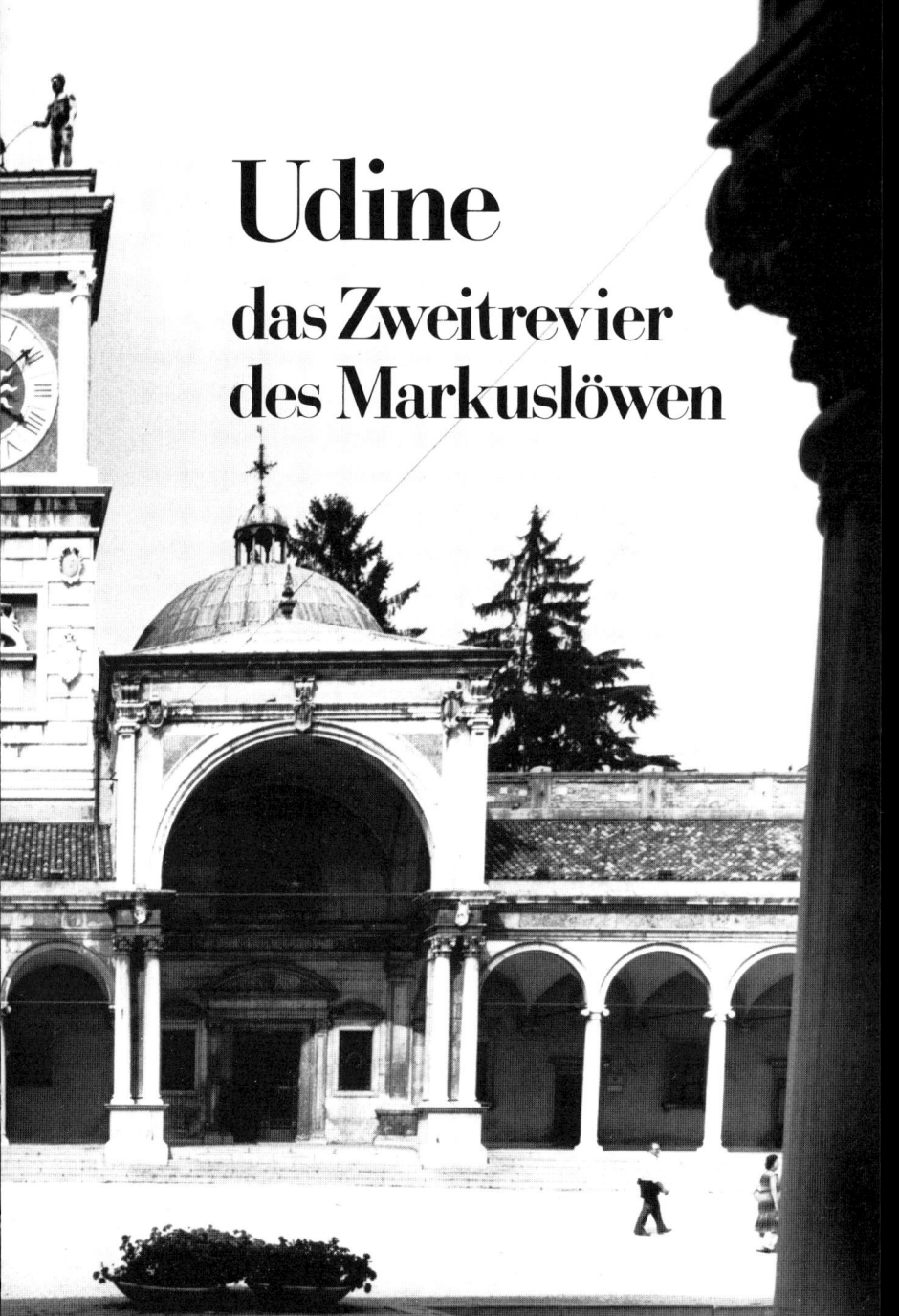

Udine

das Zweitrevier
des Markuslöwen

Eine freundliche Stadt – das sagt sich so leicht und gönnerhaft, als ob Freundlichkeit nicht etwas sehr Kostbares wäre.

Udine ist eine sehr freundliche Stadt. Mit menschlichen Dimensionen, viel Grün. Im Frühjahr legt sich der seidige Blütenzauber der Glyzinien verklärend um so manches Baugreuel der Peripherie.

Fahrradrudel, im Wind wehende Fransenvorhänge kleiner Bars, ein behäbiges Bierhaus – die Birreria Dreher – und dann empfängt ein aus Buschwerk geschnittenes Parkportal den von Norden kommenden Besucher. Alte Kastanien und Platanen beschatten die ringförmigen Straßen, die an Stelle der alten Verteidigungsmauern die Altstadt umgeben. Ein riesiger Platz, nein eigentlich eine Wiese mit Bäumen und Wasser und einer Wallfahrtskirche mit klassizistischer Fassade weitet sich. Hier, nahe des alten Gnadenbildes der Madonna delle Grazie, fanden die *terremotati*, die Erdbebenflüchtlinge des Jahres 1976, unter Zeltdächern ihren ersten Ruheplatz. Ein Engel neigt sein gloriolengeschmücktes Haupt vom Campanile des Burgberges. Sanft dreht er sich im Wind, wendet sein Antlitz bald diesem, bald jenem Teil der Stadt zu.

Viel Wasser gibt es in Udine. Kanäle durchziehen die Straßen und Plätze, glucksen unter Caféterrassen, plätschern an den alten Stadttoren und dem Textilmarkt vorbei, weiten sich zu boskettenumstandenen Weihern, spiegeln sanft dahinziehende Schwäne. Kleine Läden bieten aktuelle Mode, schöne Bücher, erlesene Delikatessen und Weine an. Man kauft hier gut und angenehm ein, die Auswahl ist groß, das Angebot auf hohem Niveau, die Preise erschwinglich. Der Handel hat in Udine Tradition.

Mit einem Vorwarnsystem für den reichen Hafen Aquileia begann in der Römerzeit Udines Geschichte – von der Befestigung auf dem Berg sieht man weit ins Land, auf die Straße, über die durch Jahrtausende mehr Feinde als Freunde kamen. 983 wurde Udine zum erstenmal in einer Urkunde Ottos II. als Lehen des Patriarchats Aquileia genannt.

Die um den Burgberg gescharten Häuser sind typisch für viele Siedlungen im Friaul. Die meisten sind klein geblieben. Udine wuchs, als die Kreuzfahrer durchs Land zogen. Vorher gab es kaum Handel, das Land gehörte den Feudalherren, bestellt wurde es von Leibeigenen. Mit dem Beginn der Kreuzzüge 1096 kam Geld in Umlauf, fremde Währungen wurden eingetauscht, Beutegut wechselte den Besitzer. Damals entstand das Bankwesen, das heute noch wichtige Transaktionen mit den alten italienischen Namen bezeichnet: Giro, Lombard, Agio. Aber auch Händler und Handwerker siedelten im Schatten der Burg, Aristokraten, die bisher außerhalb gewohnt hatten, zogen in die Stadt – das Wirtschaftsleben beginnt zu florieren.

Udine bekommt 1223 das Marktrecht, darf Messen veranstalten. Aus dem lateinischen »Vedinum« wird im Sprachgebrauch der aus Deutschland stammenden Patriarchen und ihrer Gefolgsleute »Weiden« und in dem der Slawen »Viden«. Daraus entsteht: »Udine«. Eine Hauptstraße, gleich unter der Burg, durch die der Verkehr flutet, heißt Mercato vecchio – Erinnerung an die Zeit als hier Markt gehalten wurde. Sein unverwechselbares Gesicht verdankt Udine den Venezianern, die es 1420 ihrem Machtbereich eingliederten. Der Markuslöwe fand hier sein zweitschönstes Revier.

Auf der heutigen Piazza della Libertà wird das freundlich-geschäftige Udine feudal – auf eine unnachahmliche intime, unterspielte Art. Alles ist da, das Venedig signalisiert: ein Uhrturm mit Bronzemohren, ein Palazzo aus rosa-weißem Marmor mit venezianischen Kielbögen und Rosettenfenstern, auch eine Renaissanceloggia, Plastiken, ein Brunnen. Aber alles verkleinert, nicht atemberaubend, sondern einladend.

Der Markuslöwe hat sein Zweitrevier nicht nur mit hoher Kunst möbliert, sondern auch mit heroischen Nippsachen, wie den beiden Muskelprotzen Herkules und Cacus. Für Mythologiefans: Cacus, ebenso wie seine Schwester Caca ein Sproß des Vulcanius, stahl Herkules eine Rinderherde, weshalb er von ihm erschlagen wurde. Herkules und Cacus stehen in einträchtigem und einfältigen Bodybuilder-Charme auf ihren Sockeln und tun so, als ob sie vor lauter Kraft nicht stehen könnten. Daß man sie zwischen den Statuen der Justitia und des Friedens postiert hat, ist nicht pädagogisch gemeint. Ursprünglich schmückten sie den Palazzo der Torriani, einer der mächtigsten Familien Friauls und gerieten eher aus dekorativen Gründen auf die Piazza.

Setzen wir uns auf die Caféterrasse, mit dem Blick auf den Platz und den Burgberg. Das udinesische Straßenleben pulsiert lebhaft und gelassen, rasch und vernünftig, ohne Verkehrsanarchie, aber mit Temperament und Eigeninitiative, die hier besser als alle Vorschriften Probleme lösen. Junge Leute beherrschen das Straßenbild, Hausfrauen, die sich auf eine schicke Weise konservativ kleiden, balancieren ihre Einkäufe auf Fahrrädern heim, elegante alte Herren verraten einander süffisante Geheimnisse.

Und gelegentlich fällt in dieser Szenerie fröhlichen Wohlstands der eine oder andere abgerissene und durstige alte Mann auf. Man begegnet ihm in den Bars mit ruhiger Höflichkeit, was er mit gleicher Würde erwidert. Einer von ihnen trägt eine

Piazza della Libertà

Krone aus Goldpapier auf dem Kopf. »O, er ist ein König«, sagt die Wirtin, »poverino, ein armer, guter König.«

Das Schloß auf dem Berg über der Piazza della Libertà ist ein strenger Renaissancebau, in dem bis zum Erdbeben viele der kostbarsten Kunstwerke Frauls gezeigt wurden. Das von Rissen durchzogene Gelände mußte gesperrt werden, die schönsten Bilder seiner Galerie wurden in der gotischen Kirche San Francesco versammelt. Ausstellungen wiederhergestellter Kunstwerke zeigt auch die Villa Manin in Passariano, wo das Zentrum der Restaurierungsarbeiten installiert wurde. Die berühmten Bilder der alten Galerie, darunter Werke von Andrea Bellunello, Gianfrancesco da Tolmezzo, G. A. Pordenone, kehren wieder ins Schloß zurück, wenn die alten Mauern saniert sind.

Es gibt für Kunstfreunde noch viel zu sehen in Udine. Den Dom aus dem 13. Jahrhundert, das benachbarte Baptisterium mit den naiven Bildern vom Leben und Sterben des Heiligen Bertrand und seinem von fünf Steinfiguren getragenen Sarg. Und einige der herrlichsten Fresken Tiepolos.

Als Dreißigjähriger hat Gianbattista Tieopolo (1696–1770) für den Palast des Erzbischofs seine kühnen, das Auge verzaubernden Bibelszenen gemalt. Sie sind in ein unirdisch schönes Licht getaucht, als hätte der Venezianer den Glanz der Lagune in seine Farben gemischt. Und als Venezianer sorgt er auch dafür, daß Irdische und Überirdische in Seide und Brokat gekleidet sind, in wehende Schleier und bestickten Samt von so realistischer Textur, daß man sie berühren, ihr Knistern hören will. Und riechen möchte, welches Parfüm der schöne Engel zu seiner schwarz-weiß gemusterten Robe trägt.

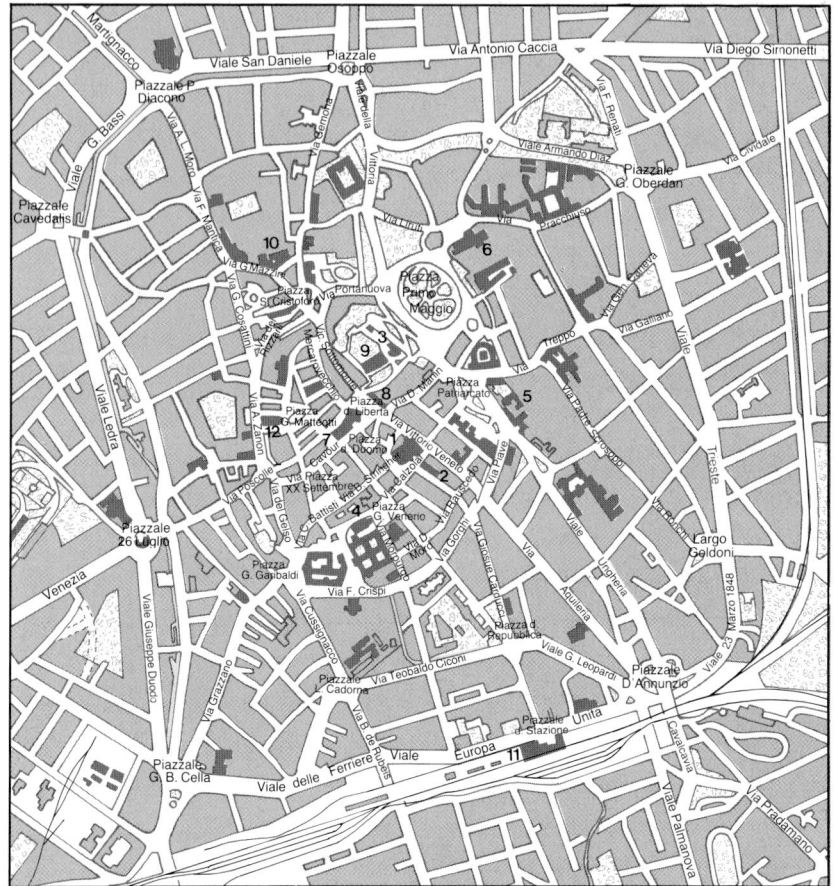

Die Innenstadt von Udine
1 Dom und Baptisterium; 2 Oratorio della Purità (Fresken von Tiepolo); 3 Kirche und
Campanile di Santa Maria di Castello; 4 Kirche San Francesco; 5 Palazzo Arcivescovile
(Fresken von Tiepolo); 6 Basilika; 7 Palazzo del Comune (Rathaus), auch Loggia del
Lionello; 8 Uhrturm und Loggia di San Giovanni; 9 Kastell mit Museum (Werke von
Caravaggio, Tiepolo, Carpaccio, Canova u. a.); 10 Palazzo Antonini Università;
11 Bahnhof; 12 Kirche San Giacomo und Capella della Concesione

Unter all den leidenschaftlichen und mystischen, erdhaften und vergeistigten Heiligen der venezianischen Schule sind die Engel und Entrückten Tiepolos die heitersten, sinnlichsten. Man muß sich zu ihnen durchfragen, aber in der Kanzlei des Palazzo Arcivescovile auf der Piazza Patriarcato (rechts vom Eingang) bekommt man freundliches Geleit.

Tiepolo begann nach dieser Arbeit die Fresken des erzbischöflichen Schlosses in Würzburg, wurde dann Direktor der venezianischen Kunstakademie und kehrte 1759 nach Udine zurück, um – wie so oft – mit seinem Sohn Giandomenico eine

Tiepolos eleganter Engel im Erzbischöflichen Palais

Udinesischer Muskelprotz: Cacus, auf der Piazza della Libertà

Arbeit zu vollenden: die Fresken im Oratorio della Purità. Das Deckenbild mit der Himmelfahrt Mariens übt durch seine raffinierte Perspektive auf den Betrachter eine Zugkraft aus, die schwindlig macht. Das Oratorio della Purità liegt in der Nachbarschaft des Doms, man muß sich in der Sakristei anmelden, um Zutritt zu bekommen.

Eine Spur der Heiterkeit zieht sich durch die Stadt, verknäult sich auf der Piazza Matteotti, wo zwischen Bürgerhäusern und der graziösen Doppelfassade der Kirchen San Giacomo und der Capella della Concesione Markt gehalten wird. San Giacomo nimmt mit seiner Renaissancefront bereits den Charme des Rokoko vorweg.

Unter den Loggien scharen sich Marktstände mit dem vielfältigen Angebot dieser Region: roter und grüner Radicchio, zartbittere *rucola* für Salate, dicke Büschel Gewürzkräuter, Nüsse, Mandeln, Pignoli für die friulanischen Kuchen, goldgelbe, milchweiße, blaugeäderte Käse. Die Düfte von Blumen, Kaffee und Früchten mischen sich mit dem Geruch der nahen Fischhalle zu einem robusten Parfüm.

In den Bars wärmen oder erfrischen sich Käufer und Verkäufer. Und wenn sich kein Gast mehr in die winzigen Lokale quetschen kann, besteht noch immer die Möglichkeit, daß man sein Glas Wein oder den Capuccino durchs Fenster ins Freie gereicht bekommt. Gleich um die Ecke ist der »Vitello d'Oro« zu finden, ein schönes altes Lokal mit Holztäfelung und Glasdach, an den Wänden ausgestopfte Gemsen und geschnitzte Faßböden. Die Kellner ziehen mit dem Vorspeisewagen von Tisch zu Tisch – raffinierte Kombinationen von Meeresfrüchten und Gemüse kitzeln Nase und Speicheldrüsen. Im Raum Vibrationen satter Seufzer, gutgelaunter Gespräche und jener ernsthaften Dialoge, die der Menuwahl vorausgehen. Besorgte Freunde, die mir Udine von der allerbesten Seite zeigen wollten, meinten, das Lokal wäre nicht mehr ganz so gut, wie es einmal war. Mein Gott, wie gut muß das erst gewesen sein!

Udine verdankt seinen Wohlstand nicht nur den Kaufleuten, sondern auch seinen Tischlern. Rund um die Stadt gibt es viele kleine und einige beachtliche große Betriebe, die vor allem Sessel erzeugen. Anfang Mai zeigen sie bei ihrer Messe, was sie können. Und auch das Messegelände ist so besonders wie die Stadt: ein Komplex niedriger Fabrikhallen aus der Jahrhundertwende, von alten Bäumen umgeben, mit einem schnellfließenden Werkkanal. Pfaue kreischen in ihrem Gehege, aus dem kleinen Restaurant kündigt eine Duftwelle das Tagesmenu an. Holzplastiken wecken den Wunsch, mit den Fingern ihre Umrisse nachzuziehen.

In den Pavillons raffiniertes Design, phantasievolle Zukunftsformen, geschmackvolle Weiterentwicklung von Klassikern. Eine sympathische, überschaubare Messe, die man angeregt, und nicht vom Übermaß der Eindrücke ermüdet verläßt. Sie paßt gut zu Udine und seinem Menschenmaß.

Zwischen Udine und Manzano befindet sich der Welt größte Konzentration von Möbelfabriken, die vor allem Stühle produzieren. 75 Prozent der italienischen Sesselfabrikation ist hier zu finden, der Anteil friulanischer Stühle an der westeuropäischen Produktion beträgt 40 Prozent.

Von den rund 800 Betrieben sind 651 Handwerksbetriebe. Viele von ihnen entstanden erst nach dem großen Erdbeben von 1976. Der Zusammenschluß der vielen kleinen Betriebe zu Genossenschaften, die Propagierung des Gütesiegels »Made in Friuli« und die Sesselmesse in Udine haben ein traditionelles Handwerk international konkurrenzfähig gemacht. Aus dem bäuerlichen friulanischen Flechtstuhl, einem Nebenprodukt der Landwirtschaft, wurde modernes Design.

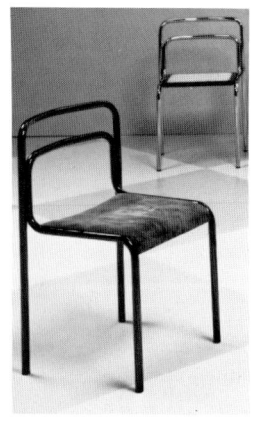  

Zauberworte
für Genießer

Jota, Brodetto und Gubana – Tocai und Picolit

Die schwarzgekleidete Frau mit dem weißen Schweißtuch auf der Schulter tritt prüfend an das Feuer heran, schürt es, schichtet das funkensprühende Holz um, wartet bis es niederbrennt. Inzwischen bepinselt sie die auf Metallrosten vorbereiteten Stücke von Lamm, Kitz und Perlhuhn mit kräuterduftendem Öl. Jede Bewegung sitzt, keine ist überflüssig.

Wieder lockert sie das glühende Holz auf, ein kritischer Blick, dann ist es soweit: das Fleisch landet zischend über der Glut. Fett spritzt, eine schwere Duftwolke breitet sich behäbig um den Grillherd aus. Die Gäste an den Tischen rundherum schlucken erwartungsvoll.

Essen am *fogolâr*. Essen im Friaul.

Die Köchin und Heizerin steht wie eine Priesterin am Feuer, schürt und dämpft, zieht Fleisch an den Rand, anderes zur Mitte. Wischt zwischendurch mit einer schnellen Bewegung über Stirn und Hals. Ein Mädchen bringt Platten zum Feuer und ordnet sie am Rand des Herdes. Dann ist es soweit: ein Dutzend gieriger Blicke verfolgen den Weg der ersten Platte zum Tisch des Glücklichen, der nun seinen Verdauungssäften freien Lauf lassen kann.

All die Wärme, das Behagen, das sich an italienischen Tischen so spontan einstellt, konzentriert sich um den friulanischen *fogolâr*. Meist steht er in der Mitte des Raumes, ein gemauerter Herd mit Rost und Kaminabzug durch die Decke. Häufig auch von Bänken umgeben – man wohnt, ißt, trinkt, feiert um den *fogolâr*. Glasparavents dienen als Hitzeschild für die Gäste des Insiderlokals »Rochet« in einer alten Mühle mit verwuchertem Garten in Zompitta, auf dem Weg zwischen Tricesimo und Nîmis.

Essen im Friaul – das ist die lustvolle Auseinandersetzung mit den Produkten eines Landes, das vom Hochgebirge zum Meer reicht. Und Auseinandersetzung mit einer vielfältigen Kultur, in der Slawen, Venezianer und Österreicher auch kulinarische Spuren hinterlassen haben.

Im nördlich gelegenen Karnien begegnet man öfter als im reicheren Hügelland den schweren, sättigenden Alltagsgerichten. *Frico,* aus Zwiebel, Speck und zerlassenem Käse, den man auch in Kärnten kennt. Oder Suppe mit Bohnen und Nudeln, *paste e fasûj* heißt sie auf friulanisch, *paste e fagioli* auf italienisch. Steht an der Wirtshaustür »*Mangjâ furlan*«, gibt es die typischen Gerichte der Region. *Muset e brovada* vielleicht, hausgemachte Würste mit geschnetzelten, in Weintrester eingelegten Rüben. Oder: Gulasch mit Polenta, eine Erinnerung an die österreichisch-ungarische Vergangenheit Friauls. Polenta aus gekochtem Maisgries, die nachher noch gegrillt werden kann, ersetzt oft das Brot. *Jota,* eine kräftige Suppe, kochen die Friulanerinnen aus Bohnen, Maismehl, Speck, Zwiebeln, Knoblauch, Kräutern und gesäuerten Rüben. In Triest und im Karst ersetzt man die Rüben durch Sauerkraut und fettet das Gericht mit geräucherten Schweinsrippen auf.

In der ganzen Region ißt man gerne Speck, der auch auf italienisch *speck* heißt. Er kommt aus Sauris und wird über Tannenholz und Wacholder geräuchert. Noch zarter ist der aus San Daniele stammende luftgetrocknete Schinken, für den schwarze

Essen am fogolâr

139

Zwergschweine gezüchtet werden. San Daniele liegt auf einem Hügel, der feuchte Wind trägt den Duft der Wiesenkräuter heran und läßt das Pökelsalz tief in den Schinken dringen. Ist er fertig, kommt er zwischen Holzbretter und wird in die charakteristische Geigenform gepreßt. In den Delikatessengeschäften der ganzen Region hängt der Himmel voller Schinkengeigen. Prosciutto di San Daniele wird hauchzart aufgeschnitten und zergeht pur oder in Begleitung von Melone oder Feigen auf der Zunge.

Die friulanischen Würste *muset, cotechino, lujànie, marcundele, palmone* sind eine robuste und aromatische Unterlage für die Weinproben bei Bauern oder in Weingütern. Salami ißt man nicht nur kalt, sondern auch gebraten und mit Weinessig aufgegossen zu Polenta.

Triest mit seinen starken österreichischen und slawischen Einflüssen kultiviert eine eigene Küche. Wiener Schnitzel ist hier keine Konzession an Touristen, sondern Teil der altösterreichischen Tradition. Auch Kartoffeln als Beilage haben hier Heimatrecht. Die slawischen Köchinnen der Karstwirtshäuser servieren Wild in einer molligen Sauce.

Natürlich hat auch die venezianische Fischküche in Triest Anhänger. Bei »Al Granzo«, nicht weit von der großen Fischhalle, und in den benachbarten Lokalen werden *coda di rospo, branzino, sogliola, cape sante, aragosta* serviert. Die Kellner von »Al Granzo« rollen sie im Eisbett auf einem eleganten Wagen zu Tisch, damit jeder Gast den ihm am sympathischsten Fisch aussuchen kann. Brot gibt es nach österreichischen Rezepten – herrlich knusprige Stangen mit viel Kümmel und etwas Salz, die sich wohltuend vom sonst eher faden Weißbrot Italiens unterscheiden.

Noch ein alter Bekannter aus Österreich, allerdings böhmischer Herkunft: Liptauer. Ein würziger Käse, der hier etwas anders gemischt wird – aus Gorgonzola, Mascarpone, Zwiebel, Paprika, Senf, Sardellen, Kümmel, Kapern und Salz.

Herrliche Fischgerichte bekommt man in den Küstenorten. Der *brodetto* aus Grado, eine Fischsuppe aus mindestens fünferlei Sorten Fisch mit reichlich Knoblauch und Pfeffer konkurriert mit der Fischsuppe aus Marano Lagunare: die wird passiert und mit gerösteten Brotwürfeln bestreut.

Allen touristischen Pizzerien zum Trotz: in und um Grado kann man herrlich essen. Vor allem Fisch, wie im Ristorante »Androna«, direkt hinter der Kirche Santa Maria delle Grazie in der Altstadt. Man sollte sich nicht davon abschrecken lassen, daß typische Fischlokale ihre besten Flossentiere in einem Korb vor dem Lokal zur Schau stellen. Sie bleiben nicht lange draußen, der Koch holt sie bald in die Pfanne. Die Restaurants, die sich ausdrücklich rühmen nur Tiefkühlmumien zu verarbeiten, haben keinen einzigen italienischen Gast.

Urtümliche Gastlichkeit bieten die einfachen Trattorien auf den Inseln, etwa auf Porto Buso und im Hinterland der Lagune. In der Pineta von Belvedere verstecken sich Bauernhäuser, die frischen Fisch mit Polenta und Wein servieren. Hier gibt es aber auch anheimelnde kleine Gasthäuser wie »Alla buona vite«, in die sich selten Touristen verirren. Man sitzt unter einer Pergola aus Rosen und Wein, im Schatten von Maulbeerbäumen. Hühner, Enten und ein freundlicher Hund treiben sich zwischen den Tischen herum. Rundherum mohngefleckte Äcker, verstreute Gehöfte, grüne Kanäle. Die Campanili sind Wegweiser im flachen Land. Sachte Mittagsmüdigkeit dringt in Kopf und Glieder, macht aufs schönste wehrlos gegen das einfache Glück, Fisch und Wein zu genießen, schläfrige Gespräche zu führen und schließlich von Kaffee und Grappa beflügelt, zur Siesta zu eilen.

Risotto, eine typisch venezianische Spezialität – suppig gekochter Reis mit vielen Zutaten, besitzt auch im Friaul Gastrecht. An der Küste wird er mit Muscheln, in den Bergen mit Pilzen oder Geflügel, im Hügelland mit Spargel, *asparagi,* oder Hopfensprossen, *bruscandoli* zubereitet.

Spargel wachsen in der Nähe von Görz und bei Tavagnacco, dort haben sich die Restaurants darauf spezialisiert. Im »Al Grop« in Tavagnacco steht ein Dutzend Zubereitungsarten zur Wahl. Die Gäste der Umgebung bevorzugen Spargel mit kernweichem Ei, das zerdrückt und mit Salz, Pfeffer, Essig und Öl gemischt wird. Auf friulanische Art, heißt das hier. Und in Venetien: *alla bassanese.* In der Umgebung von Görz wird

Aus S. Daniele kommt der über die Grenzen Italiens hinaus berühmte Schinken

Spargel so wie in Wien, aber auch wie in Polen mit gerösteten Bröseln und zerlassener Butter serviert.

Eine Leihgabe der slawischen Küche sind Cevapcici – gegrillte Würstchen aus Hackfleisch. Man bekommt sie in Grenznähe.

Bei den Süßigkeiten gibt es besonders viele grenzüberschreitende Gemeinsamkeiten. Gubana, Putize, Preßnitz, Reindling – vier Namen aus Friaul, Krain, Triest und Kärnten für den gleichen Kuchen aus Hefeteig, mit einer Fülle aus Nüssen, Rosinen, kandierten Früchten und Schnaps. Der gefüllte Teig wird wie ein Strudel zusammengerollt, spiralig in eine Form gelegt und gebacken. Die *gubana* des Natisonetals gilt als üppigstes der süßen Geschwister. In die Fülle kommen Mandeln, Nüsse, Pinienkerne, Rosinen, Arancini und ein kräftiger Schuß Grappa. Wie dieses Rezept zustande kam, erzählt eine alte Geschichte. Nach einem der vielen Kriege, die das Land ausplünderten, kündigte der Patriarch von Aquileia seinen Besuch in Cividale an. Jeder Bürger steuerte seine letzten Vorräte für einen großen Kuchen bei. Weil auch ein Faß Grappa gespendet wurde, vergeistigten die Köche damit die Fülle. Und mit der Grappa, die übrig blieb, wurden noch wochenlang die trockenen Reste der *gubana* wiederbelebt.

Ein Schaufensterbummel verspricht kulinari-
sche Genüsse

In und um Cividale sitzen die fünf großen Erzeuger der *gubana:* Albini, Giu-
ditta Teresa, Margutti, Martinig, Vog-
rig. Bei Weinfesten bieten sie Kostpro-
ben an – das Nußgebäck paßt wunderbar
zum herben Tocai oder zu Pinot Grigio.

Auch die *pinza,* ein süßes Hefegebäck
mit charakteristischem dreieckigem Ein-
schnitt hat eine Dreiländerkarriere gemacht. Man ißt es zu Ostern im Friaul, in
Slowenien und Ostösterreich. In Italien
oft in Begleitung von warmem Schinken.

Krapfen unterscheiden sich von den
österreichischen durch ihr reiches Innen-
leben aus Rosinen, Orangenschalen und
Grappa.

Die Triestiner Süßigkeiten verraten
schon durch ihre Namen die Verwandtschaft mit der Mehlspeisküche der Monarchie: *Torta Dobos* ist die in allen ehemaligen Kronländern bekannte viel-
schichtige Cremetorte mit Karamelgla-
sur – Erfindung eines Budapester Kondi-
tors namens Dobos. Auch *Palacinche,*
Buchtel, Vaniglia-Kipfel, Cuguluf und
Struculo sind keine Unbekannten. *Pala-*
cinche = Palatschinke, sind dünne Crê-
pes mit süßer oder salziger Fülle. *Buchteln* ein mit Butter bestrichenes, meist gefülltes
Hefegebäck. *Cuguluf* = Guglhupf. *Struculo* = Strudel. Er wird nicht nur süß gefüllt.

Die Weißweine Friauls, besonders die aus den Colli Orientali und dem Collio, dem
Gebiet zwischen Tarcento, Cividale und Görz, sind sehr trocken, fein im
Geschmack, von höchster Qualität. Feinschmecker halten sie für die besten Italiens.

In Gradisca, einer hübschen alten Stadt, mit vielen Erinnerungen an die Monarchie, kann man die Weinspezialitäten der Region in der »Enoteca Serenissima« durch-
probieren. Auch die großen Weingüter machen Verkostungen und bei den Weinfesten werden die Spitzengewächse der verschiedenen Anbaugebiete vorgestellt. Die
großen Weingüter Friauls sind fast alle im Besitz von Familien, die mit dem alten
Österreich verbunden waren. Man liest immer wieder geschichtsträchtige Namen wie
etwa Attimis, die italienische Form des Namens Attems, Colloredo oder Strassoldo.
Ein weiches, elegantes Wienerisch ist den friulanischen Aristokraten auch heute noch
geläufig. Einer von ihnen, Gianpaolo Conte Perusini aus Corno di Rosazzo, war ein
Pionier der Picolit-Kultivation. Dieser kostbarste Wein Friauls wird aus kleinen,
schütteren Trauben gekeltert. Der wenige Wein, der daraus entsteht, rechtfertigt mit
seinem edlen Aroma den Namen: Wein der Könige und der Päpste.

Die Reben waren fast ausgestorben, als der Vater von Conte Perusini sich ihrer annahm. Die Familie erzeugt heute etwa 20 Hektoliter Picolit, von dem sie sich ungern trennt. Die Rebe ist besonders anfällig, die Traube unergiebig, der dreijährige Reifeprozeß in alten Holzfässern äußerst aufwendig. In mundgeblasenen Viertelliterflaschen kommt Picolit in den Handel. »Ihn anzubauen ist etwas für Narren und Idealisten.« Man versteht, daß die Familie Perusini und die wenigen anderen, die ihn unverfälscht keltern, ihn bedächtig in winzigen Schlucken aus kleinen Gläsern trinken. Als Stoff für Meditationen.

Conte Perusini

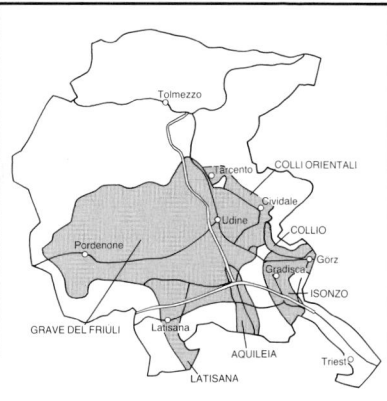

Die bekanntesten Weißweine Friauls

Tocai   zum Unterschied vom ungarischen Tokaier sehr trocken, spritzig, zart bitter.

Pinot Grigio   hat ähnliche Eigenschaften. Er stammt von der Ruländertraube.

Sauvignon   angenehm herb und bekömmlich.

Malvasia   trocken-aromatisch, wenn er aus dem Karst stammt, in der Ebene lieblich.

Pinot Bianco   pikant, säuerlich.

Verduzzo   in der Ebene fruchtig, im Hügelland lieblich.

Die bekanntesten Rotweine Friauls

Cabernet und **Merlot**   volle, aromatische Weine, aus französischen Reben gezüchtet.

Pignolo di Prepotto   ein zarter Wein aus einer bodenständigen Rebe.

Ribolla   eine Rarität aus der Römerzeit. Es gibt rote und weiße Sorten, die man jung trinken muß, weil sie schlecht altern. Er kommt auch als Schioppetino auf den Tisch.

Terrano   wächst nur im Karst, ein leichter, nach Heidelbeeren schmeckender Wein.

Radicchio, Risotto, Crostata – Prosecco und Recioto

Wo liegt das Schlaraffenland?

Für die Autorin dieses Buches: im Hügelland des Veneto. In jener Region uralter kleiner Städte, deren Bürger eine einfallsreiche Küche aus den wunderbaren, frischen Produkten des Landes zu den Grundrechten des Menschen zählen. Dort, wo die besten Weine gekeltert werden, wo sich der Garten der Serenissima ausbreitet, rot von Rosen und Radicchio. Dort, wo im Schatten verzauberter Villen Nymphen und Satyrn träumen.

Noch führen die breiten Pfade des Massentourismus im weiten Bogen vorbei, die verzweiflungsvolle oder zynische Teilung in Futterplätze für Touristen und Trattorien für Einheimische findet nicht statt. Wer ins venetische Hügelland kommt, wird so lange als Kenner behandelt, bis er trotzig das Gegenteil beweist.

Kenner sind hier keineswegs Leute, die alles wissen, sondern neugierig Suchende, die sich von der Phantasie des Kochs verführen lassen, die genug Vertrauen in einen kulinarischen Blindflug ohne Speisekarte haben – reicht die Sprache für Erklärungen nicht aus, hilft eine Expedition in Küche und Keller. Man kann sich vertrauensvoll vom *padrone* oder vom Kellner beraten lassen, ohne zu fürchten, sie schwätzten einem die Reste von vorgestern auf. Wirte betreiben hier ihr Gewerbe mit dem Ehrgefühl einer vergangenen Zeit.

Es gibt einige teure Spitzenlokale, die sich mit den Namen internationaler Prominenz schmücken – wie etwa »El Toulà« von Alfredo Beltrame in Treviso, Padua oder Cortina und die dazugehörige Gastvilla bei Treviso, in der man luxuriös wohnt und in ländlichem Rahmen exquisit speist. Aber auch hier verkehren beruhigend viele einheimische Gäste.

Die meisten Restaurants sind erschwinglich, im Qualitätsvergleich mit deutschen oder österreichischen Betrieben eher preiswert, Qualitätsweine überraschend billig. Gekocht wird seriös, ohne Firlefanz, der größte Luxus liegt in der Qualität und Frische des Rohmaterials. Die strengsten Kontrolleure sind Gäste aus dem eigenen Ort und der Nachbarschaft. Und natürlich genäschige Venezianer, für die Ausflüge ins Hinterland der Lagune undenkbar ohne Geheimtip-Restaurant wären.

Der hohe Anspruch Venedigs prägte auch in der Vergangenheit die Küche Venetiens. Auf den Schiffen der Seerepublik kamen die kostbarsten Gewürze, exotische Früchte, ausgefallene Gemüse, mit denen die ursprünglich einfache Fischküche der Lagunen verfeinert wurde. Das ländliche Festland ergänzte dieses Angebot und steigerte dessen Qualität mit den Bedürfnissen der Venezianer.

Vielleicht ist es nur gut erfunden, daß Marco Polo von seinen Fahrten zum Kublai Khan die Ur-Spaghetti mitbrachte. Sicher ist, daß ein anderes fremdartiges Lebensmittel in Venedig blitzartig Karriere machte – der aus Amerika stammende Mais. Den Weg in seine Heimat fand Columbus, nachdem er Marco Polos Reisebericht gelesen hatte und sich ein bißchen im Ziel irrte.

Die Venezianer nennen den Mais *granoturco*, türkisches Korn. Auch in manchen Gegenden Österreichs heißt er »Türken«. Alles, was von weit her kam, schien zur Zeit der Entdeckungen türkisch.

Mit der Polenta aus Maisgries schufen die Venezianer auf ihren Inseln und dem Festland eines jener demokratischen Grundgerichte, an dem sich arm und reich erfreut. Nur die Dosierung der Beilagen ist verschieden. Zur Polenta ißt man Fisch oder Fleisch, tunkt damit die schwarze Sauce von Tintenfisch *all' umido* auf. In den Bergen veredelt man sie mit Butter, gebratener Zwiebel und Milch. Und nascht sie in Padua und Vicenza mit Rosinen, kandierten Früchten, Zucker und Zitronenschale.

Das zweite Grundnahrungsmittel, Reis, kam mit den Arabern nach Europa. Nicht als trockene Beilage, sondern als suppige Vorspeise ißt man ihn. Im Risotto finden jene winzigen Meerestiere Zuflucht, die einmal Eiweißreserve der Armen waren und die heute, wie alles, das aus dem Meer kommt, gefährdet und darum teuer sind. Muscheln, Schnecken, kleine Tintenfische, winzige graue Krabben, die hier *schie* heißen, gehen in der molligen Ursuppe des Risotto nicht verloren. Sie verbinden sich mit sättigenden Substanzen, den zarten und kräftigen Aromen von Gemüse und

Kräutern und erzeugen ein Behagen, das Bauch wie Seele wärmt. Ein Gericht von so hohem emotionellen Wert wie Reis empfiehlt sich auch als Festgericht. Seit Jahrhunderten ißt man am Tag des Heiligen Markus, am 25. April, *risi e bisi* – Reis mit jungen Erbsen. Und am Weihnachtsabend: *risi e bisati*, Reis mit Aal.

In der venetischen Küche gibt es nicht so viele Teigwaren wie in der benachbarten Emilia Romagna, aber einige typische Gerichte mag keiner missen: *pasta e fagioli* – Nudeln mit Bohnen. Oder *bigoli* – Nudeln aus Vollkornmehl, die sehr kernig schmecken. Am Aschermittwoch kommen traditionellerweise *bigoli in salsa* – Vollkornnudeln mit Sauce – auf den Tisch. In Vicenza werden *bigoli col'anatra* – mit Entenfleisch – hoch geschätzt.

Fisch, der große Reichtum der Lagune, wird seit fast 2000 Jahren klug gemehrt. In abgegrenzten Fischteichen, den *valli da pesca*, gedeihen in der Lagune und im Po-Delta Schollen, Äschen, Goldbrassen, Aale, Seezungen, Krebse. Hier werden auch *moleche* gezüchtet, Krabben, die im frühen Winter und im Frühling ihren Panzer abwerfen um zu wachsen. In diesem Zustand werden sie gefangen, in Öl mit Kräutern und Knoblauch gebraten.

Ein seltsames Relikt der nordischen Küche hat es nach Venetien verschlagen: *baccalà* oder *stoccafisso* – der Stockfisch. Er hängt brettsteif in Fischhallen und erfreut in aromatischer Zubereitung *a la visentina*, mit Zwiebeln, Kräutern, Sardellen und Käse gefüllt oder in Öl gebraten, mit Milch aufgegossen, die Feinschmecker. *Baccalà mantecato* ist ein Stockfischpüree, das wie Mayonnaise mit Öl aufgeschlagen und zu Polenta serviert wird.

Pesce in saor entpuppen sich als eine südliche Abart unseres Bratherings. Im Veneto werden kleine, frische Fische gebraten, mit Essig, Zwiebeln, Zucker und Gewürzen mariniert und manchmal mit Pinienkernen und Rosinen angerichtet.

Steht *bottarga* auf der Speisekarte, freuen sich Kaviarfreunde – der Rogen der Meeräsche sieht zwar ganz anders aus, hat aber ein ähnliches Aroma.

Interessante Saucen, zum Beispiel aus Granatapfelsaft, begleiten Hase oder Truthahn. Eine Abart des *bollito misto*, *lessi in sorte*, schmeckt allen, die es gerne mager haben: Es besteht aus gekochtem Huhn, Wurst, Rindfleisch und Gemüse. Dazu gibt es Meerrettich, der in Venetien *cren* heißt – wohl eine Erinnerung an österreichische Zeiten.

Kombinationen von Geflügel und Gemüse werden zwischen Treviso und Vicenza sehr geschätzt: Gans mit Sellerie, Truthahn auf slawische Art mit Kastanien und Zwetschgen, Ente mit Kalbfleisch, Wurst, Ei, Pilzen und Pistazien gefüllt – *anatra col pien*.

Im Hügelland um Treviso gedeiht herrliches Gemüse. Vor allem Radicchio, die typische rote Salatpflanze, eine Verwandte der Zichorie. Es gibt viele Spielarten des aromatisch-bitteren Gewächses. Im Frühjahr kommt der kleinblättrige grüne Radicchio oft gemeinsam mit der würzigen *rucola* in den Salat. Rot, weiß oder rot-weiß gefleckt sprießt der Radicchio in den Gärtnereien um Treviso oder Castelfranco.

Aus dem Bergland bei Bassano di Grappa und aus den Colli Berici bei Vicenza kommen herrliche Pilze, *funghi*, sie werden gerne im ganzen gegrillt, manchmal roh, gemeinsam mit Trüffeln zum Salat gemischt. Oder gedünstet in *crespelle* gefüllt, hauchzarte Crêpes, die, geschichtet und mit Bechamel überbacken, den Gaumen kitzeln.

Im späten Herbst halten die weißen Trüffel, *tartufi*, aus der Po-Ebene oder aus dem Gebiet von Este triumphalen Einzug. Über Risotto oder Nudeln geraspelt, verbreiten sie ihr zartes Aroma. Auf dem Markt von Verona tauchen manchmal schwarze Trüffel aus den Lessinischen Bergen auf.

Das Bergland liefert den Genießern würzigen Käse wie *Provolone, Asiago, Montasio.*

Und Venedig die verführerischsten Desserts. Wahrscheinlich war die Serenissima die erste europäische Stadt, die Zucker importierte und später selbst raffinierte. Mit den Gewürzen des Orients und den Anregungen aus Byzanz entstanden märchenhafte Gerichte. Poetisches Kunsthandwerk sind diese Rosenmarmeladen, die in

Backteig getauchten Akazien-, Glyzinien- oder Kürbisblüten. Giovanni Conte Capnist hat in seinem leider nicht übersetzten Buch »I dolci del Veneto« Rezepte aus allen Teilen der Region gesammelt und ihrer Kulturgeschichte nachgespürt. Da gibt es Reminiszenzen an österreichische Mehlspeisen: *Chiccerli*, die auch *cuccherli, kukerli* oder *kucherle* heißen. *Focacce* – Festtagskuchen mit Nüssen oder Früchten, die man zum Wein ißt. *Crostate* sind jene zarten, mürben Kuchen, die üppig mit Nüssen, Beeren oder Obst belegt werden und die man in Restaurants so verführerisch auf den Dessertwagen placiert. Und schließlich: *tiramisù*, das kaffee- und cognacgetränkte Cremedessert. Zieh mich hinauf – dieser Hilferuf, um nach dem Genuß von *tiramisù* aus dem Sessel zu kommen, hat ihm den Namen gegeben.

Im ganzen Hügelland, von der friulanischen Grenze über Treviso, Padua, Vicenza, Verona, bis zum Gardasee wächst Wein. Vier Fünftel der Produktion sind Rotwein, ein Fünftel Weißwein.

Von zwei landschaftlich wunderschönen Weinstraßen kann man den Reben beim Wachsen zuschauen.

Zwischen Conegliano, Soligo, S. Stefano und Valdobbiadene verläuft die Weißweinstraße. Und in Conegliano wird in einem Weinmuseum das schöne Gerät der Winzer des Veneto gezeigt. Zwischen Oderzo, Solgareda, Roncade, Ponte di Piave und Conegliano die Rotweinstraße. Unterwegs kann man den Wein probieren und kaufen und in Bauernhöfen Wurst und Polenta, in Restaurants Schlemmermähler dazu essen.

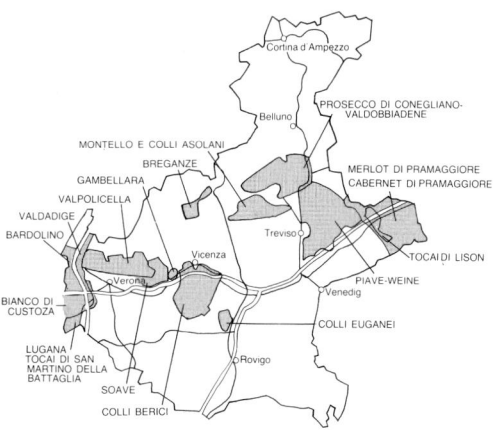

Die bekanntesten Weißweine Venetiens

Soave kommt aus der gleichnamigen mittelalterlichen Stadt zwischen Vicenza und Verona. Er ist leicht, bekömmlich, in der Enoteca im Zentrum des kleinen Ortes hat man besonders viel Auswahl an verschiedenen Sorten.

Prosecco und **Cartizze** prickelnde, herbe Weine aus dem Hügelland um Valdobbiadene.

Vespaiolo wächst im Gebiet von Breganze, nördlich von Vicenza, der strohgelbe Wein sollte jung getrunken werden.

Custoza ein trockener, frischer Wein aus dem Land südlich von Verona.

Grappa ein Tresterschnaps, wird eiskalt serviert. Es gibt Sorten, die mit Heidelbeeren, Himbeeren und – Radicchio aromatisiert sind. Nach einem opulenten Mahl ein wunderbarer Digestif.

Die bekanntesten Rotweine Venetiens

Valpolicella kommt aus den Lessinischen Hügeln. Seine erlesenste Sorte, *Recioto,* wird aus den besten, oberen, leicht vorgetrockneten Weinbeeren gewonnen. Es gibt davon eine trockene und eine liebliche Spielart. *Amarone,* ein trockener Recioto, gilt als einer der besten Rotweine Italiens.

Bardolino von den Osthängen des Gardasees, ist ein kräftiger, gehaltvoller Wein.

Raboso enthält viel Tannin, der rubinrote Wein schmeckt leicht nach Kirschen.

Clinton bekommt man nicht offiziell zu kaufen, er ist ein intensiv schmeckender Wein aus nicht veredelten Trauben, von dem man besser nicht zuviel trinkt.

Fünfundfünfzig Sekunden wie die Ewigkeit

Es schläft ein wildes Tier unter der Erde Friauls. Wenn es erwacht, zittert die Erde. Terremoto.

Es hat einen unruhigen Schlaf. Und die Friulaner, die mit diesem Tier leben, erzählen einander seit Menschengedenken Geschichten von Tod und Zerstörung auf schwankender Erde. Terremoto.

Keine ist so gräßlich wie jene, die am 6. Mai des Jahres 1976 begann: Terremoto.

»Am Morgen war eine Sonnenfinsternis. Ich bin mit den Kindern meiner Klasse ins Freie gegangen und wir haben durch geschwärzte Gläser zum Himmel geschaut«, erzählt Maria Mansi aus Gemona. »Es war eine seltsame Konstellation, zwei Sonneneklipsen hintereinander. Das bringt Unglück, sagt man. Die nächste Sonnenfinsternis würde erst wieder in 25 Jahren sein, sagte ich den Kindern. Es war sehr heiß, und ich habe mich nicht gut gefühlt. In einem Keller hat es nach Heizöl gerochen, aber da war kein Heizöl. Aus dem Garten kamen kleine, scheue Schlangen, die man sonst nicht sieht.«

»Das Wasser im Brunnen ist zwei Meter tief abgesunken, hat mein Bruder beobachtet«, erzählt der Kunsthistoriker Professor Giancarlo Menis aus Búia. Er leitet das Diözesanmuseum in Udine und wurde zum Retter und Konservator der das Erdbeben überlebenden Kunstschätze.

All diese Beobachtungen wurden den Menschen Friauls erst bewußt, als um 21.02 Uhr das wilde Tier aus dem Schlaf fuhr. »Ich war im zwölften Stock eines Neubaus in Udine«, schildert Professor Giancarlo Menis. »Es war ein Gefühl, als ob man mit einem kleinen Boot durch hochgehende Wellen fährt. Auf dem Weg nach Búia kam ich an Schloß Colloredo vorbei. Als ich die Zerstörung dort sah, habe ich begriffen, was geschehen ist.«

»Beim ersten Erdstoß hatte ich noch keinerlei Emotionen«, erinnert sich Gian Vittorio Custoza, Mitbesitzer des Schlosses Colloredo. »Ich bin nicht im Friaul aufgewachsen und habe die Aufregung meiner Frau, die von hier stammt, nicht verstanden. Aber dann sind wir instinktiv in einen Winkel des Saals geflüchtet, in dem drei große Mauern unter einem Bogen zusammenkamen. Wir waren fünf – meine Frau, meine acht Monate und acht Jahre alten Kinder, das Kindermädchen. Und wir waren alle im dritten Stock des Schlosses.«

»Das Schloß mit seinen 400 Zimmern wurde von einer unsichtbaren, gleichmäßigen Woge erschüttert, wie wenn ein enormer Zug in verrücktem Tempo eine Eisenbrücke im Innersten der Erde überquerte«, schildert der Schriftsteller Stanislao Nievo das Erdbeben von Colloredo di Monte Albano in seinem Buch »Il padrone della notte«. »Der Lärm wird von Brandgeruch begleitet ... Die Mauern bäumen sich in wilder Musik, in einem apokalyptischen Schrei auf ... Die Steine, seit Jahrhunderten zusammengefügt, erwachen zu vergessenem Eigenleben, blähen sich vor dem Bersten

auf ... Die Türme neigen ihre Häupter, als ob sie davonfliegen wollten – Vögel aus Backstein, die ihre roten Federn verlieren ... Ein Turm versinkt mit erstickter, fast zärtlicher Musik ...«

»Die Frauen haben geschrien und mein Sohn hat gesagt ›man muß beten, wenn man stirbt‹«, sagt Gian Vittorio Custoza. »Es war stockfinster, aber schließlich habe ich eine Kerze gefunden und entzündet. Und da sahen wir, daß wir auf einer Insel von zwei mal zwei Metern in der Luft hingen. Der Rest des Raums war zehn Meter unter uns.«

»Ich war den ganzen Abend konfus«, erzählt Maria Mansi, die im vierten Stock eines Wohnhauses in Gemona das Erdbeben erlebte. »Mein Mann, der zur Kur in der Toskana war, hatte kurz vorher angerufen. Ich bereitete das Nachtmahl für meinen zwölfjährigen Sohn und mich vor, als der erste Stoß kam, brutal, schrecklich, lärmend, als ob eine große Hand das Haus packte und schüttelte. Ich rannte zu meinem Sohn, ein neuer Stoß, ein Grollen, wie von einem Gewitter, Lampen schlugen gegen den Plafond. Ich umarmte mein Kind. Und plötzlich spaltete sich der Plafond und ich sah die Sterne. Ohnmächtig gerieten wir in eine furchtbare Rotation, flogen gegen Mauern und Möbel. Dann war Stille. Finsternis. Unser Denken war ausgelöscht. Als wir gemeinsam erwachten, lag ich halb über meinen Sohn gebeugt, wie ein Fragezeichen verdreht, völlig unfähig, mich zu bewegen. Über meinen Beinen lag eine Traverse, über uns Schutt, mein Mund war voll Staub und Steinen. Ich glaubte, ein Schrank war über uns gefallen und hatte keine Ahnung, daß wir vom vierten Stock zur Erde gefallen waren. Alle vertikalen Teile des Hauses waren nach außen geschoben worden, die horizontalen waren wie eine schiefe Torte übereinandergepreßt. Und wir dazwischen. Dann habe ich angefangen, mit meinem Sohn zu reden, damit er nicht verzweifelt. ›Es wird bis morgen dauern‹, habe ich gesagt, ›bis dein Vater von seiner Kur zurückkommt.‹ Und mein Sohn hat gesagt: ›Ich will nicht sterben. Wo sind denn die anderen Kinder?‹ Ich habe versucht, ihn zu trösten. ›Wir sind doch glücklich, daß wir beisammen sind‹, habe ich gesagt. ›Wie werden wir sterben, werden wir Schmerzen haben?‹ hat er gefragt. Die Angst ist immer größer geworden. Ich habe immer weniger Luft bekommen, mein Mund war so trocken, der Durst so groß, ich konnte nur noch stockend reden. ›Du mußt nicht erschrecken, wenn ich nichts sage‹, habe ich meinem Sohn erklärt, ›ich ruhe mich jetzt aus, damit ich neue Kraft bekomme!‹ Mein Sohn hat verstanden. Später haben wir gebetet. Dazwischen habe ich Dummheiten geredet. ›Gerade heute war ich beim Friseur, wie werden jetzt meine Haare ausschauen?‹ Dann haben wir uns Gute Nacht gesagt. Immer wieder Gute Nacht. Es war ja Zeit zu schlafen. Gute Nacht! Aber immer wieder haben wir zu reden begonnen. Die ganze Nacht kam die Erde nicht zur Ruhe, wir waren wie in einer Wiege. Kein Lärm war, Totenstille. Ich habe an Filme von Katastrophen gedacht und überlegt, wie sind denn da die Retter gekommen, aus den anderen Häusern? Und ich habe mir vorgenommen, wir schreien erst, wenn wir hören, daß Hilfe naht.

Nach etwa drei Stunden haben wir Stimmen gehört, Motorenlärm. Da haben wir zu schreien begonnen. Aber die anderen bemerkten uns nicht, die Stimmen, der Motorenlärm verklang. Das war der furchtbarste Moment dieser Nacht! ›Wir müssen

Verzweiflung und Neubeginn: Die Erde bebte noch, als die Aufräumungsarbeiten begannen

Geduld haben‹, sagte ich. Aber ich konnte nur noch flüstern. Mit letzter Kraft habe ich die Haare meines Sohns, die mich am Atmen hinderten, mit der Zunge befeuchtet und weggeschoben.«

»Wir haben mit Hilfe der Bodenbespannung die Türe aufgezwängt und gesehen, daß die Treppe verschwunden war«, erzählt Gian Vittorio Custoza. »Träger und Balken sind kreuz und quer übereinander gelegen, über Bergen von Schutt. Jetzt habe ich zu überlegen begonnen. Ich mußte ja einen Weg hinunter finden, der mich auch wieder zurückführte, damit ich meine Familie retten konnte. Das kleinere Kind war blutüberströmt, es war aber nicht selbst verletzt, es war das Blut der Kinderschwester. Ich brauchte drei Stunden für den Abstieg. Das Baby wurde in einer Jacke hinuntergehievt, dann kamen die anderen hinterher ins Atrium. Dort bildeten verstreute Balken eine Art Galerie. Darunter lag eine Madonna, die ich einmal geschnitzt hatte. Ehe wir abstiegen, haben wir um Hilfe gerufen, dann nicht mehr. Das war der Grund, warum die Leute im Dorf glaubten, daß wir alle tot wären. Im ersten Stock waren 15 Menschen, drei davon waren verletzt.«

»Das Haus schien intakt, meine Eltern waren im Garten« – so erlebte Professor Giancarlo Menis die Heimkehr nach Búia. Aber der Dom war zerstört, viele Häuser lagen im Schutt. Sein eigenes Haus hatte erst später entdeckte Risse, die eine Demolierung nahelegten. »Wir haben aber alles renoviert.«

Professor Menis fuhr ins nahegelegene Venzone, eine intakte mittelalterliche Stadt, deren zinnenbewehrte Steinmauern jeder kennt, der vor 1976 durchs Friaul zum

Meer fuhr. »Es war eine erschütternde Vision – der Dom hatte ein enormes Loch.«
Vier Monate später, beim zweiten schrecklichen Erdbeben dieses Jahres, sank er in
sich zusammen.

»Wir erlebten furchtbare Szenen. Ein junger Mann kletterte über Schutt in den
ersten Stock seines Hauses, um seine Eltern zu retten. Er schrie um Hilfe. Aber es war
zu spät.«

»Viele starben, als sie aus den Häusern flüchteten und von Ziegeln oder Steinen
getroffen wurden«, erinnert sich Gian Vittorio Custoza.

»Es war eine Ewigkeit, als wir schließlich wieder Stimmen hörten«, erzählt Maria
Mansi. »›Schrei!‹ habe ich geflüstert und mein Sohn schrie. ›Wie geht es euch?‹
fragten die Stimmen. Wir hörten Grabegeräusche, Sägen, Hämmern. Und plötzlich
war da ein Lufthauch auf meiner Schulter. Es war ein Gefühl, als ob meine Schulter
atmen könnte. Dann war mein Arm frei, mein Gesicht. Meine Haare blieben unter
den Steinen. Mein Sohn richtete sich auf. ›Wie tollkühn die sind‹, habe ich gedacht,
›sie fahren mit dem Jeep in den vierten Stock!‹ Dabei waren wir auf der Straße, das
Haus war kaputt, um seine Achse gedreht. Es war drei Uhr früh, sechs Stunden waren
wir verschüttet gewesen. Militär hat uns gerettet. Sie setzten uns in den Jeep, fuhren
uns ins Militärcamp in Artegna, vorbei an Ruinen, Steinhaufen. Ich habe geredet,
geredet, geredet. Schließlich die ärztliche Untersuchung. Mein Sohn hatte nur Steine
im Ohr und blaue Flecken. Ich hatte einen Schnitt über der Stirn, das Gesicht war
aufgeschwollen, verformt, über einem Stierhals. Mein Mann, der uns schließlich
fand, hat mich im ersten Moment gar nicht erkannt. Ich konnte einen Monat nicht
gehen, bei jedem neuen Erdstoß habe ich aufgeschrien. Schließlich gingen wir zu
Verwandten nach Mestre und dann in unser kleines Ferienhaus bei Verzégnis – es
wurde beim zweiten Erdbeben im September zerstört.«

»Das zweite Erdbeben hat ebensoviel zerstört wie das erste, aber es gab keine
Toten«, erzählt Professor Giancarlo Menis. »Wir haben bereits am 10. Mai 1976
begonnen, aus den Trümmern 4000 Kunstobjekte zu sammeln und sie im Diözesanmuseum von Tricesimo eingelagert. Die Villa Manin in Passariano wurde zum Labo-
ratorium der Restaurierung. Es war sehr schwer, einen Plan des Wiederaufbaus zu
machen. Man kann nicht einen Dom restaurieren, ohne die Probleme der obdachlo-
sen Menschen zu lösen. Das wichtigste war das Überleben der Menschen. Die Erhal-
tung ihres Lebensraums. Darum wurde ein Gesetz erlassen, auch die kunsthistorisch
nicht so bedeutsamen Bauten zu schützen, sie waren zu 60 Prozent zerstört. Viele
haben ihre Häuser selbst aufgebaut. Heute sind fast alle Privathäuser wiederherge-
stellt. Die Reihenfolge nach der Katastrophe war: zuerst die Industrie aufbauen,
damit die Menschen Arbeit haben, dann die Privathäuser, schließlich die öffentlichen
Gebäude. Und das hat funktioniert. In Osoppo war die Industrie nach wenigen
Monaten nicht nur aufgebaut, sondern vergrößert.«

»Mein Mann ist Rechtsanwalt, wir haben sechs Monate lang versucht, seine Papiere
aus den Trümmern zu ziehen und zu säubern, aber das meiste war weg. Wie auch
unsere Möbel, Teppiche, Bücher, Kleider, nur die ausrangierten Sachen im Keller
blieben uns erhalten. Und der Wein – er hat herrlich geschmeckt. Mein Mann hat ein
Zelt aufgeschlagen, mit einem Schild: Das ist die Kanzlei des Advokaten Mansi. Aus

Von Gemonas herrlicher Kirche und dem blühenden Ort mit gotischen Häusern blieb nach dem Erdbeben ein Trümmerhaufen. Aber auch Gemona lebt heute wieder, seine Bewohner kehrten zurück und bauten die Stadt wieder auf

den Trümmern der Häuser sind Warmwasserspeicher und Telefonhörer gehängt, vor dem Haus haben wir ein altes Kommunionbild gefunden und eine Silberschüssel, flach wie ein Buch. Vom Staat haben wir 1,5 Millionen Lire bekommen – das reichte gerade für eine Küche. Aber als wir eine Skulptur aus Olivenholz ausgruben, haben wir mit Champagner angestoßen.«

»Tausende Menschen kamen zur Hilfe – Soldaten, Freiwillige. Die Feuerwehr von Villach ist ohne Paßformalitäten über die Grenze gerast«, erzählt Professor Giancarlo Menis. »Die Not war entsetzlich.«

Nach der Hitze kamen Regengüsse, in den Bergen fiel Schnee. Über 1000 Menschen waren gestorben, mehr als 40 Orte zerstört. Die Eisenbahnlinie blieb monatelang unterbrochen. Búia, Osoppo, Gemona, Venzone waren die am schwersten getroffenen Gemeinden. Ein tief berührendes Fresko in der Kirche Santa Maria delle Grazie in Udine erinnert an die Verzweiflung dieser Zeit und nennt – nach Orten getrennt – die Namen der Toten.

Die Erde kommt nicht zur Ruhe, mit jedem neuen Stoß verstärkt sich das Entsetzen, multipliziert sich die Zerstörung. Zwanzigtausend Menschen sind arbeitslos, die Hoffnungslosigkeit breitet sich aus, als der erste Schock abzuklingen beginnt. Von allen Seiten kommt Hilfe, Zeltlager, Baracken werden aufgestellt, Schlafwagen in Behelfshäuser umfunktioniert, das benachbarte Kärnten schickt Fertighäuser. Aber die Angst, genauso wie die Erdbebenopfer im Süden fünfzehn Jahre im Elend leben zu müssen, wird immer größer. »Dov' era e com' era« – wo es war und wie es war – soll Friaul wieder aufgebaut werden, schwören die Menschen.

Schloß Colloredo di Monte Albano im Wiederaufbau

Und dann begann ein Wunder der Selbstbesinnung. Friaul, dessen Kostbarkeiten zu den verborgensten Schätzen Europas gehörten, Friaul, das sich wehrlos ausplündern ließ und dessen Kunstschätze verschleudert und gestohlen wurden, dieses Friaul richtete sich unter seiner ungeheuren Last wieder auf. Die größte Zerstörung nach dem Zweiten Weltkrieg schuf eine so tiefe Betroffenheit, daß der Staat, Institutionen, Diözesen, Privatleute in Italien, Österreich, Deutschland und Jugoslawien sofort zu Hilfe kamen. Ein funktionierendes Gesetz wurde geschaffen. Und nach fünf Jahren, als die ärgste Not der Menschen beseitigt war, begann die Restaurierung der Kulturdenkmäler. »Wir haben nicht nur verloren, sondern auch gefunden – so manches alte Fresko kam erst nach dem Erdbeben zutage«, berichtet Professor Giancarlo Menis. Mitte der achtziger Jahre steht neben jedem Kirchturm ein Baukran. Über 500 restaurierte Kunstwerke sind zurückgekehrt. Noch hängen viele Glocken auf improvisierten Holzgestellen, aber Scharen von Arbeitern verstärken mürbes Gemäuer mit Betoninjektionen, ziehen Metallplatten und Stahlkordeln ein, um Bauten elastisch mit Erdstößen mitschwingen zu lassen. Hilfe kam nicht nur in Form von Geld, Sachleistungen und Arbeit. Die Universität Laibach übermittelte technisches Wissen, das nach dem Erdbeben von Skoplje entwickelt wurde.

Die Solidarität mit Friaul ging über alle Grenzen. Deutsche und österreichische Diözesen beteiligten sich an Einzelprojekten, Firmen schickten Material, junge Leute schaufelten Schutt und bargen Kostbarkeiten. Italienische Architekten entwickelten eine Bauweise, die die traditionelle Formensprache friulanischer Häuser übernahm und mit den neuen Techniken verband. Um 1990 wird man kaum noch Spuren des Erdbebens sehen.

»Viele behaupten, daß es schöner wird, fast alle gehen wieder zurück nach Gemona«, sagt Maria Mansi. »Aber es wird nicht mein altes Gemona sein. Ich gehe nicht mehr zurück. Ich habe mein Leben nach dem Erdbeben total verändert. Statt als Lehrerin arbeite ich bei der Inventarisierung der Kunstschätze in der Villa Manin. Und statt im vierten Stock wohnen wir jetzt in einem ebenerdigen Haus in Udine, mit ganz niedrigen Stufen. Ein Jahr nach dem Erdbeben haben sich alle die überlebten in Gemona getroffen, zum Gedenken an die Toten. Wir haben keine Glocken gehabt und so haben wir eben gehupt. Mir tut es weh, daran zu denken, daß die Kinder meiner Klasse die letzten waren, die das alte Gemona kannten.«

»Nachdem ich meine Familie in Sicherheit gebracht hatte, kehrte ich nach Colloredo zurück«, erzählt Gian Vittorio Custoza. »Meine Frau sagte: ›Du liebst das Schloß mehr als uns!‹ Aber ich mußte hierbleiben und sehen, wie alles weiterging. Und es geht weiter. Im Frühjahr 1984 wurde der Wiederaufbau begonnen, in vier bis fünf Jahren steht Colloredo wieder.«

Der Herr der Nacht, der in fünfundfünfzig Sekunden die Kultur von zweitausend Jahren zu zerstören drohte, behielt nicht das letzte Wort.

»Friaul lebt« – war das verzweifelte Motto einer Ausstellung, die knapp nach dem Erdbeben in Österreich gezeigt wurde und die herrliche Kunstschätze über Grenzen brachte, die nie so durchlässig waren, wie zur Zeit des großen Leidens im Friaul. Was damals niemand zu hoffen wagte: Friaul lebt. Bewußter und stolzer als je zuvor.

Zone des Entsetzens

Am 6. Mai und am 11. und 15. September 1976 erschüttert das schwerste Erdbeben der europäischen Geschichte das Zentrum Friauls. Im Dreieck zwischen Móggio, Forgaria und Tarcento werden Erdstöße gemessen, die bis zu 8° und 9° auf der zwölfstufigen Mercalli-Skala reichen.

In einem Gebiet von 4800 km^2 sterben 1000 Menschen, 2500 werden verwundet. 20000 Häuser werden zerstört, 70000 schwer beschädigt. Besonders betroffen sind die Orte Venzone, Gemona, Osoppo, Artegna, Búia, Maiano, Colloredo.

Venzone, die von einer mittelalterlichen Stadtmauer umgebene Handelsstadt, einstige Grenzstadt Friauls, ist fast völlig dem Erdboden gleichgemacht. Gemona, die rivalisierende Stadt in den Hügeln, hat gleichfalls schwerste Verluste erlitten – Dom, Schloß und Altstadt liegen in Trümmern.

In den ersten vier Tagen nach dem 6. Mai registriert das geophysikalische Institut über 1000 neue Erdstöße. Sintflutartige Regenfälle überschwemmen die Zelte und Notunterkünfte, ein elf Monate währender Notstand beginnt.

Der materielle Schaden wird mit drei Milliarden Dollar beziffert; der immaterielle ist unschätzbar.

Zu den Farbtafeln

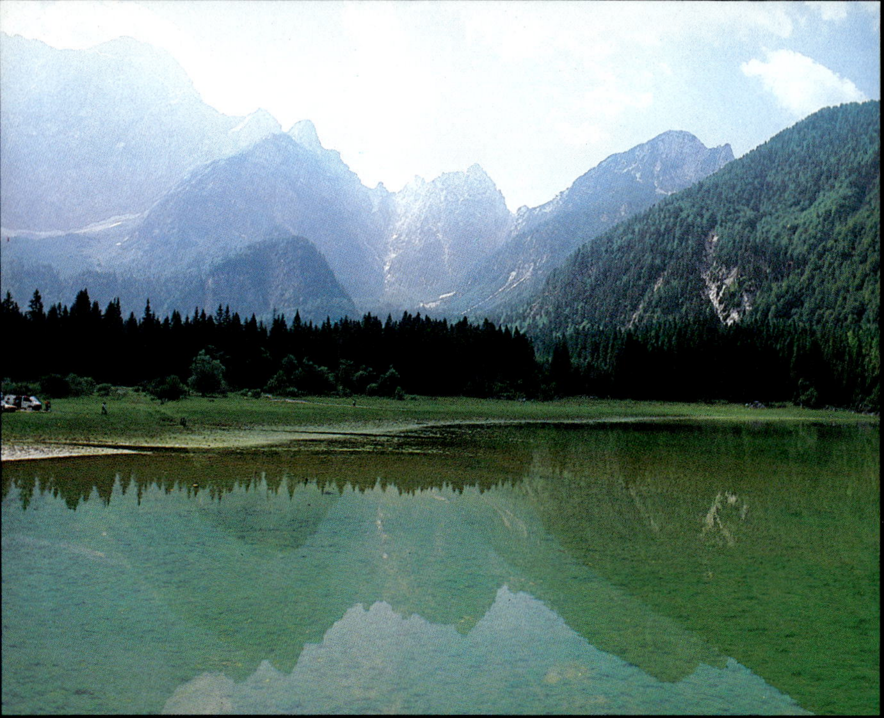
3
4
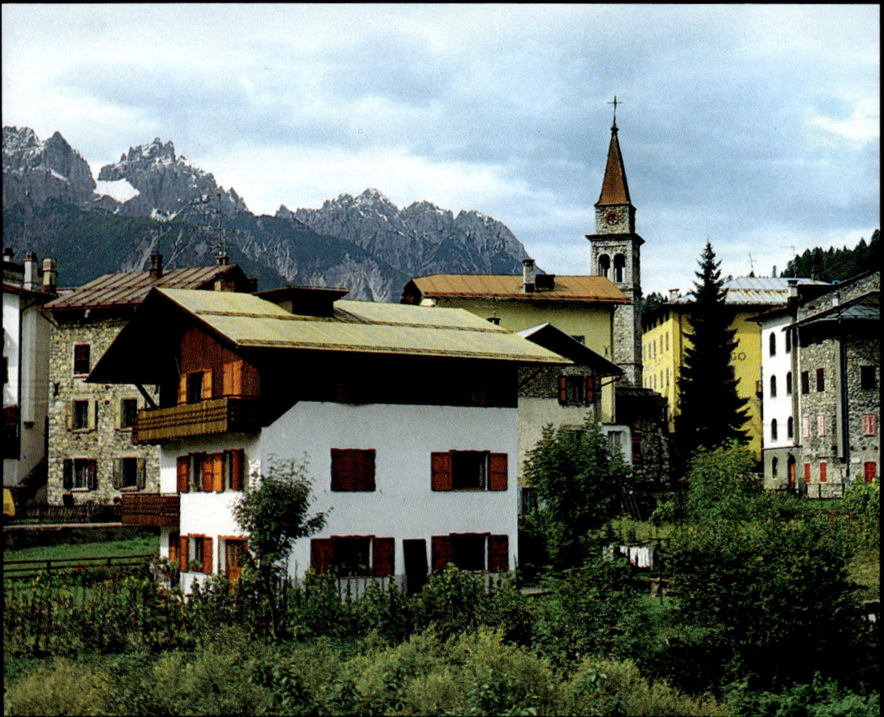

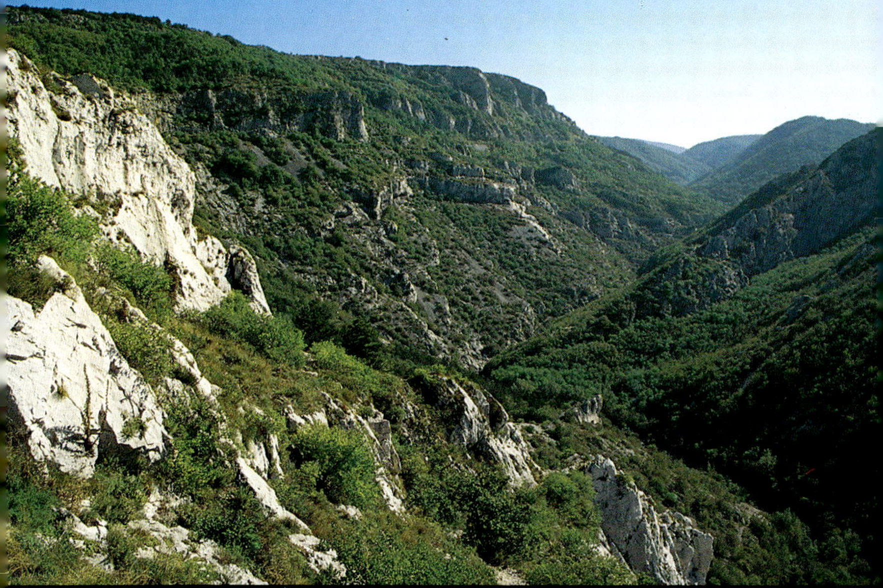

5

6

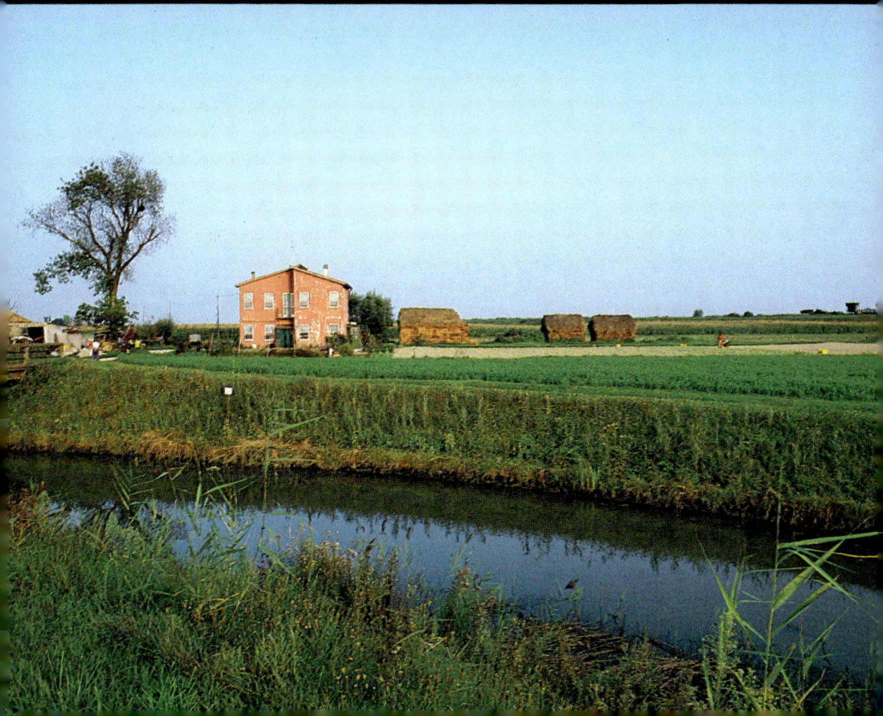

7

10

8

9

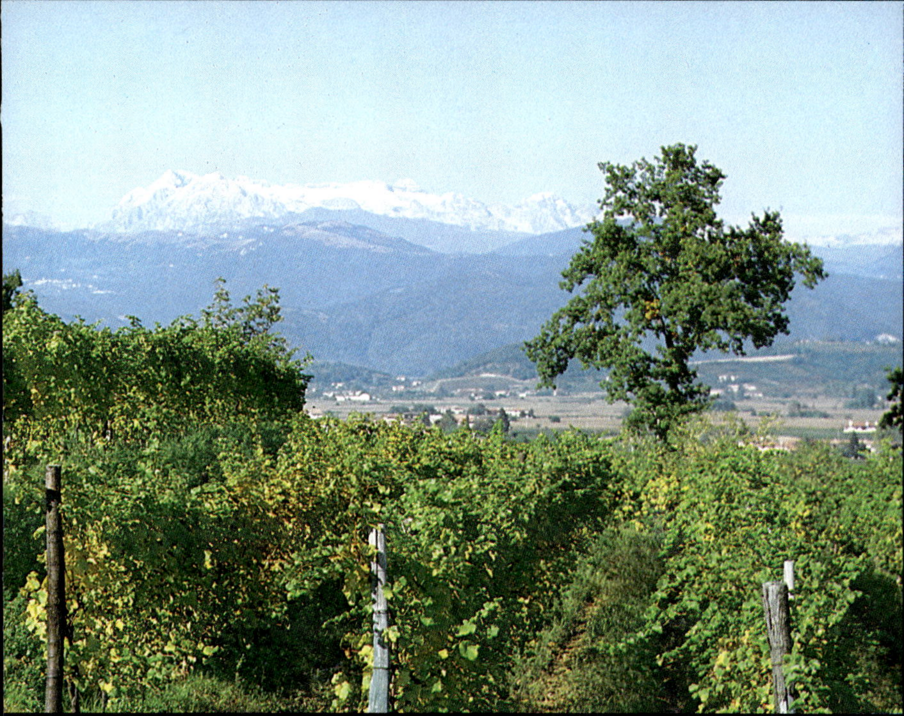

12

11

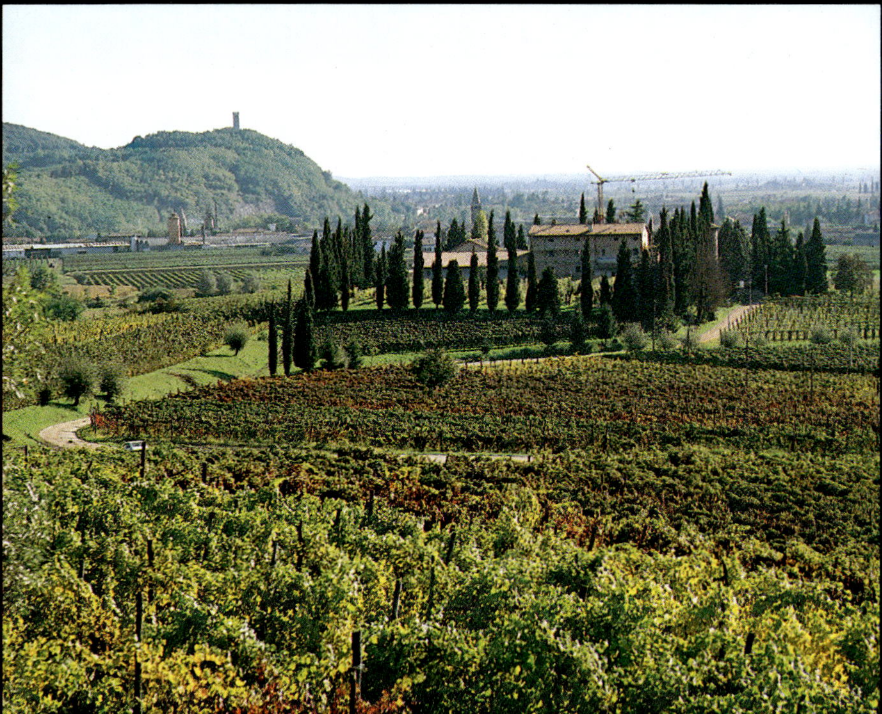

13

14

15

16

17

8

19

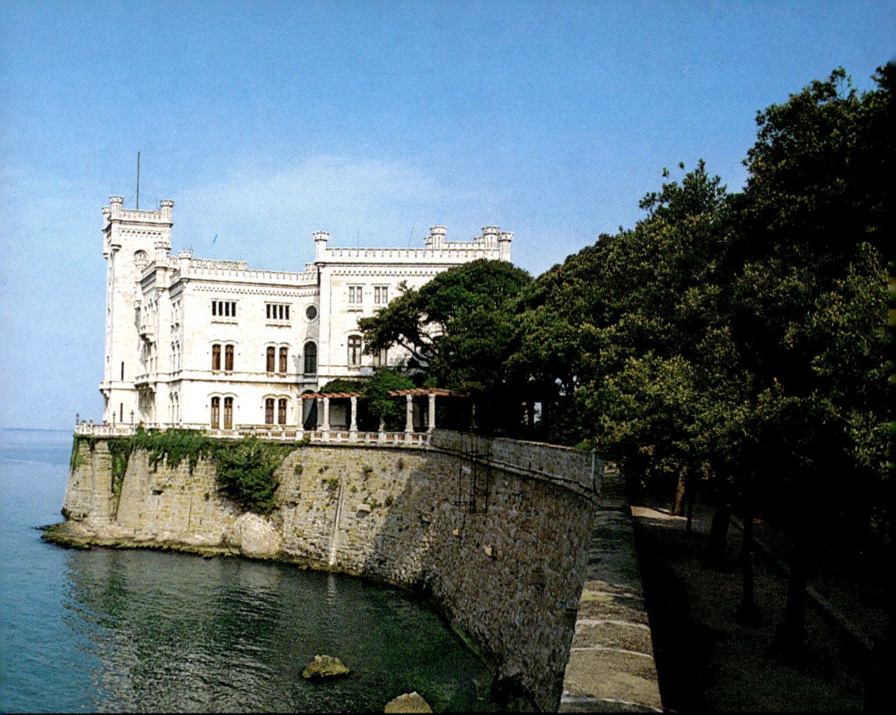

21 20

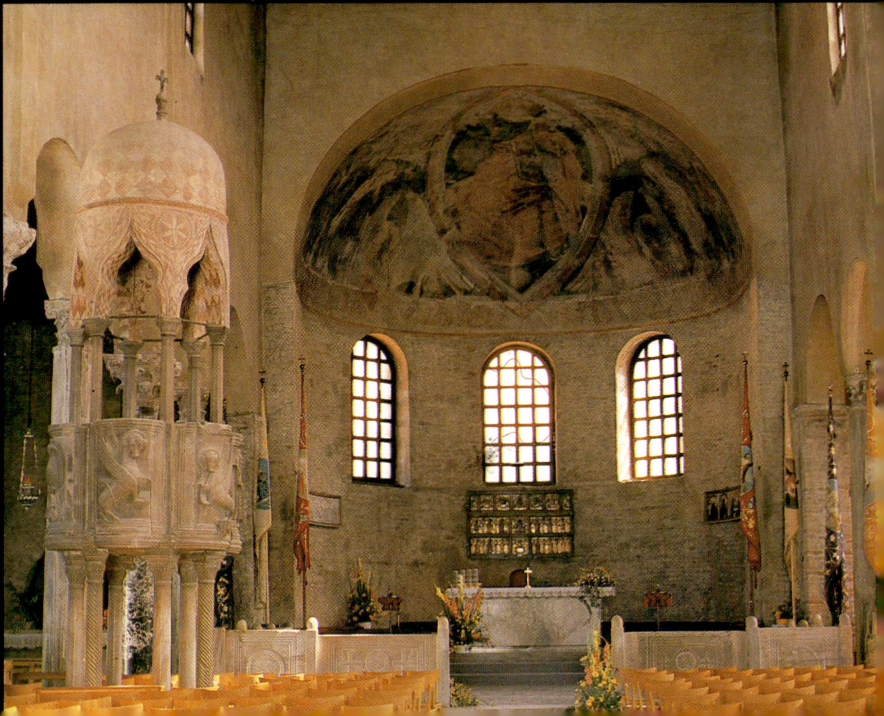

23

26

27

24

25

28

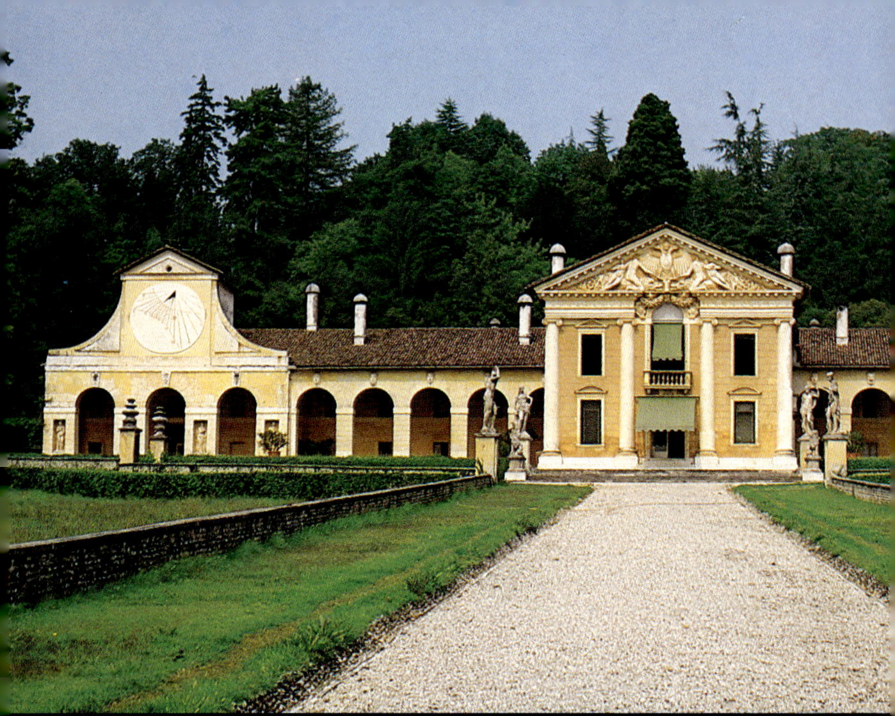
35

36
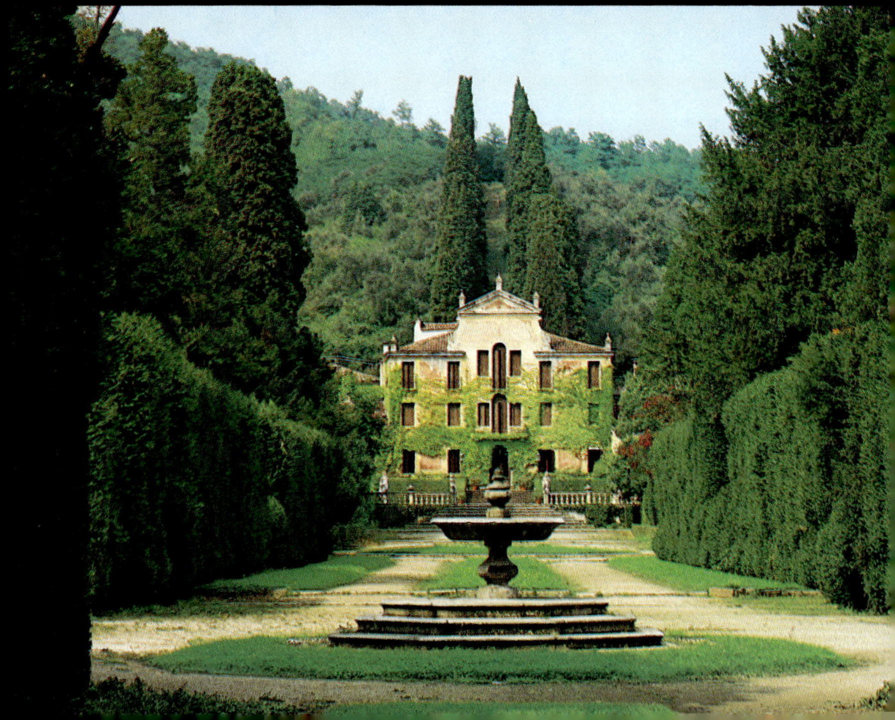

38

37

40

39

4

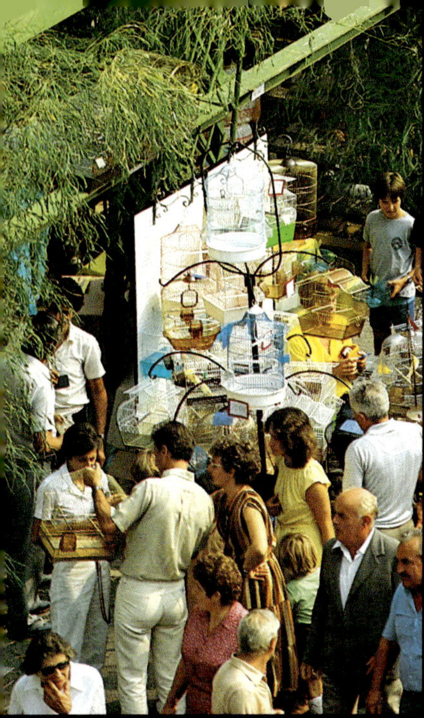

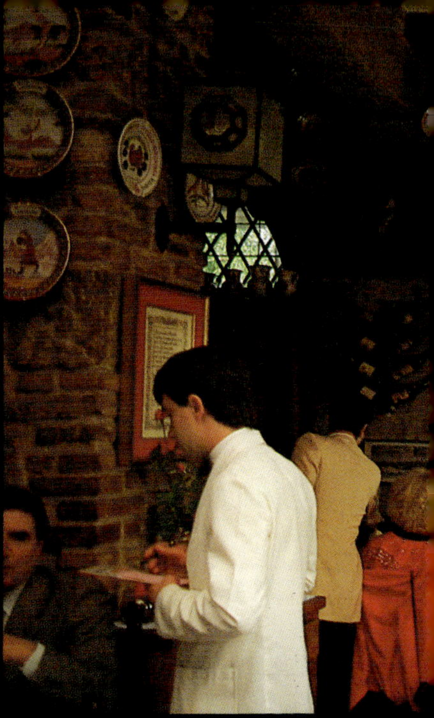

42

43

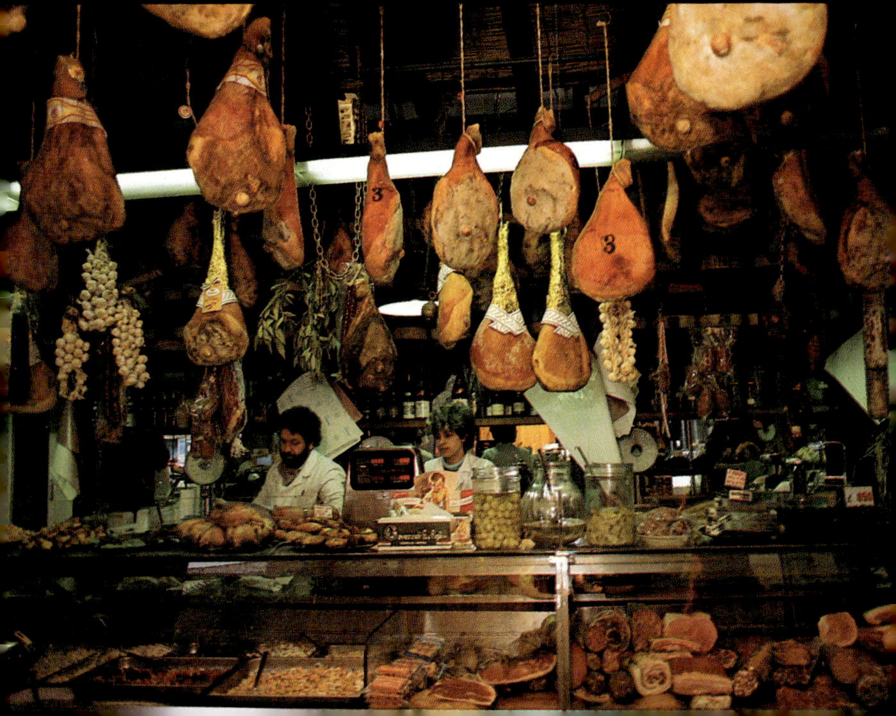

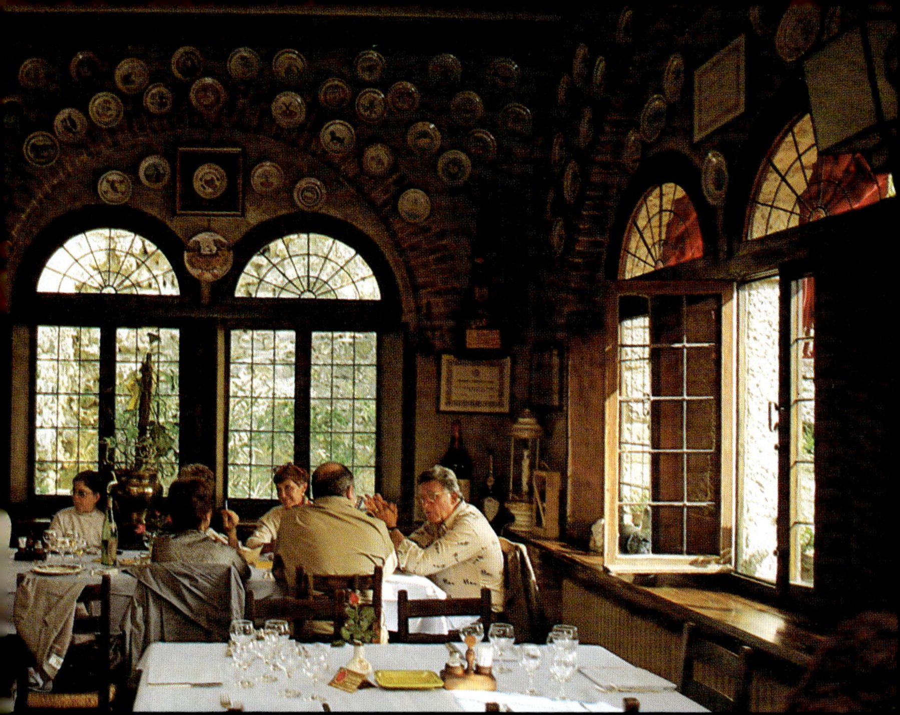

45 44

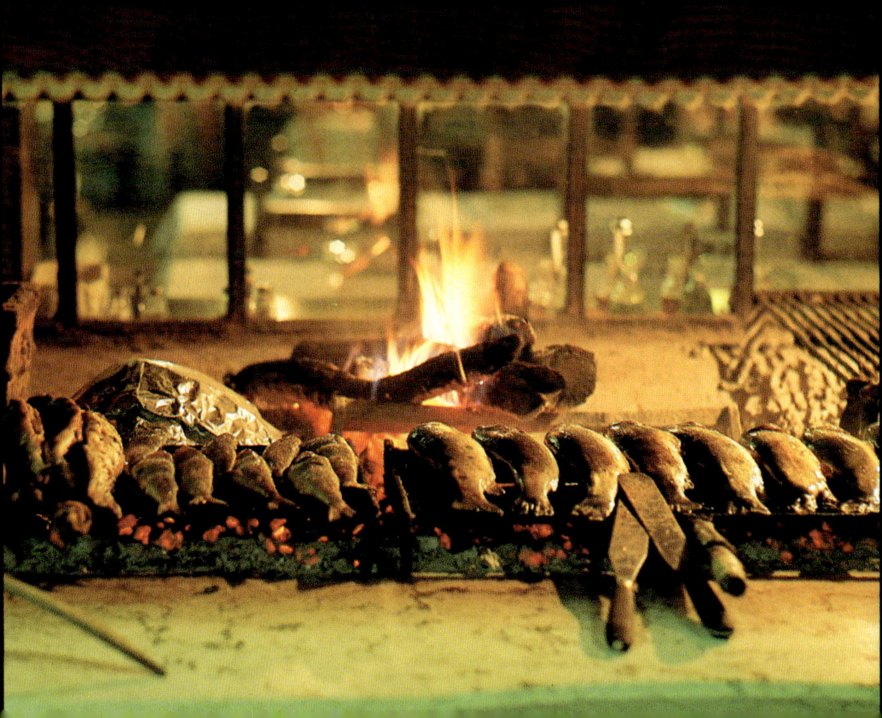

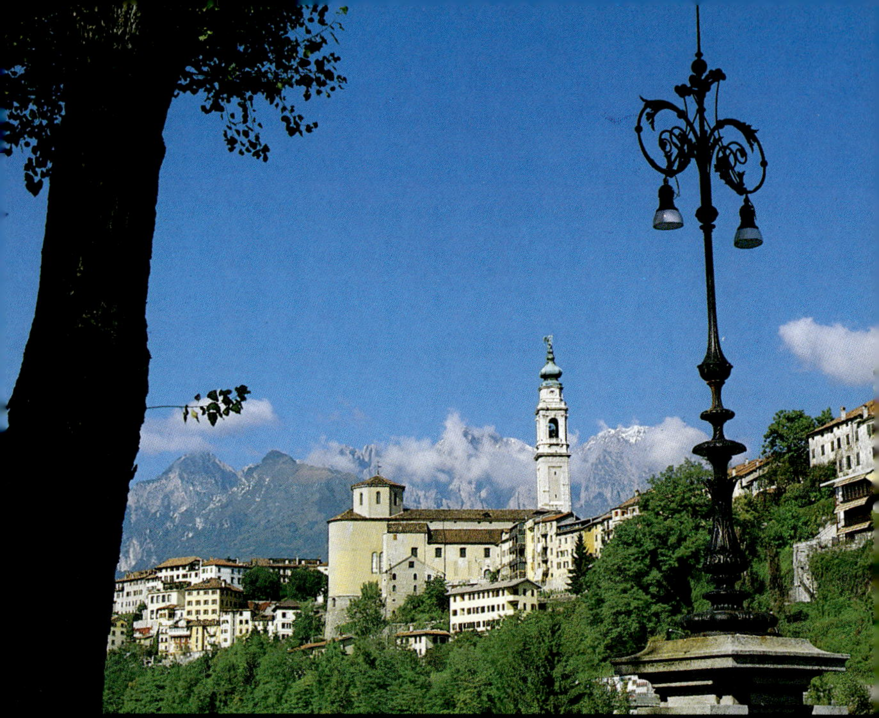

60

5

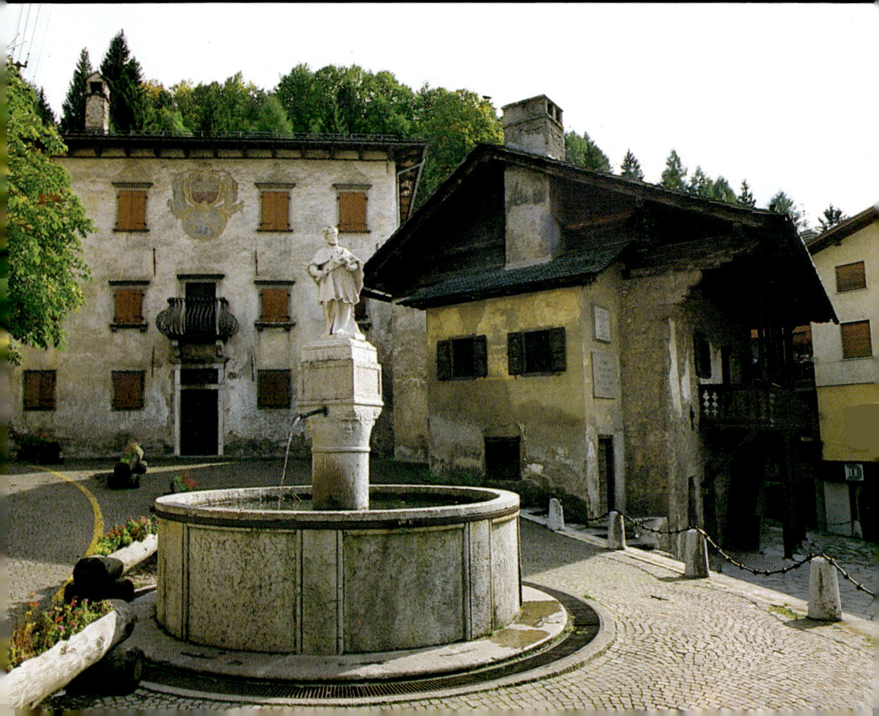

63

64

»KARNIEN -
Die Würde der Armut«

Das ist eine fremde Welt. Streng und reserviert. Spartanisch und von einer Schönheit, die sehr nachdenklich macht. Karnien, das Bergland zwischen Julischen Alpen und Dolomiten, Grenzland zu Österreich, bewahrt noch immer das Geheimnis seiner Symbiose von Mensch und Natur. Wohl gibt es Plätze, wo der Wintersport die Landschaft verwundet, die Häuser verdirbt. Aber noch überwiegen Mut und Demut des Menschen und nicht sein Übermut.

Karnien – das Wort beginnt karg und endet melodisch. Die Rauheit des Fels und die Wärme des Holzes sind in die Häuser dieser Region gekrochen. Von Menschen eingefangen, die im Sturm und in der Stille leben lernten, mit dem Grollen der steinverschiebenden Flüsse, deren weite Kiesbetten die Landschaft Friauls teilen. Und mit dem Flüstern des Waldes, aus dessen Dickicht sie ihre kleinen Äcker schälten. Ihren Häusern aus grauem Stein und dunklem Holz gelingt immer wieder die Mimikry mit schroffen Wänden und überkreuztem Astwerk. Nichts an ihnen ist überflüssig, alles dient einem Zweck. Nichts stört das Auge. Wenige Designer unserer Tage haben Funktion und Form so harmonisch gepaart.

Das Haus ist oft Wohnung und Speicher in einem. Auf dem Gestänge der hölzernen Vorbauten trocknen Heu und Mais, Kräuter und Bohnenstroh. Bei wohlhaben-

»Jedes Haus verfügt über eine Individualität, die jene seines Erbauers und derer ist, von denen es ein Bewohner übernommen hat, ›um es zu besitzen‹. Diese Individualität wird dem jeweiligen Bauwerk über seine funktionellen Bestandteile hinaus zunächst mitgeteilt – dann spricht sie schließlich aus ihm selbst. Und als das Haus noch als lebendiger, lebenserfüllter, organischer Teil dessen empfunden werden konnte, der in ihm lebte, stand es mit ihm auch in einem Verhältnis, das natürlich mehr umschloß als seine Nutzung. Der ›unbehauste Mensch‹ ist eine Folge des Verlustes seiner selbst, wie er sich in entsprechender Architektur niederschlägt.«

Kristian Sotriffer,
»Die verlorene Einheit.
Haus und Landschaft
zwischen Alpen und Adria«

deren Bauern steht neben dem Steinhaus der Holzstadel oder die mit einem Schindeldach überdeckte Heuharfe. Die gleiche Zweckarchitektur findet man jenseits der Grenze in Kärnten oder in Krain. Der Ähnlichkeit dieser Landschaften und ihrer Namen entsprechen auch viele Lebensgewohnheiten der Bauern.

Karnien war keltisches Siedlungsgebiet, ehe die Römer ihre Straßen nach Norden ausbauten und im heutigen Zúglio den Militärstützpunkt Forum Julium Carnicum schufen. Das einstige Forum erstreckt sich grasüberwuchert zwischen Bauernhäusern, ein unauffälliger Platz, ganz nahe der Straße zum Plöckenpaß.

Von diesem Stützpunkt aus begann die nur teilweise vollzogene Romanisierung Karniens. Viel keltisches Brauchtum hat sich hier bis heute erhalten. Und der aus dem Süden stammende Haustyp mit Arkaden und Rohrziegeldach, wie man ihn im Hauptort der Region, Tolmezzo, sieht, konnte sich im rauhen Bergklima nicht durchsetzen. In den Falten der Täler und auf den Höhen der wellenartig ansteigenden Berge dominiert noch immer das urtümliche karnische Haus, meist aus Stein, mit Außenstiegen aus Holz, dem Gestänge im oberen Teil der Vorderfront – sofern nicht das Wirtschaftsgebäude damit ausgestattet ist – dem in der Regel ziemlich steilen Dach, dessen Holzschindeln oft fleckigen Blechplatten weichen mußten.

Die Sprache ist herb wie das Land – Furlanisch. Es gehört zu den rätoromanischen Idiomen, die außer im Friaul auch in Südtirol und in Graubünden gesprochen werden. Man verwendet es fast überall im Friaul, aber in den Bergen hat es sich besser erhalten als in der Ebene und an der Küste, wo das Venezianische überwiegt. Furlanisch entwickelte sich aus dem von den Römern übernommenen Latein der Kelten. Vom Rätoromanisch der Schweiz und Südtirols unterscheidet es sich, weil es auf frühen Formen des Lateinischen aufbaut. Bis zum 10. Jahrhundert fand es nach Meinung des englischen Friulanisten D. B. Gregor zu seiner einmaligen Form. Sie ist dem Französischen ähnlicher als dem Italienischen. Die Sprachen der germanischen und slawischen Nachbarn und der Eindringlinge der Völkerwanderung haben im

Holzhaus mit Steinfundament in Sauris

Furlanischen weniger Spuren hinterlassen als im Italienischen, das zum Beispiel eine Reihe langobardischer Wörter assimilierte.

In zwei schwer zugänglichen Orten, Sauris di Sotto und Sauris di Sopra, hat sich unter den Bauern eine Art Althochdeutsch erhalten, das sich seit der Zeit als diese Orte besiedelt wurden nicht mehr verändert hat. Die Kärntner und Tiroler, die hierherzogen, haben auch die Kunst, Speck zu räuchern mitgebracht und ihre Nachfahren, die niemand darüber im Zweifel lassen, daß sie Italiener sind, pflegen diese Kunst weiter. Auf den Speisekarten im ganzen Friaul und manchmal auch im Veneto findet man einträchtig den Prosciutto di San Daniele, den zarten, luftgetrockneten Schinken, und eben *speck* aus Sauris.

Wer nicht die gutausgebaute Panoramastraße oberhalb von Ampezzo, sondern den alten Weg nach Sauris wählt, der im Zentrum von Ampezzo beginnt, begreift die

Einkapselung einer alten Kultur. Diese Straße schlängelt sich durch schmale, finstere Tunnel entlang einer tiefen Schlucht, die sich der Bergfluß Lumiei gebahnt hat. Nur hinter soviel abwehrender Natur konnte eine anderswo längst veränderte und abgeschliffene Sprache überleben.

Das archaische Dasein in den karnischen Bergdörfern macht den Besucher aus einer Welt der Verschwendung, der Austauschbarkeit aller Güter tief betroffen. Nichts geht hier verloren. Auch der kleinste Ast ergibt zusammen mit anderen kleinen Ästen ein gutes Feuer im *fogolâr,* dem Herd, auf dem man kocht, an dem man sich wärmt. Nichts, was die Erde wachsen läßt, ist bedeutungslos, alles gibt Nahrung, Viehfutter, Kleidung oder Schutz. So krumm kann kein Stein sein, daß er sich nicht in eine Mauer

Steinhaus mit Holzstangen in Forni di Sotto

fügt, die kostbares Erdreich umfängt. Das Füllhorn Karniens ist der geflochtene Weidenkorb voll mit Stroh oder Holz, Kartoffeln oder Früchten.

Die Ökonomie karnischen Lebens spiegelt sich in den strengen und schönen Strukturen der Felder, der Wege, der um Häuser gepflanzten alten Bäume, der Kapellen. In der Mühe des Bewahrens ging die Kraft nicht verloren, ausschließlich Schönes zu schaffen, das einem höheren Zweck dient. In den vielen Kirchen findet man Altäre und Figuren von ergreifender Klarheit.

In San Pietro di Cárnia, nicht weit von Zúglio, steht die älteste Kirche Karniens, gegründet im 5. Jahrhundert. Dem Alltagstreiben der Durchzugsstraße entrückt, thront sie hoch auf einem Hügel.

Nachdem das Christentum in Aquileia Fuß gefaßt hatte, schlossen sich auch die Bewohner des Forum Julium Carnicum dem neuen Glauben an. Wahrscheinlich

mußten sie zur Zeit der Völkerwanderung vor einem Barbarensturm flüchten und verbargen sich auf dem Hügel, der heute die Kirche trägt. Auf frühchristlichen Fundamenten entstand im Mittelalter eine gotische Kirche mit einem Schnitzaltar des Domenico da Tolmezzo. San Pietro di Cárnia ist Schauplatz eines nirgends sonst geübten Rituals. Zu Christi Himmelfahrt ziehen die Gläubigen mit bändergeschmückten Kreuzen vor ihre alte Kirche. Dort berührt jedes der Kreuze das Kirchenkreuz. Bacio delle croci – Kuß der Kreuze nennen die Friulaner dieses Fest.

Zu den schönsten Ortschaften Karniens gehören die Dörfer des Pesarinatals: Prato Cárnico, Piéria, Osáis und Pesáriis. Hier gibt es eine uralte Handwerkstradition der Bronzebearbeitung und des Uhrmachens. Die Häuser aus dem 15. bis 17. Jahrhundert sind behäbiger, wohlhabender, die Gassen und Plätze intimer als in den bäuerlichen Siedlungen. Und das Kirchendach von Pesáriis schmückt sich mit glasierten Ziegeln in rosa, weiß und grün.

Weiter südlich, dort wo der Tagliamento jung und noch zahm ist, mischen sich bereits häßliche moderne Häuser unter die urtümlichen. Nicht immer ist rigorose Abkehr von der Tradition die Ursache. Forni di Sotto wurde am 26. Mai 1944 komplett von deutschen Truppen zerstört. Und in der Nachkriegszeit neu aufgebaut. Auch Frieden und Wohlstand haben ihre Spuren hinterlassen. Skilifte überspannen die Berge, Hotels und Pensionen im Stil falscher Rustikalität klettern die Hänge hinauf. Unter den glitzernden Gipfeln der nahen Dolomiten Häuser mit naiv-häßlicher Graffiti auf denen die Gemsen Almrausch und Edelweiß von domestizierten Berggipfeln knabbern.

In den Ortschaften plätschern römische Brunnen zwischen abweisenden Steinhäusern, Frauen mit dunklen Kopftüchern tragen schwere Plastiktaschen aus dem Supermarkt. »Mandi, Friûl«, steht auf einer Straßentafel. Gott mit dir, Friaul!

Der Himmel wird uns auf den Kopf fallen!!!

Die Kelten kamen aus dem Gebiet zwischen Seine und Böhmen. Auf der Suche nach besseren Lebensbedingungen setzten sie sich zwischen dem späten 6. und dem frühen 4. Jahrhundert in Bewegung, überstiegen die Alpen und stießen 387 v. Chr. bis Rom vor, damals erst ein winziger Stadtstaat. Die Kelten waren ursprünglich Hirten mit einer starken Neigung, anderen das Vieh zu stehlen und gelegentlich auch Menschen mitgehen zu lassen. Beides tauschten sie gegen Wein und mediterrane Luxusartikel. Entlang der oberen Adria schufen sie ein Reich, das die Römer Gallia cisalpina nannten. Keltische Gottheiten, darunter ihre verschiedenen Muttergöttinnen, die Bärengöttin und der Sonnengott Belenus fanden auch in römischen Tempeln Aufnahme. Der keltische Schwertgürtel wurde Teil der venetischen Männertracht – ein Zeichen für das Ansehen der Kelten.

Die Unerschrockenheit der Kelten verblüffte selbst Alexander den Großen. Auf die Frage des siegreichen, von so vielen gefürchteten Feldherrn, wovor sie Angst hätten, antworteten sie: »Daß uns der Himmel auf den Kopf fallen könnte.« Asterix-Lesern wird dieses Wort bekannt vorkommen.

Leben in Karnien

Prof. Dr. Giovanni Casanova ist Theologe. Er wurde 1914 in Ravascletto in Karnien geboren, studierte in Udine und lebt seit einigen Jahren in Wien.

Karnien, das ist ein wunderschönes, auch heute noch weitgehend unberührtes Land im Norden von Friaul. Bauernland, am Rand der Berge. Wie lebt man hier?

Prof. Dr. Casanova: Das Leben in Karnien war und ist ein Leben der Arbeit. Die Felder sind klein, weil der Besitz immer unter allen Kindern geteilt wird. Die Bauern halten Kühe, Schafe oder Ziegen, ein Schwein, das mit den Essensresten gefüttert wird. Der Tagesablauf wird vom Arbeitsrhythmus bestimmt. Am frühen Morgen gehen die Frauen in den Stall und melken die Kühe, dann wandern sie mit der Milch in die *latteria*, die Käserei. Im Winter sieht man sie mit Laternen durch das Dunkel wandern. Nachher wird gefrühstückt, Milchkaffee und Brot oder Polenta. Im Sommer gehen die anderen Familienmitglieder um vier Uhr früh auf die Wiesen, um Heu zu machen. Es gibt die Talwiesen und über dem Wald, oft zwei Stunden Fußweg entfernt, die Bergwiesen. Danach kommen die Almen und schließlich die Felsen. Das ist ganz anders als in Kärnten oder im Cadore, da steigen die Felsen viel unmittelbarer auf. Die Talwiesen werden mit Stalldünger bestreut, der in Schulterkörben getragen wird. Was wird da nicht alles bergauf, bergab geschleppt, häufig in den typischen, spitz zulaufenden Körben. Und trotz der Lasten hört man die Mädchen singen! Im Winter wird der Dünger mit Schlitten bergauf gezogen. Im Tal wird zweimal gemäht, auf den Bergwiesen nur einmal, Ende Juli. Das Heu wird rund um einen Pfahl zum Trocknen aufgehäuft und Ende August ins Tal gebracht. Die Heuhaufen, die ganz anders als in Kärnten aussehen, gehören zur Sommerlandschaft Karniens. Die Heuernte ist die härteste und schönste Arbeit des Bergbauern. Meistens mähen die Männer, die Frauen helfen beim Umdrehen, Anhäufen und beim Tragen. Oft geht die Arbeit bis acht Uhr abends. Und dann schmücken die jungen Leute die Körbe mit Heidelbeeren und gehen singend nach Hause.

Was wird in Karnien angebaut?

Prof. Dr. Casanova: Vor allem Mais für die Polenta, Gerste und Roggen für das Hausbrot, Kartoffeln, weiße und gelbe Rüben, die auch gesäuert werden, Bohnen und Kürbisse, aus denen man *gjûf* macht, ein mit Maismehl eingedicktes Gemüse. Das Getreide wird im Haus gedroschen, der Mais mit der Hand entkörnt und in einer der Wassermühlen der Gegend – bei Ravascletto gab es fünf – gemahlen. Im Hausgarten zieht die Bäuerin Salat, Petersilie, Rosmarin, Endivien, Kamille. Meine Mutter hat von der Wiese wilde Kräuter geholt, auch wilden Spargel, Radicchio, daraus hat

sie *frita* gemacht – gebackenes Gemüse zur Polenta. Nüsse und Haselnüsse wachsen wild, auf der Wiese oder im Obstgarten gedeihen viele Arten von Äpfeln und Birnen, außerdem Stachelbeeren. Aus dem Obst macht man Most, früher wurde daraus auch Schnaps gebrannt, das ist jetzt verboten. Im Ofen wurden kleine Birnen und Zwetschgen für den Winter getrocknet. Für Wein, Kastanien und Pfirsiche ist es zu kalt – viele Orte in Karnien liegen über 1000 m hoch.

Im rauhen Klima Karniens müssen die Winter ziemlich hart sein. Wie hat man sich dagegen geschützt?

Prof. Dr. Casanova: Wir haben eine wunderbare Zuflucht vor der Kälte: den *fogolâr*. Das ist ein offener Kamin mit Holzbänken rundherum, mitten in der Küche. In seinem Rauchabzug haben wir Fleisch und *ricotta* – Käse – geräuchert. Hier wird gekocht und gebraten, es riecht immer gut und ist wunderbar warm, wenn draußen der Schneesturm heult.

Was ißt man in Karnien?

Prof. Dr. Casanova: Alles, was man selbst macht. Im Winter wird geschlachtet, aber nur die Schafe oder Schweine, die Kälber werden entweder großgezogen oder verkauft. Wir machen sehr gute Würste: *Salami, muset, lujànies, báfes, spiersút*, alle geräuchert. Auch die Innereien werden schmackhaft zubereitet. Das Blut wird mit Gewürzen und Zucker gekocht und schmeckt den Kindern als Süßigkeit. *Múles* nennen wir dieses Gericht. Nicht nur das Fleisch wird genützt – aus den Schweinsborsten machen die Schuster Spitzen für den Nähfaden. Ich weiß das, weil mein Vater nicht nur Bauer, sondern auch Schuster war.

Und das waren unsere Hauptgerichte: Polenta mit Wurst oder Käse oder Gulasch – bei uns heißt das *tocj*. Bohnensuppe, Risotto, *Gnocchi* – das sind kleine Weißmehlknödel, – breite Nudeln. Alles sättigende Gerichte, das braucht man bei der schweren Arbeit. An großen Feiertagen hat meine Mutter Fleischknödel gemacht (*cjalsons*), sehr selten gab es Schweinsbraten oder Wild, immer mit viel Kartoffeln und Gemüse. Im Fasching freuten wir uns immer schon auf *crostoi*, knusprig gebackene Krapfen.

Die Holzknechte haben *frico* gemacht, dafür werden Zwiebeln und Kartoffeln mit Käse und Eiern gebraten. In Kärnten heißt das Fricka.

Die Auswanderung war im Friaul jahrhundertelang die einzige Flucht aus der Armut. Wie haben das diese heimatverbundenen Menschen ertragen?

Prof. Dr. Casanova: Viele von ihnen zogen nur für einen Teil des Jahres weg.

Meist waren es Maurer oder Holzknechte, die in der warmen Saison im deutschsprachigen Raum arbeiteten und im Winter nach Hause kamen. Das war bis zum Ersten Weltkrieg, nachher emigrierten oft zwei Drittel der Familie. Die Frauen, die ohne Männer in der Heimat blieben, hatten die ganze Verantwortung zu tragen und waren sehr tapfer und treu. Es hat schon im 18. Jahrhundert Volksschulen gegeben, später haben die Pfarrer Abendschulen für berufliche Fortbildung organisiert. So waren die Emigranten gut vorbereitet, und viele machten im Ausland ihr Glück, wie zum Beispiel die Familie Pustet aus Ravascletto, die in Regensburg einen großen Verlag gründete oder die Familie de Infanti in München. Sie haben Ravascletto die schöne Kirche San Spirito und den Glockenturm gestiftet. Immer hat es die Emigranten zurückgezogen in die Heimat, auch wenn sie nicht mehr hier lebten. Sie haben sich ihre Frauen aus dem Dorf in die Fremde geholt.

Wie hat man als Kind, als junger Mensch gelebt?

Prof. Dr. Casanova: Wir sind sehr offen, ohne Prüderie aufgewachsen. Als Kinder wußten wir schon alles über das Leben, aber das hat unserer Moral nicht geschadet. Sauberkeit war selbstverständlich, auch wenn es keine Badewannen gab, sondern Holzbottiche. Die Hebamme hat uns auf die Welt gebracht, der Arzt aus Sutrio kam einmal in der Woche mit der Karosse. Unser Schwimmbad war der Bach, im Winter sind wir mit selbstgemachten Skiern, Rodeln oder Schlittschuhen herumgerutscht.

Karnisches Bauerngerät im Volkskundemuseum von Tolmezzo

Heute ist Ravascletto ein bekanntes Wintersportzentrum geworden. Das hat vieles verändert. Bücher sind uns durch Zufall in die Hände gekommen. Aber beim Mais- und Bohnenschälen im Winter wurden Märchen erzählt. Dort haben sich auch die heimlichen Liebespaare getroffen. Oder auch bei den Totenwachen – da haben sie die Pausen genützt, um allein zu sein. Sonst haben sie nur im Wald oder in den Heuställen ihre ersten Erfahrungen machen können. Man hat das gewußt, und es hat keinen Skandal deswegen gegeben. Alles wurde mit Anstand der dörflichen Ordnung angepaßt. Später wurde durch die Urlauber ein anderer Lebensstil bekannt, aber das hat noch nicht viel geändert. Erst durch Mädchen, die von der Armut in die Stadt getrieben wurden, wo sie als Serviererinnen arbeiteten, ist viel Neues ins Dorf gekommen.

Wie war die Einstellung zur Frau?

Prof. Dr. Casanova: Es gab klare Differenzierungen zwischen männlichem und weiblichem Bereich. Die härteste Arbeit, wie das Mähen, Holzfällen, der Hausbau, war

Männerarbeit, die Frauen hatten ihre Arbeit im Haus, in der Familie. Sie gingen nicht ins Gasthaus – oder höchstens, um ihre betrunkenen Männer zu holen. Zärtlichkeit zeigte sich niemals offen, es wurde nicht geküßt. Im allgemeinen gab es eine große Toleranz gegenüber unverheirateten Müttern und ihren Kindern. Aber den grausa-

men Brauch des Spottkonzerts, der auch in Frankreich geübt wird, den kennen wir: Vor dem Fenster einer unverheirateten Schwangeren wurde mit Kuhglocken und Pfannen gelärmt.

Haben sich alte Bräuche erhalten?

Prof. Dr. Casanova: Eine ganze Menge. Der hübscheste ist auch in Kärnten bekannt und ist der Rest einer vorchristlichen Sonnwendfeier zu Ehren des keltischen Gottes Belenus. Dafür werden Holzscheiben entzündet und mit Stöcken von einem Felsen in den Nachthimmel geworfen. Dabei werden mit dem Megafon die Namen angeblicher Liebespaare ausgerufen – das ist, glaube ich, in Kärnten nicht üblich. Nachher gehen die Burschen zu den Fenstern der genannten Mädchen, machen ein bißchen Musik mit der Ziehharmonika und bekommen von ihnen Geld für den nächsten Ball. Häufig kamen kärntner oder steirische Musikgruppen über die Grenze, um bei Bällen in Karnien aufzuspielen.

Früher ist man zu Himmelfahrt mit einer Pfanne und Eiern auf die Wiese gegangen und hat sich dort eine Jause gemacht. Ich habe mich oft gefragt, ob das mit dem Laubhüttenfest des Alten Testaments zusammenhängt.

Am Johannistag haben Kinder Blumen gesammelt und abends in die Kirche zur Weihe gebracht. Wenn sich ein Unwetter zusammenbraute, wurden die Kräuter dann verbrannt. Aber im Krieg, als es nichts zu rauchen gab, sind sie schon oft vorher in einer Pfeife verschwunden. Vieles davon ist heute in Vergessenheit geraten oder lebt nur noch in Büchern weiter. So wie manches schöne alte Gerät meiner Heimat im Volkskundemuseum in Tolmezzo.

Wie sieht heute das Leben in dieser Region aus?

Prof. Dr. Casanova: Wenn man eine Weile weg war und heimkommt, gibt es immer wieder neue kleine Villen zu sehen, meist von Stadtbewohnern für ihren Sommerurlaub gebaut. Und dann gibt es im Sommer erstaunlich viele Autos mit Kennzeichen aus Frankreich, Belgien, der Schweiz, Deutschland, aber auch aus großen italienischen Städten. Das sind die ausgewanderten Karnier, die im Sommer ihre Verwandten und Freunde besuchen. Die meisten sind endgültig emigriert, aber sie haben ihr Haus oder ihren Hausanteil nicht verkauft und wohnen im Urlaub da.

Wohin ging der Hauptstrom der Emigration?

Porf. Dr. Casanova: Bis 1914 meist nach Norden, in die Länder der Monarchie, von 1920–1940 nach Frankreich und Belgien, ab 1945 nach Nord- und Südamerika, Deutschland, Australien.

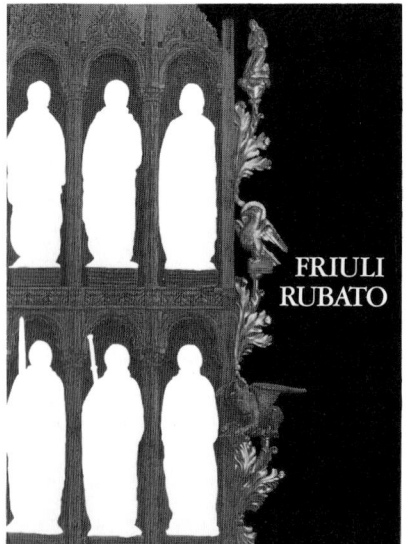

FRIULI
RUBATO

Hat der Tourismus das alte Gefüge der karnischen Orte verändert?

Prof. Dr. Casanova: Bei uns in Ravascletto sind nur wenige alte Leute dem Bauernleben treu geblieben. Die Wiesen über dem Wald werden nicht mehr gemäht, auch im Tal liegen Wiesen und Äcker brach. Es gibt eine Seilbahn, die

Dem »Beraubten Friaul« wurde 1983 eine Ausstellung gewidmet: kostbare Schätze kamen dem Land durch Diebstahl und Achtlosigkeit abhanden; darunter Altarfiguren, Meßgerät, Plastiken, Gemälde und das berühmte elfenbeinerne Ziborium von Mòggio, aus dem 6. Jahrhundert, das heute zur Dumborton Oaks-Sammlung in Washington gehört

Forni di Sopra

bis auf 1600 Meter hinaufführt, Hotels, Sporteinrichtungen. Die meisten Dörfer leben jetzt vom Tourismus und vom Gästeservice. Viele Leute sind von auswärts gekommen und wissen nichts von unseren Traditionen. Aber es gibt auch ein neues Interesse daran, die alten Häuser zu renovieren, altes Brauchtum zu erhalten. Wenn die Touristen weg sind, bleiben die Orte leer zurück, es wohnen hier ja jetzt viel weniger Menschen als früher. Sie trösten sich wie überall mit dem Fernsehen und die Jungen fahren mit dem Wagen fort, um sich zu unterhalten. Viel hat sich verändert. Für viele Dinge muß man jetzt zahlen. Holz wird nicht mehr gesammelt, sondern gekauft. Wir kaufen fast alles, außer unseren guten Kartoffeln und dem Gemüse. Aber es wird besser und gesünder gegessen, die Leute sind besser gekleidet, auch die Ärmsten haben eine Pension vom Staat. Aber die Stimmung ist nicht die beste, sonst hätten wir nicht so viele Alkoholiker.

Wie ist die politische Einstellung in Karnien?

Prof. Dr. Casanova: Hier zeigt sich der individualistische Geist der Bergbewohner sehr deutlich. Alle Parteien sind vertreten, für den Gemeinderat muß man eine Koalition schaffen. Gewalt und Mord ist sehr selten, es gibt auch keine echten Klassenunterschiede. Jeder muß arbeiten. Alle versuchen ihre Kinder gut auszubilden, es gibt einen hohen Prozentsatz an Mittelschülern und Studenten. Zeitungen und Zeitschriften werden eifrig gelesen, aber nur wenige Bücher. Und eines ist neu: die Menschen von Karnien fahren nicht nur ins Ausland, um dort zu arbeiten, sie sind selbst Touristen geworden, die sich die Welt anschauen.

Venetisches Bergland:
Nicht nur Holz für Gondeln

> »Das schönste Bauwerk der Welt?
> Das sind die Dolomiten!«
>
> Le Corbusier

Zwischen der Accademia und dem Giu-
decca-Kanal in Venedig, dicht an der Kirche San Tomá, steht ein Gebäude, wie man
es sonst in dieser Stadt nicht sieht. Ein
strenger Ziegelbau mit bäuerlichen Balkonen, daneben ein altersdunkler Holz-
schuppen. Davor aufgebockte Gondeln.
Ein *squero* – so nennen die Venezianer die
Werft, in der Gondeln überholt und jetzt
immer seltener neu gebaut werden.

Die Architektur dieses Hauses ist eine
Erinnerung an die Heimat der Gondel-
bauer, das Cadore. Aus diesem Bergland
am Fuß der höchsten Dolomitengipfel
kommen auch die acht Sorten Holz, aus
denen eine Gondel besteht: Ulme, Eiche,
Lärche, Nuß, Fichte, Linde, Kirsche und
Tanne. Das Holz für die Ruder holten
sich die Venezianer aus den Wäldern des
Cansiglio, östlich von Vittorio Veneto.

Die Region Veneto, das Land zwischen Adria und Alpen, zwischen Piave und
Gardasee, besteht zu einem Drittel aus Hügel- und Bergland. In ihrem Zentrum liegt
das Cadore, aus dem 20 Dreitausender aufragen. Daran schließen sich die viel weniger
bekannten Feltriner und Belluneser Alpen, das Hochplateau der Sieben Gemeinden,
die Lessinischen Berge und das Valpolicella an. Mit dem Monte Baldo endet die
Bergregion des Veneto, an seinem Fuß breitet sich die laue Lieblichkeit des Gardasees
aus.

Setzt man sich über Jahrmillionen der Erdgeschichte hinweg, könnte man behaup-
ten, Venetien reiche von Küste zu Küste: An die schroffen Wände der Dolomiten,
aber auch an die weniger schroffen Hänge der Lessinischen Berge brandete das
Urmeer. Welches Getier sich darin tummelte, geben Erdbewegungen preis. Rund um
Cortina d'Ampezzo, Misurina, im Gebiet des Giaupasses findet man immer wieder
fossile Seeigel, Schnecken, Fische, Korallen, Muscheln. Bei Bolca in den Lessinischen
Bergen blieben Reptilien, Krustentiere, Pflanzen und Fische in einer versteinerten
Lagune so gut erhalten, daß man heute nicht nur die zartesten Fossilienflossen,
sondern auch die Farbschattierungen der Meeres-Methusaleme erkennt.

Wie jung sind im Vergleich dazu die Spuren der Menschen in den Dolomiten.
Euganeer und Räter, die Ureinwohner, wurden um Christi Geburt romanisiert.

Goten, Langobarden und Bayern bahnten sich auch über die Dolomitenpässe den Weg nach Süden. König Berengar I. verwendete 929 zum erstenmal in einem Dokument die Bezeichnung Catubrium für das Kernland der Dolomiten, das heutige Cadore.

Der Holzreichtum des Cadore machte das Land den Patriarchen von Aquileia ebenso lieb und wert wie den Venezianern, die es zwischen 1420 und 1508 besaßen, ehe Maximilian I. es dem Habsburgerreich einverleibte.

Im Ersten Weltkrieg ging eine der Fronten zwischen Italien und Österreich quer durch die Dolomiten. Die vierte italienische Armee besetzte das von den Österreichern geräumte Cortina. Tofana, Monte Cristallo, Monte Grappa wurden zu senkrechten Schlachtfeldern. Vielleicht hat sich die Absurdität des Krieges nie grimmiger entlarvt als in der Ausgesetztheit der zerbrechlichen Biwaks im Fels, über die eisige Stürme, tödliche Verwehungen rasten. Aber die

Die Dolomiten entstanden wie die gesamten Alpen, als der Urkontinent vor rund 200 Millionen Jahren auseinanderriß und das Meer hier einströmen konnte.

Vor 100 Millionen Jahren näherten sich die beiden Kontinente wieder und prallten aufeinander. Dabei war der Nordkontinent gewaltigen Bewegungen, Faltungen, Quetschungen ausgesetzt. Der Boden des alpinen Ozeans geriet tief unter den Südkontinent.

Der verformte Nordkontinent wurde bis zu 250 Kilometer nach Norden geschoben. Mit ihm Korallenriffe, Lagunen, Muschelbänke, urzeitliche Fische, die Bestandteil der Alpen wurden.

Die Dolomiten haben ihren Namen von dem französischen Geologen Déodat Guy Sylvain Tancrède Gratet de Dolomieu (1750–1801). Er erforschte die Gebirge Italiens, Tirols und Graubündens und machte Studien über den Basalt und Gestein aus Calzium-Magnesiumkarbonat, das nach ihm Dolomit benannt wurde.

Lektion, die der Berg den Menschen erteilte, wurde nur von denen begriffen, die einander ein paar Jahre vorher friedlich auf den schmalen Steigen begegnet waren und sich nun mit ganzen Bergkuppen zur Ehre des Vaterlandes gegenseitig in die Luft sprengen mußten.

Verläßt man Friaul über den Mauriapaß, ändert sich das Landschaftsbild, ohne daß man gleich erkennt, wodurch. Hohe Berge gibt es auch im Friaul, aber sie steigen zögernder, abgestufter auf. Im Cadore ragen die Felswände abrupt aus den Wäldern, sie bilden Türme und Nadeln, Mauern und Pyramidenstümpfe,

Cortina d'Ampezzo

die das Licht in unzähligen Nuancen reflektieren. Von silbrigem Weiß zum blassen Rosagrau über Goldorange, Purpur und Schwarz wechselt ihr Farbspektrum mit dem Sonnenstand. Die Vielfalt ihrer Formen, ihre Schroffheit, ihre Kälte und ihr Geheimnis sind eine einzige Verlokkung. Die Menschen traten Wege aus, trieben ihr Vieh in die smaragdgrünen Almen, stellten Schutzhütten auf. Den Hirten, Jägern, Kriegern und Händlern folgten die Bergsteiger, die sich am Berg messen wollten.

Zu Beginn des technischen Zeitalters begann auch der Alpinismus: Bergsteigen nicht mehr als notwendiges Mittel des Überlebens, sondern als romantischer Selbstzweck, als zusätzliche Bestätigung des Siegs über die Naturkräfte. Zur Dienstbarmachung von Dampf und Elektrizität auch der Absatz im Nacken der Bergriesen. 1857 erkletterte der Engländer Sir John Ball den ersten Dreitausender der Dolomiten, den Monte Pelmo, von dem aus man das ganze Ampezzotal sieht.

Cortina d'Ampezzo, eine unbedeutende Streusiedlung in herrlicher Lage, nach Süden offen, nach Norden abgeschirmt,

»Den Bergfreunden mit dem Farbtopf, denen mit dem Spaten, den Eisenstiften und den Drahtseilen folgt gerne eine johlende Schar. Sie wünscht bewirtschaftete Schutzhütten oder sagen wir hochgelegene Gasthöfe oder sagen wir es ganz offen: Alpine Wirtshäuser. Ihr Sinnen und Träumen ist Bier ... sie sitzen festgenagelt in der Stube ... Erst später werden sie herauskommen, wenn das Mittagsschläfchen in der Sonne winkt ...

Da stürmt ein Mann an uns vorbei, erhitzt, atemlos ...

›In zwei Stunden, vierzehn Minuten, vierzig Sekunden‹ ruft er uns im Vorbeieilen triumphierend zu. Wir haben vier Stunden heraufgebraucht und erschrecken. Eine Unglücksbotschaft vom Tal? O nein! Es ist der Zeitmensch, der Mann der Rekorde.«

Julius Kugy, »Aus dem Leben eines Bergsteigers, 1924

zog die Alpinisten besonders an. Rund um dieses Tal, in dem sich wichtige Straßen kreuzen, stehen die Aristokraten unter den Dolomitengipfeln: Tofana, Pelmo, Cristallo, Antelao, Torre dei Sabbioni, Cinque Torri. Den nahen Misurinasee umkränzen die Südwände der Drei Zinnen, Sorapiss, Marmarole, Cristallo, die Cadinispitzen.

Die gemächliche Entwicklung zur Sommer- und Winterfrische explodierte nach 1956, nach den Olympischen Winterspielen von Cortina. Wo noch Anfang des Jahrhunderts Holzarbeiter, Hirten, Kunstschmiede und Spitzenklöpplerinnen unter sich waren, breiteten sich nun Hotels, Pensionen, Appartementhäuser und Villen über das ganze Tal und in die Höhen aus. Fast 40 Lifte und Bergbahnen beförderten jetzt pro Stunde über 20000 Personen in Regionen, die sie allein kaum erreichten und aus denen Gemsen und Alpensteinbock verschreckt entwichen.

Die höchste Bogenstaumauer der Erde wurde zwischen 1941 und 1959 am Vaiontstausee bei Longarone errichtet: 265 Meter ragte sie auf. Am 9. Oktober 1963 fielen 250 Millionen Tonnen Felsmassen vom Monte Toc in den Stausee. 48 Millionen Tonnen Wasser brandeten über die intakt gebliebene Mauer ins Piavetal und töteten 2500 Menschen. Longarone und seine Nachbargemeinden wurden völlig zerstört. Wer heute vom Cellinatal über den Passo di San Osvaldo nach Westen fährt, sieht das nutzlose, leere Staubecken und die vielen neuen Häuser von Longarone.

Auf schreckliche Weise wurde hier eine Vision Leonardo da Vincis Realität: Er empfahl, in den Bergen Flüsse aufzustauen, um mit ihren Wassermassen die anstürmenden Türken hinwegzuschwemmen.

Ein Ort mit viel längerer Tradition, Pieve di Cadore, hat seinen ursprünglichen Charakter besser erhalten. Im Zentrum ein harmonischer Platz mit dem venezianisch anmutenden Palazzo della Comunità, in der klassizistischen Kirche ein Marienbild des berühmtesten Bürgers dieser Stadt: Tizian. Das Haus, in dem er geboren wurde, liegt etwas abseits des Platzes. Es ist ein schöner, festgefügter Bau mit dunkler Außentreppe, im Inneren ein freistehender Kamin, an einer Wand hängt Tizians Adelsdekret, ausgestellt von Karl V. in Barcelona, den 13. Mai 1533.

Tiziano Vecellio (etwa 1489–1576) ging dorthin, wo sich die Bäume seiner Heimat in Gondeln verwandelten, wo die Köhler des Cadore, unweit des Rialto, an der Riva di Carbon ihre Ware feilboten. Er kam keineswegs als scheuer Provinzler in die Weltstadt, suchte sich sehr zielstrebig den besten Meister dieser Zeit, Giovanni Bellini.

Nur Tizians malerisches Genie war noch größer als seine Geschäftstüchtigkeit und weil er ökonomisch damit umging, blieb ihm sogar Zeit für eine Verwaltertätigkeit in der Fondaco dei Tedeschi. Als Nachfolger Bellinis wurde er venezianischer Staatsmaler, was ihn keineswegs daran hinderte, künstlerische Handelsbeziehungen mit Kaisern, Päpsten und Fürsten anzuknüpfen und eine reiche Geschäftskorrespondenz darüber zu führen. Karl V. verpflichtete ihn als Hofmaler. 500 Bilder entstanden im Laufe seines Lebens. Die Kirchen und Paläste Venedigs schmücken sich mit ihnen, die großen Galerien der Welt sind stolz und zufrieden mit dem Rest.

In Tizians Bildern leben der Machtwille, die Erotik und die Klarheit der Renaissance. Aber auch tiefe Frömmigkeit und die Einsamkeit der Macht. Keiner der vielen genialen Maler Venedigs hatte seine, jedes Menschenmaß sprengende Kraft der Gefühle.

Tizian starb, wie knapp zuvor sein Sohn, an der Pest. Sein Leichnam wurde mit anderen auf der Insel Lazaretto verscharrt, sein Haus geplündert. Erst nach dem Erlöschen der Pest bestattete man ihn mit großen Ehren in der Frari-Kirche, wo zwei seiner schönsten Madonnenbilder hängen.

Am Ende seines Lebens wohnte Tizian an der Lagune Venedigs, dort, wo man an klaren Tagen die Dolomiten sieht.

*

Dem Südwesten des Cadore schließen sich die Berge von Feltre und Belluno an. Es ist keine so dramatische, aber auf ihre Art ebenso schöne Landschaft mit schroffen Bergen, weich ausschwingenden Hügeln, die von vielen Bächen und Wasserfällen durchschnitten werden. Im

Pieve di Cadore

Val Brenton sammeln sich die Kaskaden eines Bergbaches in runden Felsbecken, die wie die Badeplätze von Berggeistern aussehen. Ungewöhnlich schöne und seltene Pflanzen haben sich hier erhalten – Narzissen, Feuerlilien, Bergorchideen. Steinadler ziehen ihre Kreise, die anderswo fast ausgerotteten Auerhähne balzen und vermehren sich, riesige Eulen schweben auf Samtflügeln durch die Nacht. Es gibt viele Grotten und Höhlen im karstigen Gestein und Eislöcher, die auch im Sommer nicht schmelzen. Früher wurden sie von Brauereien genutzt.

Dieses Gebiet, das teilweise unter Naturschutz steht, soll in seiner Unberührtheit als Dolomiten-Nationalpark erhalten werden.

*

Asiago, Roana, Rotzo, Lusiana, Foza, Enego und Gallio heißen die sieben Gemeinden, die einem eigenartigen Hochplateau nordwestlich von Bassano di Grappa ihren

Tizian: Die himmlische und die irdische Liebe

Namen gegeben haben. Zu Füßen des Altopiano dei Sette Comuni liegen die reizvollen venetischen Städte Maròstica, Thiene, Schio. Etwas südlicher Vicenza.

Hier wird eine Sprache gesprochen, die die Italiener cymbrisch nennen, nach einem jener furchterregenden germanischen Stämme, die unermüdlich über die Alpen kletterten, um Rom zu vernichten. Wissenschaftler haben verschiedene Theorien angeboten, wie es zu dieser Verkapselung eines germanischen Idioms kam. Manche vermuten, daß versprengte Langobarden in die Einsamkeit des Hochplateaus flüchteten, andere mutmaßen, daß der Bischof von Verona im 13. Jahrhundert kräftige und unerschrockene Holzarbeiter aus Bayern und Tirol für Rodungsarbeiten in das damals unerschlossene Gebiet holte. Die Venezianer wußten es ihm jedenfalls zu danken, als sie die Bärenkräfte der Siedler nützten, um Türken und Habsburger abzuwehren.

Mit einer Fahne, die auf einer Seite den Markuslöwen zeigte und auf der anderen sieben Köpfe für die sieben Gemeinden, zogen die Siedler in die Schlacht. Verstärkung bekamen sie von den Bewohnern der dreizehn Gemeinden um Giazza in den Lessinischen Bergen, die gleicher Herkunft waren. Zum Dank gewährte ihnen Venedig eigene Gesetze, eine eigene Verwaltung und diplomatische Vertreter in Venedig, Padua, Vicenza, Verona und Wien.

Snekele, Ghertele und Leberle, Kaberlaba, Runz und Tanzerloch – diese Namen liest man heute noch auf Wirtshausschildern und Lieferwagen, wenn man die steile Straße von Bassano di Grappa oder von Thiene in das 1000 Meter hoch gelegene Plateau fährt. Edelkastanien, Oliven und Wein begleiten das erste Stück der Straße, ganze Hänge voll Goldregen lassen im Frühsommer den Berg aufleuchten. Conco,

ein Ort mit vielen neuen Häusern im pseudoalpinen Stil und mit einem zierlichen alten Campanile, taucht auf. Von den Ankündigungstafeln bäuerlicher Wirtschaften liest man nicht mehr, wie in der Ebene: Polenta, sopresa, vini, sondern: burro, formaggio, ricotta. Der Wechsel von der Wein- zur Milchwirtschaft hat sich nach ein paar Haarnadelkurven vollzogen. Almwiesen weiten sich, beigefarbene Kühe wandern über steinübersäte Weiden – Lieferanten für den aromatischen Asiago-Käse.

Und plötzlich ragt ein überdimensionaler Triumphbogen in den blassen Berghimmel. Auf dem Hügel, der Leiten heißt, thront ein Mahnmal für die 60000 italienischen und österreichischen Gefallenen des Ersten Weltkrieges. Zwischen 1915 und dem Kriegsende tobten hier und am nicht weit entfernten Monte Grappa und im Pasubio vernichtende Schlachten. 1938, als das Mal errichtet wurde, wählte man wohl sehr bewußt die Form eines Triumphbogens...

Eines der schönsten, nördlichsten Gebiete des Plateaus erreicht man über eine Straße, die heute noch »Strada degli Arciduchi« heißt, sie ist nach den österreichischen Erzherzögen benannt, deren Truppen hier kämpften.

Der Hauptort des Plateaus, Asiago, läßt kaum noch Erinnerungen an die Hirten, Holzschnitzer und Köhler zu, die hier einmal lebten. Ungefähr zur gleichen Zeit wie Cortina wurde auch Asiago als Ferienort entdeckt. Sommerfrischenarchitektur der Jahrhundertwende mischt sich mit den Spuren des letzten Baubooms.

Man muß in die kleineren, stilleren Orte wie Foza gehen, um in den Kirchen noch die alten Gebete zu hören:

»Unzar Vater von me Hümmele,
sai gaért eür halgar nama...«
Oder:
»Ich grüzach, Maria volla grazie,
Gott dar Herre ist me euch;
séelik iart übar de baibar;
un séelik z'kint von eurme laibe, Jesus.«

✶

Die Wiesen zwischen den Lessinischen Bergen haben Zäune aus roten Marmorplatten. Und in Trattorien, wie der »Rosa Alda« in San Pietro di Valpolicella, kann man Bauern sehen, die ihre Salami bedächtig auf Marmortischen schnitzen. Holz ist in diesem waldarmen Gebiet Luxus. Marmor ist alltäglich.

Nördlich von Verona erstreckt sich das von tiefen Längstälern durchfurchte Gebiet der Lessinischen Berge, über das die dreizehn cymbrischen Gemeinden verstreut sind. Es ist eine sanft ansteigende Landschaft mit Wein- und Kirschgärten, Oliven- und Granatapfelbäumen, Zypressen und Edelkastanien, die in höheren Lagen von Buchen und Buschwerk abgelöst werden. Die höchsten Erhebungen erreichen zwischen 1800 und 2259 Meter.

Als hier noch das Meer brandete, vor 50 Millionen Jahren, wuchsen darüber Palmen und Magnolien, unter denen Krokodile und Schildkröten lebten. Haifische gab es und einen seltsamen geflügelten Fisch, der hier Engelsfisch heißt, seitdem man ihn als wunderbar erhaltenen Abdruck aus dem Tuff- und Kalkgestein um den kleinen Ort Bolca erlöste. Seit fast 300 Jahren werden hier Funde registriert und gesammelt, eine ganze Familie von Fossilienfischern beweist seit über 140 Jahren ihre Kunstfertigkeit im Aufstöbern und Präparieren tertiärer Gespenster.

Die Hügel und Berge beherbergen aber noch andere Überraschungen. Ihr Karstgestein ist von Höhlen, Grotten, tief in die Erde reichenden Schächten unterminiert. Im Tal der Sphinxe bei Camposilvano ragen Gesteinspilze aus den Wiesen. Bei S. Anna d'Alfaedo wölbt sich eine natürliche Brücke aus Kalkstein. Das Wasser hat sie aus dem Berg gewaschen.

Das Valpolicella, das dem Gardasee am nächsten liegt, ist ein Tal für Feinschmekker jeder Art. Man sollte sich nicht davon abschrecken lassen, daß Weinpantscher mit diesem guten Namen oft recht mittelmäßige Exportweine etikettieren. Wer den Valpolicella trinkt, wo er wächst und dazu ißt, was man hier kocht, erlebt die angenehmsten Überraschungen. Bei Negrar gedeiht der berühmte Recioto, ein feuriger Roter, der nur aus den »Ohren« der Traube, dem breiten oberen Teil, der die meiste Sonne bekommt, gekeltert wird.

In dieser freundlichen Landschaft stehen Villen von großem Charme, wie die Villa Moscono bei Novare und die Villa Bertoldi bei Torbe. Der rote Marmor, der hier und in Verona verbaut wird, besteht aus versteinerten Ammoniten, einer Art Kopffüßler des Urmeers.

Unter den vielen reizvollen Orten einer der schönsten: San Giorgio di Valpolicella mit einer urchristlich schlichten Kirche aus gelblichem Stein, die Bauteile der Langobardenzeit des 7. Jahrhunderts umgibt. Der kleine romanische Kreuzgang, der sich anschließt, atmet fröhlichen Frieden. Wie auf einer Terrasse liegt der Ort über dem Gardasee und ist ihm doch sehr weit entrückt.

❊

Zypressenumsäumte Buchten unter Felsabstürzen, rosaschäumende Oleanderbäume an der Riva kleiner Hafenorte, pastellfarbene Häuser, über deren Arkaden sich bunte Markisen spannen. Lichterketten um betagte Palmen. Modrige Grandhotels unter der Schminke von Bougainvilleen. Dazwischen römische Mosaiken und Ruinen, romanische Kirchen, mittelalterliche Burgen, an die sich blutige Legenden knüpfen. Olivenhaine und in den Fels gesprengte Uferstraßen mit atemberaubendem Ausblick. Buskolonnen. Man spricht deutsch und kocht deutschen Kaffee. Pflegeleichte Betonpensionen. Villen von einer Grazie, die längst in Vergessenheit geraten ist. Und dazwischen 389 Quadratkilometer Gardasee. An seinem südlichen Ende erreicht er mit 17,2 Kilometern die Breite eines Meeresarms.

Auf 155 Kilometern Uferstraße, die nur zwischen Peschiera und Malcesine zur Region Venetien gehören, drängt sich alles zusammen, was uns an Italien lieb und teuer ist. Wasser, Sonne, Palmen, Pergolen. Alles gut gebändigt und seit langem bewährt.

Italiens größter See ist ein urzeitlicher Graben, von Gletschern ausgeschliffen, sie haben ihre Moränenwälle aufs artigste an den Rändern deponiert. Und das ergab eine Bergkulisse von größter Formenvielfalt, die rauhe Nordwinde abhielt und ein mildes, trockenes Klima speicherte, wie es sonst erst viel weiter südlich zu finden ist. Darum reifen hier Oliven, Orangen und Zitronen. Wenn sie auch nicht mehr so intensiv kultiviert werden wie zu Goethes Zeiten.

Ein wunderschönes Gebiet! Was soll die leise Skepsis gegenüber so viel süßer Schönheit?
»Kennst du das Land, wo die Zitronen blühn,
Im dunkeln Laub die Goldorangen glühn,…
Dahin! Dahin
Möcht' ich mit dir, o mein Geliebter, ziehn!«

Hafen von Lazise

Verflixter Goethe! Dabei kann er rein gar nichts für die vielen schlechten Maler und Dichter, die die Route seiner Italienischen Reisen hinterherstolperten und ihre Schönheit banalisierten. Die Filmproduzenten, die ihnen schließlich folgten, machten mit ihren sentimentalen und zynischen Produkten unserer Naivität in Sachen Gardasee den Garaus.

Wie tief ist Goethe um den Blick auf das unberührte Malcesine zu beneiden! Er hat es mit soviel Hingabe skizziert, daß er auf seiner ersten Italienischen Reise für einen Spion gehalten wurde. Auch wenn wir ihn noch nie gesehen haben – wir glauben alles über den Gardasee zu wissen. Goethe & Co waren eben früher dran. Und in den Goldorangen nagen die Ohrwürmer.

Aber dann packt man in Torri del Benaco sein Auto aufs Schiff, setzt über nach Maderno, fährt weiter nach Gardone, in D'Annunzios Vittoriale und hat das richtige Kontrastmittel zur sanften Idylle gefunden.

»Das Wasser, sobald es sich über mehrere Quadratkilometer ausdehnt, zieht unwiderstehlich die Mittelmäßigkeit an seine Ufer. Man kann dem Gardasee so wenig wie dem Meer eine gewisse Großartigkeit absprechen. ... Für diejenigen, die sich die Freiheit in keiner Form vorstellen können, halten die großen Seen und das Meer so etwas wie eine Denkvorlage bereit. In dieser Rangordnung ist der See dem Meer sogar noch ein wenig überlegen: er ist irgendwie intellektueller.«
Jean Giono,
»In Italien, um glücklich zu sein«

✳

Wer war Gabriele d'Annunzio? Seine Romane sind vergessen, seine Theaterstücke lebten nur durch ihre geniale Interpretin Eleonore Duse, seine militärischen Bravourakte schrumpften zu bizarren Schnörkeln der Weltgeschichte.

Was von ihm und seinem überwältigenden Talent der Selbstinszenierung blieb, ist Il Vittoriale degli Italiani. Das Siegesmonument der Italiener. Das sich als Siegesmonument eines Italieners entpuppt: D'Annunzio.

Ein bizarr überhöhtes Tor aus venezianischem Gemäuer und Zubauten im Mussolinistil läßt den Besucher in den herrlich gelegenen Besitz hoch über dem Gardasee ein. Säulen, Pfeiler, Maste, Munition schmücken den Park. Niemand bleibt im Zweifel, wer hier gelebt hat: ein erotisch-heroischer Dichter.

Mögen seine düsterglühenden Geschichten exzessiver Leidenschaften, von Inzest und amouröser Gewalttätigkeit in den Bibliotheken verstauben. »Mein Leben ist eins mit meiner Kunst.« Und so gestaltete der Architekt Gian Carlo Maroni ein Gesamtkunstwerk nach den Anweisungen D'Annunzios, das so faszinierend und lächerlich, großartig und banal wie die meisten Utopien ist.

Die Villa inmitten dunkler Zypressen hatte dem deutschen Kunstkritiker Erich Thode gehört, der sie mit seiner Frau Daniela von Bülow, einer Tochter Cosima Wagners aus ihrer ersten Ehe, bewohnte. Der Besitz wurde im Ersten Weltkrieg enteignet und Gabriele d'Annunzio (1863–1938) geschenkt.

Gabriele d'Annunzio: ein trauriges Kind, ein Mann, der die Gewalt verherrlichte

Als er 1921 hier einzog, hatte er sich als Autor klangschöner Verse und schwülstiger Romane, als unersättlicher Frauenjäger und Held seiner Privatkriege einen Namen gemacht. Mit einer winzigen Maschine war er am 9. August 1918 ins feindliche Wien geflogen, um einen Regen von Flugblättern über die Stadt niedergehen zu lassen. »Wiener! Lernt die Italiener kennen. Wenn wir wollten, könnten wir ganze Tonnen von Bomben auf eure Stadt hinabwerfen, aber wir senden euch nur einen Gruß von der Trikolore, der Trikolore der Freiheit. Wiener, man sagt von euch, daß ihr intelligent seid, jedoch seitdem ihr die preußische Uniform angezogen habt, ihr seid (!) auf das Niveau eines Berliner Grobians herabgesunken und die ganze Welt hat sich gegen euch gewendet...«

Und wie immer, wenn D'Annunzio aktiv wurde, zu Pferd, im Salon, im Kriegsschiff, mit vielen folgsamen Hunden und nun im Flugzeug, war auch ein Fotograf dabei, der den 1,64 Meter großen Helden in malerischer und streckender Pose ablichtete.

Der Erste Weltkrieg war zu Ende – aber nicht für Gabriele d'Annunzio. Italien beanspruchte den bisher ungarischen Hafen Fiume (heute Rijeka) für sich, die Großmächte widersetzten sich. »Ohne das Kriegsfieber ist das Leben sehr langweilig«, hatte D'Annunzio nach dem Inferno der Isonzoschlachten, dem blutigen Gefecht an

Il Vittoriale – D'Annunzios Unsterblichkeit

der Piave geschrieben. Nun fachte er einen Privatkrieg um Fiume an, zog mit einer Gruppe Kameraden, die wie er ohne Krieg nicht leben wollten, in der Stadt ein. 15 Monate blieb Fiume unter seinem Kommando Freistaat, dann kam es zu Italien.

Die Erinnerungen daran: Flugzeug, Kriegsgerät, Schiffe, Uniformen hat D'Annunzio im Vittoriale wirkungsvoll drapiert, in Hallen ausgestellt, im Garten eingegraben. Darüber erhebt sich das festungsartige Mausoleum mit Hochgräbern für D'Annunzio und seine Mithelden. Welcher Kontrast zwischen dem heroischen Muskelspiel in Stein und Stahl und D'Annunzios Haus.

Ein Labyrinth kleiner und kleinster Zimmer, mit orientalischen Stoffen ausgekleidet, vom mystisch-gedämpften Licht farbiger Ampeln erleuchtet, überfüllt mit Hun-

derten von Buddhas, Madonnen, antiken Statuen. 30 000 Bücher und vereinzelte kriegerische Versatzstücke zwischen Samtpolstern und Orientteppichen. Eine Mischung
aus Angst und Gewalttätigkeit, Sammelwahn und Holzhammer-Sinnlichkeit.

»Genie und Wollust« steht programmatisch über seiner Schlafzimmertüre. Als ob
das Arrangement von kissenüberschwemmtem Divan und seidendrapiertem Bett im
rötlichen Dämmerlicht des fensterlosen Raums irgendwelche Mißverständnisse aufkommen ließe. Im Bad daneben fangen 2000 Figuren, orientalische Kacheln, Torsi,
Bilder, Amphoren rund um eine tiefblaue Wanne Staub.

Draußen im Garten, zwischen Grotten, Lauben, Teichen, Kaskaden und Kanonen
ein gruftartig in die Erde gesenktes Kriegsschiff.

Mausoleum für zum Helden geschminkte Verlierer

Wer war Gabriele d'Annunzio? In einem Gartenhaus versucht eine Fotoausstel-
lung die Antwort. Da sind Bilder des pompösen Vaters, der säuerlichen Mutter. Und
des schwächlich-altklugen Kindes, das den Greis in sich ahnen läßt. Nur vier Jahre
später und dieses Gesicht ist verschlossen, der schmale Körper in eine Schuluniform
geschnürt, die Hand sucht Halt am Degen, der Blick geht abwehrend-arrogant in die
Ferne. Die Deformation zum Helden der Salons, der schönen und gewalttätigen
Worte, der eigenbrötlerischen Kriege hat begonnen.

Am Ende von D'Annunzios Weg, den so viele Frauen mit melancholischen Augen
und diszipliniert leidendem Mund begleiten, steht ein kahler alter Mann, der sich
mühsam auf eine der vielen Säulen seines Besitzes stützt. Die Resignation der Kind-

heit hat ihn eingeholt. Die Gewalt, der er in Worten huldigte, hat er in einem Selbstmordversuch halbherzig gegen sich selbst gerichtet.

D'Annunzios Bücher, die unter Mussolini in Riesenauflagen gedruckt wurden, haben mit ihrem Pathos, ihren Gedanken vom Übermenschen, der jenseits jeder Moral steht, die faschistische Rhetorik geprägt. Wer sie las, mochte damals vielleicht mehr die bebenden Nüstern seiner laszivdämonischen Überfrauen wahrgenommen haben. Wer die Übermänner kritisch unter die Lupe nahm, entdeckte Verlierer, notdürftig zum Helden geschminkt.

Ob der Dichter am Ende seines Lebens begriff, als er die schönsten und ehrlichsten Verse über seine Kindheit, die Schrecken des Kriegs und seine Angst vor der Zukunft schrieb?

Wer war Gabriele d'Annunzio? Vielleicht könnte Eleonore Duse diese Frage beantworten. Aber sie liegt stumm in Asolo, unter dem einfachsten weißen Stein. Weit weg vom Vittoriale.

✳

Manchmal hilft zärtliche Distanz, um zu einer alten Liebe zurückzufinden. Im Falle Gardasee könnte es ein Ausflug zum Monte Baldo sein, der dieser ent-deckten, aufgedeckten, enteigneten Landschaft die Unschuld zurückgibt.

Auf diesem knapp über 2000 Meter aufragenden Bergrücken am Ostufer lassen sich noch geheime Paradiese entdecken. Der Monte Baldo ist ein Zaubergarten, in dem südliche Vegetation mit üppiger Alpenflora und Pflanzen, die es nirgends anders gibt ineinanderwuchern. Hier haben sich Pflanzen aus dem Tertiär über die Eiszeit gerettet, hier gedeihen Blumen wild, die anderswo als botanische Kostbarkeiten gehegt und gepflegt werden.

Straßen von Garda, Nago und vom Etschtal führen auf den 35 Kilometer langen Höhenrücken, man erreicht ihn auch mit einer Bergbahn von Malcesine. Am meisten hat man von einem langsamen Aufstieg zu Fuß, bei dem man die Vielfalt der Vegetation beobachten kann. Besonders am Westhang des südlichen Monte Baldo lassen sich die Abstufungen gut wahrnehmen. Bis zu 400 Meter Höhe wachsen immergrüne Steineichen als Gehölz, stellenweise auch als Wald. Auf den Wiesen tauchen die ersten Orchideenarten auf, Knabenkraut in vielen Variationen, Ragwurz. Etwas höher gedeihen Flaumeichen und Hopfenbuchen. Wilde rote Pfingstrosen sind für den Monte Baldo ebenso charakteristisch wie die weißen Asphodelen mit ihren kerzenartigen weißen Blütenständen.

Ginster, seltene Gräser, eine besonders große, rote Primelart, Feuerlilien und Türkenbund sprenkeln den Monte Baldo in allen Farben des Spektrums. Der Frühsommer ist durch seinen Blütenreichtum für einen Ausflug besonders geeignet.

Und über dieser Region südlicher Vegetation wachsen alle Alpenblumen: Edelweiß, Kohlröserl, Steinbrech, Enzian, Almrausch, nur viel dichter, farbiger, intensiver duftend.

Der Monte Baldo ist ein verzauberter Berg. Nachtigallen nisten hier und edelsteinschimmernde Felsenvögel wie die Blaumerle und der Steinrötel.

Man sollte ihm sehr behutsam begegnen.

Literatur mit Widerhaken

Italo Svevo: Ein triestinisches Schicksal

Italo Svevo nach einem Bild von Lenor Fini

Was für ein Anfang für einen Roman der Jahrhundertwende: »Schon mit den ersten Worten, die er an sie richtete, wollte er sie darauf aufmerksam machen, daß er nicht die Absicht habe, das Risiko einer ernstlichen Liebesbeziehung einzugehen. Er sagte ihr also ungefähr folgendes: ›Ich liebe dich sehr, und ich möchte, daß wir in deinem Interesse beide sehr vorsichtig sind.‹ Das klang so vernünftig, daß es schwer war, zu glauben, es sei nur aus Nächstenliebe gesagt worden. Etwas aufrichtiger hätte es lauten müssen: ›Du gefällst mir sehr, aber mehr als ein Spielzeug wirst du in meinem Leben nicht sein können. Ich habe andere Verpflichtungen: meine Karriere, meine Familie.‹

Seine Familie? Eine einzige Schwester, die weder physisch noch moralisch störte. Sie war klein, blaß, um ein paar Jahre jünger als er, wirkte aber ihrem Wesen nach älter. Vielleicht war es auch ihr Los, als die Ältere zu erscheinen. Von den beiden war er der Egoist, der Junge.«

Die perfekte Studie eines mittelmäßigen Charakters in wenigen Zeilen. Der Autor: Italo Svevo. Das Buch: »Senilità« – in der deutschen Übersetzung: »Ein Mann wird älter«.

Zur gleichen Zeit kreiert der erfolgreichste italienische Dichter dieser Tage, Gabriele d'Annunzio (s. auch S. 222) seine heroisch-erotischen Übermenschen, die auf Meeren der Leidenschaft wellenreiten. Pantherhafte Frauen oder marmorkühle Jungfrauen sind die Gefährtinnen ihrer Seelenräusche. »Siehe, sie kommt: incedit per lilia et super nivem. Sie ist in Hermelin gehüllt; ihr Haar trägt sie geknotet und in einem Schal verborgen, ihr Schritt ist leichter als ihr Schatten; Mond und Schnee sind weniger bleich als sie. Ave.«

Dagegen die Frau, der das Interesse von Italo Svevos Hauptfigur gilt: »Ihr weißes Kleid betonte die damalige Modelinie in übertriebener Weise...: es forderte die Männerblicke heraus, es diente dazu, Eroberungen zu machen. Der Kopf wirkte gegen das viele Weiß, aus dem er herausragte, nicht dunkel, sondern im Gegenteil: sein gelbes Strahlen und freches Rosa wurden nur noch mehr betont. Der schmale, blutrote Streifen der Lippen wirkte wie ein Ruf, da ein heiteres und süßes Lächeln die Zähne darunter freigab. Sie warf dieses Lächeln hin, und jeder, der vorüberging, konnte es auflesen.«

Weihrauch und parfümierte Leere bei D'Annunzio. Prägnanz der Beobachtung bei Italo Svevo. D'Annunzio ist heute fast vergessen. Italo Svevo, dessen Gesamtwerk in den letzten Jahren in deutschen Neuausgaben erschienen ist, fesselt mehr denn je durch seine unaufgeregte Skepsis, seine Illusionslosigkeit, hinter der sich tiefe Menschlichkeit verbirgt.

Ein sehr triestinisches Schicksal – das Leben des Italo Svevo (1861–1928): Er hieß eigentlich Ettore Schmitz, stammte aus einer jüdischen Kaufmannsfamilie, der Vater war deutscher, die Mutter italienischer Abstammung. Deutsch beherrschte er perfekt, die deutschen Klassiker kannte er nach seiner Ausbildung in einer Schule in Segnitz bei Würzburg besser als die italienischen Dichter. Sein Künstlername spiegelt den Zwiespalt seiner Herkunft: Italo – der Italiener. Svevo – der Schwabe.

Sein ganzes Interesse gehört der Literatur, aber aus Vernuftsgründen beginnt er eine kaufmännische Ausbildung in der Triestiner Niederlassung einer Wiener Bank.

Aus der geistigen Enge dieser Arbeit flüchtet er in einen Roman mit dem lakonischen Titel »Una vita« – »Ein Leben« (1887 begonnen, 1892 veröffentlicht). Er schildert darin die Aussichtslosigkeit, sich der Hierarchie einer Bank zu entziehen, die Aussichtslosigkeit in Triest mit anderen als kommerziellen Interessen zu leben.

Es passiert sehr wenig, eine halbherzige Liebesgeschichte über die engen Klassenschranken hinweg, kleine Zurücksetzungen, der Tod der alten Mutter. Leere. Und im Hintergrund Triest, die Stadt des Handels, des Erfolgs. Kleine und größere Enttäuschungen reihen sich mit tödlicher Konsequenz aneinander. Am Ende steht der Selbstmord eines Menschen, der sich gegen den wohlgeölten Apparat einer fremden Ordnung nicht mehr auflehnen kann.

Menschen mittlerer Statur, in einem durchschnittlichen Leben, in einer alltäglichen Arbeit – das sind Italo Svevos Helden. Er schildert sie mit subtilen Details, in denen sich jeder Arbeitnehmer wiedererkennt. Die Sehnsucht, dem Alltagsgrau durch

Triest, die Stadt des Handels, des Erfolgs, bildet den Hintergrund vieler Romane Svevos

Liebe, Leidenschaft, geistigen Aufschwung zu entrinnen, erliegt der Schwerkraft der Verhältnisse. Der Verzicht auf melodramatische Effekte, die gewissenhafte Bilanzierung winziger Veränderung mögen aus einer Ökonomie des Denkens kommen, die in Triest durch Jahrhunderte sehr bewußt gepflegt wurde. Diese Ökonomie macht Italo Svevos Bücher heute so modern und machte sie zur Zeit ihrer Entstehung so unbegreiflich. Triest war eine Welt für sich, isoliert von Italien, mit geringer literarischer Tradition, einer eigenen Sprache, die auf dem venezianischen Dialekt aufbaute. Italienische Kritiker nahmen die Stimme aus Triest, das ja gar nicht zu Italien gehörte, im sehr jungen Hochgefühl des Nationalismus überhaupt nicht zur Kenntnis. Erst viel später artikulierten sich die Vorurteile: Svevo schreibe kein klassisches Italienisch, der Hintergrund seiner Geschichten sei ohne Interesse.

1898 veröffentlichte Italo Svevo seinen Roman »Senilità«, die Geschichte eines Zauderers, der seine verführerische Geliebte weder akzeptieren noch verlassen will, der von einem Kompromiß in den anderen gerät, ehe ihre Flucht ihm die Entscheidung abnimmt. Und ihm erlaubt, die Realität dieser Beziehung zugunsten eines verschwommenen Traums von der idealen liebenden und leidenden Frau zu verdrängen. Auch dieser Roman, der heute als Höhepunkt der italienischen Literatur der Jahrhundertwende gesehen wird, fand bei seinem Erscheinen keine Beachtung.

Italo Svevo – er hatte inzwischen die Triestinerin Livia Veneziani geheiratet und arbeitete seit 1902 in der Fabrik ihres Vaters mit – kapitulierte. »Ich füge mich einem so einmütigen Urteil (es gibt keine vollkommenere Einmütigkeit als die des Schweigens) und enthielt mich fünfundzwanzig Jahre des Schreibens. Wenn das ein Irrtum war, dann was es mein Irrtum«, bekennt er 1927 im Vorwort der zweiten italienischen Ausgabe von »Senilità«.

Italo Svevo und James Joyce in dem ORF-Film: »Triest ist fast wie Dublin.« Mit Wolfgang Hübsch (links) und Peter Moucka

So schicksalhaft das Kaufmannsmilieu für seine Themen war, auch seine Schriftstellerkarriere profitierte davon in sehr unerwarteter Weise. Geschäftsreisen führten Italo Svevo nach England. Um sein Schulenglisch zu verbessern, nimmt er 1907 einen jungen Iren als Englischlehrer. Der gestaltet den Unterricht denkbar unkonventionell, gibt sich nicht lange mit uninteressanten Übersetzungen ab. Und zeigt seinem Schüler Teile eines Manuskripts, an dem er gerade arbeitet. Der Lehrer heißt James Joyce. Italo Svevo gewinnt Vertrauen zu dem Fünfundzwanzigjährigen, die Story aus den »Dubliners«, die er ihm vorliest, gefällt ihm. Und er zeigt ihm schließlich seine beiden eigenen Bücher. »... sehr zaghaft nur, wie jemand, der andeuten will, ›auch ich war einmal ein Schriftsteller‹«, schildert James Joyce' Bruder Stanislaus diese Begebenheit.

Der junge James Joyce ist von den beiden Romanen hingerissen, stellt Svevo an die Seite der größten französischen Schriftsteller, schimpft über die Dummheit der Kritiker und macht in seinem Bekanntenkreis Propaganda für Svevo. Diese Solidarität des Jüngeren verblüfft Svevo. Zögernd spricht er wieder von Geschichten, die ihn beschäftigen. Und beginnt auch zu schreiben. Die Geschichte eines Mannes, der sich aus eigener Kraft von seiner pathologischen Unentschlossenheit heilt: »La coscienza di Zeno« – in der deutschen Übersetzung »Zeno Cosini«. 1923 erscheint dieser Roman, der erste italienische, von dem sich der Einfluß Freuds ablesen läßt. James Joyce, der nur vorübergehend in Triest als Englischlehrer gearbeitet hatte, lebt nun in Paris. Das neue Buch des einstigen Schülers empfiehlt er an die Kritiker Benjamin Crémieux und Valery Larbaud. Die beiden beschaffen sich die beiden anderen Romane, übersetzen sie zum Teil und veröffentlichen eine Studie über Italo Svevo, die fast eine ganze Nummer der Literaturzeitschrift »Le Navire d'argent« füllt. Endlich wird Italo Svevo entdeckt. Er ist zum Zeitpunkt seiner literarischen Wiedergeburt 66 Jahre alt.

»Er geriet wie ein großes Kind unvermittelt in die sogenannten literarischen Milieus«, schreibt der Dichter Eugenio Montale, der sich als erster Italiener ernsthaft mit Svevo auseinandersetzte.

Italo Svevo bleibt ein Außenseiter: ein Fabrikant unter Dichtern, Jude in einem faschistischen Staat, Triestiner unter Italienern. Er schreibt noch einige Komödien und Novellen, veröffentlicht Werke aus seiner »stummen« Zeit und stirbt 1928 nach einem Autounfall.

Erst nach dem Zweiten Weltkrieg, nachdem sein Werk in alle europäischen Sprachen übersetzt wurde, schätzte man es auch in Italien richtig ein. Begriff, daß die Position und die Sprache des Außenseiters den unmittelbarsten Zugang zu einem der brennendsten Themen unserer Zeit öffnen: das Individuum in einer genormten Welt.

Die Stimme aus Triest hatte früh den Ton angegeben.

Pier Paolo Pasolini: Eine Sprache näher an der Welt

Noch einer, der aus der Sprache einer Minderheit Funken schlägt, leuchtende Bilder formt: Pier Paolo Pasolini (1922–1975), Regisseur und Autor eindringlicher Filme wie: »Mamma Roma«, »Medea«, »Teorema«, »Edipo re« – sein Denken, seine Sprache wurzeln im Friaul.

Friulanisch ist ihm Muttersprache – der Vater, ein Offizier, stammt aus der Romagna, er selbst wurde in Bologna geboren. In der Sprache seiner friulanischen Mutter schreibt er die ersten Gedichte.

Casarsa di Delizia im westlichen Friaul, der Heimatort der Mutter, wird zur prägenden Landschaft seiner Jugend. Die Familie seiner Mutter, die seit Jahrhunderten im Friaul ansässigen Colussi, nehmen seine Phantasie in Beschlag. Da ist ein Onkel, der neunzigjährig nach Amerika auswandert, eine Tante, die Kommunistin ist, Vorfahren, die in den Türkenkriegen eine Kirche stifteten als Dank, daß sie das Unheil verschonte. Eine Familie der starken, eigenwilligen Frauen, in der seine Mutter

Pier Paolo Pasolini

erleichtert nach den Schrecken ihrer Ehe untertaucht. Der Vater ist ein starrsinniger Mann aus alter Familie, Soldat, Faschist, großzügig und großsprecherisch, einer, der Macht ausübt, um von seinen Schwächen abzulenken. Der Sohn verabscheut ihn und wird später in Filmen wie »Edipo re« versuchen, mit seiner Haßliebe ins reine zu kommen.

Casarsa liegt in einer stillen, undramatischen Landschaft, inmitten weiter, ebener Felder, armer Bauernhäuser, ganz fern schimmert der Umriß der Berge. Das gewaltige Geröllbett des Tagliamento durchschneidet die Landschaft.

»Ich habe Lust, im Tagliamento zu schwimmen und meine Bewegungen, eine nach der anderen in die leuchtende Höhlung der Landschaft zu schleudern. Der Tagliamento ist hier sehr breit. Ein riesiger, steiniger Strom, schneeweiß, wie ein Skelett...«, schreibt er 1941 an seinen Freund Luciano Serra. Im Sommer ist der Tagliamento fast ausgetrocknet, im Frühjahr bringt er Schmelzwasser und Steine von den Bergen, verbreitet Angst vor seiner Gewalt. »Da glaubte ich, daß mich der wilde, geräuschlose Gott der Strudel an den Füßen packte. Ich flüchtete nackt und tropfend auf die Uferböschung und schrie vor lauter Glück.«

Der Fluß, die sehr jungen Männer, die darin baden, ziehen Pier Paolo Pasolini auf eine qualvolle Weise an. In Gedichten versucht er, sich Rechenschaft über seine gedanklichen Verstrickungen, aber auch über seinen Wunsch nach Askese zu geben. Er schreibt diese Gedichte im Dialekt des rechten Ufers des Tagliamento.

»Im westlichen Friaul, besonders in der Gegend des Basso, konnte man in zehn Minuten mit dem Fahrrad von einem Sprachgebiet ins andere kommen, das fünfzig Jahre oder ein Jahrhundert oder auch zwei Jahrhunderte archaischer war...«, zitiert Enzo Siciliano den Dichter in seiner liebevollen und kritischen Biographie »Pasolini«.

Di cà da l'aghe, di là da l' aghe – diesseits und jenseits des Wassers des Tagliamento: so verläuft seit altersher die geographische Teilung in Ost- und Westfriaul. Dort, wo Pasolini nun lebt, wird ein friulanischer Dialekt ohne schriftliche Überlieferung gesprochen. Eine unberührte Sprache, bereit von einem Dichter entdeckt zu werden. Sehr poetisch geschieht das in Pasolinis Schilderung. Er sitzt an einem Sommervormittag auf einer hölzernen Terrasse, schaut auf die Gärten, die blaue Linie der Voralpen, zeichnet, schreibt ein wenig mit farbiger Tinte. »Da ertönt das Wort ROSADA (›Tau‹). Es war Livio, ein Junge von Nachbarn jenseits der Straße, der es aussprach. Eine Junge, groß und von starkem Knochenbau... Aber freundlich und furchtsam, wie es gewisse Söhne reicher Familien sind, voller Zartgefühl, denn Bauern sind

Landschaft einer Jugend: der Tagliamento

bekanntlich – Lenin sagte es ja – Kleinbürger … Gewiß war dieses Wort in all den Jahrhunderten, in denen es im Friaul diesseits des Tagliamento gebraucht wurde, niemals geschrieben worden.« Pasolini verpflanzt das reine, wilde Wort »rosada« in ein Gedicht. Die Idee der »Rückkehr zu einer Sprache, die näher an der Welt ist«, schlägt Wurzeln.

Es gibt im Friaul sehr eigenständige, aus dem Lied kommende Gedichte, die *villotte*. Vierzeiler, die sich nicht immer reimen müssen. Häufig schildern sie eine melancholische Stimmung, die Gedanken unglücklich Liebender, sie stimmen Totenklagen an, manchmal sind sie aber auch ziemlich frech. Ein Vorsänger gibt Thema und Melodie an, die anderen fallen im Chor ein.

Neben dieser populären Poesie erscheinen ab dem 17. Jahrhundert literarisch anspruchsvolle Gedichte in Friulanisch z. B. von Ermes di Colloredo, Pietro Zorutti, Enrico Fruch. Ihre Verbreitung war durch die Verwendung des Friulanischen nur auf einen relativ kleinen Kreis beschränkt. Übersetzungen konnten den Zauber dieser Gedichte nicht völlig wiedergeben. Im Dialekt von Casarsa dichtete Pier Paolo Pasolini als erster.

Der kleine Band »Poesie a Casarsa«, der 1942 erschien, erregte Aufsehen. Wegen seiner Sprache – während des Faschismus war das Bekenntnis zu einem Minderheitenidiom ein politischer Akt. Und wegen seiner unzulänglich verschlüsselten homoerotischen Gedanken. Das Buch war dem Vater gewidmet.

Die Situation Friauls wird in diesen letzten Kriegsjahren beklemmend. Von Süden rückten bereits die Alliierten heran, im Friaul verklammerten sich faschistische Truppen. Mussolini ruft 1943 in Salò am Gardasee eine Republik aus. Freiheitsliebende junge Menschen, wie Pasolinis jüngerer Bruder Guido, gingen zu den Partisanen in

Friulanischer Dorfgesang (Villota)

Die Mädchen.	Die Bursche.
Alles sagt mir, ich sei heiter,	Mitleid mir und meinem Leben,
Aber niemand sieht mein Herz;	Mitleid, da so jung ich bin!
Meinen Kummer tief im Innern	Ziehe ich der Zahlen erste,
Niemand sieht ihn, diesen Schmerz.	Stirbt mein Liebchen, ach, dahin.
All die Thränen, die ich weinte,	Möglich, daß ich morgen scheide,
Trieben einer Mühle Rad.	Ach, ich ärmstes Unglückskind,
Gleich dem Öle in der Lampe	Geb' mein Herze dir zum Pfande.
Zehrt sich auf mein Lebenspfad.	Treu bewahr's als Angebind.
Jener Junge, roth an Wangen,	Macht das Kreuz jetzt, junge Mädchen,
Ferne wird er sein von mir!	Denn der Bursche wird Soldat,
Wenn auch er mich erst verlassen,	Freit nun Lahme, freit nun Krüppel,
Was soll werden dann aus mir?	Freit, wer einen Höcker hat.
Wüßtet Ihr doch, theure Jungen,	Welche Seufzer aus der Ferne!
Was der Liebe Seufzer spricht!	Was wird aus der Liebe dein?
Ach, man stirbt und wird begraben,	Willst die Treue du mir halten,
Doch die Schmerzen sterben nicht!	Soll sie dir gehalten sein.

Übersetzung von Karl Graf Coronini

die Berge. Es gab eine kommunistische und eine nationale Gruppe zwischen denen heftige Konflikte ausbrechen. Die Kommunisten sind in engstem Kontakt mit Marschall Tito. Guido, der zur nationalen Gruppe gehört, bittet den Bruder in einem seiner durchgeschmuggelten Briefe, in seinen Artikeln und Gedichten die italienische Sache zu verteidigen. Den Partisanen fehlen Informationen, Gerüchte vom Verrat der Nationalisten kursieren. Es kommt zum Bruderkampf der Partisanen, die Kommunisten nehmen vierzehn Nationale gefangen und beginnen einen nach dem anderen umzubringen. Guido ist unter den vierzehn. Er kann fliehen, wird dabei verwundet und findet Zuflucht bei einer alten Bäuerin. Die Kommunisten stöbern ihn auf, geben vor, ihn ins Spital zu bringen, schleifen ihn auf einer Fahrradstange in ihr Lager. Er muß sich in ein bereits geschaufeltes Grab legen und wird erschossen. Kurz darauf ist der Krieg zu Ende.

Pasolini, der die Trauerrede für Guido hält, fordert Gerechtigkeit, nicht Tränen für die Opfer des Gemetzels von Porzûs. Sein literarisches Engagement läßt sich von nun an nicht mehr von seiner politischen Haltung trennen. Er wird Lehrer, er schreibt, er gründet die Academiuta, ein Akademie für friulanische Sprache, Poesie, Religion und Politik. Das Wappen der Academiuta ist ein Büschel Feldsalat. Die »kleine Heimat«, durch gemeinsames Schicksal, gemeinsame Sprache vertraut, erfüllt eine uralte Sehnsucht der Italiener: nach der Geborgenheit im ureigensten Lebensraum. 1945 tritt Pasolini der Autonomiebewegung Patrie dal Friûl bei. Die Angst vor einer jugoslawischen Aggression ist im Land genauso groß wie die Verzweiflung über das stille Weiterleben des Faschismus. Pasolini steht sehr weit links – für viele, die das Schicksal seines Bruders kennen, ist das schwer zu verstehen. Er selbst sieht keine Gemeinsamkeit zwischen dem Kommunismus und den Mördern von Porzûs.

1949 will Papst Pius XII. die Kommunisten exkommunizieren. Pasolini, der sich als Christ fühlt, kämpft mit wütend-ironischen Texten dagegen an. Immer noch schreibt er Gedichte, in dem Band »Dov' è la mia patria« werden sie von Zeichnungen seines Freundes, des bekannten friulanischen Malers Giuseppe Zigaina, ergänzt. Im Unterricht macht er den Schülern Lust, friulanisch zu schreiben, die Sprechsprache in Schreibsprache umzuwandeln, ihr neue Würde zu geben. Pasolini ist ein sehr unkonventioneller, phantasievoller Lehrer, dessen Bemühungen glaubhaft sind, weil er selbst danach lebt.

Ein Film – »Gilda«, mit Rita Hayworth – bringt ihn dazu, seine Neigungen zu offenbaren. Er bezieht ihn in eine Erzählung ein: Die suggestive Szene, in der Rita Hayworth »zweideutig und engelsgleich, dumm und geheimnisvoll,

Amado mio: Rita Hayworth in »Gilda«

mit dem Blick der Kurzsichtigen, kalt und zärtlich bis zum Schmachten« das Lied »Amado mio« singt, wird zum Moment der Wahrheit für zwei junge Männer. Nach schüchterner Annäherung und brüskem Rückzug, Mißverständnissen und Abweisungen kommt es zur Entscheidung. »Heute abend«, sagt der bisher Zaudernde.

Das Friaul der sonntags verödeten Dörfer, der hoffnungslosen Nachkriegsjugend, der heißen Sommernachmittage am Fluß, der kargen Worte und der aufgestauten Gefühle wird zum Motiv seines ersten Romans »Der Traum von einer Sache«. Der Titel bezieht sich auf einen Brief, in dem Karl Marx 1843 geschrieben hat: »Unser Wahlspruch muß also sein: Reform des Bewußtseins nicht durch Dogmen, sondern durch Analysierung des mystischen, sich selbst unklaren Bewußtseins, trete es nun religiös oder politisch auf. Es wird sich dann zeigen, daß die Welt längst den Traum von einer Sache besitzt...«

Pasolini schildert sehr berührend eine Gruppe junger Männer, die keine Chance sehen, im Friaul Geld zu verdienen, Familien zu gründen, die nach Jugoslawien flüchten, dort von verzweifeltem Heimweh erfaßt werden und wieder zurückkehren. Einen verschlägt es in die Schweiz, auch hier kann er nicht bleiben. Ein aktuelles Ereignis, eine Landarbeiterdemonstration, die 1948 mit Gewalt niedergeschlagen wurde, macht die Hoffnung auf eine Änderung bestehender Verhältnisse zunichte. Was bleibt, ist die Wärme und die Enge der Familie, das kurze Glück der Tanzböden, schwere Arbeit, Tod.

Pasolini schreibt, agiert mit kompromißloser Härte gegen Ungerechtigkeit. Er macht sich Feinde, er ist durch seine Homosexualität angreifbar. 1949 kommt es zum Skandal – er kann nicht länger Lehrer bleiben, auch wenn er als Lehrer untadelig war. Er muß Friaul, das er so bewußt entdeckt hat wie kaum einer, der hier geboren wurde, fluchtartig verlassen. Sein Land stößt ihn aus, die Sprache, die er zum Blühen brachte, entzieht sich ihm. Dort, wohin er geht, nach Rom, wird sie keiner verstehen.

In Rom ist alles fremd, großzügiger, brutaler, vielfältiger. Pasolini findet zu der Stadt Zugang, indem er Zugang zu den Ärmsten sucht, dem Subproletariat der *borgate*, der Vorstädte. Er lernt die Sprache dieser vitalen, gnadenlosen Randgesellschaft, in der das Gefängnis zum Ort der Jugendweihe für die Halbwüchsigen wird. Der Witz des *romanesco* fasziniert ihn genauso wie die Amoral von Menschen, die ohne Gesetz aufwachsen. Der einzige Erzieher ist der Hunger, Angst kennt man hier nicht. »Mir doch egal, wenn sie mich einlochen, ist es zu Hause vielleicht besser?« fragt einer der Jungen, die Pasolini in seinem Roman »Ragazzi di vita« schildert. Das Milieu der *borgate* läßt ihn nicht los, er beschreibt es ein zweitesmal in seinem Roman: »Una via violenta« – »Ein gewaltsames Leben«.

Seine Romane, Gedichte, politischen Manifeste bringen ihn in Kontakt mit Filmleuten. Er freundet sich mit Fellini an, wird sein Assistent und kann schließlich seinen Jugendtraum verwirklichen, selbst Filme zu schreiben und zu inszenieren. Seine Gedanken in Bilder umzusetzen, damit sie jeder versteht: wie die Armenbibel, die biblia pauperum.

Alles was sein Leben bestimmte, hat sich im Friaul vorbereitet. Hier hatte er sich der Politik zugewandt, sich mit der Kirche auseinandergesetzt, hier erwachte sein Mitleid mit Außenseitern. Bis zu seinem gewaltsamen Tod in Ostia lebt er selbst als Außenseiter, der sich fast zwanghaft extremen Situationen aussetzt. Manche seiner Freunde sprachen von delegierten Selbstmordversuchen ...

Pasolini wurde in der Nacht vom 1. zum 2. November 1975 mit zerschmettertem Schädel am Rand eines Fußballplatzes in Ostia gefunden. Der Strichjunge, mit dem er beisammen war, gesteht, ihn getötet zu haben. Die Verletzungen, die Pasolini hat, lassen auf mehrere Täter schließen. Details können nicht eruiert werden.

Am Ende eines Lebens, das mit soviel Mitleid und Verzweiflung gelebt wurde, schrieb Pier Paolo Pasolini unter eine Zeichnung: »Die Welt will nichts mehr von mir wissen und weiß es noch nicht.« Sein Biograph Enzo Siciliano fügt hinzu: »Sein Tod war vielleicht der mutige Versuch, die Welt aufzufordern, auch gegen ihren Willen von ihm etwas ›wissen zu wollen.‹«

Die kleinen Städte und das große Wunder

Man erlebt es immer wieder im Friaul und in Venetien: Es ist alles ganz anders, als es in aufgeregt pauschalierenden Zeitungsartikeln dargestellt wird. Von Streiks, politischen Problemen, wirtschaftlicher Unsicherheit merkt man auch als kritischer Tourist wenig.

Das italienische Wunder einer trotz aller Schwierigkeiten florierenden Wirtschaft und einer unvergleichlichen Lebensfreude offenbart sich am deutlichsten in den kleinen Städten. In Gemeinschaften, die in Jahrhunderten einer hochkomplizierten Geschichte eine unverwüstliche Kultur inneren Friedens entwickelten. Kraft und Flexibilität konnten sich in diesen geschlossenen Stadtorganismen entfalten, Fleiß und Phantasie, Selbstbewußtsein und Gemeinschaftsgefühl. Hinter der harterkämpften Harmonie steht eine besondere Eigenschaft: Urbanität. Sie kommt aus der römischen Vergangenheit, überstand die Verwüstungen der Völkerwanderung, die Neuordnung des Mittelalters und gedieh aufs neue, als die kleinen Städte zum Festlandbesitz Venedigs gehörten.

Es lohnt sich, von den Adriaorten Abstecher in die kleinen Städte zu machen oder sie bei einer Rundreise vor der Heimfahrt zu besuchen. In ihre familiäre Atmosphäre einzutauchen, sich den Düften, Farben, Lauten ihrer Märkte auszuliefern, in den oft winzigen Restaurants einzukehren. Eine unbeschreibliche Vielfalt kulinarischer Genüsse wird hier ganz ohne snobistische Choreographie dargeboten. Davon sind auch die

Monselice am Rand der euganeeischen Hügel

wenigen, fast nur von Italienern besuchten Luxusrestaurants der Region nicht angekränkelt.

Das Handwerk hatte hier schon im Mittelalter goldenen Boden. Auch heute gedeihen die vielen, oft sehr kleinen Betriebe, die vor allem Holz, Metall und Textilien verarbeiten. Streiks können ihnen nichts anhaben. Italienische Familien streiken nicht, wenn's ums gemeinsame Wohl geht. Und Familienbetriebe im engen oder weiteren Sinn sind sehr viele.

Die Kunst des Krisenmanagements hat hier eine lange Tradition. Oberitalien war menschenleer und zerstört, als die Völkerwanderung Ende des 6. Jahrhunderts zum Stillstand kam. Das römische Imperium und seine Ordnung war zerbrochen, die Städte verfielen, auf dem Land herrschte Gesetzlosigkeit.

Als die letzten Invasoren der Völkerwanderung, die Langobarden, 774 gegen Karl den Großen unterlagen, ging ihr Reich, zu dem das heutige Friaul und Venetien gehörten, im fränkischen Imperium auf. Aber ihre Städte nehmen verschiedene Entwicklungen. Im Friaul dominiert trotz aller Zerstörungen Aquileia als geistliches und später auch weltliches Zentrum. Die Ortschaften am Fuß der vielen Burgen, die den so wichtigen Weg nach Norden säumen, wie Búia, Fagagna, Colloredo di Monte Albano bleiben klein, nur Udine, Gemona, Venzone und Cividale werden sich zu wichtigen Handelsplätzen entwickeln.

In Venetien mit seinen vielen vorrömischen Siedlungen wie Verona, Padua, Vicenza baut sich ein politisches und kulturelles Spannungsfeld auf.

Mit der Kaiserkrönung Ottos des Großen 962 endet die Zeit der Nationalkönige in Oberitalien. Um seine Herrschaft zu festigen, stützt sich der Kaiser auch in Reichsitalien auf die Kirche. Als »Verteidiger der römischen Kirche« ernennen er und seine Nachfolger Bischöfe und machen sie zu Verwaltern kaiserlichen Besitzes. Diese Verquickung von geistlicher und weltlicher Macht führt zur Auseinandersetzung zwischen Kaiser und Papst. Die Bischöfe, die oft genug ihre Ämter kaufen, denen der Kaiser aus naheliegenden Gründen wichtiger ist als der Vertreter Christi auf Erden, beherrschen auch die Städte. Nach der großen Kirchenreform, mit dem Höhepunkt unter Gregor VII. (1073–1085), verlieren die deutschen Kaiser 1122 (Wormser Konkordat) endgültig das Recht, Bischöfe einzusetzen. Die Bürger der Städte hatten die Kontroversen der Mächtigen genutzt. In dem Kampf zwischen weltlicher und kirchlicher Macht erwachte ihr Selbstbewußtsein. Sie beginnen Vorteile aus ihrer Lage an den großen Handelsstraßen zu ziehen.

Der Hauptwirtschaftsplatz des Mittelalters ist Konstantinopel. Venezianische Schiffe steuern die glanzvolle Stadt an, vollbeladen mit Holz, Pelz, Hanf und Honig. Auf der Rückfahrt bringen sie Zucker, Gewürze, Farben, Stoffe, Schmuck nach Europa. Die alten Römerstraßen beleben sich wieder mit Transportkolonnen. Kreuzfahrerheere nehmen den gleichen Weg, sie alle brauchen die Geldwechsler an den Kreuzungspunkten der großen Nord-Süd-Routen. Das Bankwesen wird zu einem italienischen Monopol. Und die Bankiers erschüttern die wirtschaftliche Position der feudalen Landbesitzer, deren Naturalwirtschaft rettungslos überholt ist.

Landbewohner strömen in die Städte – Handwerker, Bauern, die der Leibeigenschaft überdrüssig sind, junge Adelige. Zwischen 1100 und 1250 verzehnfacht sich die Zahl der Städte. Ein neues, selbstbewußtes Bürgertum wird erst zum Berater der

Stadtherren, dann zum Partner. Reiche Bürger kaufen den Bischöfen Stadtprivilegien ab, Grundstücke am Rande der Stadt, sogar Teile der Stadtmauern. Plötzlich wird es für die Feudalherren äußerst verlockend, in die Städte zu ziehen und Handel zu treiben – eine für Italien, nicht für Deutschland, typische Entwicklung.

Dieses Nebeneinander von aristokratischem und bürgerlichem Leben gibt den kleinen Städten ihr unverwechselbares Gesicht. Aus den Zweckgemeinschaften des Überlebens mit ihren hölzernen Befestigungen wachsen dichtbesiedelte Ortschaften mit engen Gassen, einem zentralen Platz und festen Mauern. Sie zeichnen den seit Römerzeit unveränderten Umriß der Stadt – Viereck, Stern oder Ellipse – nach. Lange Zeit bleibt auch die ursprüngliche Größe – der klassische Durchmesser von 1000 Schritt – erhalten. Im Zentrum der größeren Städte – Padua, Vicenza, Verona –, die ihre Mauern sprengten, kann man den römischen Kern noch immer erkennen. Die kleineren blieben bis heute unverändert. Manche dieser Siedlungen verraten durch ihren Namen die Gründungsgeschichte. Castelfranco oder Villafranca waren ursprünglich »borghi franchi« – Außenfestungen der alten Städte, deren Bewohner die gleichen Rechte bekamen wie die Muttergemeinde.

Wer diese Orte oder andere, wie Maròstica, Montagnana, Cittadella oder Este, besucht, kann sich das mittelalterliche Leben dort heute noch vorstellen. Als strenge Zunftregeln das Leben und die Arbeit der Handwerker bestimmten, als sich alles der höchsten handwerklichen Perfektion unterordnete. Maler und Bildhauer lebten nach den gleichen Gesetzen wie Glaskünstler, Schmiede, Weber: Nur der Meister hatte Geltung, Lehrlinge und Gesellen nahmen lange Jahre der Ausbildung und Prüfung hin, um selbst einer zu werden.

Castelfranco: im Dom hängt Giorgiones schönes Madonnenbild

Piazza Mateotti in Udine: hier wird täglich Markt gehalten

241

Im 12. Jahrhundert, als sich Verona, Vicenza, Padua und Venedig zur Keimzelle des Widerstands gegen Kaiser Barbarossa zusammenschlossen (1167), begannen auch die kleinen Städte zunächst zu florieren. An ihrer Spitze stand als oberster Beamter und Richter ein Podestà, in kleinen Orten ein Capitano. Er wurde gewählt oder vom Kaiser eingesetzt, mußte von Adel sein, aus einer anderen Stadt, verheiratet, aber seine Frau durfte ihn nicht begleiten, seine Amtszeit war befristet. Das alles waren Vorsichtsmaßnahmen, um die Unabhängigkeit der Städte zu erhalten.

Es war kein Zufall, daß man besonders oft Venezianer zum Podestà bestellte – ihre Stadt galt als Vorbild jeder Verwaltung. Viele dieser venezianischen Stadtoberhäupter waren aufs engste mit den Mächtigen der Serenissima verbunden, stammten von Dogen ab oder wurden selbst später Dogen. Die mannigfaltigen feinen Fäden, die sie knüpften, raffte Venedig sehr langsam zum Netz für einen fetten Fisch.

Der Palazzo für den Podestà im Zentrum der Stadt, die Burg für den Feudalherrn an ihrem Rand, dazwischen Bürgerhäuser, rundherum Mauer – fast unverändert hat sich das Nebeneinander verschiedener Mächte in der kleinen Stadt Maròstica erhalten. Über der Stadt wachsen Fels und Burg ineinander – man begreift, warum das Italienische dafür ein Wort hat: *rocca*. Die Stadtmauer klettert den Berg hinauf, bezieht die Burg in den Stadtbereich ein: der Edelmann als Bürger. Heute hat sich hier ein sehr einladendes Restaurant eingenistet.

Auf dem Stadtplatz vor dem Palazzo des Podestà leuchten die Felder eines riesigen Schachbretts. Alle geraden Jahre im September findet hier eine Schachpartie mit lebenden Figuren statt. Rösselsprünge werden von freundlichem Wiehern und dem Abwurf von Roßäpfeln begleitet.

In Maròstica, erzählt man, lebte im Mittelalter die schöne Lionora, um die Rinaldo und Vieri warben. Das Mädchen konnte sich für keinen von ihnen entscheiden, und so wollten sie im Turnier um sie kämpfen. Der Burgherr, Lionoras Vater, aber ordnete ein Kampfspiel ohne Blutvergießen an: Schach. Der Sieger bekam Lionora, der Verlierer ihre ebenso anziehende Schwester. Eine Lösung, die wie eine sehnsuchtsvolle Beschwörung des Friedens anmutet, in einer Zeit, die im Zeichen von Familienfehden, Tyrannis und Blutherrschaft stand.

Trotz aller Vorsichtsmaßnahmen, die Gewalt des Podestà einzuschränken, gelang es im 13. Jahrhundert einzelnen Herrschern, die Macht auf Lebenszeit an sich zu reißen und auf andere Städte auszudehnen: Aus dem Potestat oder dem Volkskapitanat entwickelte sich die Herrschaftsform der Signoria. Das berühmteste Beispiel für diesen Typ der Signori ist Ezzelino da Romano (1194–1259). Auf dem Höhepunkt seiner Macht beherrschte er Vicenza, Verona, Padua, Treviso, Bassano, Feltre, Trient. Wo immer im Veneto zähnefletschende Mauern aufragen – Ezzelino war da. Auch in Montagnana, dessen zwei Kilometer lange Stadtmauer von 24 Türmen bewacht wird. Sie nützte nichts gegen Ezzelino, aber er verstärkte sie so haltbar, daß sie bis heute intakt geblieben ist. Und immer wieder als Filmkulisse herhalten muß.

In der Auseinandersetzung zwischen Guelfen, den papsttreuen Welfen, und Ghibellinen, kaisertreuen Staufern, stand Ezzelino auf der Seite des Kaisers. Er heiratete eine uneheliche Tochter Friedrichs II., Selvaggia. Und setzte den Anspruch seines Herrn auf die wirtschaftlich bedeutenden Städte mit ungeheurer Grausamkeit durch.

Als Padua gegen ihn rebellierte, ließ er Tausende von Geiseln erwürgen. Mit Gewalt und Psychoterror unterwarf er die wichtigsten Städte zwischen Treviso und Trient. Er endete so blutig wie viele seiner Feinde. Wenn italienische Mütter ihren Kindern vom Teufel erzählen, dann heißt er auch heute noch Ezzelino. Als er starb, läuteten Tag und Nacht die Freudenglocken.

Was hinterher kam, war nicht sehr viel besser. Auch die veronesischen Scaliger regierten keineswegs mit Samthandschuhen (s. S. 301), und die Cararra und die Visconti, die sich später in das Machtspiel um die venetischen Städte mischten, stehen ihnen an Grausamkeit nicht nach.

Schachbrett auf der Piazza in Maròstica

Venedig wartet zunächst wissend und vorausblickend ab. Und nützt die Kämpfe der Despoten, um nach allerlei Vorgeplänkel 1405 Venetien und 1420 Friaul in seinen Besitz zu bringen. Nun bekommen die Städte ihre eleganten venezianischen Accessoires: figurengeschmückte Uhrtürme, Palazzi mit unterspieltem Machtanspruch, Bürgerhäuser mit Kielbogenarkaden. Der geflügelte Markuslöwe marschiert bis an den Rand der Berge.

Nur eine der venetischen Städte ist Venedig aber wirklich ähnlich: Chioggia. Oder ähnelt nicht eher Venedig dem viel älteren Chioggia? Es lebt nach den gleichen Gesetzen wie Venedig, lebt im und vom Wasser. In seinen schmalen Gassen, an den brückenüberspannten Kanälen spürt man nicht das feudale, sondern das volkstümliche Venedig, das Goldoni mit soviel Witz schilderte.

IOANNI·MAVRO·PRAES·
VTHINA·MOENIB·AMNE
ARMIS·ANONA·AVCTA·P·

Markuslöwen markieren ihr Revier
◁ *Piazza dei Signori in Vicenza*

Eine ganze Stadt zwitschert: Vogelmesse in Sacile

Es gibt viele Metamorphosen Venedigs in den Städten des Festlandes. Da ist das ernste, fleißige Pordenone mit den gotischen Arkadenhäusern im Stadtkern, dem prachtvollen Uhrturm, dem Dom mit dem Selbstportrait jenes Antonio de Sacchi (1483–1539), des Malers, der sich mit seiner Stadt so sehr identifizierte, daß er sich Pordenone nannte. Einer von vielen, die ihren Namen ablegten und ihren Ruhm mit dem ihrer Stadt verschmolzen.

Sacile – das ist das Venedig der Gärten. Das schimmernde Wasser der Livenza und ihrer Kanäle durchzieht die Stadt. Der Fluß kommt aus einer unterirdischen Höhle, verschwindet im Hochplateau des Cansiglio und tritt erst knapp vor Sacile an die Oberfläche. Palazzi mit weißen Steinbalkonen spiegeln sich in der Livenza, Weiden lassen ihre biegsamen Zweige darüber wehen.

Am fröhlichsten ist die Stadt am Sonntag nach *ferragosto* (15. August) bei der Sagra dei Osei, der Vogelmesse. Seit 1334 feiert Sacile dieses Fest. Bereits am Samstag abend sammeln sich die Züchter von Finken, Drosseln, Wachteln, Hänflingen und Kanaris, aber auch von Tauben und Kaninchen mit ihren Käfigen in der Stadt. Leichte Holzgerüste werden aufgeschlagen, die ganze Stadt wird zum Käfig. Würdige Juroren stolzieren durch die Gassen, ihre prüfenden Blicke gleiten von Tier zu Tier.

Vogellaute und Vogelgerüche ballen sich zu dichten Wolken. Am Sonntag um 4.30 Uhr wird die Vogelmesse – es ist die größte Italiens – eröffnet. Kaffeegeruch, Bratenduft und Weindunst breiten sich aus. Kinder halten durch Stäbe und Gitter Zwiesprache mit ihren Lieblingstieren. Und dann kommt der Höhepunkt: la Gara di Chioccolo. Der Wettbewerb der Vogelstimmenimitatoren. Sie treten als Finken, Lerchen, Drosseln an. Mit oder ohne Vogelstimmenpfeife. Türülü ...

Und das sind die Städte, die Venedigs Tisch decken: Conegliano und Treviso mit ihren Weinbergen und Gemüsegärten, ihren Märkten und den behäbigen Bürgerhäusern, die so viele Kämpfe überlebten.

Die Berge rücken näher. Venedig im Schatten der Dolomiten: Vittorio Veneto, Feltre und Belluno. Die südliche Grazie der Hügel versteinert, das Leben hier wirkt beschattet. Tausende junger Menschen starben an der Alpenfront des Ersten Weltkriegs. In Vittorio Veneto, das aus den Orten Céneda und Serravalle entstand, wurde zwischen 24.10. und 3.11.1918 die letzte, entscheidende Schlacht zwischen Italien und Österreich geschlagen. Sie führte zum Waffenstillstand.

Eine andere, hellere Welt tut sich in den vielleicht schönsten Orten des Veneto, Bassano di Grappa und Asolo, auf. Sie liegen in einer Gartenlandschaft, am Fuß der Berge, umgeben von Villen, kleinen Industriebetrieben.

Nicht weit von Bassano, in Possagno, am Fuß des Monte Grappa, wurde der Bildhauer Canova (1757–1822) geboren. In seinem Geburtshaus sieht man Abgüsse seiner Arbeiten, in einem klassizistischen Tempel, mit herrlichem Blick auf die Berge, hat man ihn begraben.

Kanäle und Palazzi in der Gartenstadt der Serenissima: Sacile

Dort, wo die Brenta sich in der Ebene ausbreitet, liegt Bassano di Grappa. Die Altstadt klettert vom Brentaufer den Hang hinauf zur Burg des Ezzelino. Einladende Plätze, schmale Gassen mit vielen Keramikläden, ein überwältigendes gastronomisches Angebot – welches Glück, durch diese Stadt zu bummeln. In der »Sole« unter einem lächelnden Sonnengesicht Rast zu machen, sich vom Wasser des barocken

Catarina Cornaro (links) und Eleonore Duse: zwei Königinnen in Asolo

Delphinbrunnens vor San Francesco bestäuben zu lassen, im Museo Civico die bäuerliche Kraft der Bilder Jacopo Bassanos in sich aufzunehmen.

Über die Brenta wölbt sich eine überdeckte Holzbrücke – seit dem Jahr 1209 wurde sie achtmal zerstört. Einer der Brückenentwürfe war von Palladio, wurde aber nicht ausgeführt. Die Alpini bauten die heutige Brücke nach dem Zweiten Weltkrieg wieder auf. In einem ihrer Pfeiler ist ein kleines Museum, das an die Alpini und die Schlacht am Monte Grappa im Ersten Weltkrieg erinnert. Im anderen die berühmte Grappa-Destillerie Nardini. »Abasso la guerra« – »Nieder mit dem Krieg« prostet mir dort ein Bassanese zu. Seine und meine Vorfahren sind einander vielleicht als Feinde gegenübergestanden.

Und dann Asolo – der romantischste Festlandssitz Venedigs. Eine uralte Stadt auf zypressenbestandenen Hügeln. Die Plätze weiten sich gerade so viel, daß die Seele ausschwingt und trotzdem geborgen bleibt.

Die Burg, von der man das harmonische Wellenspiel der Hügel überblickt, bot Caterina Cornaro (1454–1510) Zuflucht. Sie war Venezianerin von Geburt, Königin von Zypern durch ihre Heirat mit Jakob II., der ebenso wie ihr Sohn auf mysteriöse Weise ermordet wurde. Worauf Venedig voll zarter Rücksichtnahme die Heimkehr der jungen Witwe betrieb, ihr zu Ehren eine prunkvolle Regatta veranstaltete. Und Zypern einsteckte. Caterina Cornaro aber wurde nach Asolo abgeschoben, wo sie ihren Musenhof etablierte. Ihr Vetter, der dichtende Kardinal Pietro Bembo, hat ihn in seinem Buch »Gli Asolani« geschildert.

Noch eine andere Königin fand nach einem schmerzhaften Leben Ruhe in Asolo: Eleonore Duse (1858–1924).

Ihr schönes, umschattetes Gesicht muß von unglaublicher Ausdruckskraft gewesen sein. Als Vierzehnjährige spielte sie in Verona die Julia, später eroberte sie mit den großen Rollen der Weltliteratur Europa und Amerika. Sie hat die schwierigen Frauen Ibsens verkörpert und die längst vergessenen Salonheldinnen zeitgenössischer Autoren. Die schwülstigen Stücke ihres Geliebten Gabriele d'Annunzio (1863–1938) veredelte sie mit der Intensität ihres Spiels. Er plünderte ihr Schicksal und ihre Liebe in seinem Schlüsselroman »Fuoco« – »Feuer« aus (s. auch S. 222).

Leidenschaftlich Liebende, Tragödin, Komödiantin, Prinzipalin einer eigenen Truppe – das alles war die Duse. In Paris, der Heimat ihrer größten Konkurrentin Sarah Bernhardt, spielte sie deren Glanzrolle die »Kameliendame«. Eine spannende Konfrontation, über die George Bernard Shaw eine lange Abhandlung schrieb und Alfred Kerr einen Satz: »Bei der Duse hörte man die Ewigkeit rauschen, bei der Bernhardt wackeln die Kulissen.«

Eleonore Duse ist in Asolo begraben. In einem schlichten Grab, auf dem nichts steht als ihr Name, der Geburts- und Todestag.

Rundherum Weinberge, Zypressen, versteckte Villen, Klöster, ein Haus mit seltsam naiven Plastiken, das den Langobarden zugeschrieben wird. Und Stille.

Die letzte Stadt, die Venedig ihr Gesicht verdankt, Palmanova, ist eine perfekte Reißbrettkonstruktion. 1593 wurde sie von Giulio Savorgnan für die Venezianer erbaut als die Festung Görz in den Besitz der Habsburger kam. Heute liegt Palmanova im Friaul. Aquileia ist nicht weit. Palmanovas Grundriß ist ein neunzackiger Stern, das Zentrum ein sechseckiger Platz, kerzengerade Straßen stellen die Verbindungen her. Man fährt durch ein machtvolles Steintor, an das sich dichtbewachsene Wälle anschließen. Darunter sind die zum Teil noch begehbaren Kasematten.

Für 20 000 Menschen war diese Festungsstadt geplant, die unter größten Opfern gebaut wurde. Aber mehr als 2000 Bewohner fanden sich nie bereit, in die Kunststadt zu ziehen. Die Verteidigungsmaschine Palmanova mußte sich auch nie beweisen. Als napoleonische Truppen anrückten, gab Venedig sich bereits selbst auf.

Beim Capuccino in einer Bar mag man die enorme Weite der Piazza auf sich wirken lassen. Die alten Steinfiguren verlieren sich in der weißen Leere. »Hier müßten zwei Todfeinde von den entferntesten Ecken auf einander zugehen, zur letzten großen Auseinandersetzung« – Gedankenbilder des im Friaul verankerten Malers Paul Zündel. »High noon« auf venezianisch?

Die Festlandstädte teilten das Schicksal der Serenissima. Sie wurden mit ihr reich, verloren mit ihr die äußere Macht. Ihr Zauber ist ungebrochen.

Wie der Venedigs.

Festungsstadt vom Reißbrett: Palmanova

Die Villen der
Venus

Welch ernüchternde Vorstellung, daß
Venus heute dem Schaum des Meeres
entsteigt. Man sieht sie teerverkleistert
vor sich, mit totem Flossengetier behängt, die Füße im trübschillernden
Schaum der Abwässer.

Nein, die Venus des Veneto, der Tiepolo und Veronese so inbrünstig huldig-
ten, muß aus dem perlenden Wein ihres
Landes gestiegen sein, aus Prosecco,
Cartizze, Soave, Breganze, Vespaiolo... Ihr Haus ist auch keine Muschel,
sondern eine Villa mitten in den Rebhü-
geln, flankiert von Colombaren, den
Häusern für ihren Lieblingsvogel, die
Taube.

So weit hergeholt ist dieser Gedanke
gar nicht. Denn erst als die meergebore-
ne Aphrodite der Griechen eins wurde
mit der Figur der römischen Venus, geriet in Vergessenheit, daß Venus die

»Liebliche, Freundliche« ja die latinische Schutzherrin der Gärten und der Weinberge war, daß sie vor allem von Gärtnern und Winzern verehrt wurde. Als im Hügelland zwischen Bergen und Meer die Sommersitze reicher Venezianer gebaut wurden, stieg das alte Wissen um Flur- und Wassergötter aus den Seelen der Künstler. Und so wurde die üppigschöne Stadtgöttin Venezia wieder was sie immer war: Venus. Mit Sommersitz im Veneto.

Kein Bild kann die Stimmung vermitteln, die in diesem Land aus der Einheit landschaftlicher und architektonischer Harmonie entsteht. Die Villen öffnen sich den Hügeln und dem Licht, beziehen sie in ihre Fresken ein, geben den menschlichen Göttern und den götterähnlichen Menschen den idealen Raum. Olympische Gelassenheit, lächelndes

Selbstbewußtsein spricht aus diesen Bauten, in denen sich landwirtschaftliche Funktion und Vergnügen am ungezwungenen Leben so selbstverständlich verbanden. Sie wurden in einer Zeit gebaut, als Venedig seine heftigsten Niederlagen gegen die Türken im Mittelmeer verarbeiten mußte. Das Vertrauen in das Urelement der Venezianer, das Meer, war erschüttert. Konnten aus der Erde neue Kräfte kommen? Aber auch auf dem Festland, wo Venedig expandierte, sammelten sich mächtige Feinde. Frankreich, das Habsburgerreich, der Kirchenstaat, Spanien und die Stadtstaaten verbanden sich 1508 in der Liga von Cambrai, offiziell zum Schutz vor den Türken, in Wahrheit, um dem bisher unangreifbaren, übermächtigen Venedig ein Ende zu bereiten.

Die erste Villa Palladios: Piovene Porto Godi

1509 unterliegt Venedig bei Agnadello. Die Heere der Liga rücken bis an den Rand der Lagune vor. Aber wie so oft in seiner Geschichte, beweist Venedig seine Stärke, wenn sein Untergang beschlossen scheint. Vor Padua kommt es 1509 zur entscheidenden Schlacht. 200 junge venezianische Patrizier, darunter zwei Söhne des Dogen Loredan, führen ein zahlenmäßig weit unterlegenes Heer im Kampf gegen eine Armee von 40000 Mann. Und Venedig siegt. Seine Stellung als Stadtstaat bleibt nach vielen weiteren Kämpfen und diplomatischen Verhandlungen unangefochten.

Und so erlebt Venedig zu Anfang des 16. Jahrhunderts ein neues Selbstbewußtsein, einen Zufluß neuer Kräfte. Das bedeutet in der Serenissima immer eine Dominanz der klugen Köpfe. Nach einer Reihe kleinerer Kriege und großangelegter diplomatischer Aktionen ist Venedig im ersten Drittel des 16. Jahrhunderts seiner Festlandbesitzungen sicher. Die Stadt erneuert sich in prachtvollen Bauten, den neuen Prokuratien, der Scala d'Oro und der Scala dei Giganti. Und auf der *terra ferma*, den reichen

Gebieten von Vicenza, Rovigo, Verona, Treviso und Padua, realisieren Venezianer ihre Vision vom Leben auf dem Lande.

Land, das war durch fast ein Jahrtausend der größte, kostbarste Luxus Venedigs. Auf engstem Raum, den sie dem Wasser und dem Morast abgetrotzt hatten, bauten sie ihre Stadt. Nun gewannen sie durch Kanäle und Drainagen dem Sumpfland hinter der Lagune Ackerboden ab. Pflanzten in den Hügeln Wein. Und bauten ihre Sommersitze, zu denen immer ein Gutsbetrieb gehörte. Die neuen Villen waren so hell wie ihre Stadtpaläste düster, so weiträumig und trocken wie ihre Häuser am Canal Grande eng und feucht.

Villa Foscari von Palladio, nach einer Unzufriedenen »Malcontenta« benannt

Es gibt Schlösser, deren Schönheit man widerwillig respektiert, weil das Unbehagen an ihrer Machtdemonstration größer ist als der Reiz ihrer Ästhetik. Die Villen des Veneto müssen nichts beweisen, ihre Harmonie ist von der Selbstverständlichkeit einer reifen Frucht. Es waren auch Jahre der Ernte, in denen die meisten entstanden, der schöne Herbst einer Epoche, die sich langsam dem Winter, dem Ende zuneigt.

»Villen ja, Schlösser nicht«, sollten die Venezianer auf dem Festland bauen, hatte der oberste Rat der Stadt angeordnet. So entstanden an den landschaftlich schönsten Punkten des Festlandbesitzes Bauten von einer Grazie und Gelassenheit, wie sie nur eine sehr souveräne alte Kultur zustande bringt. Hier konnten zur rechten Zeit die Erinnerungen an die römische Vergangenheit des Landes wach werden. Palladio, Steinmetz aus Padua (s. auch S. 260), zum genialsten Architekten seiner Zeit aufgestiegen, wurde zum Geburtshelfer eines Stils, der nirgends so humane Züge trägt wie in den Villenbauten des Veneto.

Die Villa Godi bei Thiene, die erste, die er 1537 baute, zeigt zwar noch keine der später für ihn so charakteristischen Merkmale des römischen Tempelbaus, aber sie hat bereits alles, was das Landleben eines reichen Venezianers so angenehm machte: die luftigen Arkaden der Vorhalle, die einladende Freitreppe, den weiträumigen Wohntrakt und die schöngegliederten Wirtschaftsräume inmitten eines figurengeschmückten Gartens.

Aus den Grundelementen griechischer und römischer Bauten entwickelte Palladio seinen eigenen Stil, der in der Villa Rotonda (1566–1567) bei Vicenza seine konsequenteste Ausformung fand. Alle vier Fronten sind mit gleichartigen Säulenvorbauten unter dem Giebeldreieck geschmückt, viermal wird so die herrliche Hügellandschaft des Monte Berico in den kuppelüberwölbten Zentralsaal geholt. Eine der machtvollsten und dabei melancholischsten Villen ist Palladios Malcontenta (1559–1560) am Brentakanal. Der Legende nach Verbannungsort einer schönen Ungetreuen.

Und wenn es eine geben sollte, die das Haus der Venus sein muß, dann wäre es die Villa Barbaro (1557–1558) in Maser. Architekturkritiker zweifeln an Palladios Urheberschaft, viele ziehen die Strenge der Rotonda vor. Aber die Villa Barbaro erscheint als die »weiblichste« der vielen Villen, mit ihren durchbrochenen Seitenflügeln, dem Schwung ihrer Giebel, die so wundervoll die statuarische Ruhe des Mitteltrakts kontrastieren. Vielleicht war es die Persönlichkeit der frühverstorbenen schönen Hausfrau Giustiniana, die diese Atmosphäre beeinflußte. In einem der Fresken, mit denen Veronese das Haus – wahrscheinlich gegen Palladios Willen – schmückte, steht sie an der plastisch wirkenden Balustrade neben der Amme, mit einem ihrer Söhne und einem Papagei, wohl in Erwartung der Gäste. Ihr Blick folgt dem Besucher, der in riesigen Filzpantoffeln über den Fußboden schlittert, in alle Winkel des Raums. Hat Venus das elegante Renaissancekleid und den Perlschmuck einer venezianischen Aristokratin angezogen? Etwas vom Glück dieser Familie, von der Sinnlichkeit ihrer Beziehungen überträgt sich noch heute auf den Betrachter. Etwas von ihrem Lachen klingt in einem nach, wenn man verblüfft vor halboffenen Türen steht, aus denen Kinder und Pagen zu treten scheinen – ehe man merkt, daß alles gemalt ist.

Die Villa Barbaro ist nicht das einzige Haus der Venus im Veneto. Ganz bestimmt war sie auch in der Villa Valmarana ai Nani zu Hause, die Antonio Muttoni fasthundert

Venedigs letzter Doge baute sich in Passariano die Villa Manin

Jahre nach der Rotonda in ihrer nächsten Nähe baute. Dort haben sie 1757 Gianbattista Tiepolo und sein Sohn Giandomenico in einem blaugoldenen Freskenhimmel verewigt. Unter immer anderen Namen und anderem mythologischen Brimborium, aber unverkennbar die üppige, barbusige Verführerin, der gepanzerte Helden nur im allegorischen Spiel widerstanden. Da beugt sie sich als eine Frauenfigur des »Orlando Furioso« über ihren matten Medoro, da spielt sie halbnackt und mit brechendem Blick Iphigenie, die sich dem Messer ausliefert – Freud hätte seine Freude daran. Aber dann, genug der Maskeraden, schwebt sie triumphierend in der naiven Herrlichkeit ihres rosigen Fleisches in den Olymp und überläßt Äneas mit keineswegs mütterlichem Lächeln der Dido und vielen Scherereien in Karthago und Italien.

Und das Licht, das um sie ist, leuchtet draußen im Garten der Villa weiter, tupft einem Engel über dem Dach Gold auf die durchbrochenen Metallflügel.

Als Ferienflüchtling betonumzingelter Städte muß man sich für diese Attacken von Schönheit wappnen. *Für* die Schönheit und gegen die Angst davor, die vielleicht auch die Angst ist, wehrlos zum Beton zurückzukehren.

Nicht alle der mehr als 2000 Villen sind so gut erhalten wie die berühmtesten, die noch bewohnt sind. Viele vermodern, ihre Fresken haben den Aussatz und werden vielleicht daran sterben. Der Regen verwischt Sandsteinnymphen und -faunen, Zwer-

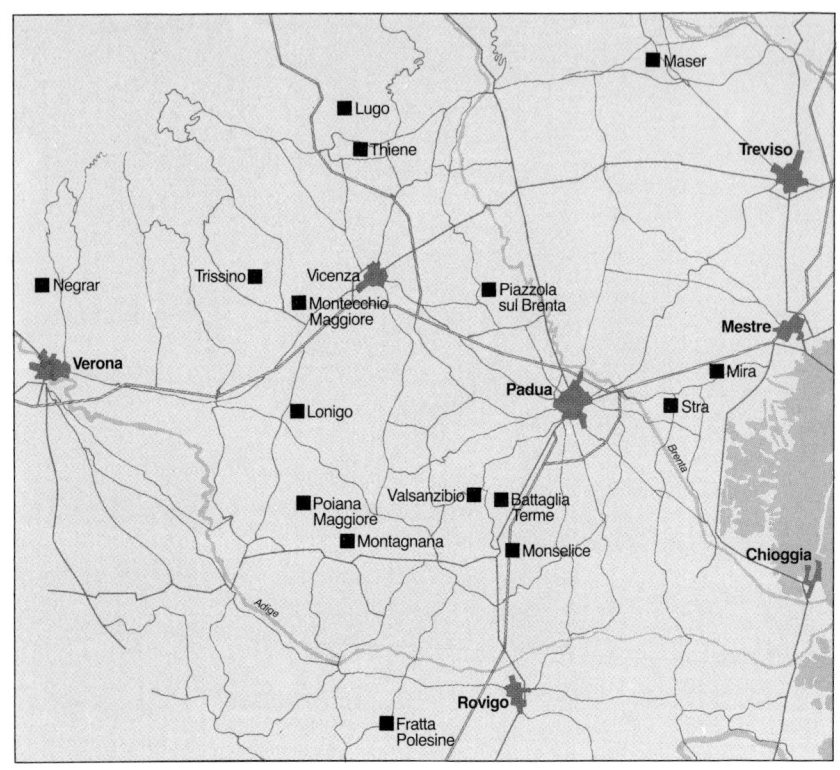

Die wichtigsten Villen in Venetien
Negrar   Villa Bertoldi, »Il Palazzo«;   Villa Fattori, Mosconi
Lonigo   »La Rocca Pisana«
Lugo   Villa Godi, Malinverni;   Villa Piovene, Porto, Godi
Montecchio Maggiore   Villa Cordellina
Poiana Maggiore   Villa Poiana
Thiene   Villa Da Porto, Colleoni, Thiene
Trissino   Villa Trissino, Da Porto, Marzotto
Vicenza   »La Rotonda«;   Villa Valmarana »ai Nani«
Battaglia Terme   Villa Emo Capodilista
Monselice   Villa Contarini, Maldura, Emo
Montagnana   Villa Pisani
Piazzola sul Brenta   Villa Contarini
Valsanzibio   Villa Barbarigo, Ardemani
Fratta Polesine   Villa Badoer, »La Badoera«
Mira   Villa Foscari, »La Malcontenta«
Stra   Villa Pisani, »La Barbariga«
Maser   Villa Barbaro
Die Villa Manin in *Passariano* liegt im heutigen Gebiet Friaul, östlich von Codroipo;
ursprünglich gehörte sie zu Venetien.

gen und Amoretten die Gesichter, Fassadenteile stürzen ab, Säulen zerbröckeln. Aber die Heiterkeit, die von den Villen ausgeht, ist trotz allem so stark, daß sie die Trauer über den Verfall kompensiert. Man freut sich über die Volksschule, die in einer Villa untergeschlüpft

ist, über einen Mechaniker, der hier eine Werkstatt gefunden hat.

In der Villa Manin (1650), im einst venezianischen Passariano (heute Friaul) werden Kunstschätze restauriert, die beim letzten großen Erdbeben beschädigt wurden. Eine wunderbare Ausstellung zeigte 1983 kostbare Altäre nach ihrer Wiederherstellung, unter ihnen den berühmten figurenreichen Altar von Mortegliano. Hier kann man sich auch vom Trubel vielbesuchter Antiquitäten- und Trödelmärkte gefangennehmen lassen und in einem der Türme eine Verkaufsschau bäuerlichen Kunsthandwerks besuchen. Im Restaurant »Il doge« unter den Arkaden der Villa ißt man hervorragend. Sängerwettbewerbe haben im schloßartigen Besitz des Dogen Manin stattgefunden. Veranstaltet vom Tenor Mario del Monaco, der selbst in einer venezianischen Villa wohnte und seinen Schülern für die große Konkurrenz des Belcanto den edelsten Rahmen gab.

Nach dem Ende der Serenissima, nach der gegen die Österreicher gewonnenen Schlacht am Tagliamento wohnte Napoleon in der Villa Manin. Der Friedensvertrag sollte am 17. Oktober 1797 im nahen Campoformido unterzeichnet werden. Aber Napoleon erschien nicht. Die österreichische Delegation, die in die Villa Manin kam, wurde nach längerem Warten um ein Uhr nachts mit dem bereits vorbereiteten Friedensvertrag empfangen. Der Friede von Campoformido (auch Campoformio) war also eigentlich der Friede von Passariano und segelt unter falscher Flagge durch die Geschichtsbücher. Napoleon, um fragwürdige Bonmots nie verlegen, urteilte über die Villa Manin: »Zu klein für einen König, zu groß für einen Grafen.« Besiegt hat er Venedig, begriffen nie.

Auch die schloßartige Villa Pisani an der Brenta (aus der ersten Hälfte des 18. Jahrhunderts) war Opfer unerfreulicher Okkupationen: außer Napoleon zogen hier Mussolini und Hitler zu einer ersten Begegnung ein.

Neben den berühmten Villen gibt es einige kleinere, in denen man wohnen und essen kann und ein unbeschreibliches Lebensgefühl genießt. An der platanenüberwölbten Straße zwischen Treviso und Venedig liegt bei Mogliano die Hotel-Villa Condulmer. Hier hört man nichts als das Rauschen uralter Bäume, wird eingeschläfert vom Duft der Rosen, die Pergolen umarmen. Ihr größter Luxus ist die Schönheit eines alten Hauses, die Weite des Parks, von dessen Schwimmbecken man auf steinerne Göttinnen sieht. Die Göttin vor der Villa Maser fällt einem wieder ein, die auf venezianisch bekennt: »Io son figlia del mar, madre del fuoco – ma ad estinguer amor l'ocean è poco!« »Ich bin die Tochter des Meeres, die Mutter des Feuers – doch um die Liebe zu löschen, ist auch ein Ozean zu wenig!«

Eine venezianische Villa in den Weinbergen, ein bißchen Teichwasser davor – da ist die Dame Venus heute besser aufgehoben als im Meer.

PALLADIO
und
die Folgen

*Andrea Palladio –
er befreite Italien von der Gotik*

Die Umstülpung der Wirklichkeit zu einer nur Venezianern verständlichen Ordnung – das ist eines der vielen Geheimnisse der Lagunenstadt. Sogar Venedigs Uhren gingen anders, sie begannen die Stunden am Abend zu zählen. Und das venezianische Jahr fing im März an.

Als in der Hochblüte der Renaissance, in den Jahren 1574 und 1577, Brände den Dogenpalast verwüsteten, beschloß die Serenissima, das Mittelalter fortzusetzen als wäre rundum nichts geschehen: Der Neubau erfolgte im gotischen Stil. Das war genau bedacht. Die Form venezianischer Paläste spiegelt die triumphale Selbstbehauptung auf dem schwankenden Untergrund der Inseln, die erst ein unterirdischer Wald stützender Stämme zum Baugrund machte. Die Augen dieser Paläste sind orientalisch geschnitten, durch sie ging der Blick der Handelsherren nach Byzanz, dessen Vasall Venedig war, ehe es sich zum Handelspartner, Feind, Zerstörer und Nachfolger entwickelte. Von der Faszination östlicher Kultur kam Venedig nie los. Auch das zeigen seine gotischen Paläste.

Aber ehe die Republik ihren Entschluß für den Neubau traf, machte sie eine Ausschreibung unter den berühmtesten Architekten der Zeit. Darunter war einer, dessen Vater den für Venedig so suggestiven Namen Pietro dalla Gondola trug. Er selbst hatte diesen Namen abgelegt und nannte sich Andrea Palladio (1508–1580).

Mit wunderbaren Bauten hatte er diesem Namen längst Gewicht gegeben. Das Wie seiner Architektur war untrennbar mit dem Wo verknüpft. Er baute in und um Vicenza, im üppigen, fruchtbaren Hügelland, dem reichen Festlandbesitz Venedigs.

Palladio hatte auch in Venedig gebaut – Kirchen, die triumphalen, lichtdurchfluteten Tempeln glichen, mit hohen Kuppeln und klassischen Säulen. Inbegriff eines neuen Denkens, das den Menschen in den Mittelpunkt stellt, ihn zum selbstbewußten und kritisch vergleichenden Dialogpartner Gottes macht. Ein Denken, das den Venezianern gut gefiel, wenn es um die Kirche ging. »Veneziani, poi Christiani« – als Venezianer und dann erst als Christen sahen sie sich selbst.

Darum entstanden diese herrlichen neuen Kirchen in Venedig. Aber San Giorgio Maggiore (1566), Il Redentore (1576) und die Fassade von San Francesco della Vigna (1562) standen in Respektabstand vom Zentrum der Macht. Vis-à-vis des Dogenpalastes auf den Inseln San Giorgio Maggiore, auf der Giudecca und noch weiter entfernt im Stadtviertel Castello, beim Arsenal. Man sah sie gern, aber sie wahrten Distanz.

Und so blieb allen modernen Plänen zum Trotz der Dogenpalast in seiner neuen Form der alten treu: Ein Wunderwerk aus luftigen, gotisch-graziösen Bögen, das mühelos den massiven Oberbau aus weiß-rosa Marmor balanciert. Ein Monument des Irrealen. Widerspruchsvoll wie dieser Staat, der aus dem Morast der Lagune gewachsen war und der seine Schwäche mit federnder, undurchschaubarer Stärke sublimierte. Die Zeit, die Venedig mit ihm festmauerte, war das glanzvolle Mittelalter, als die Seerepublik ihre Handelswege bis China und in die Mongolei bahnte, als das Mittelmeer von ihren Kolonien gesäumt war.

Für die Städte des Festlandes war das Mittelalter eine Zeit der Finsternis, der Verwirrung, aus der man sich zu Palladios Zeiten mit einer Konzentration aller geistigen Kräfte befreit hatte.

Mit Entsetzen dachten Künstler, Wissenschaftler und Politiker daran, daß Rom 1000 Jahre nach dem Untergang des römischen Imperiums eine verlassene, verkommene Stadt war. Auf dem Forum grasten Rinder und Schafe, in den Rui-

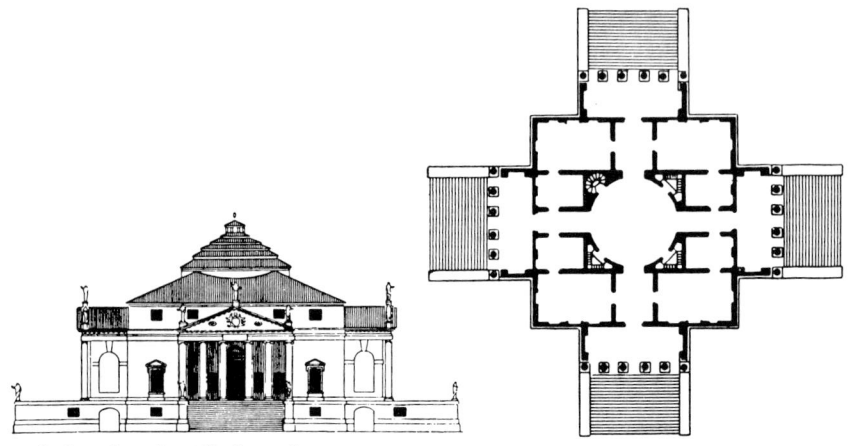

Palladios Pläne der Villa Rotonda

nen der Tempel und Paläste hatten sich Bettler eingenistet. Auch in den kleinen Städten zwischen Alpen und Adria, die sich mit dicken Mauern vor Gewalt und Besitzgier der Statthalter deutscher Kaiser abschirmten, war die römische Vergangenheit zwar in Stücke geschlagen, aber sie war nicht verschwunden. Man lebte zwischen römischen Toren, Befestigungen, Arenen, Trümmern von Villen und Straßen und fand beim Ackern Scherben, Schmuck und Plastiken aus einer Zeit, die soviel lichter, harmonischer, menschlicher zu sein schien als die Gegenwart.

Als Gelehrte und Dichter aus antiken Schriften ein vergessenes Wissen ans Licht holen, ist das wie eine Offenbarung. Das unausrottbare Lebensgefühl mediterraner Menschen spricht aus den alten Büchern: Individualität und Formgefühl, Sinnlichkeit und Grandezza. Die Wiederentdeckung des klassischen Erbes ist keineswegs ein intellektuelles Vergnügen im Elfenbeinturm.

»Aber von nahezu keinem der zahlreichen erlesenen Menschen, die die italienische Renaissance schufen, kann man leugnen, daß sie typische Vollblutitaliener waren, die nur leuchtend gestaltet haben, was die Menge unartikuliert empfand«, schrieb Egon Friedell in seiner »Kulturgeschichte der Neuzeit«.

Einer, der diese Gedanken leuchtend gestaltet, ist Andrea Palladio. Er bewundert »die Alten, die alle Wissenschaften kannten« und die ihm das Instrument seiner Arbeit lieferten. Und für ihn, wie für viele seiner Zeitgenossen, ist die Gotik ein finsterer, barbarischer Stil, den man »beim richtigen Namen konfus nennen kann«.

Palladio mußte also an der Planung des Dogenpalastes scheitern. Seine venezianischen Kirchen werden zwar bewundert. Aber *die* Kirche Venedigs bleibt San Marco. Eine dämmrige Grotte im matten Goldglanz byzantinischer Mosaiken, eine heilige Räuberhöhle voll Kostbarkeiten fremder Länder.

Palladios Hauptwerk, seine Villen und Paläste, stehen auf dem festen Boden Venetiens. Sie sind der ideale Rahmen für die hochtalentierten, mit raffiniertem Geschmack und Geschäftssinn ausgestatteten Menschen der Renaissance.

Der Sohn des Paduaner Müllers Pietro dalla Gondola war Maurer und Steinmetz. Als Halbwüchsiger ging er nach Vicenza, um in einer Werkstatt zu arbeiten, die von großen Architekten, wie dem Veronesen Sanmicheli, beschäftigt wurde. Bei der Arbeit an einer der vielen Villen, die rund um Vicenza entstehen, lernt der junge Handwerker Giangiorgio Trissino kennen. Ein vielseitig gebildeter Mann, Diplomat im Dienste des Vatikans, Poet, ein Vicentiner Gesellschaftslöwe, immens reich. Und neugierig auf Veränderung.

tät ohne Gefühlsduselei. »Man darf sich nicht damit zufrieden geben, die Dinge gut zu verrichten, man soll danach trachten, sie auch anmutig zu tun«, fordert 1558 Giovanni della Casa in seinem »Buch der guten Sitten«.

Trissino, der *uomo universale*, wittert in dem jungen Steinmetz Talent und beginnt, ihn mit leichter Hand zu fördern. Es entwickelt sich eine Freundschaft, die allen Trennungen und Verschiedenheiten standhält, wohl weil sie sich an Castigliones Rat hält und nie die Distanz durchbricht, die sich zwischen zwei ver-

Piazza dei Signori in Vicenza

Er mag jene Eigenschaft besessen haben, die Baldassare Castiglione in seinem vielgelesenen Anstandsbuch »Il Cortigiano« – »Der Höfling« (um 1507) so eindrucksvoll schildert: *sprezzatura*. Elegante Leichtigkeit auch im Tiefgang, Weisheit ohne Wichtigtuerei, Humani-

schiedenen sozialen Schichten auftat. Wie es auch häufig mit Dienern geschah, gibt Trissino dem jungen Steinmetz einen neuen Namen: Palladio. Es ist ein Name, der ihm viel bedeutet. So heißt ein sieghafter Genius in seinem Epos »Italien, von den Goten befreit«.

Mit dem Namen gibt er Palladio eine neue Biographie. Er nimmt ihn mit nach Rom, begeistert ihn für das Ebenmaß klassischer Bauten. Palladio vermißt und beschreibt Architekturdetails und prägt sie sich unauslöschlich ein. Durch Trissino lernt er das Werk des in Verona geborenen antiken Architekten und Militär-

Der Tempietto vor der Villa Maser

technikers Vitruv kennen. Die um 31 v. Chr. entstandene zehnbändige Schrift »De architectura« ist das einzige erhaltene Werk römischer Architekturtheorie, in das Vitruv nicht nur eigene Erfahrungen, sondern auch griechische Überlieferungen einfließen ließ. Es wird zum Zündfunken für Palladios Ideenfeuerwerk.

Symmetrie, Proportionalität und Hierarchie der Teile sind das Charakteristikum seiner Bauten, die er aus den Grundformen von Kreis und Viereck entwickelt. Er setzt die Gesetze der Mathematik mit denen der Musik in Beziehung und findet seinen eigenen Stil, indem er

römische Strukturen entschlüsselt. Die Antike inspiriert ihn, aber er kopiert sie nicht. Giebel, Säulen, Bögen und Kuppeln bekommen bei ihm eine ganz individuelle Harmonie. Naturformen aber auch die traditionelle bäuerliche Architektur des Veneto beeinflussen seine Arbeit. Zwischen seinem 30. und seinem 72. Jahr entsteht eine unglaubliche Fülle von Entwürfen, die auf Jahrhunderte Spuren in der Architektur hinterlassen.

Vicenza wird Palladios Stadt. Und Palladio wird Vicenzas Genie. In der kleinen wohlhabenden Stadt mit ihrer humanistisch gebildeten Aristokratie wächst im 16. Jahrhundert das Selbstbewußtsein gegenüber der bisher alles überstrahlenden Mutterstadt Venedig. 1404 hatte sich Vicenza freiwillig an die Serenissima angeschlossen und es nicht bereut. Aber mit der neuen Sicherheit, dem neuen Wohlstand kommt der Wunsch nach Eigenständigkeit.

Titelseite der »Quattro Libri«

Palladio wird durch Giangiorgio Trissino mit klugen und mächtigen Zeitgenossen in Vicenza bekannt – sehr viele sind beides. Da ist Daniele Barbaro, Patriarch von Aquileia, Übersetzer Vitruvs, ein großzügiger Mann von hohem künstlerischen Talent. Er nimmt Palladio auf eine seiner Romreisen mit und vertieft seine Kenntnisse der Architektur. Der Patriarch und sein Bruder Marcantonio beauftragen Palladio, ihre Villa in Maser zu planen (1557–1558). In der Nachbarschaft der Villa entsteht 1580 Palladios letzter Kirchenbau, der Tempietto Barbaro, ein winziges Pantheon im Hügelland.

Zu den Freunden Trissinos gehört der Philosoph Alvise Cornaro, der bekennt, ein »ehrlich schönes, aber vollendet bequemes Bauwerk einem höchst wunderbaren, aber unbequemen« vorzuziehen. Er mag Palladios Neigung zur Funktionalität beeinflußt haben. Die olympische

Leichtigkeit der Palladio-Villen ist keineswegs Selbstzweck. Jeder dieser Bauten hat neben Wohn- und Repräsentationsräumen auch Wirtschaftstrakte, die sich in vollendeter Ästhetik ins Gesamtbild fügen.

Für all diese Aufgaben hat er sich zu Beginn seiner Laufbahn mit dem Umbau des Palazzo della Ragione in Vicenza profiliert (1549). Er umgab den gotischen Stadtpalast mit einem wuchtigen Mantel aus Arkaden und nannte ihn nach den römischen Versammlungssälen: Basilika. Die von den Christen auf eine mehrschiffige säulengestützte Kirche übertragene Bezeichnung kehrt zu ihrem Ursprung zurück. Nach der Basilika baut er private Paläste und offizielle Gebäude in Vicenza (Palazzo Porto, 1549; Palazzo Thiene, 1542–1546; Palazzo Chiericati, 1550; Loggia del Capitaniato, 1565, usw.) – die gotische Stadt auf Römerfundamenten bekommt ihr Renais-

Die Wallfahrtskirche des Monte Berico in Vicenza

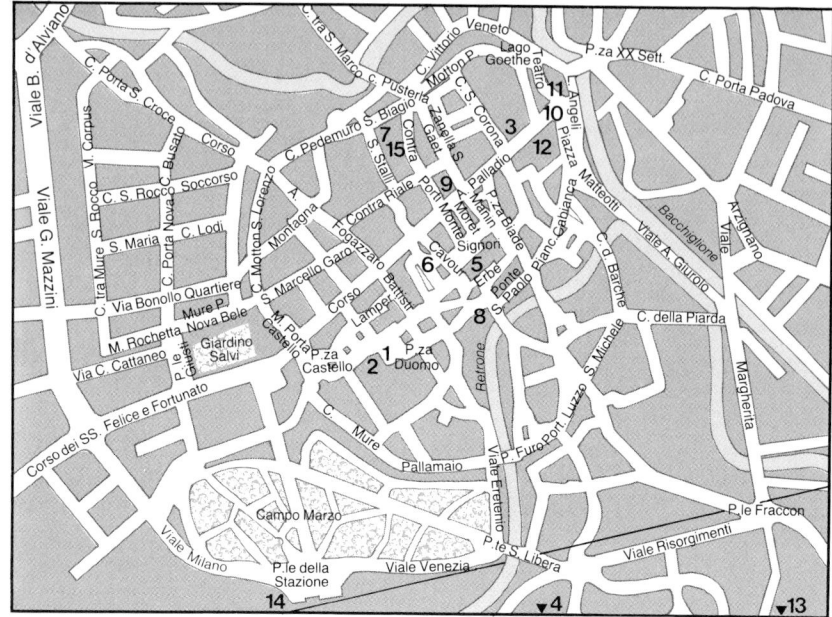

Die Innenstadt von Vicenza
1 Dom S. Maria Maggiore 2 Vescovado 3 Kirche S. Corona 4 Santuario della Madonna di Monte Berico 5 »Basilika«, auch Palazzo della Ragione 6 Loggia del Capitanio 7 Palazzo Colleoni-Porto 8 Casa Pigafetta 9 Palazzo Thiene 10 »Casa del Palladio« 11 Teatro Olimpico 12 Palazzo Chiericati mit Museum (Werke u. a. von Veronese, Tintoretto, Bassano, Sansovia, Tiepolo) 13 Villa Valmarana und La Rotonda 14 Bahnhof 15 Palazzo Porto, auch Festa

sancegesicht. Die Unregelmäßigkeit gotischer Struktur, die sich den landschaftlichen Gegebenheiten anpaßt, weicht der Symmetrie, der Übersichtlichkeit, dem Bekenntnis zur Macht. Im Stadtbild dürfe es »keinen Ort geben, der dem Militär nicht leicht zugänglich sei«, schreibt Palladio in seinen »Quattro Libri« über Straßenführung.

1570 veröffentlicht er seine Ideen zur Architektur in Venedig. Mitte des 17. Jahrhunderts erscheinen die »Quattro Libri« in französischer, Anfang des 18. Jahrhunderts in englischer Übersetzung. Diese Ausgaben hatten auf die Architekten eine faszinierende Wirkung. Villen und Stadtpalais im Palladio-Stil entstan-

> »Daraus folgt, daß eine Stadt gleichsam ein großes Haus sein soll und umgekehrt ein Haus nur eine kleine Stadt.«
>
> Andrea Palladio

den in Mitteleuropa, in Rußland, in England und seinen Kolonien, das Weiße Haus in Washington ist aus Palladio-Elementen zusammengesetzt. Palladio läßt von der Wiener Ringstraße grüßen. Und vom Elbschlößchen in Hamburg.

Nach dem Tod Jacopo Sansovinos, 1570, wird Palladio Stadtbaumeister in

Palazzo Chiericati von Andrea Palladio, heute das Museum Vicenzas

Venedig und arbeitet an der Ausgestaltung des Markusplatzes mit. Seine Stadt bleibt trotz allem Vicenza. Er verabschiedet sich von ihr mit einem Theater von so ungewöhnlicher Schönheit, daß jede, auch die beste Vorstellung nur ärgerliche Ablenkung ist – dem Teatro Olimpico.

1555 gründeten Vicentiner Patrizier und Künstler, darunter Palladio, die Accademia Olimpica, um künstlerische und wissenschaftliche Studien zu pflegen – einer der vielen Vereine meist hochkultivierter Dilettanten, die sich eines Tages ein eigenes Theater wünschen. Der dafür vorgesehene Platz, ein ehemaliges Gefängnis und Waffenlager außerhalb des Zentrums, war denkbar ungünstig im Grundriß; Palladio fügte einen arenaartig aufsteigenden Zuschauerraum hinein und umschloß die Bühne mit einem Palastaufbau, durch dessen perspektivische Gassen man auf eine ideale Stadt sieht. Während der Vorbereitungsarbeiten starb Palladio, sein Sohn Silla führte den Bau weiter, die Bühnengassen gestaltete der Architekt Scamozzi. Vieles wurde anders als es Palladio geplant haben mag,

Hier steht immer Palladio auf dem Spielplan: Teatro Olimpico

aber darüber mögen sich Puristen kränken.

Der Eindruck des Theaters mit seinen säulenüberhöhten Sitzreihen und dem Gewimmel antikisierender Figuren in Nischen und auf Podesten – einige stellen Mitglieder der Akademie dar – ist einfach überwältigend. Mythologische Szenen, Heroen und Genien, Wappenschilder und Inschriften füllen die klassisch gegliederte Architektur des unveränderlichen Bühnenaufbaus. Hier wird immer Palladio gespielt. Wie deprimie-

rend für die Schauspieler! Ob es Vittorio Gassmann mit seinem Hamlet, oder Gérard Philip in »Le Cid« gelang, gegen ihn anzuspielen?

Die klugen Mächtigen von der Accademia Olimpica schienen schon damals Zweifel gehabt haben, wer stärker war: das Drama oder diese Architektur. Denn nachdem sie 1585 ihr Theater mit dem Oedipus-Drama von Sophokles eröffnet hatten, veranstalteten sie mit einer einzigen Ausnahme nur noch Turniere und Empfänge in diesem Raum. Erst zur Zeit

der Romantik wurde das Theater wiederentdeckt und bespielt.

Ein gesprächiger Kustos tritt auf die Bühne und bewegt sich rückwärts in eine der perspektivischen Bühnengassen. Stellt sich in den Fluchtpunkt, der bisher im Unendlichen zu münden schien, die Häuser gehen ihm bis zum Kinn und die Unendlichkeit läßt sich mit ein paar Schritten ausmessen. Dann stellt er sich zum Bogen der »porta regia«, dem großen Tor, und läßt sein Bühnenflüstern bis in die entlegensten Punkte des Zuschauerraums hinauftragen. Ein paar Schritte weiter – seine Stimme bleibt unhörbar. Die Akustik des Teatro Olimpico soll allerdings heute nur noch ein jämmerliches Relikt sein, seitdem in den fünfziger Jahren das hölzerne Originalgerüst der Sitze ausgebaut und mit Zement verstärkt wurde. Seitdem ist die Seele des Teatro zerstört wie die einer Stradivari, die man mit Stein füttert, sagen die Vicentiner.

Nachdenklich verläßt man das Haus, geht vorbei an Palladios Palazzo Chiericati ins Zentrum, wo immer noch Nachkommen der Familien wohnen, für die Palladio baute. Sie öffneten ihre Villen als Joseph Losey hier mit dem Bariton Ruggero Raimondi und Teresa Berganza seinen »Don Giovanni« drehte. Der düstere spanische Verführer im Kontrast zur Kühle und Noblesse dieser italienischen Architektur.

Ein nebliger Karnevalsmorgen in Venedig fällt einem ein. Am Tag zuvor war ein riesiger bunter Fesselballon über der Palladio-Fassade von San Giorgio Maggiore geschwebt. Nun lag er zu einem formlosen Haufen geschrumpft auf dem Platz vor der Kirche. Und ein Licht, das alle Farben auslaugte, jede Perspektive schluckte, machte das Portal zu einer grauweißen Kulisse ohne Dimension. Als wäre alles Leben daraus entwichen und in die Villen und Paläste Vicenzas und der Welt geflohen. Dorthin, wo man unter Palladios machtvollen Säulen und Bogen sehr irdischen Göttern huldigte.

> »Die Renaissance war der zweite und wahre Sündenfall des Menschen; wie die Reformation seine zweite und vielleicht endgültige Vertreibung aus dem Paradies war. Die Reformation gebar das Dogma von der *Heiligkeit der Arbeit,* die Renaissance den Menschen, der *sich selbst genießt* und schließlich vergöttert. Und beide zusammen: die Arbeit mit gutem Gewissen und die narzissische Selbstbetrachtung und Selbstverherrlichung haben die *moderne Langeweile* geschaffen, unter der die Erde allmählich vereist...«
> (Egon Friedell,
> »Kulturgeschichte der Neuzeit«)

San Giorgio Maggiore in Venedig

Häuser der Vernunft, Grotten des Glaubens: PADUA

Piazza delle Erbe in Padua –

Der Herbst ist eine gute Zeit für Padua. Es mag kalt, feucht, windig sein – die vielen Arkaden, die die Straßen begleiten, geben Schutz, Geborgenheit, große Intimität. Man nähert sich mit angenehmen Gefühlen dem Zentrum und gerät in den unwiderstehlichen Sog eines der schönsten der vielen schönen Märkte Italiens.

Paduas Markt – das sind eigentlich drei Märkte auf benachbarten Plätzen rund um den riesigen Palazzo della Ragione, den mittelalterlichen Gerichts- und Versammlungspalast nahe des ehemaligen römischen Forums. Im Herbst quellen die Marktstände über von prallen Früchten, duftenden Kräutern, Gemüse in Kingsize-Dimensionen, erdig duftenden Pilzen. Weiße Tauben plustern in ihren Käfigen die Federn, flatternde Hühner werden freischwebend gewogen. Strampelhosen und Damenpullover in Bonbonfarben wehen im Wind – »occasione, occasione«! Rotgesichtige Männer schieben langstielige, durchlöcherte Pfannen über ein Feuer, ihre Frauen holen die gerösteten Kastanien dann heraus und schälen sie mit flinken Fingern. In den vielen kleinen Bars rund um den Markt stapeln sich die *tramezzini*, die dreieckigen, mit vielerlei Delikatessen belegten Doppelsandwiches, die so gut zu einem Glas Wein passen. Unter dem Vordach eines Lieferwagens häuft sich Herz-Schmerz-Literatur zu Bergen. »Il Cuore della Madre«, »Il Medico misterioso« – Mutterglück und Ärztegeheimnis vom Duft des nahen Käsestands umweht.

Marktstände, in denen das rosige Licht gut geputzten Geflügels und fein filetierter Fische auf den gutgelaunten Gesichtern von Verkäufern und Kunden reflektiert,

Pulsierendes Markttreiben um den Palazzo della Ragione

haben sich in den Arkaden des Palazzo della Ragione eingenistet. Und nur ein sehr ordnungswütiger Kunstführer kann das als Beeinträchtigung empfinden. Jeder, der italienische Märkte liebt, genießt dieses Miteinander von Augen-, Nasen- und Ohrenlust in der Nachbarschaft eines respektgebietenden Saals, der der Vernunft und dem Recht soviel Raum gibt. Vielleicht sorgt diese Nähe dafür, daß sich die lustvolle Anarchie des Markttages am Abend in strengste Ordnung und Sauberkeit auflöst. Die Stände werden abgebaut, unter Besenstrichen und viel Wasser verschwinden die Abfälle.

Dieser Saal, der ohne jede Unterteilung den Palazzo della Ragione füllt, verschlägt einem den Atem. Fast 80 Meter ist er lang, fast 27 Meter breit und etwa ebensohoch. Ein kunstvolles Holzdach, wie ein Schiff gewölbt, überspannt den Raum, teppichartig ineinander verwebte Fresken rechtfertigen die Bezeichnung »il salone«. Er ist intim und würdevoll, einladend und voller Geheimnis. Geschaffen von selbstbewußten und klardenkenden Bürgern, die das Wissen um warme Geborgenheit und kluge Distanz in ihre Bauten pflanzten.

Mitten in diesem Raum steht ein Holzpferd, groß genug, um in seinem Bauch ein Dutzend feingeschichteter Griechen nach Troja zu schmuggeln. Es hat einen ausdrucksvollen (erst im 19. Jahrhundert nachgeschnitzten) Kopf, einen aus vielen Holzstücken zusammengefügten Leib, sein Huf balanciert kokett auf einer Kugel. In der gleichen Haltung wie das Pferd des Gattamelata-Denkmals von Donatello in der Basilika des San Antonio. Nach diesem Vorbild wurde es für einen Faschingsumzug geschnitzt. Ein wunderbares Stück Unvernunft im Saal der Vernunft.

Vielleicht hat ein paduanischer Mythos den Bildhauer dazu angeregt, dieses Pferd zu schaffen. Der Gründer Paduas, heißt es, ist der trojanische Held Antenor. Nach dem Fall Trojas, an dem er durch freundschaftliche Verhandlungen mit den Griechen mitschuldig geworden war, flüchtete Antenor ins Land der Veneter und baute hier zwei Städte: Padua und Conegliano. Wobei nur Padua sich rühmen kann, Spuren dieser Stadtgründung zu bewahren, ein Grabmal in einer grottenartigen Kapelle, unweit der Universität.

1274 fand der paduanische Dichter und Richter Lovato di Lovati ein bemerkenswertes Grab mit den Knochen eines Mannes, einem Schwert und zwei Töpfen mit Goldmünzen. Es war die Zeit, da die Sehnsucht nach der klaren Gesetzlichkeit klassischer Epochen übermächtig wurde. Lovato di Lovati war klug und phantasievoll genug zu erkennen, daß diese Knochen nur zu einem trojanischen Helden gehören konnten und nicht etwa, wie Skeptiker meinten, einem ungarischen Krieger, der die Paduaner nur an die Verwüstungen des Ungarneinfalls von 899 erinnern würde. Wieviel erhebender war da doch ein weiser und weitgereister Antenor. Er würde dem aufblühenden Humanismus die viel besseren Träume verschaffen als ein rabiater Sohn der Steppe. So kam es, daß ein Dichter Padua zur Schwesterstadt Trojas machte, die im Palast der Vernunft ein trojanisches Pferd und bei der Universität das Grabmal eines Trojaners besitzt.

Vernunft und Glauben, Pathos und Augenzwinkern sind hier keine Gegensätze. Die Universität heißt in Padua nur »Il Bò«, »Zum Ochsen« – so wie der Gasthof, der auf ihrem Grund stand. Und ihre Studenten feiern mit goldperlengeschmückten Lorbeerkränzen und frechen Posters ihre Promotion. Die Außenwände der Universität sind voll mit detailfreudigen Plakaten, auf denen die erotischen und kulinarischen, disziplinären und sportlichen Schwächen der frischgebackenen Akademiker ins Visier genommen werden. Man erfährt, wieviel Valium sie vor Prüfungen schluckten und wieviel Soave hinterher.

Im Hof mit den Tausenden Wappen einstiger Studenten gruppieren sie sich mit grinsenden Freunden und gerührter *nonna* zum Abschiedsfoto, ehe sie ins schräg gegenüberliegende klassizistische Café Pedrocchi ziehen, zu Spumante und Reden, die in Lachen und Tränen untergehen.

Heile Universitätswelt?

In den siebziger Jahren war es hier sehr unruhig, Spuren von Attentaten auf Politiker führten ins Universitätsmilieu. Padua war immer eine unbequeme, rebellische

Universität – 1222 von Gelehrten gegründet, die wütend aus Bologna emigriert waren. Sie unterrichteten auf Plätzen, in kleinen Sälen, bis Ende des 15. Jahrhunderts aus dem Wirtshaus zum Ochsen ein majestätischer Hochschulbau wurde.

Zunächst bestand hier jene berühmte juridische Fakultät, die das römische Recht auf seine antiken Ursprünge zurückverfolgte und damit das sprachliche Fundament des Humanismus schuf. Später entstanden andere Fakultäten, die wichtige medizinische Schule, die im 16. Jahrhundert die Grundlagen der Anatomie erarbeitete. Der Flame Andreas Vesalius veröffentlichte in Padua die erste systematische Beschreibung des menschlichen Körpers, der direkte Beobachtungen zugrunde lagen. Bisher hatte man Erkenntnisse aus Tierexperimenten auf die Humanmedizin übertragen.

Einer von Vesalius' Schülern Girolamo Fabrici d'Acquapendente, ein Mediziner, der die Funktion der Blutgefäße entdeckte, ließ 1594 den noch heute bestehenden

Teatro Anatomico – bei Gefahr verschwanden die Leichen aus dem Seziersaal

Anatomiesaal bauen. Eine enge, hochaufragende Ellipsenkonstruktion aus Holz, die sich nach unten zu einer schmalen Öffnung verjüngt. Dort unten fanden die von den Studenten beobachteten, streng geheimen Sektionen statt – die Kirche hatte verboten, daß menschliche Leichen für anatomische Demonstrationen verwendet wurden. Die Professoren von Padua scherten sich nicht um dieses Verbot, aber sie sorgten dafür, daß die Leichen blitzschnell im Keller unter dem Teatro Anatomico verschwanden, wenn Fremde eindrangen.

Unter den Studenten und Professoren Paduas gibt es viele berühmte Namen. Galileo Galilei unterrichtete ab 1592 achtzehn Jahre Mathematik und machte das Experi-

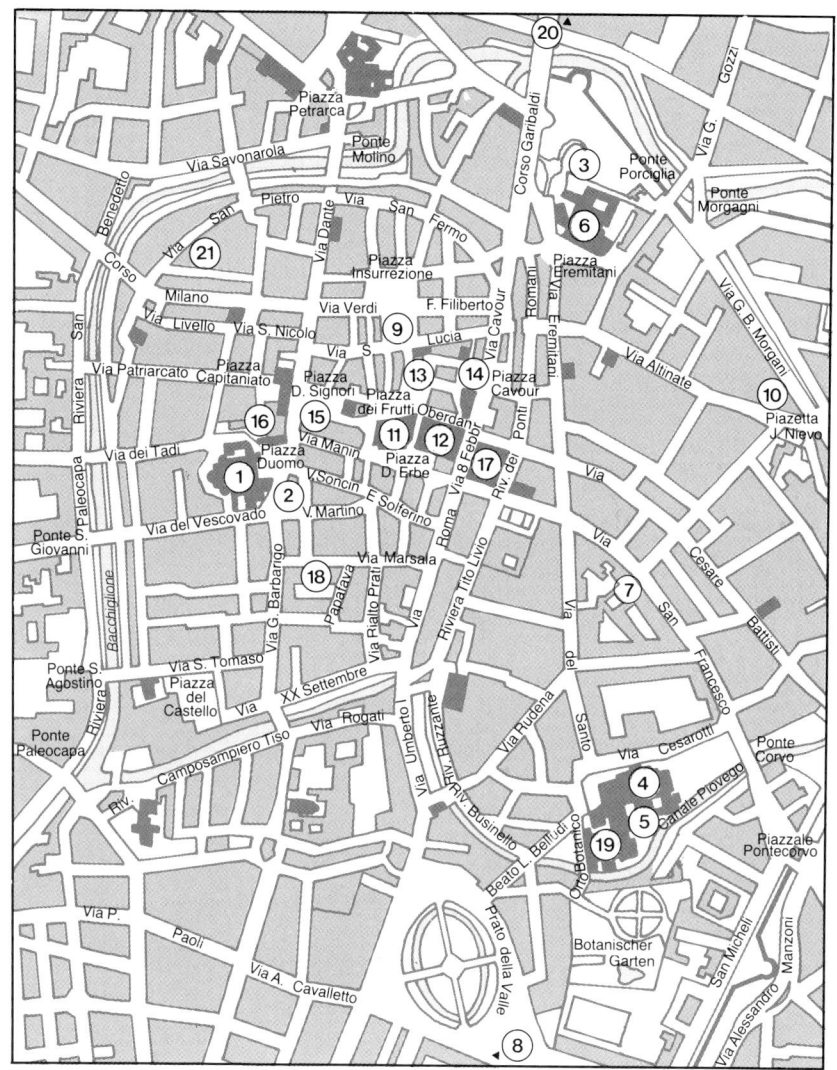

Innenstadt von Padua

1 Dom und Baptisterium 2 Vescovado 3 Römisches Amphitheater mit Arena-Kapelle (Capella degli Scrovegni, Giotto-Fresken) 4 Kirche San Antonio (Hochaltar mit Werken von Donatello) mit Gattamelata-Denkmal 5 Scuola del Santo (Tizian-Fresken) und Oratorio di San Giorgio 6 Kirche degli Eremitani (Mantegna-Fresken) 7 Kirche San Francesco 8 Kirche Santa Giustina 9 Kirche Santa Lucia (Santa Maria Corpus Domini) und Scuola di San Rocco 10 Palazzo Priuli (Pesaro) 11 Palazzo della Ragione 12 Palazzo del Podestà (Palazzo Municipale) 13 Palazzo del Consiglio 14 Café Pedrocchi 15 Loggia del Consiglio 16 Palazzo del Capitanio 17 Universität 18 Palazzo Trento-Papafava 19 Museum (Werke u. a. von Tintoretto, Tiepolo) 20 Bahnhof 21 Observatorium

Ein Haus für Italiens populärsten Heiligen: San Antonio

ment zum wichtigen Bestandteil der Wissenschaft. Sein aus rohem Holz gezimmerter Katheder steht heute in einer Aula. Galileis Vorbild inspirierte andere Wissenszweige. Die Astronomen richteten auf dem Turm einer Scaligerburg ihr Observatorium ein, dessen Miteinander von gotischem Gemäuer und barocken Kuppeln ein kurioses Stück Stadtwachstum zeigt.

Im Revolutionsjahr 1848 rebellierten Studenten und Professoren gegen die österreichischen Besatzer. 1943 kristallisierte der Widerstand gegen den Faschismus in der Universität von Padua. Die Freiheit des Gedankens wurde hier zu keiner Zeit der Bequemlichkeit des akademischen Elfenbeinturms geopfert.

Standbild des Söldners Gattamelata

Zur Universität gehört auch der bezaubernde Botanische Garten bei der Basilika, 1545 gegründet, als erster seiner Art. In den abgezirkelten, steingefaßten Beeten gedeihen auch heute exotische Pflanzen. Und als ob man ihrer Fremdartigkeit nicht genug Wirkung zutraute, verstärkt man ihr Anderssein durch kunstvolle Riesenlilien und -agaven aus Bronze in Sandsteintöpfen. Goethe war hier, wandelte unter Gingkobäumen, pflanzte eine Palme, und ließ sich zu seiner Metamorphose der Pflanzen inspirieren.

Der Dom von Padua mit dem Baptisterium

Harmonie und Rebellion – in Padua wuchs daraus ein gutes Ganzes. Ein bezauberndes kleines Denkmal in der Universität erinnert daran, daß hier bereits 1678 eine Frau zur ersten »Donna laureata« promovierte: Elena Lucrezia Cornaro Piscopia heißt das eigensinnige Geschöpf mit dem zarten, ernsten Gesicht, Vorläuferin der vielen Studentinnen, die ihren Lorbeerkranz über T-Shirt oder Parka balancieren. Statt eines Denkmals erwartet sie ein komisches Poster.

✳

Padua, das römische Patavium, war immer eine reiche Stadt, von fruchtbarer Ebene umgeben, durch Wasserstraßen mit der Adria verbunden. Seit 1405 teilt es die Geschicke Venedigs, hat unter den Festlandstädten der Serenissima den Sonderstatus, den die renommierte Universität verleiht. Venedigs Intellektuelle bildete bis ins 19. Jahrhundert die Hohe Schule Paduas aus.

Und genauso wie in Venedig gedieh in Padua das üppige Mäzenatentum der Superreichen. Mit fabelhaftem Instinkt für das Seelenklima seiner Stadt wählte der Bankier Enrico Scrovegni Ende des Mittelalters die Reste des römischen Amphitheaters in Padua als Baugrund eines Palastes und einer Kapelle zu Ehren der Muttergottes. Er baut Padua dort weiter, wohin die Gedanken seiner Zeitgenossen sich immer häufiger hinwenden. Um 1305 holt er aus Florenz, dem Schwerpunkt seiner Finanzgeschäfte, einen Maler, der die Wiedergeburt der Antike mit der Klarheit seiner Farben und Formen beschwört: Giotto. Er wird zum großen Erneuerer, der die Kunst aus der Eindimensionalität byzantinischer Darstellung löst. In der Arena-Kapelle (auch Cappella degli Scrovegni) läßt Giotto seinen Freskenzyklus aus dem Leben Marias und

Christi als eine Folge erlesener und erschreckender Bilder ablaufen, die in der Darstellung des Jüngsten Gerichtes münden, Himmel und Hölle, Harmonie und Verzweiflung, Glanz und Elend werden zu einer beklemmenden Vision des Weltendes.

Der Vater des Auftraggebers der Arena-Kapelle, Reginaldo Scrovegni, war ein berüchtigter Wucherer. Der Sohn veredelte das unrechte Geld mit unsterblicher Kunst. Wie märchenhaft fremd uns das heute erscheint!

✳

»Es pulsiert«, sagt der Mann mit dem schmalen Gelehrtenschädel. »Spüren Sie es, der Stein des Santo pulsiert.« Ich stehe in der Basilika, in der Kapelle des Heiligen Antonio, die Hand an seinen Grabstein gepreßt, wie die Menschen rund um mich. Ich spüre das Pulsieren meines Blutes erst, als ich die Hand vom Stein nehme. Und bin ein bißchen traurig. In dieser geheimnisvollen Grotte des Glaubens sollte man ungewöhnliche Empfindungen haben. Rund um den Altar erzählen schöngemeißelte Steinplatten von den Wundern des Santo: Tote werden zum Leben erweckt, das Herz eines Geizigen findet sich nach seinem Tod in einer Geldschatulle, Versehrte werden geheilt, Ungläubige bekehrt.

Il Santo ist ein sanfter Heiliger, der ähnlich wie der Heilige Franziskus, dessen Orden er angehörte, den Tieren predigte. Weil die Menschen nicht auf ihn hören

wollten, ging er zu den Fischen, die sein Wort in Scharen zum Ufer zog. Er kam aus Lissabon, wo er 1195 als Sohn eines Edelmannes geboren wurde. Und er predigte in Nordafrika, in Sizilien, in Frankreich und in den letzten Jahren seines kurzen Lebens in Padua, wo er 1231 starb. Bereits ein Jahr später wurde er heiliggesprochen.

Nur wenige seiner Predigten sind erhalten geblieben, auch sein Leben ist viel weniger dokumentiert als das seines Zeitgenossen, des heiligen Franziskus. Und doch – oder vielleicht deswegen – ist er der populärste Heilige Italiens. Der einzige, den auch der Unfrömmste nicht in einen Fluch einschließt. Nicht einmal die Madonna – *porca madonna* – genießt dieses Privileg. Und die kindliche Aufzählung der Heiligen Dreifaltigkeit: Jesus, Maria und Antonio, ist weit mehr als ein naives Mißverständnis.

Antonios Botschaft des Friedens und der Güte weckte über die Jahrhunderte die Sehnsucht nach einer besseren, gerechteren Welt. In Padua setzte sich Antonio knapp vor seinem Tod sehr handfest mit der Not der Menschen in einer rechtlosen Welt auseinander. Die Tyrannen hatten damals das Wort. Ezzelino da Romano herrschte über Padua, Willkür und Grausamkeit vernichtete Existenzen. 1231 predigte Antonio über unverschuldete Not und verlangte, daß Betroffene nach Abtretung ihrer Güter, nur mit einem Hemd bekleidet, draußen, vor den Toren der Stadt eine neue Existenz beginnen sollten. Das war die sensationelle Alternative zur Schuldhaft, die so mancher nicht überlebte.

Ein Mann, der selbst keinen Besitz hatte, setzte sich für Menschen ein, die Besitz und Freiheit verlieren sollten. Er plädierte für die Freiheit, relativierte damit ihren Besitz und lehrte sie so, die Werte ihres Lebens richtig einzuschätzen. Ein kluger und guter Mann in einer klugen Stadt. Die Wege zu Gott sind vielfältig und verschlungen, die Wunder seiner Erwählten können auch die bescheidenen Möglichkeiten irdischen Glücks streifen.

1261 wurden diese Gedanken Antonios zum Gesetz. Im Palazzo della Ragione mußten Zahlungsunfähige von nun an ihre Kleider bis aufs Hemd abstreifen, sich auf den Stein des Tadels in der Nordostecke des Saals setzen und mit lauter Stimme geloben: »Cedo bonis« – »Ich trete meine Güter ab.« Und dann gingen sie davon, besitzlos, aber frei.

Vielleicht ist es ein kindliches Mißverständnis der Botschaft des Heiligen, daß sich um ihn der Mythos zu ranken begann, er könne verlorene Dinge wiederbeschaffen. Vielleicht wurde er von denen befeuert, die mit nichts als einem Hemd am Leib neu begannen und wieder zu Wohlstand kamen. Was immer die Wurzel dieses Glaubens ist: Man betet zum Santo, daß er alltägliche Kümmernisse lindere. Den Vergeßlichen seine verlegten Schlüssel finden läßt, dem einsamen Mädchen einen Mann beschert, die Verwirrten erleuchtet. Und läßt sich diese Bitte, je nach Dringlichkeit, mehr oder weniger große Geldspenden kosten.

Wallfahrer aus aller Welt ziehen täglich durch das Halbdunkel der Basilika, entzünden Kerzen, an zwei Altären wird abwechselnd die Messe gelesen. Gebete steigen auf, die Luft ist gesättigt mit Sehnsucht... Jetzt spürt man ein Pulsieren, aber es ist unkörperlich und unbeschreibbar.

Der Glaube an den Santo hat Steine bewegt und zu einem spannungsreichen Sakralbau aufgetürmt. Orientalische Kuppeln überwölben ihn, Türme, die an Minaretts erinnern, krönen ihn, reiche Schätze schmücken seine Wände. Aus der kleinen, engen Franziskanerkirche S. Maria Mater Domini, in der Antonio gepredigt hatte, wurde nach seinem Tod 1231 in vielen Etappen der grottenartige Kuppelbau, den Sedimente aus über 750 Jahren Heiligenverehrung füllen. Zu den unzähligen Geschenken, Votivgaben, Widmungen gehört auch der Kommandostab des Gattamelata. Erasmo de'Narni hieß der venezianische Söldnerführer, der vor der Basilika sein Denkmal hat. Gattamelata, wörtlich die »Gefleckte Katze«, im übertragenen Sinn der »Fuchs«, führte ab 1483 für Venedig Krieg. Die Serenissima bezahlte, die Söldner kämpften.

Er war grausam und fromm, klug und bedenkenlos, wie so viele seiner Zeit. Und wie viele seiner Zeit suchte er am Ende seines Lebens den Segen der Kirche. Und ihre Nähe. Gattamelata hatte mehr Glück als sein Kollege Colleoni, er steht an dem Platz, den er sich wünschte, vor der Basilika in Padua. Colleoni, der sein ganzes Geld Venedig vererbte, wurde ausgetrickst. Seinen Wunsch, sein Denkmal möge vor San Marco stehen, beantworteten die Venezianer kühl damit, daß sie es vor der Scuola di San Marco aufrichteten, ziemlich weit vom Markusplatz entfernt.

Gattamelata, dem von Donatello das schönste Reiterdenkmal der Neuzeit geschaffen wurde, schaut kühn und kühl über das weite Rund der Piazza, über die Verkaufsstände mit Rosenkränzen und Heiligenbildern, Kerzen und Harlekins.

Der heilige Antonius im Glanz leuchtender Rosetten, Franziskanermönche als Pfeffer- und Salzstreuer, Jesuskindlein auf Stroh oder Satin – der Glaube braucht seltsame Krücken. Ein Konditor bietet süße und bunte *Dolci di Santantonio* an und stellt eine Basilika aus bunter Windmasse aus. Er wird nicht die Hilfe des Santo brauchen, um nackt, aber frei vor der Stadt ein neues Leben zu beginnen. Ein paar Schritte von der Basilika entfernt, weitet sich die schöne Stadtlandschaft des Prato delle Valle: ein riesiger Platz, darin ein wasserdurchzogener Park, in dem ein steinernes Ballett von 87 Figuren tanzt. Sie stellen Menschen dar, die einmal Bedeutung für die Geschichte der Stadt hatten. Sie tanzen auf dem Platz, an dem einst ein römisches Theater stand, wo später Stadtmessen abgehalten wurden, wo der Kuppelbau von S. Giustina aufragt. Und sie tanzen stellvertretend für alle Paduaner von Antenor über Antonio bis zu dem lachenden jungen Mädchen mit dem Lorbeerkranz vor der Uni. Und der Marktfrau an der Piazza delle Frutta, deren Orangenpyramiden das matte Herbstlicht vervielfältigen und vergolden.

Über den Fluß und in die Hügel

Die Brentariviera und die euganeeischen Hügel

Ein kurviger Kanal, in dem sich graziöse und opulente Villen, Steinfiguren und alte Gärten spiegeln – die ungewöhnliche Verbindung zwischen zwei ungewöhnlichen Städten: Padua und Venedig.

Der Kanal ist ein Arm der Brenta, deren Mündung im 15. Jahrhundert von der mächtigen venezianischen Wasserbehörde von Fusina nach Chioggia verlegt wurde. Das Geröll und der Schlamm, die der Fluß von den Bergen in die Lagune schwemmte, hätten die Insellage Venedigs gefährdet, aus Wasser Land gemacht. Das alte Flußbett wurde befestigt und ausgebaut – eine Arbeit, die nie zu Ende ist. Auch heute noch fahren Baggerschiffe auf und ab und halten die Fahrtrinne frei.

Der Brentakanal war, ehe 1846 die Eisenbahnbrücke zwischen Mestre und Venedig gebaut wurde, die Route, auf der sich die Reisenden – darunter auch Goethe – der Lagunenstadt näherten.

Zwischen dem 15. und dem 18. Jahrhundert entstanden entlang des Brentakanals rund siebzig Landhäuser reicher Venezianer. Nahe dem Wasser, wie ihre Palazzi, aber noch mit dem zusätzlichen Luxus der Weite ausgestattet, von frischerer Luft umfächelt, wenn sich der sommerliche Dunst über Venedig senkte. Zu den oft schloßartigen Villen gehörte landwirtschaftlicher Besitz, der diese Häuser rentabel machte. Zwischen dem Fest des heiligen Antonius am 11. Juni bis zum Martinstag am 11. November waren die Villen bewohnt, nur im August kehrten die Besitzer in die heiße Stadt zurück, um traditionelle Feste zu feiern.

Welcher Lebensstil, welche Eleganz in diesen Villen herrschte, verraten die wenigen, die öffentlich zugänglich sind, z. B. die Villa Pisani, die Villa Malcontenta. Die meisten befinden sich in Privatbesitz und die Vielzahl der aneinandergereihten Namen, z. B. Villa Scheriman-Widman-Foscari-Constanzo läßt mit der Reihenfolge der Besitzer ein Stück venezianische Geschichte ahnen.

Villa Pisani in Stra

Zur maßvollen, heiteren Schönheit der meisten Fassaden kontrastiert der üppige Luxus der Fresken. Mut und Übermut der Bewohner spiegeln sich mythologisch frisiert in martialischen oder amourösen Heldengestalten. Augentäuschende Scheinarchitektur zaubert auch in die kleineren Villen klassische Palastatmosphäre. Wo sich so viel Reichtum konzentrierte, mußte Konkurrenzdenken aufkommen. Vor allem in einer so überschaubaren Gesellschaft wie der Venedigs. Die Besessenheit der beautiful people Venedigs, einander in der Ausgestaltung ihrer Villen, im Luxus ihrer Feste zu übertrumpfen, schildert Goldoni um 1760 in seiner »Trilogie der Sommerfrische«. Der deutsche Titel kapituliert vor dem Original »Le smanie per la villegiatura« – »Aufregung, Raserei, Begierde um die Sommerfrische«. Im Vorwort schreibt Goldoni: »Die Sommerfrischler bringen auf das Land den Pomp und das Treiben der Stadt mit und haben das ruhige Leben der Pächter und Hirten vergiftet, die am Übermut ihrer Herren das Ausmaß ihrer Armut erfahren.«

Die Brentariviera zwischen Stra und Malcontenta ist 22 km lang. Zwei sehr gegensätzliche und auf ihre Art einmalige Villen markieren diese Punkte. Der schloßartige Besitz des Dogen Alvise Pisani, 1735 errichtet, ein kleines Versailles, dem die Fresken Tiepolos eine himmlische Leichtigkeit geben. Und die Malcontenta, 1559–1560 von Palladio (s. S. 260) erbaut, sein erster Auftrag für einen Venezianer – den Patrizier Foscari. Und damit seine Visitenkarte für die Aufnahme in den erlesenen Kreis venezianischer Architekten. Zur Wasserseite wendet die Villa ihre Säulenvorhalle, die auf einem besonders hohen Fundament steht, zum Garten die wunderschön gegliederte Fensterfront unter dem zweifachen Giebel und den hohen, venezianischen Rauchfängen. Die Geschichte einer untreuen Frau, die auch im Winter in diese Villa verbannt wurde, fern von der Geborgenheit Venedigs, verbindet sich mit dem Namen dieser Villa. Die Malcontenta, die Unzufriedene, glaubt man auch im Fresko des Schlafzimmers zu erkennen.

Die vielen anderen Villen zwischen Stra und Malcontenta kann man von der Straßen- aber auch von der Wasserseite betrachten. Am gemütlichsten vom »Burchiello« aus, einem behäbigen Boot, das nach dem Vorbild der alten Postschiffe an einem Tag den Kanal mit seinen vielen Schleusen und Drehbrücken durchpflügt. Oder man fährt mit dem Rad oder dem Auto auf der Straße entlang des Kanals – sie wurde von den Zugpferden des »Burchiello« benützt –, das hat den Vorteil, daß man nach Belieben rasten kann, die Möglichkeiten dazu sind überaus verführerisch.

Auch wenn sich moderne Häuser, Tankstellen und Supermärkte in das Villenidyll mischen – das genießerische Klima der *villegiatura* ist geblieben. Man kann sich sogar

Harmonie der Details: Garten der Villa Pisani

in einer der Villen einmieten – einst gehörte sie den Familien Rocca Ciceri, heute ist darin das Hotel Ducale. Aber es gibt auch eine Reihe hübscher moderner Unterkünfte und am Ende des Kanals, in Fusina, Campingplätze. Ein Standquartier am Brentakanal ermöglicht im Sommer eine bequeme Annäherung an Venedig – man kann sein Auto in Fusina stehen lassen und mit dem Schiff bis zum Markusplatz fahren.

Eine Reihe köstlichster Restaurants und Trattorien sorgen für die kulinarische Unterfütterung einer Villentour. Vor allem Fischliebhaber kommen auf ihre Rechnung. Eines der sympathischsten Lokale findet man in Mira. An einem Seitenkanal liegt das Restaurant »Nalin«, ein neueres Haus mit einer Pergola. Schon beim Eintreten schlagen einem Wellen des Wohlbehagens entgegen. Es gibt keine Speisekarte, aber wer sich nicht für eines der vielen *antipasti* entscheiden will, bekommt eine halbe Stunde lang ununterbrochen kalte und warme Fischvorspeisen serviert, hinterher eine Platte gegrillter Fische, dazu einen leichten, moussierenden Weißwein. Man schwebt auf Wolken zum nächsten Tiepolo, dem siebenten Himmel so nahe wie nie zuvor.

Bei Oriago steht eine Wegsäule aus Backstein – sie markierte die heißumstrittene alte Grenze zwischen Venedig und Padua. Ab 1405 verlor sie ihre Bedeutung, da gehörte Padua zum Landbesitz von Venedig.

Heute hat man das Gefühl, daß die Brentavillen eher zum Lebensbereich Paduas gehören. Denn zwischen ihnen und Venedig liegt stinkend und häßlich die Industriezone von Marghera und Mestre, aus ihren Schornsteinen steigt der graugelbe Dunst,

Wo Venezianer Villen bauten, waren Bäume, Wasser – Kühle

der von der Kanalmündung bei Fusine die Türme Venedigs wie eine ferne Fatamorgana erscheinen läßt.

✳

Welch seltsamer Durchlauferhitzer: der Regen, der auf die Lessinischen Berge, nördlich von Verona, fällt, kommt gut angewärmt in den Thermalbecken von Abano und Montegrotto wieder zutage. Dazwischen liegt nicht nur eine vertikale, sondern auch eine horizontale Reise. Der Bergregen versickert bis zu 4000 Meter unter die Erde und steigt erhitzt auf unbekannten Wegen in die Quellen der euganeeischen Hügel bei Padua.

Santuario delle Sette Chiese – Heiligtum der sieben Kirchen in Monselice

Quellen, ganz besonders warme Quellen, stimulieren die Phantasie so sehr wie den Körper, den sie umspülen. Wie gut, daß man auch heute noch nicht ganz genau weiß, welchen Weg das heilsame Wasser von Abano nimmt.

Vulkanischen Ursprungs sind zwar die Hügel, die so eigensinnig aus der Ebene aufsteigen, zur maximalen Höhe von rund 600 Metern, aber nicht, wie man lange glaubte, das Wasser, das hier entspringt. Mit 87 Grad kommt es an die Oberfläche und muß gekühlt werden, ehe es in Becken und Wannen läuft. Ein Stück Erdgeschichte klatscht mit dem Heilschlamm aus den euganeeischen Hügeln auf schmerzende Gliedmaßen: Die darin gelösten Mineralien und Algen sind das Geheimnis der Therapien von Abano, Montegrotto und Galzignano. Als dritte Anwendung wird in den Schwitzgrotten feuchte, heiße Luft inhaliert. Alles schon von den badesüchtigen Römern erprobt, die sich um die Thermen von Montegrotto zusammenringelten – in behaglichen Villen und Bädern, versteht sich. In Tempeln wurde dem Badegott Aponus gehuldigt – sein Name lebt in Abano weiter.

Wahrscheinlich waren die euganeeischen Hügel schon zur Bronzezeit bewohnt, damals, als die Ebene von Padua immer vom Hochwasser bedroht war. Als es durch Flußregulierungen gebannt war und Patavium zu florieren begann, wurden die Thermen noch mehr genutzt. Auch römische Manager ließen die Narben, die die Macht schlägt, von milden Wassern berieseln und die matten Sinne von Komödianten, Tänzerinnen und Dudelsackbläsern beleben.

Wie brav muten dagegen die Konditoreien, Weinkeller, Boutiquen und die unzähligen Friseure im Abano und Montegrotto von heute an. An Stelle der Villen sind Hoteltürme aus dem vulkanischen Boden gewachsen, mit Swimming-pool und eige-

Burg Cataio in den euganeeischen Hügeln

ner Therapie, statt der Theater gibt es ein paar versprengte Tanzlokale, statt der Tempel Juweliere. In Abano, Montegrotto und Galzignano gehören Schmuck und Nerz oft noch zur Abendausstattung.

Mit dem Untergang Roms verfielen auch seine Badeheiligtümer. Nur Theoderich war bereits von südlicher Dekadenz angekränkelt, er ließ Thermen und Paläste renovieren, nach seinem Tod nutzte sie niemand. Weder Langobarden noch Ungarn verlangte es nach heißen Bädern. Auf den Hügeln verschanzten sich kriegerische Feudalherren hinter zinnenbewehrten Burgen – die Entspannung im öffentlich zugänglichen Badebecken war zu dieser Zeit lebensgefährlich.

Zwei Frauen, die beide Berta hießen, schufen die Voraussetzung für eine langfristige Änderung. Die eine war ein Bauernmädchen aus den euganeeischen Hügeln. Die andere die Frau jenes eigensinnigen Heinrichs IV., den Papst Gregor VII. 1077 in Canossa drei Tage im Schnee stehen ließ – nur mit einem härenen Hemd am Leib – ehe er vorübergehend den Kirchenbann von ihm nahm. Das Bauernmädchen Berta machte der Kaiserin Berta, als diese Padua besuchte, einen Korb mit selbstgesponnenem Garn zum Geschenk. Worauf die Kaiserin dem Mädchen so viel Land schenkte wie ihr Wollfaden umspannen konnte. Diese großzügige Tat dürfte eine der wenigen sein, die in Italien angenehme Erinnerungen an deutsche Kaiser des Mittelalters weckt.

Das Mädchen Berta war die Begründerin der mächtigen Familie Montagnone, zu deren Besitz auch Abano gehörte, für dessen Quellen sich im 13. Jahrhundert der in Padua lehrende Arzt, Philosoph und Astrologe Pietro d'Abano zu interessieren begann. Die Finsternis des Mittelalters begann sich zu lichten, ein Seelenklima hielt

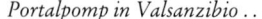

Portalpomp in Valsanzibio ...   *Villa im maurischen Stil in Abano*

Einzug, das den Gedanken an warme Bäder mit Genuß und nicht mit Meuchelmord koppelte.

Die kaum zugänglichen Hügel, die Klöstern und Burgen Schutz gewährten, wurden langsam erschlossen. Und in einem der schönsten Orte, in Arquà, fand der Dichter Francesco Petrarca (1304–1374) sein Altersrefugium. Die Familie der Carrara, die ein Jahrhundert über Padua herrschte, hatten 1370 dem damals sechsundsechzigjährigen Dichter den Grund für ein Haus zur Verfügung gestellt.

Petrarca war einer der Wegbereiter der Renaissance, ein ungemein vielseitiger, politisch engagierter Schöngeist, Vertrauter von Papst Clemens VI., dem er zur Rückkehr aus dem Exil in Avignon nach Rom riet, Gesprächspartner von Kaiser Karl IV., Berater mächtiger Familien wie der Visconti und der Colonna. Seine Übersetzungen römischer Schriften, wie die Ciceros, hatten ebenso nachhaltige Wirkung wie seine Liebeslyrik. Mit ihm beginnt ein Zeitalter, das den Menschen in den Mittelpunkt der Betrachtung rückt, das sich kritisch vom Dogmenglauben des Mittelalters entfernt, das in der Antike nach Leitfiguren für die Gegenwart sucht: der Humanismus. In Arquà baute sich Petrarca ein Haus, dessen harmonische Dimensionen und

dessen wunderbare Aussicht über die Hügel und die Dächer des mittelalterlichen Ortes sehr still und nachdenklich machen. Vor der Kirche von Arquà ist sein Hochgrab, das von Francesco d'Amicolo, dem Mann seiner unehelichen Tochter Francesca, gestiftet wurde. Ein seltsamer Reliquiensammler, der Pfarrer von Arquà, sprengte in der Nacht des 27. Mai 1630 den Sarkophag und raubte Petrarcas rechten Arm. Wohin er verschwunden ist, hat man nie erfahren.

Petrarca hat die euganeeischen Hügel wieder in Mode gebracht. Reiche Venezianer bauten hier ihre Villen, bezogen das fruchtbare Faltenwerk der Vulkane in ihre Gärten ein. Viele, wie die Villa Barbarigo in Valsanzibio mit ihrem Nymphen- und Göttergewimmel, haben ihre Schönheit bis in die Gegenwart gerettet.

Im 19. Jahrhundert, unter österreichischer Herrschaft, begann der große Aufschwung Abanos und Montegrottos als moderne Badeorte. Der Architekt des klassizistischen Cafés Pedrocchi in Padua, Giuseppe Iapelli, erbaute das Kurhotel Orologio und gestaltete die Kurzone von Abano. In unserem Jahrhundert wuchsen Abano, Montegrotto, Battaglia und Galzignano zum größten Thermalgebiet Europas, mit 200 Brunnen, die 2000 Liter Heilwasser in der Sekunde ausspucken. Rund 300000

Petrarcas letztes Haus in den euganeeischen Hügeln

Kurgäste, hauptsächlich aus deutschsprachigen Ländern, kommen im Jahr, um Rheuma, Hautleiden, Sportverletzungen, Stoffwechselerkrankungen und noch so manche andere Verstimmung loszuwerden. Die berühmt gute Küche und die Weine aus den Hügeln sorgen dafür, daß auch die Seele nicht friert, wenn dem Körper soviel Wärme aus dem Inneren der Erde zugeführt wird.

VERONA oder Wir spielen immer, wer es weiß, ist klug

»Impermeabili«, schreien die Verkäufer vor der Arena von Verona und schwenken ihre Taschen mit den kleingefalteten Plastikmänteln. »Impermeabili«, klingt es aus allen Eingängen des riesigen Runds.

»Nördlich von Verona kann man kein Freilufttheater machen«, sagte Max Reinhardt, ehe er das Salzburger Festspielhaus bauen ließ. Aber manchmal regnet es auch in Verona, und die Enttäuschung der 22000, die von weit und breit zusammenkamen, um ein unvergleichliches Spektakel mitzuerleben, liegt greifbar in der feuchten Luft.

»Programma, programma«, orgelt es in wohltönendem Mezzo aus den Gewölben des Foyers. Dient sich hier eine künftige Amneris vom Parterre nach oben auf die Bühne? Man ist bereit, alles, was man hier sieht, zu dramatisieren. Eine eigenartige Erregung greift um sich, Magnetismus der Massen, nur durch die Klarsichtpackungen der Regenhäute isoliert.

Der Menschenstrom stagniert in den gewölbten Zugängen, vom Regenvorhang in der Arena zurückgehalten. Eingekeilt zwischen Besuchern in Abend-

Aida in der Arena –

kleidung und in Freizeituniform, eingehüllt in eine dichte Wolke aus Parfum und dem Nachhauch der abendlichen Spaghetti, betäubt vom musikalischen Legato des Italienischen, vom Stakkato des Deutschen, den dumpfen englischen Untertönen und einem rasanten französischen Parlando, gerät man – außer sich. Bleibt wohl körperlich in der Masse stecken, läßt seine Gedanken jedoch ins Freie fliegen, ins Rund des 20 Jahrhunderte alten Theaters. In eine Stadt, in der das Drama Gewohnheitsrecht besitzt.

An einer Kreuzung römischer Straßen entstand Verona. Entlang der Etsch wurde 148 v. Chr. die Via Postumia angelegt, die die obere Po-Ebene mit Genua und Aquileia verband. Zwei kleinere römische Straßen, die Gallica und die Claudia Augusta, kreuzten sie dort, wo schon Pfahlbauern gesiedelt hatten, wo Gallier und Veneter ihre Häuser bauten.

Eine Steinbrücke über die Etsch, geschütztes Land in der engen Biegung des Flusses – das ist die Szenerie, die 89 v. Chr. bereitliegt für unzählige dramatische Begegnungen. Wie eine Traube, die Fruchtperle um Fruchtperle ansetzt, wächst die römische Kolonie Verona vom Etschknie in Richtung der heutigen Piazza Brà. Es ist die Zeit des friedlichen Ausatmens des ersten nachchristlichen Jahrhunderts. Die Römer haben fürs erste genug gekämpft, jetzt wollen sie zum Brot auch Spiele.

Opernspektakel der Superlative

Um 30 n. Chr. entsteht außerhalb der Stadtmauern die Arena, das große Amphitheater. Aus jenem gelbrosa Stein, der den Grundakkord für die Farbharmonie der Stadt gibt. Bei Sonnenuntergang leuchtet Verona wie der legendäre Rosengarten König Laurins in den Dolomiten. Es ist kein Zufall – die Arena war durch zwei Jahrtausende der größte Steinbruch der Stadt, römische Steine stecken in Mauern und Palästen. Die Lücken in der Arena wurden in besseren Zeiten immer wieder geflickt.

Die Zeiten sind so gut, daß Verona sich außerhalb der Stadt ein Theater leisten kann, das höher ist als die Stadtmauern. Feinde hätten sich hier erfolgreich einigeln und die Stadt belagern können. Aber noch besteht diese Gefahr nicht, die Germanen, die im 5. Jahrhundert ihren dramatischen Auftritt in Italien haben, sind weit.

✳

Die wartende Masse gerät nun in Bewegung, zerfällt in Körper und Köpfe. Man ordnet Laute, Gerüche, optische Details wieder dem einzelnen zu, balanciert auf der Geruchsspur eines chic-scharfen Parfums auf die hochdisziplinierte Schönheit einer Mailänder Millionärsfrau zu. Gibt dem verwitterten Charakterkopf die Biographie eines militanten Dolomitenkraxlers mit musikalischen Neigungen. Erklärt sich die ungewöhnliche Blässe eines Botticellimädchens in Jeans mit einem hoffnungsarmen Soziologiestudium. Wahrscheinlich ist alles anders. Vielleicht ist das Botticellimädchen die Millionärin, die scharfduftende Dauerschönheit eine ehrgeizige Buchhalterin und der Charakterkopf ein Heiratsschwindler auf Kriegspfad. Alles wird hier Theater in diesem Gemäuer, das von Tierschrei und Gladiatorenschweiß, Boxerblut und dem Tremolo der hohen C imprägniert ist.

Langsam kämpft man sich durch die Enge der Portale ins Innere der Arena. Atmet befreit aus und vergißt fast einzuatmen. Man steht auf dem Grund eines wohlgeordneten Kraters, von dessen Wällen es eisblau schimmert. Das ist die einheitliche Farbe der vor der Arena verkauften Plastikmäntel. Es hilft einem, daß man über diese Verkleidung lachen kann, dem Verkäufer Glück wünscht zum risikoreichen Geschäft. Und so seine Beklemmung überwindet. Jetzt atmet man wieder normal, verdreht den Hals, um diesen Riesenraum mit Blicken zu erfassen.

138 und 109 Meter messen die Achsen des Ovals. Über 18 Meter steigen die Steinstufen der Arena auf, die »ala«, der Rest der Außenmauer, ragt über 30 Meter hoch. Nach dem römischen Colosseum und dem Amphitheater von Capua ist die Arena der größte erhaltene klassische Theaterbau.

Nichts an ihr ist ohne Funktion. Jeder Bogen, jede Stufe ist tragendes Element oder Zuschauerraum. Diese höchste Einfachheit steht in überwältigendem Kontrast zum Spektakel, das lange vor der Vorstellung beginnt. Niemand weiß, ob sie stattfindet. Es ist neun vorbei, noch immer sinkt ein feuchter Schleier vom Himmel auf die Besucher. Bunte Schirme sprenkeln das Eisblau der Plastikmäntel, sie sind dauernd in Bewegung. Die charakteristische Kopfbewegung des Arenabesuchers ist heute abend der hoffnungsvolle Blick zum Himmel, unter dem Schirm hervor.

Bereits am Nachmittag standen Menschenschlangen vor der Arena – nur die Parkettsitze sind numeriert, die Steinstufensitze müssen erobert werden. Erst eineinhalb Stunden vor Beginn der Vorstellung öffnen sich die Tore für die Wartenden, der Ansturm auf die begehrtesten Plätze kann beginnen.

✳

In römischen Zeiten spiegelten die Sitzkategorien die soziale Schichtung Veronas. Die Sitze um das Orchester waren den Senatoren vorbehalten, die nächsten 14 Reihen den Patriziern, der Rest dem Volk. Junggesellen mußten höher oben sitzen als Verheiratete. Frauen ohne Begleitung hatten die schlechtesten Sitze, ganz oben auf dem Juchhe.

Geboten wurden ihnen Spiele, deren Grausamkeit vom Totenritus der Etrusker beeinflußt war. Und immer erklang Musik im Spektakel um Leben und Tod. Von Trompeten, Flöten und Trommeln wurden die Statisten begleitet, die die Waffen der

Madonna di Verona auf der Piazza delle Erbe

Gladiatoren in die Arena trugen. Dann begannen die Kämpfe. Unbekannte heizten mit ihrem Geplänkel die Stimmung langsam auf, so wie es die unbedeutenden Nummern im Zirkus tun. Dann: Tusch. Und Trommelwirbel für die Stars. Die retiarii, Gladiatoren, die ohne Helm und Schild auftraten, nur mit einem tödlich scharfen Schwert und einem Netz. Ihre Gegner waren schwer gewappnet, unangreifbarer, aber auch unbeweglicher. Und so mancher fing sich wie ein schwerfälliges Insekt und verblutete im tödlichen Netz. Dann war es Zeit, daß Hermes psychopompos auftrat, der seelenbegleitende Gott der letzten Reise. Er trug den Toten aus der Arena.

Was sich die Besucher dieser Spektakel dachten?

»Tötet, peitscht, verbrennt! Warum betrachtet dieser Bursche seinen Opponenten mit solcher Furcht. Hat er nicht den Mut, ihn zu töten? Hat er vielleicht Angst, selbst zu sterben? Zwingt ihn mit Schlägen, zu kämpfen. Beide müssen ihre bloße Brust den Schlägen aussetzen. Oh, das Spektakel wird unterbrochen? Laßt uns hier nicht faul verweilen, laßt uns jemandes Kehle durchschneiden!«

Der Philosoph Seneca zitierte angeekelt römisches Theatergeplauder. Und meint: »Nichts ist so schädlich für gute Sitten als faul den verschiedenen Spektakeln beizuwohnen... Gerade weil ich unter Menschenmassen sein muß, komme ich aus ihrer Gesellschaft habgieriger, ehrgeiziger, verkommener und sogar grausamer und unmenschlicher zurück.« Die Historiker Filippo Coarelli und Lanfranco Franzoni, die in ihrer Geschichte der Arena diese Worte zitieren, wundern sich zu Recht, daß sie aus dem Mund eines Philosophen kommen, der sich als Minister Kaiser Neros verdingte.

✳

Werden die Arenabesucher heute nacht das Blut des Tenors verlangen, der das hohe C verwackelt? Vorläufig gibt es dröhnenden Applaus für einen ägyptischen Sklaven, der sich, vorsichtig sichernd, in voller Kostümierung auf die regennasse Bühne wagt. Kein Mensch hätte ihn bemerkt, wäre die Vorstellung schon in vollem Gange. So steht er allein in seinem kurzen, goldverschnürten Kittel und der breiten Mütze zwischen den hieroglyphenbemalten Säulen. Ein paar Feuerwehrleute stehen auch herum, aber die zählen nicht. Der erste Akteur – das kann nur den Beginn der Vorstellung bedeuten. 22 000 Menschen applaudieren ihm. Nie wieder wird er dieses herrliche Geräusch hören – außer vielleicht bei der nächsten verregneten Aida in Verona.

Aber schon kommt die kalte Dusche fürs Publikum in Form einer offiziellen Durchsage in vier Sprachen: Noch ist die Regenfront nicht vorbeigezogen, weitere Meldungen des Flugwetterdienstes werden erwartet.

»Huiiibuiiipfuiii«, heult es von den Rängen. Aber wie lange heult man gegen eine längst verstummte Stimme aus dem Nirgendwo an? Es ist zehn Uhr vorbei und das Warten ist nur zu ertragen, wenn man es als Teil des Spektakels betrachtet. Wie muß es den Menschen hinter den Kulissen zu Mute sein. Welche Dramen, welche Zusammenbrüche mögen sich dort abspielen.

»Dafür kriegen sie schließlich auch ihre Gagen«, sagt kaltblütig ein Nachbar und bietet schon zum zweitenmal seine Brustflasche mit Grappa an. Stravecchio – uralt und mild.

✳

Was Senecas moralisches Wettern vergeblich versuchte – die Lust an grausamen Spektakeln versiegte, als die Germanen über die Alpen kletterten. Eine neue Stadtmauer mußte in aller Eile aufgerichtet werden, Rohmaterial dafür bot um 265 der äußere Mauerring der Arena. Seit dieser Verkleinerung finden um 3000 Menschen weniger Platz. An den neuen Mauern Veronas, die nun die Arena ins Stadtgebiet einschlossen, schlugen sich unzählige Völkerschaften die Schädel blutig. Um 315 zog Kaiser Konstantin auf einer Welle von Blut in die Stadt. Er hatte Verona im Kampf gegen seinen Rivalen Maxentius erobert und rund um die Arena fand ihre letzte Auseinandersetzung statt. Konstantin, der Förderer des Christentums, schaffte das Gladiatorentum ab. Auf dem Papier. In der Praxis ersetzten Tierhetzjagden das Menschenmorden.

Die Arena bleibt weiterhin im Spannungsfeld veronesischer Geschichte. Hier nistet sich der endgültige Zerstörer Westroms ein – Odoaker, der 476 Kaiser Romulus Augustulus absetzt. Und bald darauf Theoderich, der Odoaker in Ravenna tötet und Verona zu einer der oberitalienischen Hauptstädte macht. Die halbzerstörte Arena wird von Theoderichs Ostgoten wiederaufgebaut. Zu den vielen Legenden um Dietrich (Theoderich) von Bern (Verona), kommt auch die von der Gründung der Arena durch ihn.

Das römische Amphitheater wird Burg und Festung. Und rundherum entsteht eine der schönsten und reichsten Städte Italiens. Verona übersteht die Langobarden und die Karolinger, seine zeitweise Zugehörigkeit zu Bayern und Kärnten. Und immer wieder wird es zum Kreuzungs- wie zum Kristallisationspunkt von Geschichte und Kunst.

In jenem für uns ebenso abstoßenden wie faszinierenden Klima äußerster Grausamkeit und subtilsten Kunstverständnisses wächst die gotische Stadt zwischen Etschknie und Arena, aus goldrosa Stein, überschattet von seinen schlanken Glockentürmen. Noch immer spielt deutsche Geschichte ins Schicksal der Stadt herein, auch als die Familien der Ezzelini und der Scaliger Verona beherrschen.

Die Grabmäler der Scaliger

Ezzelino III. da Romano (1194–1259) ist noch Statthalter Kaiser Friedrich II. – und diese della Scala, mit der Leiter im Wappen, eine seltsame Sippe! Sie herrschen von 1259 – 1387 und man begegnet ihnen in Verona auf Schritt und Tritt. Sie haben sich mit der imposanten Burg aber auch mit ihrer seltsam theatralischen Begräbnisstätte, der »Arche«, verewigt. In einem ummauerten Bereich im Zentrum, türmten sie ihre monumentalen Särge und ihre kunstvollen gotischen Säulen nahe der Kirche Santa Maria Antica auf. Hoch oben müssen sie sein, die della Scala. Sie reiten auf Kirchen und Säulen, einen von ihnen hat es auf eine Treppe der Burg verschlagen: Cangrande, mit den runden Bäckchen, dem quietschvergnügten Lächeln über der martialischen Rüstung. Es ist eines der seltsamsten Reiterstandbilder, dieser steinerne Cangrande, der ursprünglich auf der Kirche Santa Maria Antica stand (dort sieht man jetzt eine Kopie) und dem man jetzt so ungehindert ins kindliche Gesicht schauen kann.

Cangrande – der große Hund. So nannte er sich selbst. Ein anderer Scaliger: Cangrande Rabioso – der große, rabiate Hund. Noch einer: Mastino – der Bluthund. Eine Familie zum Fürchten? Aber auch eine Familie, die Dante 1303 Asyl gibt, als er in Florenz in die mörderische Auseinandersetzung zwischen Kaiser und Papst und deren Anhänger gerät. Zum Dank huldigt er in der Göttlichen Komödie den Scaligern, widmet sein »Paradies« dem Cangrande.

»Es erfaßt uns dieser Welt gegenüber eine Empfindung, die der Erwachsene oft bei Kindern hat: daß sie etwas wissen, das wir nicht wissen oder nicht mehr wissen, irgendein magisches Geheimnis, ein Gotteswunder, in dem vielleicht der Schlüssel unseres ganzes Daseins liegt«, sagt Egon Friedell in seiner »Kulturgeschichte der Neuzeit« über den mittelalterlichen Menschen.

Die Stadt ist zur Zeit der Scaliger im Umbruch. Brände und Erdbeben zerstören sie, Brücken werden vom Hochwasser weggeschwemmt. Die Arena wird wieder einmal zum Steinbruch. Rund um das letzte Relikt der ursprünglichen Form, die »ala«, bildet sich im Mittelalter die beliebte Legende teuflischer Bauarbeit, die im Morgengrauen von einem Ave-Maria unterbrochen wurde. Aber auch als Ruine ist sie Kulisse prunkvoller Feste und Turniere und gräßlicher Spektakel. 166 Glaubensfeinde werden 1278 in der Arena umgebracht.

1382 feiert Antonio della Scala seine Hochzeit, bei der in der Arena schöne Jünglinge mit Blumen eine Burg aus Seidenstoffen bombardieren. Die Gäste sind wütend über das matte Spiel, beginnen zu schimpfen, schließlich zu kämpfen, bis wieder einmal Blut auf die römischen Steine tropft.

✻

Applaus klingt auf, ein paar Pfiffe, fordernde Rufe anzufangen. Aber das heutige Arenapublikum ist friedlich und bereit, weiterzuwarten.

Der Nachbar mit der Grappaflasche macht einem Lust, ein wenig hinauszugehen, zur riesigen Piazza Brà. Man hört dort die Lautsprecherdurchsagen der Arena und hat Restaurants und Cafés zur Auswahl, um Hunger und Durst zu stillen.

Die Tische unter den nassen Schirmen und Markisen sind fast alle besetzt – mühsam erobert man einen Sessel. Wird amüsierter Zeuge von Wetten, ob in der Arena noch gespielt wird. Es ist 11 Uhr nachts. Wenn die Vorstellung ausfällt, werden die Karten bis zum nächsten Mittag zurückgenommen.

»Bin ich vielleicht ein Selbstmörder?« hört man eine stark ungarisch akzentuierte Stimme. »Ich laß mich doch nicht zerquetschen, bittäschön. Cameriere, was geben Sie für vier Stück poltronissima?« Und gleich beginnt ein spannendes Gespräch unter Kennern. Poltronissima sind die teuersten Sitze. Vor einem Jahr hat sie der Magyar bereits bestellt. »Für zwei wundärschöne Damen und meinen bästen Freund.«

Der Kellner bietet den halben Preis. »Kann ich nur lachen«, schmettert der Ungar kurz ab. Bei zwei Drittel für den Ungarn und einem Drittel für den Kellner, der sich für den Umtausch sicher nicht anstellen muß, endet der Handel. »Pärfäkt«, sagt der Ungar. »Viel zu spät für Aida. Wenn sie noch anfängt, wird es Mitternacht. Viereinhalb Stunden Opär und dreiviertel Stunden Pause. Endä bittäschön 6.15 Uhr. Küß die Hand, dankevielmals. Ich geh ins Bett.« Einen Campari später wechseln die Karten zum nur ganz leicht erhöhten Preis in die Hände eines ausgeschlafenen und risikofreudigen Opernfreundes. Noch immer regnet es ganz leicht. Die Bögen der Arena leuchten knochenbleich aus dem dunklen Gestein.

Wie alt sie sein mögen? Niemand weiß das in Verona. Uralt, alt, auf alt geschminkt oder von einem alten Haus in ein anderes mit großem Namen übertragen? Auch die Steine spielen hier Komödie. Einer von ihnen, ein alter Pferdetrog, stellt in der verlassenen Klosterkirche San Francesco al Corso Julias Sarg dar. Ganz rechts, den Sarg jener Julia. »Es ist die Nachtigall und nicht die Lerche...«

In Verona reden die Steine nicht nur, sie haben auch Rollen. Der Balkon eines Hauses, nahe der Piazza delle Erbe, ist Julias Balkon. Ein anderes Haus spielt Romeos Palazzo. Aber sie spielen es so echt, daß man ihnen glaubt. Schließlich gab es ja auch diese furchtbaren Familienfehden, die soviel Blut fließen ließen. Daß heute im

»So ging ich denn mit einem Fremdenführer in einen alten, alten Garten, der vermutlich einmal zu einem alten, alten Kloster gehörte, und nachdem mich eine helläugige Frau, die beim Wäschewaschen war, durch ein ramponiertes Tor eingelassen hatte, schritt ich ein paar Pfade entlang, an denen frische Pflanzen und eben aufgeblühte Blumen zwischen Mauertrümmern und efeubewachsenen Erdhügeln lieblich sproßten. Hier zeigte man mir einen kleinen Wassertrog, den die Frau mit den hellen Augen, nachdem sie sich die Arme mit einem Tuch abgetrocknet hatte, als das Grab der unglücklichen Julia bezeichnete. Mit der besten Absicht, es zu glauben, konnte ich doch weiter nichts glauben, als daß die Frau mit den hellen Augen es glaubte. So gestand ich ihr denn diesen Glauben zu und gab ihr in blanker Münze das übliche Trinkgeld. Es gereichte mir mehr zur Freude als zur Enttäuschung, daß Julias Ruhestätte in Vergessenheit geraten war. So tröstlich es auch für Yoricks Geist gewesen sein mag, über sich die Tritte auf den Steinplatten und zwanzigmal am Tag seinen Namen wiederholt zu hören, so ist es doch für Julia besser, fernab von dem Weg der Touristen zu liegen und keine anderen Besucher zu haben als solche, die sich im Frühlingsregen, in lieblicher Luft und im Sonnenschein an Gräbern einzustellen pflegen.«

Charles Dickens, »Italienische Reise«

Schatten gotischer Portale der Stoff für giftige Träume gegen Geld getauscht wird, daß die alten Mauern so auffallend häufig mit Hakenkreuzen beschmiert sind – bedeutet es, daß die alten Spiele durch schlechte neue ersetzt wurden?

Der alte Mann ist wahrscheinlich schon tot, der jahrelang im Kloster von San Francesco Liebespaare an den falschen Sarg Julias führte, damit sie einander darüber hinweg küßten und den Stein berührten, um ewige Liebe zu schwören. Wie viele Liebende einer legendenlosen Zeit hatten darauf gewartet, einander am Grab der größten Liebenden zu umarmen. Was hatte denn ihre Zeit für Mythen für sie übrig: Discosound oder Standesamt. Und weil ihnen die Stunde im Dämmerlicht der Krypta nicht aus dem Sinn ging, schrieben sie an Julia, Adresse Verona, wenn auf den Kuß Enttäuschung, auf die Umarmung Untreue folgten. Unzählige Briefe kamen aus aller Welt. Der alte Mann mit dem jungen Herzen, der nicht mitansehen konnte, daß sie unbeantwortet blieben, setzte sich hin und schrieb zurück. Wohl so naiv und liebevoll bekümmert, wie die Klagebriefe auch waren. Spielte es eine Rolle, wer diese Briefe schrieb, so lange sie von einem kamen, der an Julia glaubte? Die Briefe an Julia gehen jetzt ins Leere eines Amts. Oder werden sie gar nicht mehr geschrieben?

✳

Da endlich die ersehnte Lautsprecherstimme. Die Regenfront ist weitergezogen, in 20 Minuten beginnt die Vorstellung. Zurück in die Arena, in einem Strom lachender, gestikulierender Menschen. Das Prinzip Hoffnung hat sich wieder einmal erfüllt. Wie so oft in Verona.

Auf die Wirren des 12. u. 13. Jahrhunderts kam für Verona die beste und ruhigste Zeit: 1405 wird es venezianisch. Und die Arena, »dieser bemerkenswerte Bau«, der immer mehr zum Schauplatz von Verbrechen verkommt, wird auf Befehl des neuen Statthalters gesäubert und zugesperrt. Eine sehr venezianische Entscheidung: höflich, klug und vorsichtig. Die Stadt blüht auf, die prachtvollsten Kunstwerke verschönern die alten Kirchen und Paläste. Das Mittelalter verabschiedet sich mit den märchenhaften Bildern und Fresken Pisanellos. Der Ritter Georg seines Freskos in der kostbaren Kirche von Sant' Anastasia entfaltet vor seiner Prinzessin noch einmal das düstergoldene Panorama von Monstern und Rittern, Gehängten und sanftem Getier vor den Marmortürmen einer gotischen Stadt.

Eine neue Zeit beginnt, und Veronesen sind dabei, sie zu gestalten. Paolo Caliari (1528–1588), der sich Veronese nannte und der zum malerischen Verkünder venezianischer Macht wurde. Nicht zuletzt gegenüber der Inquisition, die eines seiner allegorischen Bilder vernichten wollte, weil darauf »Narren, betrunkene Deutsche und andere Albernheiten« dargestellt waren. Veronese war sich der Ohnmacht der Inquisition gegenüber der Serenissima, die er so oft als blühende, blonde Frau dargestellt hatte, bewußt. Er benannte das Bild des Abendmahls in »Das Gastmahl des Levi« um und hatte dann seine Ruhe. Heute gehört es zu den größten Schätzen der venezianischen Accademia-Galerie.

Vitruv, ein Sohn des römischen Verona, wird zum großen Lehrmeister Palladios, dessen Villen, Paläste und Kirchen Venedig und Venetien schmücken. Die neue Zeit, die sich als Wiedergeburt klassischer Ideen begreift, entdeckt auch die Arena neu. Nicolò Barbarigo, der Podestà von Verona, läßt die Schäden beheben, die durch »Barbaren« entstanden, und rühmt seine Tat mit einer heute verwitterten Steintafel. Die ersten Bildungsreisenden kommen und beschreiben in ihren Briefen, Büchern und Tagebüchern das Wunder klassischer Schönheit, das sich in Verona so lange erhalten hat. Die alten, römischen Stadttore werden zum Vorbild für Michele Sanmicheli, einen Veroneser Architekten (1484–1559), dessen Festungen und Paläste sich nicht nur in seiner eigenen Stadt, sondern im ganzen Herrschaftsbereich Venedigs finden. In den Außenbögen der Arena nisten sich Handwerker und Händler ein. Stierjagden, Commedia dell'arte, Schauspiel, Landwirtschaftsmessen sammeln immer neue Zuschauer in der Arena.

Es ist eine Zeit äußerer Ruhe und inneren Wohlstands. Die Piazza delle Erbe, einer der schönsten Märkte Italiens, auf dem Platz des römischen Forums, wird zum Umschlagplatz von Spezereien und Delikatessen. Zum heute wie einst pulsierenden Treffpunkt gutgelaunter Menschen zu Füßen der Madonna Verona, einer antiken Statue mit eiserner Krone.

Als Venedigs fast 400 Jahre während Herrschaft zu Ende geht, hat der Zerstörer der Serenissima natürlich auch in der Arena seinen Auftritt. Wo anders hätte Napoleon sich auch von so vielen Leuten auf einmal sehen lassen können. Er kommt zu einem Stierkampf und geht, ehe dieser beginnt. Mit Venedig kommt auch Verona 1814 an Österreich, die Habsburger feiern in Verona rauschende Feste.

Musik hat seit der Gladiatorenzeit alle Spektakel begleitet. 1842 ist die Musik in der Arena Hauptdarsteller: Rossinis »Stabat Mater« wird hier aufgeführt. Musikalische

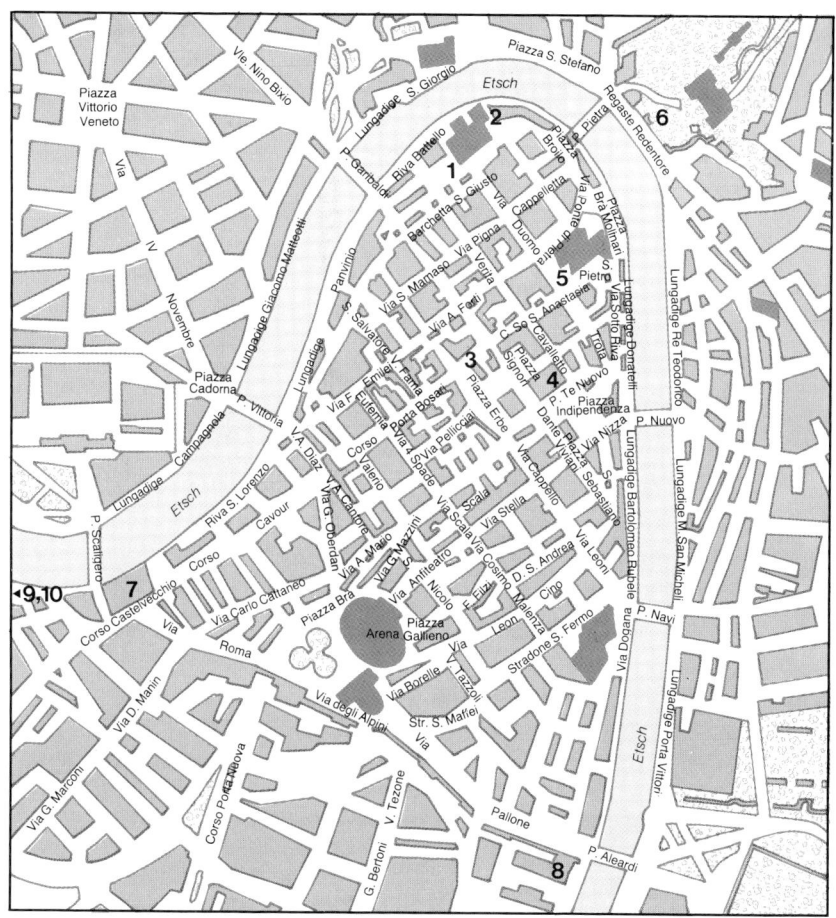

Innenstadt von Verona

*1 Kathedrale Santa Maria Matricolare und Baptisterium San Giovanni in Fonte 2 Vescova-
do 3 Loggia del Consiglio 4 Kirche Santa Maria Antica und Scaliger-Gräber 5 Kirche
Sant' Anastasia 6 Römisches Theater und Kirche SS. Siro e Libera 7 Castelvecchio mit
Museum (Werke u. a. von Pisanello, Mantegna, Bellini, Tintoretto, Tiepolo) 8 Grab der
Julia 9 San Francesco al Corso 10 San Zeno Maggiore*

Komödien nisten sich im riesigen Rund ein und schließlich auch Opern. Aber noch
müssen sie die Aufmerksamkeit der Zuschauer mit Radrennen, Zirkus, akrobatischen
Darstellungen teilen. Erst 1913 ist die Oper Sieger, die Arena wird zum größten
Opernhaus der Welt. Teilt ihr Revier allerdings großzügig mit dem Film, der das
Amphitheater als Schauplatz von Monumentalfilmen entdeckt.

Nach dem Zweiten Weltkrieg, in dem die wuchtigen Gewölbe als Luftschutzkeller
dienten, beginnt die totale Renovierung des Gemäuers. In der Arena erklingen die

Stimmen der berühmtesten Stars. Aber das Spektakel stirbt nicht, wird Teil der Arena-Atmosphäre. Niemand ist in Verona beleidigt, wenn deutsche Kritiker von einem »Oktoberfest der Oper« reden. Wie schön für die Deutschen, daß sie auch etwas so Fröhliches haben wie die Arena. Die Besonderheit des Arenastils ist so haltbar, daß er sich bei Gastspielen ohne Schwierigkeiten in einen so nüchternen Zweckbau wie die Wiener Stadthalle übertragen läßt.

※

»In zehn Minuten werden wir die Vorstellung beginnen«, sagt die Stimme aus dem Lautsprecher. Der Sog, der die Massen weiterzieht, verstärkt sich. Man schiebt sich am Buffet vorbei, wo der letzte Champagner ausgeschenkt wird. Und dazu gleich Plastiksäcke für die Gläser mit der Aufschrift »Arena di Verona. Stagione Lirica«. Noch einmal leuchten die Popfarben des körnigen Granita-Eis schmerzhaft auf.

Hinaus, hinaus, auf die Plätze. Polsterverkäufer turnen zwischen den Sitzen herum, oben am Rang balancieren Männer ihre Körbe mit belegten Broten und Wein über den Köpfen der Zuschauer. Das Eisblau der Impermeabili schmilzt im warmen Licht der ersten Kerzen. Man hat ja gewußt, daß die kleinen Lichter auf den Rängen zu Beginn der Vorstellung aufflammen. Aber jetzt, da man es erlebt, ist es ganz anders, noch elektrisierender als man erwartete. Männer mit riesigen Schläuchen saugen die Bühne trocken. Die ersten Musiker gehen auf ihre Plätze. Applaus für die Trommel. Applaus für die Geigen. Man könnte schreien vor Glück. Warum tut man es nicht? Weil man nicht dort oben sitzt, wo die Lichter aufflackern? Und so schreit man, wie man noch nie geschrien hat. Der Nachbar mit der Grappa schreit mit. Die Millionärin, die wahrscheinlich doch eine Buchhalterin ist. Das Botticellimädchen, der Heiratsschwindler, der gerade von seiner Mittelschulklasse in Hannover geredet hat.

Bunte Scheinwerfer fangen die Bühne im Netz ihrer Strahlen ein. Hinter dem Bühneneingang wiehert ein Pferd. Der Dirigent läuft zum Podium, hebt den Taktstock.

Ja, und was dann kommt, nach Mitternacht, ist gar nicht mehr so wichtig. Daß Verdis Musik auch im Morgengrauen so schön ist. Daß ein Pferd stürzt. Der Tenor ausgewechselt wird. Daß braungeschminkte Kinder um zwei Uhr nachts ein ägyptisches Ballett tanzen. Daß man den Nilakt nur noch in Trance hört.

Mit letzter Kraft erinnert man sich an ein vielstrapaziertes Wort Mac Luhans: »Das Medium ist schon die Botschaft«. Er hat's aufs Fernsehen gemünzt. Wahrscheinlich, weil er die Arena nicht kannte.

Und dann will man wirklich nur noch ins Bett.

> »Du bist nicht Julia. Und Romeo ist nie gewesen. Dieses Haus nur sagt: Hier wohnen alle Liebenden der Welt.«
>
> Inschrift im Haus der Julia

Wo das Land ins Meer wächst:
Das PO-DELTA

Schnurgerade Pappelalleen, die sich im Dunst verlieren und üppig wuchernde Wildnis um Tümpel voller Seerosen. Ratternde Landwirtschaftsmaschinen vor dem Hintergrund riesiger Fabriken und Silos und verfallene venezianische Gutshäuser, deren mächtige Rauchfänge wie Rufzeichen ins flache Land ragen. Der Raster abgezirkelter Mais- und Zuckerrübenfelder und die unüberschaubare Vielfalt inselgesprenkelter Lagunen, von flachen Booten durchzogen.

Möwengeschrei und Stille. Industriegerüche und der Duft blühender Robinien. Verwirrend und voller Widersprüche ist das Land, das ein Fluß vor sich hergeschoben hat: das Po-Delta. Mediterraner Dschungel und Agrar-Industrielandschaft. Lehrbeispiel für die heikle Balance zwischen Mensch und Umwelt.

Das Po-Delta in seiner heutigen Form ist Ergebnis ständiger Auseinandersetzungen zwischen Mensch und Natur. Die ersten großen Eingriffe geschahen, um den Menschen vor Katastrophen zu schützen, seinen Lebensraum zu verteidigen, um ihm Nahrung zu geben. Je heftiger die Eingriffe wurden, um so bedrohlicher geriet die Antwort der Natur. Diese Landschaft ist ein hochempfindliches System natürlicher und künstlicher Gegebenheiten, die eng ineinander vernetzt sind. Veränderung ist hier die einzige Konstante. Aber geschehen Veränderungen so brutal wie etwa die Erdgasförderung der fünfziger Jahre, resultieren daraus Katastrophen. Der Boden sank stellenweise bis zu 3,5 Meter ab, die Küste und das zum Teil unter dem Meeresspiegel liegende Hinterland war zerstörenden Winterstürmen ausgesetzt.

Der Po – Italiens längster Fluß – entspringt in 2000 Meter Höhe am Monte Viso in den Cottischen Alpen. In seinem 652 km langen Lauf nimmt er wichtige Zuflüsse aus den Alpen und dem Apennin auf, zerkleinert das von ihnen mitgeführte Geröll und schiebt Berge von Sand und Schlamm ins Meer. Vor seiner Mündung verzweigt er sich in fünf Hauptarme. Von Norden: Po di Levante, Po della Maìstra, Po di Venezia, Po della Donzella, Po di Goro – dieser südlichste Arm bildet die Grenze zur Region Emilia-Romagna. Seit 1980 führt die längste Brücke Italiens – sie ist 2,5 km – über den Po und das häufig überschwemmte Gebiet zwischen Cremona und Casalmaggiore. In der Ebene ist das Bett des Po breit und flach und muß durch Dämme gesichert werden, die im Laufe der Jahrhunderte immer wieder brachen. Hochwasser gefährdete die Ansiedlungen und veränderte das Land.

1150 leitete die rotta di Ficarolo, ein Hochwasser, das alle Flußbefestigungen zerstörte, einen südlichen Po-Arm nach Norden um, wo er in drei Rinnen ins Meer mündete: so entstanden Po di Tramontana, Po di Levante, Po di Scirocco. Diese neuen Arme wurden im Laufe der Jahrhunderte gefährlich für Venedig, weil ihre Ablagerungen die Lagune und ihre Häfen zu verlanden drohten. Die oberste Wasserbehörde Venedigs, der Magistrato delle Acque, beschloß einen Verbindungskanal graben zu lassen, den Taglio di Porto Viro, der den Flußlauf nach Süden verlegte. Der Magistrato delle Acque war eine der mächtigsten Institutionen der Stadt, sie hatte sogar das Recht, Todesurteile auszusprechen. Die Bewahrung der Inselsituation Venedigs, das Funktionieren der Schiffahrtskanäle im seichten Wasser der Lagune war eine Lebensnotwendigkeit der Stadt. 1604 war der Verbindungskanal durchstoßen, der Po di Venezia wurde zum Hauptmündungsarm. Seine Wassermassen schütteten das Dreieck des Deltas zum größten Teil auf.

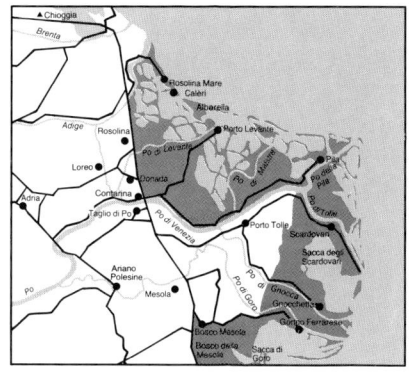

Hatte sich zwischen 1300 und 1600 etwa 53 Hektar Neuland gebildet, so waren es zwischen 1604 und 1840 135 Hektar. In den letzten 100 Jahren wuchs das Delta um 450 Meter ins Meer. Seit dem Mittelalter um sieben Kilometer. Durch das Absinken der Sedimente und durch andere Einflüsse (s. S. 314) stieg der Meeresspiegel kontinuierlich, zwischen 1940 und 1960 stellenweise um drei Meter. Fast das ganze Delta liegt unter Meeresniveau.

Der Eingriff der Venezianer hatte auch politische Folgen. Das Projekt im Land an der Grenze zwischen Venedig und dem Kirchenstaat, schürte bereits bestehende Feindseligkeiten. Sie hatten sich auch daran entzündet, daß Venedig auf der weltlichen Gerichtsbarkeit über den Klerus bestand. Nun lenkte es einen Fluß um, was nachhaltige Folgen auf Hoch- und Niedrigwasser der übrigen Arme hatte, die auf dem Gebiet des Kirchenstaates mündeten.

Das amphibische Land zwischen Fluß und Meer, von Wasserläufen und Kanälen durchzogen, diese Wildnis mit den Resten von Wäldern, die bereits Römer zum unantastbaren Heiligtum erklärt hatten, dieses Fischreservoir und diese Fieberbrutstätte ist wie alles Schwemmland überaus fruchtbar. Die Venezianer in ihrer Stadt mitten im Wasser wollten sich auf die Dauer nicht auf fremde Nahrungslieferanten stützen, sie brauchten eigene Landwirtschaft. So entstanden Gutshäuser venezianischer Patrizier, die zum Teil heute noch bestehen: die Villa Papadopoli, die einer später geadelten griechischen Händlerfamilie gehörte, die Villa Contarini, die Ca' Tiepolo auf der Insel Albarella. Diese Landhäuser sind ganz anders als die opulenten Villen an der Brenta, in den Hügeln oder im Hinterland des Deltas. Sie sind schmuckloser, herber, der eigenwilligen Landschaft mit ihren Weiden, den Schirmpinien, den Sanddünen angepaßt. Die Venezianer nutzten sie auch als Jagdhäuser. Im Dickicht zwischen den Flußarmen nisten Sumpf- und Wasservögel, versteckten sich einst Hirsch und Reh.

Lang vor den Venezianern hatten Menschen das fruchtbare Land entdeckt und besiedelt. Das hinreißend schöne Kunsthandwerk, das bei Frattesina di Fratte gefunden wurde – Metallfibeln und Keramikpferde, Beinkämme und Zügelzeug aus

Griechische Kunst im Po-Delta: Vasenreste

Hirschhorn – stammt aus dem 10. und 9. vorchristlichen Jahrhundert. Die Veneter, die später ins Hinterland der oberen Adria zogen, hatten im Gebiet der Po-Mündung ihre Heimat, hier züchteten sie ihre Pferde. Nach großen Überschwemmungen in dieser Zeit bildete sich an einem sicheren Platz am Meer eine Hafen- und Handelsstadt: Adria. Heute liegt die Stadt, die dem Meer den Namen gab, 25 km von der Küste entfernt.

Die Schätze im Museum von Adria sind ein verwirrendes Puzzle der Kulturgeschichte. Da schaut ein etruskischer Herkules hochmütig seinen schöngekräuselten Bart entlang. Da bezaubern reichbemalte griechische Vasen, ein traubengeschmückter griechischer Pokal, farbglühendes Millefioriglas und schimmernder römischer Goldschmuck. Eines haben die Schätze verraten: im 6. und 5. Jahrhundert v. Chr. war Adria etruskisch. Hier, an den wichtigen Wasserwegen, fanden politische und geschäftliche Begegnungen mit Griechen und Syrakusanern – Kolonialgriechen – statt. Eine Allianz mit den Galliern, die neue Wohngebiete suchen, kommt im 4. Jahrhundert v. Chr. zustande. Als die Römer die immer lästiger werdenden Gallier zurückschlagen, wird Adria die erste römische Stadtgemeinde in Venetien.

Zwei wichtige Straßen, die Via Popillia und die Via Annina, stellen die Verbindung von Adria mit Ravenna, dem immer wichtiger werdenden Hafen, und Rimini, bzw. mit Padua, Altino und Aquileia her. Im ersten Jahrhundert n. Chr. liegt der römische Flußhafen Adria bereits 9 km von der Küste entfernt. Ravenna erleidet das gleiche Schicksal der Verlandung, es behält aber seine politische Bedeutung. Der Fluß schaufelt immer mehr Land ins Meer, das unübersichtliche sumpfige Gebiet zwischen den Mündungsarmen des Po verliert seine wirtschaftliche Bedeutung.

Im Hinterland gewinnt Rovigo an Wichtigkeit. Im Mittelalter ist es umkämpfter Kreuzungspunkt venezianischer, paduanischer und estensischer Interessen. Die kleine, lebendige Stadt mit den mittelalterlichen Befestigungen und den herrlichen venezianischen Bauten ist landwirtschaftliches Zentrum der Polesine genannten Flußebene. Unter dem Einfluß des bilderverliebten Venedig entstand in Rovigo die Rotonda, ein achteckiger Kirchenbau, in dessen Innerem sich Bild an Bild fügt (von Francesco Zamberlon, einem Palladio-Schüler, 1594–1602 erbaut; der Campanile stammt von Baldassare Longhena und ist aus dem Jahr 1655). Im Hinterland, in Fratta Polesine, baute Andrea Palladio (s. S. 260) eines seiner schönsten Landhäuser, die Villa Badoer (1568–1570).

Die Venezianer führten die römische Tradition der *valli da pesca* weiter – mit Rohrgeflecht abgetrennte Fischweiher im Strom und in der Lagune, in denen sich wandernde Schwärme fingen und vermehrten. Die Fischzucht ist noch heute ein wichtiger Erwerbszweig im Po-Delta, vor allem seitdem Fisch so selten und kostbar geworden ist. Der legendäre Stör des Po dürfte längst ausgerottet sein.

Bei Calèri, zwischen Po di Levante, Po di Maìstra und Po di Tolle liegen die drei wichtigsten *valli,* in denen Fisch und Muscheln gezüchtet werden. Zwischen den Inseln der Mündungen und der Lagune sind die jungen Fische vor ihren natürlichen Feinden aber auch vor der Gewalt des offenen Meeres sicher und entwickeln sich rasch. Viele *valli* wurden nach der furchtbaren Überschwemmung von 1954 trockengelegt, zu einer Zeit, da man den Fischreichtum noch für unerschöpflich hielt. Sehr selten erfolgte die umgekehrte Urbarmachung, daß Felder unter Wasser gesetzt wurden, um Fisch darin zu züchten.

Im Delta und in den weiter südlich, bereits auf emilianischem Gebiet liegenden *valli di Comacchio* hat man sich vor allem auf Aal spezialisiert. In den kleinen Trattorien brät man ihn knusprig aus, so ist er viel bekömmlicher als Räucheraal. Aal kommt auch ins Risotto oder wird mit Zwiebeln, Tomaten und kleinen Peperoni gedünstet. Der weiße Polesinewein oder der dunkle Bosco nel Ferrarese ist ein guter Begleiter dieser würzigen Fischgerichte. Im Schutz der *valli* erreicht der Aal bereits nach zwei Jahren sein Idealgewicht, für das er in der Lagune sechs bis acht Jahre braucht: die Weibchen ein Kilo, die Männchen weniger als die Hälfte.

In den kleinen Hafenorten des Deltas, zum Beispiel in Porto Tolle oder Porto Levante, werden die Produkte des Landes einfach und köstlich zubereitet. Nicht nur Fisch und Meeresgetier, auch Reis und Bohnen, in einer Suppe vereint, zarte junge Artischocken, Polenta, kräutergewürztes Gemüse.

Vor etwa 100 Jahren begann die große industrielle Urbarmachung des Deltas: *la bonifica.* Sumpfige Landstriche wurden durch Kanäle und Pumpwerke entwässert. Reis, der gegen Einbrüche von Salzwasser sehr widerstandsfähig ist, im großen Maßstab angebaut. Heute überwiegen jedoch Zuckerrüben.

Die Landarbeiter, die hier Neuland gewannen, rebellierten gegen ihre elenden Lebensbedingungen. Eine Landreform in unserem Jahrhundert löste die Probleme keineswegs. Die winzigen Grundstücke, die um 1950 unter den Arbeitern der großen Betriebe ausgelost wurden, waren zum Leben zu wenig, viele Arbeiter wanderten aus. Ihr Besitz wurde zu größeren Landgütern zusammengefaßt.

Der Kampf des Menschen um neuen Lebensraum in dieser eigenwilligen Landschaft hat viele Regisseure inspiriert. Das Po-Delta und seine Menschen waren das

Thema von Filmen Viscontis (»Ossessione«, 1943), Rossellinis (»Paisa«, 1946), Soldatis (»La donna del fiume«, 1955), Antonionis (»Il grido«, 1956).

Legenden wuchern in dieser Landschaft schnell. Noch heute erzählt man sich, wie der Freiheitskämpfer Giuseppe Garibaldi (1807–1882) in seinem Kampf gegen die Österreicher in Venedig im Schilf südlich von Comacchio an Land ging, um Hilfe für seine todkranke Frau Anita zu holen. In einer Schilfhütte fand das Paar Zuflucht, aber alle Hilfe kam zu spät, Anita starb. »Und wenn man mich

Auf der Welt gibt es nichts, was weicher und dünner ist als Wasser. Doch um Hartes und Starres zu bezwingen, kommt nichts diesem gleich. Daß das Schwache das Starke besiegt, das Harte dem Weichen unterliegt, jeder weiß es, doch keiner handelt danach.

Laotse (ca. 400–300 v. Chr.)

fragt«, sagt der alte Mann am Nachbartisch der Trattoria von Porto Levante, »dann sage ich: Garibaldis Gefährten haben sie – sagen wir – ›erlöst‹. Der Kampf mußte weitergehen. Aber beweisen kann das natürlich keiner.«

Die Sonne steht tief, bald versinkt sie im Dunst. Es läßt sich gut sitzen unter dem Schilfdach der kleinen Trattoria, den Blick auf den Flußarm, der hier dem Meer zuströmt. Und daneben der freundliche alte Mann, der so viele Geschichten weiß.

Auf dem Weg entlang des Po di Levante lag ein Gestüt. Falbe Pferde jagten mit wehenden Mähnen über falbes Gras. Und nun erzählt der alte Mann von den Sonnenpferden des Fetonte. »Una favola«, sagt er entschuldigend, »eine Fabel.« Fetonte war das Kind der Aurora, der Göttin der Morgenröte, und des Sonnengotts. »Il sole« – die Sonne ist hier männlich.

Fetonte hatte Zweifel über seine Herkunft und forderte den Sonnengott heraus. Er solle ihm seine Karosse mit den leuchtenden Pferden leihen, damit er damit über den Himmel fahren könne, wie es dem Sohn des Sonnengotts zustünde. »So sind sie, diese ragazzi«, sagt der alte Mann, »gibt man ihnen die macchina, glauben sie, man gibt ihnen Liebe.« Der Sonnengott auf seinem Sitz aus Gold und Smaragd, umgeben von seinen Kindern – den Tagen, den Monaten, den Jahren, dem blumengeschmückten Frühling, dem ährenbekränzten Sommer, dem Herbst mit den Händen voll Trauben, dem Winter in seinem Mantel aus Nebel – ließ Fetonte mit dem Sonnenwagen ziehen. Und der raste damit über den Himmel »wie die ragazzi in ihren Sportwagen«. Da schleuderte Jupiter, wütend über den Wildling, einen Blitz. Fetonte wurde getroffen, stürzte zur Erde und versank im Fluß Eridano. Seine Schwestern schrieen verzweifelt auf und weinten, weinten, weinten. Da verwandelten sich Fetontes Füße in Pappeln, sein Haar in Gras, seine Arme und sein Leib in Flüsse. Und die Tränen seiner Schwestern wurden zu Bernsteinperlen und trieben auf den pappelumstandenen Flüssen ins Meer.

»So entstand die Landschaft des Eridano, den wir heute Po nennen«, sagt der alte Mann. – »Und die Sonnenpferde?« – »Sie sind hier geblieben. Es ist besser, auf Erden zu grasen als in den Wolken.« Der alte Mann nimmt einen Schluck dunkelroten Weins und lächelt. »Aber es sind besondere Pferde geblieben. Die Stuten sind die Stammütter der Lipizzaner geworden, die Väter hat man aus Spanien und aus Neapel geholt. Und die Söhne tanzen in Wien im Pferdeballett.«

Ein Motorboot rast über den bernsteingelben Fluß, holt uns aus der Verzauberung alter Geschichten. »Die kommen von Albarella«, sagt der Mann, »da ist ein Sommerparadies entstanden.«

Albarella – eine winzige Insel, wurde geboren, als die Venezianer den Po umleiteten. Das Meer drang danach ins nördliche Delta ein, überflutete tiefgelegenes Land und bildete eine Lagune. Ein Stück Erde blieb als Insel Albarella erhalten. Albarella, so nennen die Leute aus dem Delta die Pappeln, die im Frühjahr ihren weißen Flaum in den Wind schicken.

Eine venezianische Familie baute um 1700 ein Jagdhaus, die Ca' Tiepolo. Fasane und Wasservögel waren bis in die Sechzigerjahre unseres Jahrhunderts die einzigen Mitbenützer der Insel. Dann wurde der Besitz verkauft, ein moderner Managerclub sollte entstehen. Das Konzept ging nicht auf, seit 1976 ist Albarella eine Ferieninsel, die vor allem von jungen Familien genützt wird. Ein schönes, grünes Areal mit Häusern, die man mieten oder kaufen kann, mit Hotels, Sportanlagen, langen Stränden, einem Yachthafen, einem Versammlungszentrum in der Ca' Tiepolo.

Schwärme rosa- und blaulackierter Fahrräder balancieren schwerelos und heiter über die Straßen, in den lackierten Körben sitzen Kinder oder Hunde – Autos haben in Albarella nur Zufahrtsrecht. Dicke Schwellen sorgen dafür, daß das Tempolimit

313

Das heikle Gleichgewicht

Natürliche und vom Menschen bewirkte Veränderungen prägen und gefährden die Flußlandschaft des Po-Deltas.

Durch das Schmelzen der polaren Eisdecke steigt der Meeresspiegel. Die Urbarmachung und Trockenlegung großer landwirtschaftlich genützter Gebiete, außerdem die Förderung von Grundwasser und Erdgas ließen den Boden rasch absinken. Ca. 500 Millionen m^3 haben Wind und Wellen im Küstengebiet seit 1951 weggetragen. Immer öfter werden die inneren Dämme von Sturmfluten erreicht und schwer beschädigt.

Durch das Absinken des Landes steigt der Grundwasserspiegel, die Landwirtschaft muß ihre Nutzflächen trockenpumpen. Durch Regulierungen wurde das Abfließen des Wassers beeinflußt. Einerseits steigen die Fälle von Hochwasser. Aber durch die Entnahme großer Wassermengen für Bewässerung der Landwirtschaft und industrielle Zwecke, kommt es auch zu vermehrten Tiefständen. Die Folge: Meerwasser dringt in die Flußläufe und dadurch auch in die Bewässerungsanlagen der Landwirtschaft.

Für Schutzbauten im Delta wurden aus den Flußbetten Sand und Ton gefördert, das Fehlen dieser Sedimente verhindert den Ausbau natürlicher Dämme gegen das Meer vor den Flußmündungen.

In der Po-Ebene ist die größte Konzentration von Landwirtschaft und Industrie Italiens. Ihre Abwässer verseuchen das Delta und die Küste. Jeder Eingriff in den subtilen Organismus dieser Landschaft hat weitreichende Folgen.

von 30 km auch eingehalten wird. Eine bunte, von einem lautlosen Elektromobil gezogene Inselbahn verbindet die verschiedenen Siedlungen und die Sportanlagen.

Fasane fliegen auf, verstecken sich im Dickicht, in dem riesige, schwarzglänzende Brombeeren gedeihen. Private Wächter ziehen unauffällig ihre Kreise.

Von Albarella (aber auch von anderen Badeorten an der Küste, wie Rosolina oder Volano) aus hat man die Möglichkeit, sich auf die schönste Weise dem Po-Delta zu nähern: mit dem Schiff. Noch eindrucksvoller als mit dem Auto, dem Rad oder Pferd erschließt sich die Vielfalt der Fluß- und Lagunenlandschaft.

Giftgrüne Algenwiesen und grauweiß gedörrte Hochsommerweiden erstrecken sich zwischen Wasserflächen und vom Wind zu bizarren Formen gepreßten Sanddünen. Einsame Kirchen stehen auf wasserumzingelten Anhöhen. Reiher und Kormorane, Säbelschnäbler und Regenpfeifer heben sich in den milchigen Himmel. Korallenmöven mit schwarzen Köpfen und roten Schnäbeln versammeln sich abseits der Schwärme von Krick- und Wildenten. Otter schlüpfen durchs Wasser in ihre Uferbauten.

Man vergißt die Fabriken, die Pumpwerke, die nur ein paar Kilometer weiter aufragen, die Wahl des Mister Albarella, die rohrziegelgedeckten Bauernhäuser, die *casoni* der Fischer. Man ahnt, wie es einmal war, ganz zu Anfang. Lang ehe der Mensch kam.

Im Anfang waren Himmel, Erde und Wasser...

Löwengeschmückte Brücken über den Kanälen von Chioggia

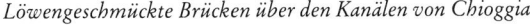

Seitensprünge
von den Hauptstraßen

Eigentlich ist doch auch die An- und Rückreise Urlaub und nicht nur harte Arbeit hinter dem Volant. Eigentlich bestehen auch die Adriaorte nicht nur aus Meerespromenaden, sondern auch aus einem wunderschönen, kaum entdeckten Hinterland. Eigentlich könnte man ein paar Seitensprünge und den Reiz des Ungewohnten riskieren...

Die Julischen Alpen

Die Julischen Alpen, die heute nur zum kleinen Teil zu Italien gehören, wurden von dem Triestiner Kaufmann Dr. Julius Kugy (1858–1944) erschlossen. Gemeinsam mit Jägern, Hirten oder Wilderern bestieg er die wichtigsten Berge dieser Region und schildert seine Entdeckungen in sympathischer Bescheidenheit in seinem Buch »Aus dem Leben eines Bergsteigers«. Das österreichische und das jugoslawische Fernsehen machten Julius Kugy zum Helden einer Serie.

Zu einem ersten Seitensprung lädt *Tarvis* ein, eine Stadt, die jeder passiert, der auf der Hauptstrecke von Kärnten zur Adria fährt. Nur ein paar Kilometer von Tarvis entfernt, inmitten der unberührten Natur der Julischen Alpen, liegen die klei-

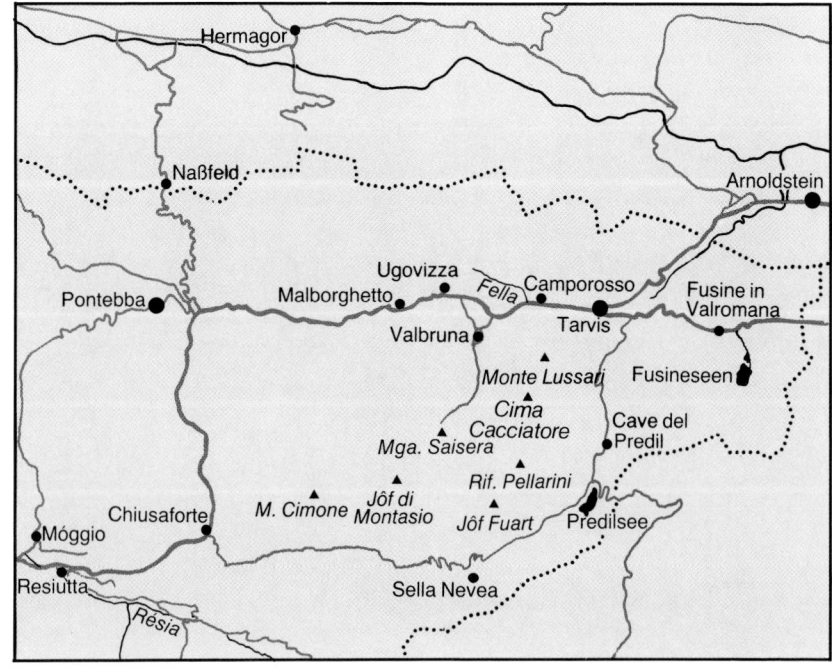

Der Fusinesee in den Julischen Alpen

nen, wunderschönen *Fusineseen*. Ein kurzer Spaziergang mit dem Blick auf die bizarren Felswände und das kristallklare Wasser wirkt wie eine Sauerstoffdusche. Am Ufer gibt es sympathische kleine Gasthöfe, in denen man erste Bekanntschaft mit der friulanischen Küche machen kann.

Ein etwas längerer Seitensprung, mit dem man aber unter Umständen einem Stau auf der Staatsstraße zwischen Tarvis und Chiusaforte ausweichen kann: Vor der Einfahrt nach Tarvis weist eine Abzweigung zum *Predilsee* (Lago di Predil). Der Weg führt durch herrliche Waldlandschaften, einen Bach entlang

»Ich liebe reine Felsen. Es kann manchmal sehr peinvolle Ergebnisse haben, wenn sich einige zu einer alpinen Körperschaft vereinigte ›Bergfreunde‹ allzu liebevoll eines Bergwinkels annehmen. In jungfräulicher Unberührtheit und Herbe hat man ihn einst gesehen. Man kommt wieder und findet ›Müllerquellen‹ und ›Schulzewege‹, ›Amalienhöhen‹ und ›Philosophensitze‹. Jeder Bergwinkel ist ›entdeckt‹ und ›erschlossen‹ worden! Erstaunt fragt man sich, was Müller und was Schulze in diesen Bergen sind und ängstlich blickt man um sich, ob nicht die Amalie oder gar der Philosoph irgendwo hinter einem Baume lauern. Aber es ist kein Zweifel, Tafeln und Inschriften belehren uns: Wir haben den naiven Fehler begangen, nur die Natur zu suchen, zu sehen und zu lieben. Das Wichtigste haben wir übersehen, die Bedeutung der Vereinsmitglieder in den Bergen!«

Julius Kugy, »Aus dem Leben eines Bergsteigers«, 1924

zum Bergwerksort *Cave del Predil.* Hier wird seit Römerzeiten Blei und Zinn gefördert. Der smaragdgrüne Predilsee liegt 959 m hoch, inmitten von Wäldern und steilaufragenden Bergen. Auch hier kann man in einem kleinen Gasthof mit Blick auf den See aufs angenehmste rasten, Sauerstoff tanken, und Urlaubsentspannung genießen. Weiter geht es durch eine wundervolle Berglandschaft nach *Sella Nevea*, einem im Sommer ziemlich ausgestorbenen Skiort.

Bei *Chiusaforte* erreicht man wieder die Staatsstraße.

Von der Straße zwischen Tarvis und Pontebba gehen einige landschaftlich hinreißende Täler aus. Sie beginnen bei *Camporosso, Valbruna, Ugovizza, Malborghetto.* Von Valbruna erreicht man mit einer Seilbahn das Heiligtum des *Monte Lussari,* von dort führt ein Wanderweg zum *Cima Cacciatore* in ein Naturschutzgebiet mit herrlicher Flora.

Auf ungewohnte Art kann man sich dem Süden nähern, wenn man vom kärntnerischen Hermagor über das *Naßfeld* (italienisch: Passo di Pramollo) und auf einer schmalen, gut ausgebauten Bergstraße nach *Pontebba* fährt. Dort finden Freunde gotischer Architektur die Kirche Santa Maria Maggiore, die erstaunlich spät, 1504 – also bereits zur Hochblüte der Renaissance – entstand. Der reiche Schnitzaltar zeigt eine Marienkrönung.

Südlich von Pontebba liegt ein paar Kilometer von der Straße entfernt auf einem Hügel *Móggio,* dessen Kirche vom Erdbeben 1976 stark betroffen wurde. Von hier hat man einen wunderbaren Blick ins Tal der Fella und auf die südlichen Moränenhügel.

Mòggio – zwischen Fella und Karnischen Alpen

Von *Resiutta* geht das idyllische Résiatal aus. Auch seine Ortschaften wurden vom Erdbeben teilweise zerstört und wiederaufgebaut. Im Résiatal leben vorwiegend Slawen, die ihre Traditionen erhalten haben. Berühmt sind die Lieder und Fabeln des Tals und sein Karneval. An seinem letzten Tag führen die Frauen das Regiment.

Die Karnischen Alpen

Wer über den *Plöckenpaß* nach Süden fährt, findet in der Nähe des Grenzparkplatzes einen Hinweis auf das *Freilichtmuseum Plöckenpaß.* Dort, wo von 1915 bis 1917 die Front zwischen Italien und Österreich verlief, entstanden mit der Hilfe von jungen Menschen aus 15 Nationen die »Vie della pace« – Friedenswege auf dem Territorium einstiger Kriegspfade.

»Ich glaube aber, daß ich nicht so aus den Grundtiefen der ›Erschließer‹ der Julischen Alpen geworden wäre, hätte ich nicht auf meinen Touren auch deren Bewohner so nahe an mich herangezogen. Es wäre sonst vielleicht eine mehr äußerliche Erschließung der Berge als Klettergerüste geworden.«

Julius Kugy, »Aus dem Leben eines Bergsteigers«, 1924

Südlich von *Timau* zweigt von der Strecke nach Tolmezzo eine Straße ab, die in sehr schöne karnische Orte führt: an *Sútrio* vorbei, über den Wintersportort *Ravascletto* nach *Comeglians*, einem

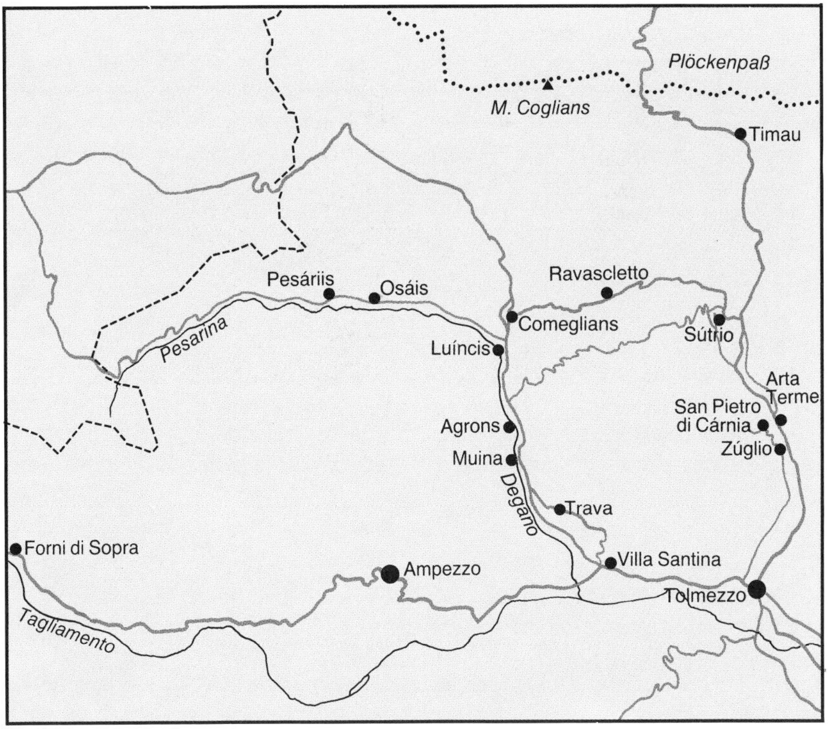

Plöckenpaß

M. Coglians

Timau

Pesáriis Osáis

Ravascletto

Comeglians

Pesarina

Luíncis

Sútrio

Arta Terme

San Pietro di Cárnia

Agrons

Zúglio

Muina

Degano

Trava

Forni di Sopra

Villa Santina

Ampezzo

Tolmezzo

Tagliamento

Junge Leute aus aller Welt schufen die Friedenswege am Plöckenpaß

Ort mit malerischem Hauptplatz und schöner gotischer Kirche. Von Comeglians kann man ins *Pesarinatal* weiterfahren, um einige äußerst reizvolle Gemeinden wie *Osáis* oder *Pesáriis* kennenzulernen (s. auch S. 201). Sehr lohnend ist die Rückfahrt durch das *Deganotal* mit seinen unberührten karnischen Dörfern *Luíncis, Agrons, Muina, Trava*. Bei *Villa Santina* kann man sich entweder nach Osten nach *Tolmezzo* wenden und diesen behäbigen Hauptort Karniens mit seinen vielen Arkadenhäusern besuchen. Oder Richtung Westen, den jungen Tagliamento entlang, über *Forni di Sopra*, einen herben Gebirgsort, weiter in Richtung Dolomiten fahren.

Auch kleine Seitensprünge von der Plöckenpaßstraße haben ihren Reiz. Ein hübscher kleiner Kurort ist *Arta Terme*. In *Piano di Arta Terme* liegt ein hervorragendes Restaurant: »Salon« (Dienstag Ruhetag, von Dezember bis April geschlossen).

In *Zúglio* träumen die Reste des römischen Forums vor sich hin. Hier baute Julius Cäsar 50 v. Chr. das Forum Julium Carnicum, einen wichtigen Verwaltungssitz. Auf einem Hügel über Zúglio steht die älteste karnische Kirche *San Pietro di Cárnia*, die einen gotischen Schnitzaltar von Domenico da Tolmezzo aus dem Jahr 1483 besitzt.

Hinter dem langen Strand

Das Hinterland des langen Strandes zwischen Grado und Punta di Sabbioni verbirgt reizvolle kleine Städte, prachtvolle Kunstschätze, Schlemmerlokale, bezauberndes Hügelland. Entdeckungsfahrten mit dem Schiff lohnen sich aber auch in die Lagunen von Grado, Marano und Venedig. Hier lassen sich noch die Ursprünge dieser Landschaft ahnen.
Hauptziel von Küstenausflügen ist *Venedig*, das man auf zweierlei Arten genie-

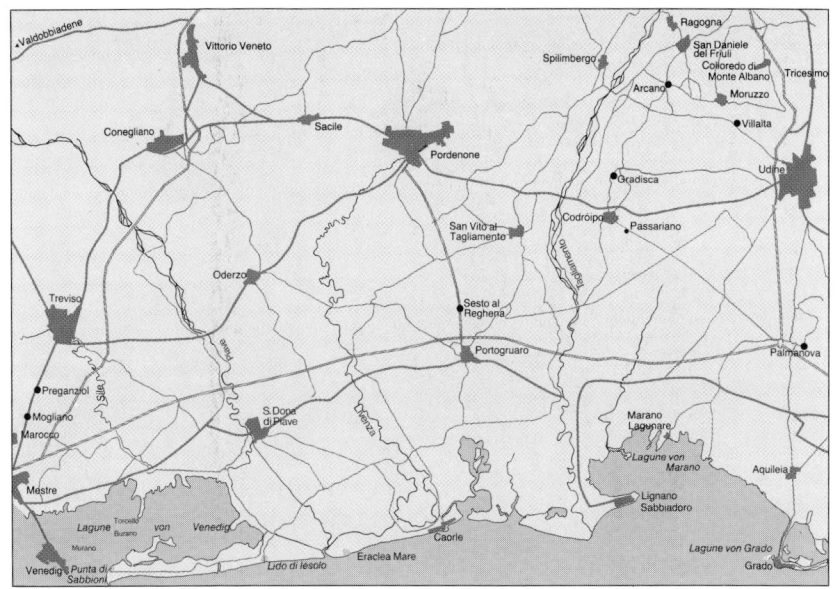

Die Kirche San Antonio Abate mit Fresken von Pellegrino in San Daniele ▷

ßen kann: entweder man läßt sich treiben, in der Gewißheit, daß es überall schön ist, wohin man sich verirrt. Oder man versucht, die Stadt von ein paar Angelpunkten aus zu erforschen. Dazu gehört natürlich der Markusplatz. Der Campanile von San Giorgio Maggiore, von dem man einen herrlichen Ausblick über die Lagune hat. Und der Rialto mit seinem wunderbaren Marktgewimmel.

Für Kunstfreunde auf Kurzbesuch: Einen überwältigenden Eindruck venezianischer Kunst gibt die Accademia. Etwas ganz Besonderes: die Scuola San Giorgio degli Schiavoni, nicht weit von der griechischen Kirche, mit ihrem Carpaccio-Zyklus. Und die Scuola San Rocco mit Tintoretto-Bildern. Für einen zweiten oder dritten Besuch empfiehlt sich eine Fahrt zu den Inseln: *Murano* mit seinen Glasfabriken, *Burano* mit seinen knallbunten Fischerhäusern und *Torcello* mit den herrlichen Mosaiken im frühchristlichen Dom.

Reizvolle, viel weniger bekannte Ausflugsziele, die in diesem Buch noch nicht oder nur kurz erwähnt wurden:

Gradisca: Eine sehr österreichisch wirkende Kleinstadt mit einem alten Kastell, mächtigen Wällen und einem freundlichen Park im Zentrum. Eleganten Palazzi, wie dem Palazzo Torriani in der Via Ciotti 49 und einem Dom SS. Pietro e Paolo mit spätbarockem Dekor. Gradisca ist einer der vielen Orte Friauls, in dem im Spätsommer Weinfeste stattfinden. In der Enoteca Serenissima bekommt man das ganze Jahr über die besten Weine der Region zu verkosten.

Spilimbergo: Ein mittelalterlicher Ort mit mächtigem Kastell, in dem einer der schönsten Paläste des Landes, der Pala-

zo Dipinto (1390) steht – seine Fresken aus dem 16. Jahrhundert auf der Fassade haben ihm zu dem Namen »bemalter Palast« verholfen. Ebenso sehenswert sind der Dom S. Maria (1284) und die Bürgerhäuser der Altstadt. In Spilimbergo befindet sich eine Mosaikschule, in der uralte Techniken weitergegeben werden.

Palazzo Dipinto in Spilimbergo

San Daniele del Friuli: Einer der vielen kleinen Orte auf den Moränenhügeln mit besonders reichen Kunstschätzen und vielen kulinarischen Genüssen. Hier wird der berühmte San Daniele-Schinken erzeugt und verkauft. Im Zentrum des Ortes steht der Dom San Michele (1708), ein machtvoller Spätbarockbau. Inmitten gotischer Häuser die kleine Kirche San Antonio Abate (1441) mit den reichen Fresken Pellegrinos (1497–1522). Und in der südlichen

Oberstadt die Kirche der Madonna della Fratta (1470) mit ihrer schönen gotischen Fassade und ihrem schlichten Innenraum. Im Palazzo del Municipio auf dem Domplatz ist eine der wichtigsten Bibliotheken Friauls, die Biblioteca Guarneriana untergebracht, sie umfaßt 18 000 Bände, 32 Inkunabeln, 605 Codices.

(1466 vom Humanisten Guernerio d'Artegna der Pfarrkirche vermacht.)

Nahe San Daniele liegt ein kleiner See gleichen Namens. Das Hügelland um San Daniele ist von Burgen gekrönt: *Arcano, Fagagna, Moruzzo, Villalta, Ragogna, Colloredo*. Alles sehr typische Bauten des Mittelalters, die die wichtigen Straßen bewachten.

Unweit von *Codróipo* liegt der kleine Ort *Passariano* und die *Villa Manin*, einst Besitz des letzten Dogen Venedigs. Hier finden regelmäßig Ausstellungen friulanischer Kunst und Antiquitätenmessen statt. Der prachtvolle Bau (1650 erbaut, ca. 1738 und 1763 umgebaut) gehört zu den schönsten Villen des Landes. In seinen Arkaden ist ein gutes Restaurant, »Il doge«, untergebracht.

Zwischen *San Vito al Tagliamento* und *Portogruaro* liegt *Sesto al Reghena*, ein winziger Ort mit einer 762 von Langobarden gegründeten, im Mittelalter ausgebauten Abtei. Der weiträumige Klosterbezirk mit seiner aus dem 10. Jahrhundert stammenden Kirche gibt einen Eindruck von der geistlichen und weltlichen Macht der Klöster dieser Zeit.

Treviso: Eine jener freundlichen, uralten kleinen Städte, die typisch für Venetien sind. Die Lage am Zusammenfluß von Sile und Botteniga ist reizvoll, Kanäle durchziehen die Stadt, die Bäume an ihren Ufern tupfen Grün ins Häusergrau. Sehenswert (bei einem kurzen Besuch) sind der Dom, San Pietro (1141), der Palazzo Comunale aus dem 13. Jahrhundert, die Loggia dei Cavalieri (1276/77), ein Vergnügungsort des mittelalterlichen Adels, das Museo Civico (Borgo Cavour 34–36) und die Casa Da Noal (Via Canova 38), ein spätgotisches Haus mit antiken Möbeln und einer Kunsthandwerksammlung. Und der Markt von Treviso mit seiner Pescheria am Ufer des Cagnan, mitten in der Altstadt. In Treviso kann man wunderbar essen, luxuriös bei »Alfredo – El Toulà« (Via Collalto 26, Samstag, Montag Ruhetag, im August geschlossen), gut und preiswert im »Ristorante Beccherie« (Piazza Ancilotto 11, Donnerstagabend und Freitag geschlossen, Ferien von Mitte bis Ende Juli).

Treviso – wasserumgebene Stadt im Garten der Serenissima

Villa Condulmer in Mogliano – heute Hotel und Restaurant

Wer von Treviso nach Mestre fährt, findet links und rechts der schönen, platanenüberwölbten Straße viele gute Restaurants. Z. B. in *Marocco* »Al Postiglione« (Dienstag Ruhetag, eine Woche im August geschlossen). In *Zerman* bei *Mogliano* das Restaurant der verzauberten Villa Condulmer, wo man mit Blick auf einen Barockpark ißt (von Oktober bis 15. März geschlossen) oder in *Preganziol* das »Ristorante alle Grazie«, direkt an der Hauptstraße (Donnerstag abend und Freitag Ruhetag, Ferien zwei Wochen im August).

... Sie sangen von Marmorbildern,
Von Gärten, die überm Gestein
In dämmernden Lauben verwildern,
Palästen im Mondenschein,
Wo die Mädchen am Fenster lauschen,
Wann der Lauten Klang erwacht
Und die Brunnen verschlafen rauschen
In der prächtigen Sommernacht.

aus: Sehnsucht von Joseph v. Eichendorff

Fotonachweis

Von Gerold Jung, Ottobrunn, stammen sämtliche Farbaufnahmen und alle Schwarz-weiß-Abbildungen bis auf die folgenden:

Alinari, Florenz   S. 133 l.
–/ Anderson   S. 218/219, 270/271, 275
Archiv der Autorin und des Verlages   22, 23, 33, 34, 36, 37, 38/39, 40 r., 78, 124, 134, 202, 219, 223, 227, 260, 294, 310, 320
Archiv Kristian Sottriffer   S. 10 (Magaina), 194/195, 198, 200, 204
Azienda Regionale per la Promozione Turistica   S. 20, 337
Bildarchiv der Österreichischen Nationalbibliothek, Wien   S. 96/97, 99, 101, 106, 223 r., 248 r.
Deutsche Presseagentur, Düsseldorf   S. 154 l. (Jan Delden)
Deutsche Presseagentur, Frankfurt   S. 154 r., 156 o.
Paul Flora, Innsbruck   S. 1
Werner Neumeister, München   S. 24, 27, 29, 35, 51, 53, 57, 59, 64, 90/91, 95, 117, 131, 136/137, 156 o., 156/157, 201, 204/205, 206, 209, 210/211, 212/213, 214/215, 267, 269, 322/323
ORF Bildstelle, Wien   S. 230
Günter Pfannmüller, Frankfurt   S. 276
Richard Röder, Wien   S. 122, 124 r.
Sammlung Greta und Otto Hausa, Wien   S. 28, 32, 40 l., 41, 48/49, 63, 65, 84, 86, 89, 109 o., 222, 361
Staatliches Italienisches Fremdenverkehrsamt, Düsseldorf   S. 214
STERN, Hamburg   S. 69, 71 (Ihrt), 224, 225 (Moldvay)
Werner Stuhler, Hergensweiler   S. 148/149, 300, 315 u.
Ullstein Bilderdienst, Berlin   S. 38, 92/93, S. 232 (L. Binder)
Harry Weber, Wien   S. 76, 112, 113

Abb. S. 202
© 1985, Ed. Albert René, Goscinny/Uderzo

Die Abb. S. 235 wurde mit freundlicher Genehmigung des Wilhelm Heyne-Verlags, München aus dem Buch »Rita Hayworth – Ihre Filme, ihr Leben« von Gerald Peary übernommen.

Friaul · Triest
Venetien-Information

Zwei Regionen auf einen Blick

Von den Karnischen Alpen bis zur Adria, vom unteren Isonzo bis zum Stromgebiet des Tagliamento reicht die Autonome Region **Friaul-Julisch Venetien,** die aus dem historischen Gebiet Friaul mit Görz und Triest besteht. Sie umfaßt 7845 km² und hat 1,244 Millionen Einwohner. Die Hauptstadt ist Triest. Unter den zwanzig Regionen Italiens haben fünf den Status der Selbstverwaltung: Friaul-Julisch Venetien, Sardinien, Sizilien, Trentino-Südtirol, Aostatal.

Die Hauptstadt *Triest* hat 257 700 Einwohner. Der Hafen ist Umschlagplatz für Holz, Erdöl, Container, Industrieprodukte, Obst, Gemüse, Kaffee und Erz. Von Triest geht Erdöl in Pipelines nach Wien und Ingolstadt.

Venetien schließt sich im Westen an die Region Friaul-Julisch Venetien an und reicht von den Dolomiten zur Adria, im Westen bis zum Gardasee und zum Po-Delta. Fläche: 18 368 km², 4,32 Millionen Einwohner.

Die Hauptstadt ist *Venedig* (360 000 Einwohner, davon rund 100 000 auf den Inseln).

Sowohl Venetien als auch Friaul haben viel Landwirtschaft – beide Regionen waren bis in die Nachkriegszeit von der Auswanderung stark betroffen. Die Intensivierung der Landwirtschaft, der hohe Standard des Weinbaus und der Fremdenverkehr schufen neue Arbeitsplätze. Im Friaul entwickelte sich aus einem traditionellen Handwerk nach dem großen Erdbeben 1976 eine florierende Möbel-Industrie. In Venetien gibt es außerdem seit Jahrhunderten Seidenraupenzucht und eine hochwertige Textilindustrie. In beiden Ländern werden technische Geräte produziert.

Anreise

Mit dem Auto

Zwei große Nord-Südverbindungen erschließen Friaul-Julisch Venetien und Venetien. Die neue Autobahn durch das Canaltal, südlich von Tarvis, und die Brennerautobahn. Die Autobahn Palmanova – Venedig – Verona und Palmanova – Triest stellt die Ost-Westverbindung her.

Landschaftlich sehr reizvolle Straßenübergänge über die Alpen Richtung Süden:

Hermagor – Naßfeld – Pontebba (auf der italienischen Seite schmal und kurvenreich, aber gut ausgebaut)

Oder über den Plöckenpaß entlang des Buttals Richtung Tolmezzo, bzw. Mauriapaß

Anfahrt aus der Schweiz:

Lausanne, Großer St. Bernhardtunnel – Aosta – Turin – Mailand

Brig – Simplontunnel – Mailand

Lugano – Chiasso – Como – Mailand

St. Moritz – Majolapaß – Mailand

Mit dem Flugzeug

Dem internationalen Luftverkehr sind Mailand und Venedig angeschlossen, Triest und Verona werden nur national angeflogen.

Auskünfte

ENIT-Büros gibt es in
Frankfurt am Main
Kaiserstraße 65
✆ (069) 231213
München 2
Goethestraße 20
✆ (089) 530369
Düsseldorf
Berliner Allee 26
✆ (0211) 377035
Wien 1
Kärntnerstraße 4
✆ (0222) 5054374
Zürich
Uraniastraße 32
✆ (01) 273633
Genf
3 Rue du Marché
✆ (022) 282922

In italienischen Provinzhauptstädten findet man Landesfremdenverkehrsämter – **Ente Provinciale per il Turismo**, in Touristenorten Fremdenverkehrsämter – **Azienda Autonoma di Cura, Soggiorno e Turismo**.

Ausflüge

Mit dem Schiff

Die obere Adria ist mit einem dichten Netz von Schiffahrtslinien durchzogen, die Ausflüge nach Triest, Venedig oder Miramare sehr angenehm machen.

Von Punto di Sabbioni gehen regelmäßig Schiffe nach Venedig und zu den Lagunen-inseln Murano, Burano, Torcello und zum Lido. Von Triest verkehren Linienschiffe nach

Grado, Grignano, Sistiana und via Muggia zu den istrischen Häfen Koper, Izola, Piran, Umag, Novigrad, Poreč, Rovinj und Pula.

Von Venedig aus erreicht man mit dem Schiff die Inseln der Lagune. Mit Schiff und Bus: Chioggia.

Schiffsausflüge auf dem Po gehen von Taglio del Po, Porto Tolle, Rosolina Mare und der Insel Albarella aus. (Auskünfte: Rovigo, Ente Provinciale per il Turismo, Corso del Popolo 101; für Albarella: die Informationsstelle der Ferieninsel.)

SIAMIC EXPRESS

IL « BURCHIELLO »

Gestione Siamic con la collaborazione degli EPT di Padova e Venezia e dell'AAST di Venezia

I « Burchielli » dinanzi alla Villa Nazionale di Stra (Stampa del 1750)

BIGLIETTO DI VIAGGIO
PER IL SERVIZIO TURISTICO FLUVIALE LAGUNARE

PADOVA · STRA · VENEZIA
O VICEVERSA
con il « Burchiello »

DATA

Zwischen Cremona und Venedig gibt es eine Flußkreuzfahrt mit Übernachtung in Ferrara an Wochenenden im Sommer. (Auskünfte: In den ENIT-Büros und Navimar, 20123 Milano, Via Giulini 3.)

Zwischen Venedig und Padua pendelt zwischen Mai und September über den Brentakanal das Ausflugsschiff »Il Burchiello«, vorbei an den herrlichen venezianischen Villen, mit einer gemütlichen Rast in einem Restaurant. Dienstag, Donnerstag und

Samstag ab Venedig (9 Uhr), Mittwoch, Freitag, Sonntag ab Padua (9 Uhr). Ankunft jeweils gegen 16.30 Uhr. (Auskünfte in Reisebüros und bei Siamic Express, 35100 Padua, Via Trieste 42.)

Mit dem Auto

Im Hinterland des langen Strandes gibt es eine Fülle reizvoller, wenig bekannter Gegenden, die zum Wandern und zu Entdeckungsreisen einladen (siehe auch S. 320 ff.).

Zum Beispiel im Hinterland Triests, der Karst (siehe S. 83), dessen Grotten, Dolinen, Felsabstürze zum Meer ebenso reizvoll sind wie die kleinen, meist slowenischen Dörfer mit ihren *osmizze,* den Weinschenken. Mitten im Karst, zwischen Gabrovizza und Sgonico, liegt der Botanische Garten des Karsts, Giardino botanico Carsiana, in dem die ganz eigenartige Flora dieses Gebietes zu sehen ist.

Der schwermütige Reiz der Lagunenlandschaft läßt sich nicht nur vom Schiff, sondern auch vom Auto und zu Fuß genießen: La Valle Cavanata ist Naturschutzgebiet mit einer reichen Vogelwelt. An klaren Tagen sieht man bis zu den Julischen Alpen. Man erreicht das Gebiet von der Straße Monfalcone-Grado, überquert den Isonzo und den Isonzato und fährt Richtung Fossalon. Bei der nächsten Ampelkreuzung nach rechts bis zur Valle da pesca, einem Fischzuchtgebiet linker Hand. Entlang des Canale Averto und wieder zurück zur Hauptstraße.

Ein wunderschöner Park rund um die Villa Chiozza bei Villa Vicentina sorgt an schwülen Tagen für angenehme Erfrischung. Von der Staatsstraße 14 Triest – Venedig nach der Brücke über den Isonzo abbiegen, Richtung Villa Vicentina. Dort zeigt ein Pfeil den Weg zur Villa Chiozza, via Scodovacca.

Wen es zur Abwechslung nach Grün und fließendem Wasser im Hinterland von Lignano gelüstet – das Tal des Flusses Stella kombiniert beides. Bei Palazzolo dello Stella an der Staatsstraße 14 zwischen Triest und Venedig abbiegen, den Fluß entlang nach Driolassa fahren und in einer unregelmäßigen Ellipse über Sterpo, wo es eine Mühle gibt. Über Romàns, Varmo, Rivignano und Teòr erreicht man wieder Driolassa. Das ist eine attraktive Tour im Bereich eines smaragdgrünen Flusses, in dem Forellen gezüchtet werden.

Durch die euganeeischen Hügel

Route 1

Sie führt vom Zentrum Abanos nach *Montegrotto,* in dessen Park sich Reste eines römischen Theaters mit elf Stufenreihen und von römischen Bädern befinden. Weiter nach *Battaglia Terme* und nach *Galzignano,* an dessen Rand der Thermenkomplex *Civrana* liegt. Rückfahrt über *Torreglia, San Daniele,* das ein schönes Kloster besitzt, *Monteortone,* dessen Campanile 1435 nach dem Entwurf Pietro Lombardos gebaut wurde, nach Abano.

Route 2

Von Abano nach *Praglia,* dort steht ein aus dem 11. Jahrhundert stammendes Kloster. Die dazu gehörende Kirche wurde 1490 von Tullio Lombardo begonnen, 1548 fertiggestellt. Im Kloster befindet sich eine Werkstatt, die antike Bücher restauriert. Sehr sehenswert der Kreuzgang und die Loggia. Im Zentrum des nächsten Ortes, *Bresseo,* liegt die aus dem 17. Jahrhundert stammende Villa Cavalli. Bei *Villa di Teolo* beginnt die

---

Route 1 – – – – – –
Route 2 · · · · · · · · ·
Route 3 ●●●●
Route 4 ▪▪▪▪▪▪▪▪
Route 5 ◇◇◇

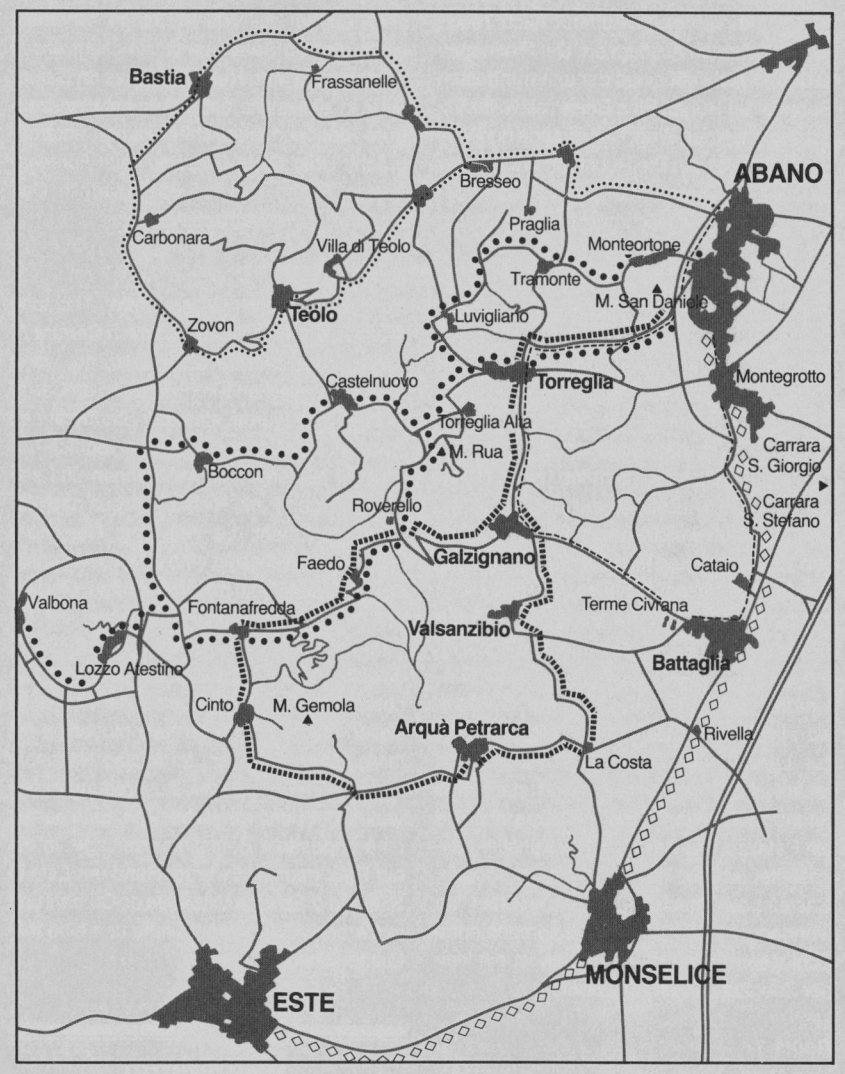

schöne, kurvenreiche Auffahrt nach *Teolo,* einem beliebten Ausflugsort. Der Fiorinepaß (315 m) erschließt eines der unberührtesten Gebiete der Hügel. Eine Reihe reizvoller Villen begleiten den Weg: Casa Landa und Villa Paruta bei *Zovon.* Die Rückfahrt erfolgt über *Carbonara, Bastia, Frassanelle* (Villa Papafava mit grottengeschmücktem Park) und *Montemerlo.*

Route 3

Von Abano über *San Daniele* nach *Torreglia Alta,* wo auf einem Hügel mit wunderbarem Blick über die Landschaft eine uralte, kleine Kirche steht. Zurück zur Straßenkreuzung beim Friedhof, die obere der beiden nach rechts abbiegenden Straßen zum *Monte Rua* mit dem »Aussichtsplatz des Kreuzes«, von dem man weit ins Land sieht. Nahe davon liegt die unter Bäumen halbversteckte Einsiedelei. Rund um eine Kirche (1537) scharen sich 22 kleine Häuser, die durch Beete voneinander getrennten Mönchszellen. Über den Rovellopaß nach *Faedo, Fontanafredda, Lozzo Atestino* nach *Valbona* wo eine Festung der Carrara liegt. Zurück zur Landstraße, über die wir kamen und rechts nach *Valnogaredo.* Dort steht eine Kirche mit Fresken von Jacopo Guarana und ein Palazzo, der vom gleichen Künstler ausgestaltet wurde. Weiter Richtung *Boccon, Castelnuovo* nach *Luvigliano,* vorbei an wunderbar in die Landschaft komponierten Schlössern. Am Monte Lonzina ist ein kleiner Zoo. Zurück über *Tramonte.*

Route 4

Von Abano nach *Torreglia* und *Galzignano,* wo herrliche Villen (Villa Saggini im venezianischen Stil) stehen. Die gerade in Richtung *Valsanzibio* verlaufende Straße führt vorbei an der Villa Italia; hier lag im Ersten Weltkrieg das Hauptquartier des Königs. Zurück zur Kreuzung in *Galzignano,* auf kurviger Straße vorbei am Golfplatz (18 Löcher) nach *Valsanzibio.* Dort steht in einem figurenreichen Garten die Villa Barbarigo. Oberhalb eines kleinen Sees »La Costa« liegt *Arquà Petrarca* mit dem Haus Petrarcas. In *Gemola* ist in einer Villa ein Dokumentationszentrum der euganeeischen Hügel untergebracht. Über *Cinto Euganeo* nach *Fontanafredda, Faedo,* den Paß von Roverello, *Galzignano, Torreglia* nach Abano.

Route 5

Von Abano nach *Montegrotto;* Richtung *Mezzavia* zweigt die Straße nach *Carrara S. Giorgio* und *Carrara S. Stefano,* ab, wo in einer romanischen Kirche Marsilio da Carrara begraben wurde, einer der Stadttyrannen Paduas. Vor *Battaglia* steht das Schloß Cataio mit seinem Elefantenbrunnen und seinem riesigen Park. Richtung Arquà nach *Rivella,* dort steht die Villa Emo Capidilista (1588). *Monselice* ist eine der vielen venetischen Städte mit mittelalterlichen Mauern und Türmen. Auf dem Stadthügel die Ca 'Marcello (mit Teilen einer Ezzelino-Burg), der alte Dom, das Heiligtum der sieben Kirchen, und die herrlich gelegene Villa Balbi Valier. Reizvoll die Villa Nani Mocenigo mit ihren vielen Zwergen. Im Museo Nationale Atestino im nahen *Este:* Ausgrabungen aus venetischer und römischer Zeit. Este besitzt eine imposante Befestigungsanlage, in die ein Park gepflanzt wurde. Rund um Este in *S. Elena d'Este* die Villa Miari de Cumani und in *Carceri* eine schöne Kirche und eine mittelalterliche Abtei.

Autofahren

Benzin

Touristen erhalten außer für Diesel verbilligte Benzingutscheine, die man in Banken oder bei Autoclubs des eigenen Landes bekommt.

Feste in den euganeeischen Hügeln (nach Routen)

Teolo: Am zweiten Sonntag im Oktober Weinlesefest.
Bastia, Rovolon: Am letzten Maisonntag Kirchenfest.
Torreglia: Am dritten Oktobersonntag Weinlesefest.
Galzignano: Zur Erinnerung an den venezianischen Sieg bei Lepanto wird am ersten Oktobersonntag der »Corso degli asini« – das Eselsrennen, veranstaltet.
Montagnana: In den ersten Augusttagen treten die Bewohner der einzelnen Stadtviertel zu einem Wettrennen an.

Höchstgeschwindigkeit

Bundesstraßen	90 km/h
Autobahnen	130 km/h
an Wochenenden, Feiertagen und zu Ferienzeiten	110 km/h
(Gurtpflicht)	

Pannenhilfe

In ganz Italien über die Telefonnummer 116 zu erreichen. Der Pannendienst ist gebührenpflichtig, sofern man nicht den Schutzbrief eines Autoclubs besitzt.

Auf den Autobahnen gibt es Notrufsäulen, einige davon sind viersprachig.

Tankstellen

Die meisten haben von 8.30–12.30 Uhr und von 15.30–20 Uhr geöffnet. Sehr viele schließen sonntags. Autobahn-Tankstellen haben meist durchgehend geöffnet.

Wohnwagen

Zugelassen sind in Italien einachsige Wohnwagen bis 6 m Länge (inklusive Anhängevorrichtung) und zweiachsige bis 7,50 m (ohne Anhängevorrichtung).

Die Breite darf 2,30 m nicht überschreiten. Mindestbodenfreiheit 15 cm, Höchstbodenfreiheit 30 cm – beides bei beladenem Wagen.

Boote

Man braucht keine Grenzdokumente für Boote und Bootsanhänger mit dem gleichen Kennzeichen wie das Fahrzeug. Für Viertaktmotoren mit 1–3 Zylindern, Zweitaktmotoren mit 1–3 Zylindern und Motoren mit vier Zylindern (Innen- oder Außenbordmotoren) muß eine Haftpflichtversicherung abgeschlossen werden. Die Police muß mit den Bootspapieren vorgewiesen werden, wenn italienische Gewässer befahren werden. Die Versicherung kann im Herkunftsland, aber auch in Italien abgeschlossen werden.

Bücher

Deutsche Titel

Banfield, Baron Gottfried von: Der Adler von Triest. Verlag Styria, Graz, Wien, Köln 1984

Braunfels, Wolfgang: Kleine italienische Kunstgeschichte. DuMont, Köln 1984

Carpinteri & Faraguna: , . . . denn Österreich war ein ordentliches Land. Paul Zsolnay Verlag, Wien 1982

Carpinteri & Faraguna: Sünder, Segler & Sirenen oder Die Hosen des Kapitäns. Paul Zsolnay Verlag, Wien 1985

Cergoly, Carolus L.: Als Triest noch bei Österreich war oder Der Kaiser kann warten. Molden Verlag, Wien 1979

Conte Corti, Egon Cesar: Die Tragödie eines Kaisers. Baron Verlag, Wien 1949

Fazio, Mario: Historische Stadtzentren Italiens. DuMont, Köln 1980

Friedell, Egon: Kulturgeschichte der Neuzeit. Verlag C. H. Beck, München 1969

Furlani, Silvio und *Wandruszka, Adam:* Österreich und Italien. Ein bilaterales Geschichtsbuch. Jugend und Volk Verlagsgesellschaft, Wien 1973

Giono, Jean: In Italien um glücklich zu sein. List Verlag, München 1984

Goethe, Johann Wolfgang von: Italienische Reise I und II. Tagebuch der italienischen Reise 1786. Insel Taschenbuch, Frankfurt 1976

Goez, Werner: Grundzüge der Geschichte Italiens in Mittelalter und Renaissance. Wissenschaftliche Buchgesellschaft, Darmstadt 1984

Hamann, Brigitte: Mit Kaiser Max in Mexiko. Aus dem Tagebuch des Fürsten Carl Khevenhüller 1864–1867. Amalthea, Wien, München 1983

Hartung, Klaus: Die neuen Kleider der Psychiatrie. Rotbuch Verlag, Berlin 1980

Haslip, Joan: Maximilian. Kaiser von Mexiko. Biederstein Verlag, München 1972

Kammerer, Peter und Krippendorff, Ekkehart: Reisebuch Italien 1 und 2. Rotbuch Verlag, Berlin 1982

Kugy, Julius: Aus dem Leben eines Bergsteigers. Bergverlag Rudolf Rother, München 1968

Mayr, Christoph und *Ortner, Peter:* Naturführer Südalpen. Athesia, Bozen 1981

Menis, Gian Carlo und *Rizzi, Aldo:* Friaul lebt. Herder, Wien, Freiburg, Basel 1977

Siciliano, Enzo: Pasolini. Beltz & Gelberg, Weinheim, Basel 1981

Schmid, Sil: Freiheit heilt. Verlag Klaus Wagenbach. Berlin 1977

Simon, Thomas (Herausgeber): Absage an die Anstalt. Campus Verlag, Frankfurt, New York 1980

Sotriffer, Kristian: Friaul und Julisch Venetien. Oberösterreichischer Landesverlag, Linz 1976

Sotriffer, Kristian: Die verlorene Einheit. Haus und Landschaft zwischen Alpen und Adira. Edition Tusch, Wien 1978

Spiel, Hilde: Mirko und Franca. Nymphenburger Verlagshandlung, München 1980

Svevo, Italo: Ein Mann wird älter. Bibliothek Suhrkamp, Frankfurt 1971

Svevo, Italo: Erzählungen 1. Rowohlt, Reinbek bei Hamburg 1983

Svevo, Italo: Erzählungen 2. Rowohlt, Reinbek bei Hamburg 1984

Svevo, Italo: Ein Leben. Rowohlt, Reinbek bei Hamburg 1984

Tomizza, Fulvio: Triestiner Freundschaft. Kiepenheuer & Witsch, Köln 1981

Camping Reiseführer: Italienische Adriaküste von Triest bis Senigallia. Polyglott + ADAC Verlag, München 1989

Fremdsprachige Titel

Benedetti, Graziano: Itinerari Naturalistici nel Friuli-Venezia Giulia. Istituto per l'Enciclopedia del Friuli Venezia Giulia, Udine 1983

Bergamini, Giuseppe: Itinerari per il Friuli Venezia Giulia. Guide de l'Espresso, Roma 1980

Capnist, Giovanni: I Dolci del Veneto. Franco Muzzio editore, Padova 1983

Coarelli-Lanfranco Franzoni, Filippo: The

Verona Arena. Twenty Centuries of History.
Ente Autonomo Arena di Verona 1972
Gregor, D. B.: Friulan. Language and Litera-
ture. The Oleander Press, Cambridge 1975
Martines, Lauro: Power and Imagination. Ci-
ty States in Renaissance Italy. Allen Lane.
Penguin Books Ltd., London 1980
Norwich, John Julius: Venice. The Rise to
Empire. The Greatness and the Fall. (2 Bän-
de) Allen Lane. Penguin Books Ltd., London
1977, 1981
Pozza, Neri und *Semenzato, Camillo:* Itine-
rari per il Veneto. Guide de l'Espresso, Ro-
ma 1983
Guida d'Italia: Friuli Venezia Giulia. Touring
Club Italiano, Milano 1982
Guida d'Italia: Veneto. Touring Club Italiano,
Milano 1969
Guide Michelin 1989. Clermont-Ferrand
I Ristoranti di Veronelli 1989, Giorgio Mon-
dadori & Associati, Milano

Essen und Trinken

Restaurants

Arcugnano bei Vicenza

Ristorante »Allo Storione«
In der Nähe des Villenhotels Michelangelo
Ruhetag: Sonntagabend und Montag.
Ein sympathisches Lokal der mittleren Preis-
klasse mit Terrasse inmitten der Colli Berici.

Arquà Petrarca
(in den euganeeischen Hügeln)

La Pergola
Via Roma 1
Ein sehr einfaches, nettes Lokal mit schattigem Garten, von dem aus man über die Colli
sieht.

La Montanella
Via Costa 33
Ruhetag: Dienstagabend und Mittwoch
Ferien: Januar und der halbe Februar.
Rustikal-elegantes Lokal in den Hügeln. Im
Herbst gibt es hier Wildspezialitäten.

Asolo

Villa Cipriani
Via Canova 298
In dieser hinreißend schönen venetischen
Villa kann man luxuriös wohnen und essen –
immer mit dem Blick über die zypressenbestandenen Hügel. Spezialitäten sind die verschiedenen Risotti, die gratinierten grünen
Nudeln, Milchlamm und Baccalà-Stockfisch
auf vicentinische Art.

Locanda 2 Mori
Piazetta Duse 229
Ruhetag: Mittwoch, Ferien: Mitte Juli – Mitte
August.
Gemütliches, einfaches Lokal

Hosteria Ca'Derton
Piazza D'Annunzio 11
Ruhetag: Montagabend und Dienstag.
Ferien: 2 Wochen im August und Februar.
Traditionelles sympathisches Lokal mit venetischen Spezialitäten, z. B. Baccalà mantecato con Polenta – Stockfischpürree mit Maisschnitten, Leber auf venezianische Art (mit Zwiebeln geröstet).

Bassano di Grappa

Ristorante »Al Sole«
Via Vittorelli 41
Ruhetag: Montag.
Ferien: Juli.
Angenehm zu sitzen, herrlich zu essen. In der Spargelzeit sollte man die Asparagi alla bassanese kosten, im Sommer die vielen Pilzgerichte, im Herbst das phantasievoll zubereitete Wild.

Ristorante S. Bassiano
Viale dei Martiri 36
Ruhetag: Sonntag.
Ferien: August.
Schöngelegenes Schlemmerlokal mit raffinierten Wild-, Fisch- und Spargelgerichten.

Caorle (San Giorgio di Livenza)

Al Cacciatore
Corso Risorgimento 32
Ruhetag: Mittwoch.
Ein ehemaliger, modernisierter Landgasthof mit einer großen Auswahl an frischem Fisch und Meeresfrüchten.

Castelfranco

Barbesin (an der Straße nach Treviso)
Ruhetag: Mittwochabend und Donnerstag.
Ferien: Anfang Januar und August.
Alle Köstlichkeiten dieser üppigen Gegend werden hier aufs sorgfältigste und phantasievollste zubereitet.

Antico Moretto
Via San Pio X
Ruhetag: Mittwoch.
Einfaches, gutes Lokal in der Altstadt mit venetischen Spezialitäten.

Chioggia

El Gato
Campo San Andrea 653
Ruhetag: Montag. Im Januar geschlossen.
Das Lokal ist berühmt für Risotto nero mit Tintenfisch und fangfrische Fische vom Grill.

Ristorante Penzo
Calle Larga Bersaglio 1
Ruhetag: Donnerstag.
Ferien: Mai.
Riesenauswahl an Meeresfrüchten und Fischen, erstklassiger Risotto. Ein Lokal für Fischfans.

Colloredo di Campeglio

(Von der Straße Cividale–Faedis abzweigende Nebenstraße, nicht zu verwechseln mit Colloredo di Monte Albano!)

Ristorante Giaiotto
Ruhetag: Freitag.
Wie ein gestrandetes Schiff ragt dieses Restaurant aus den Hügeln nördlich von Cividale – man hat einen wunderbaren Blick über die Landschaft, sofern man nicht vom fröhlichen Genießertum der Gäste abgelenkt wird. Hervorragendes, preiswertes Essen.

Conegliano

Tre Panoce
Via Vecchia Trevigiana
Ruhetag: Sonntagabend und Montag.
Ein Schlemmerlokal in einer alten Villa in den Hügeln mit erlesener venetischer Küche. Spezialität: Radicchiogerichte.

Cormons

Al Giardinetto
Via Mateotti 54
Ruhetag: Montagabend und Dienstag.
Ferien: Juli.
Eine reizvolle Mischung friulanischer und österreichischer Küche, wie etwa: Kaiserfleisch con crauti – durchzogenes Selchfleisch mit Kraut, Ente mit Polenta, Salami gebraten mit Balsamessig, Pilzgerichte.

Al Cacciatore Sirk
Localita Subida 22
Ruhetag: Dienstag und Mittwoch.
Ferien: im Februar.
Einfallsreiche Variationen der friulanischen Küche, etwas leichter als gewohnt. Man kann hier auch wohnen, am hübschesten in kleinen Bungalows in den Weinhügeln.

Cortina d'Ampezzo

Il Meloncino
Auf der Straße nach Pocòl, im Ortsteil Gillardon 17
Ruhetag: Dienstag in der Nebensaison.
Ferien: Juni und November.
Ein gemütliches Lokal mit herrlichem Blick auf die Berge; verfeinerte Regionalküche.

El Toulà
Via Ronco
Ruhetag: Montag, geöffnet vom 3. Dezember – 2. April und 15. Juli – 15. September.
Eine weitere Filiale des Trevisaner Feinschmeckertempels; feine Variationen der Regionalküche.

Da Leone ed Anna
Via Alverà 112
Ruhetag: Dienstag.
Ferien: Oktober, November.
Spezialität: sardische Küche, z. B. Spaghetti mit Bottarga, einem Fischrogen.

Ristorante Lago Scin
Lago Scin
Ruhetag: Mittwoch.
Ferien: Mitte April – Mitte Mai, Oktober, November.
Gemütliches Lokal mit Terrasse, Spezialitäten: Wild, Pilzgerichte.

Dolegna del Collio – Ruttars
(bei Cormons)

Al Castello dell'Aquila d'Oro
Ruhetag: Montag und Dienstag.
Ferien: 1. – 20. August.
In einem die Hügel beherrschenden Schloß an der Weinstraße Görz – Cormons ist dieses friulanische Spezialitätenrestaurant untergebracht. Von seiner Terrasse hat man einen wunderbaren Blick in die Landschaft mit ihren sanftgeschwungenen Weinbergen.

Draga Sant' Elia bei Pese
(im Karstgebiet, oberhalb von Triest, nicht weit vom Val Rosandra)

Locanda Mario
Ein kleines Gartenrestaurant (mit Zimmern) mit Triestiner Spezialitäten.
Ruhetag: Dienstag.

Forni di Sopra

Villa Alpina
Via Madonna della Salute
Einfaches, nettes Restaurant, das zu einer kleinen Pension gehört.

Giavera del Montello (bei Treviso)

Ristorante Agnoletti
Via Vittoria 131
Ruhetag: Montag, Dienstag.
Ferien: erste Julihälfte.

Eines der Lokale, die einen Umweg wert sind – er ist gar nicht so groß, wenn man die Palladio-Villa in Maser besucht. Ein altes Landhaus in den Weinhügeln mit Gartenhof, unter dessen Pergola man kühl und angenehm sitzt. Berühmt sind die phantasievollen Pilzgerichte – man kann auch ein ganzes Menu aus Pilzen bestellen. Köstlich die Crespelle – hauchdünne Crêpes mit cremiger Pilzfülle, die wilden Spargel, Kaninchen in würziger Sauce, das Eis mit frischen Himbeeren. Und zum Abschluß Grappa mit Heidelbeeraroma.

Görz

Laterna d'Oro

Auf dem mittelalterlichen Burgberg, beim Castello.
Ruhetag: Sonntagabend und Montag.
In gemütlichem, altem Gemäuer hat sich dieses populäre Restaurant eingenistet. Spezialitäten: Bohnensuppe, Wild, Grillgerichte, Braten mit einer Käse-Nußsauce, Strudel.

Gradiscutta di Varmo
(südlich von Codroipo)

Trattoria da Toni

Via Sentinis 1
Ruhetag: Montag.
Ferien: Mitte Juli – Mitte August.
Ein ruhig, inmitten eines Gartens gelegenes modernes Restaurant mit großem *fogolâr*, auf dem Fleisch und Geflügel gegrillt wird.

Grado

Locanda alla Fortuna – da Nico

Via Marina 10
Ruhetag: Donnerstag.
Anspruchsvolles Lokal in der Nähe des alten Hafens. Spezialitäten: Brodetto (Fischsuppe), Fischgerichte.

Tavernetta all'Androna

Calle Porta Piccola 4 (Altstadt)
Ruhetag: Dienstag.
Man sitzt im Sommer unter einem Sonnensegel im Freien. Spezialität: Fisch.

Auf der Straße von Grado – Richtung Monfalcone:
Da Napoleone

Fossalon di Grado, Via Luseo 4
Ein Gutshof mit einfachem, sehr preiswertem Restaurant und hübschem schattigem Hof.

In der Pineta von Belvedere:
Trattoria »Alla Buona Vite«

Via Boscat 15
Ein idyllisch gelegenes Gartenrestaurant mit einfachen, guten Gerichten.

Marano Lagunare

Alla Laguna – Vedova Raddi

Ruhetag: Dienstagabend und Mittwoch in der Nebensaison.

SEDE DELL'AZIENDA DI PRODUZIONE

La Casa Bertani, fondata all'inizio del XVIII Secolo dal Cavalier Giobatta Bertani ed ancor oggi diretta con amore, passione dalla famiglia Bertani ha il piacere di presentare il Bertani « AMARONE » di produzione limitata ma classicamente eletta, ottenuto unicamente con uve sceltissime della zona della Valpolicella, appassite e vinificate coi tradizionali metodi; viene invecchiato per anni in botti di vecchio rovere.
Se, come dicono i poeti, è vero che le stagioni ed il volto stesso di una terra, si rispecchiano nel suo vino, la fertile e cordiale terra di Valpolicella ha in questo AMARONE la sua espressione più completa e significativa.
Particolarmente adatto al momento del lieto conversare di fine pranzo e anche assai gradito con piatti forti.
Va consumato in ogni caso a temperatura ambiente.

CANTINE CAV. G. B. BERTANI
VERONA ITALIA

Eine Insel für Fischliebhaber, mitten im Getriebe dieses kleinen Fischereihafens in der Lagune. Spezialitäten: Cape sante (Jakobsmuscheln), gegrillter Fisch, Meringuetorte.

Maròstica

Dalla Rosina
Valle S. Floriano
Ferien: 20.–28. Februar und August.
Drei Kilometer außerhalb der Stadt, sehr ruhig gelegen mit typisch venetischer Küche.

Mel (bei Belluno)

Antica Locanda al Cappello
Ruhetag: Montag und Dienstagabend.
Ferien: Juli.
Ein herrliches altes Haus mit verfeinerter Lokalküche und ausgezeichneten Weinen.

Mira (am Brentakanal zwischen Padua und Venedig)

Nalin
Via Novissimo (an einem Seitenkanal)
Ruhetag: Sonntagabend und Montag.
Ferien: im August und 26. Dezember – 5. Januar.
Fisch ist die Spezialität dieses Hauses. Wer gemischte Antipasti bestellt, bekommt eine Überfülle verschieden zubereiteter Meeresfrüchte, darunter Cape sante gratinate – gratinierte Jakobsmuscheln – Insalata mare – Salat aus Meeresfrüchten.

Mirano (nahe des Brentakanals)

Ristorante ai Molini e El Tinelo
Via Belvedere 8
Ruhetag: Montag, Dienstagmittag.
Eine Kombination von drei Lokalen: Feinschmeckerlokal, Restaurant für traditionelle Gerichte und Osteria mit einfachen Speisen in der Nachbarschaft eines Barockparks.

Monrupino

Ristorante Skalar
Via Rupingrande 70
Alter Landgasthof mit der typischen Küche
des Karsts:

Wildspezialitäten, Gnocchi mit verschiedenen Saucen, Grillgerichte, Strudel. Und:
Terrano, der nach Beeren schmeckende
Karstwein.

Montagnana

Aldo Moro
Via Marconi 27
Ruhetag: Montag.
Ein sympathisches, nicht allzu teures Lokal
in der von uralten Mauern umgebenen Stadt.

Muggia (bei Triest)

Ristorante Belvedere
Strada per Chiampore 46
Angenehmes, preiswertes Lokal mit Blick
über die Bucht.

Noventa di Piave

Trattoria alle Guaiane
Via Guaiane 144
Ruhetag: Montag und Dienstagabend.
Ferien: Januar und August.
Einfallsreiche venetische Kost: Lasagne mit
Artischocken, Kutteln, gegrillte Fische,
Fruchttorten.

Padua

Ristorante El Toulà
Via delle Parti 11
Ruhetag: Sonntag und Montagmittag.

Ein Ableger des El Toulà in Treviso, elegant
und sophisticated, in einem wundervollen alten Haus mit schönen Gewölben. Spezialitäten: Risotto mit Hopfensprossen, Moleche,
(Krabben ohne Panzer). Coda di Rospo
(Angler) mit Rosmarin.

Ristorante Dotto Centro Storico
Via Squarcione 23
Ruhetag: Sonntagabend und Montag.
Ein zentral gelegenes Lokal in der Nähe des
Palazzo della Ragione mit venetischen Spezialitäten: Sarde in saor (gebratene und gesäuerte Sardinen) Baccalà (Stockfisch), Zabaione (Weincreme).

Ristorante S. Clemente
Corso Vittorio Emanuele II. 142
Ruhetag: Sonntag und Montagmittag.
Erstklassige, kreative Küche in einer wunderschönen alten Villa.

Ristorante Casa Veneta
Via Ponte Molino
Ruhetag: Sonntagabend und Montag.
Angenehmes Lokal mit vielen typischen
Spezialitäten der Region.

Passariano, in der Villa Manin

Ristorante del Doge
Ruhetag: Montag.
Ferien: 24. Dezember – 8. Januar.
In einem Seitentrakt der Villa des letzten venezianischen Dogen untergebracht. Es gibt
ein elegantes Restaurant mit einer kleinen
Terrasse unter den Arkaden, in dem man gut
essen kann. Spezialität: Oca alla Manin con
Polenta, Gans mit Polenta, oder auf Bestellung: Aal.

Kleinigkeiten bekommt man in der einfacheren Osteria.

Peschiera del Garda

Piccolo Mondo
Piazza del Porto
Ruhetag: Dienstagabend und Mittwoch.
Hier gibt es in romantischer Umgebung, mit
Blick auf den See, Fischgerichte aller Art.

Piano di Arta Terme
(unweit des Plöckenpasses)

Ristorante Salon
Via Casaletto 37
Ruhetag: Dienstag.
Ferien: 10. November – 10. Dezember.
Inmitten der Berge ein elegantes, modernes
Restaurant am Rande eines kleinen Kurorts.
Spezialitäten: Forellen, Pilzgerichte, Risotto
mit wildem Spargel, überbackene Würste,
Erdbeer- oder Heidelbeercreme.

Pordenone

Taverna Noncello
Via Marconi 34
Ruhetag: Sonntag.
Ferien: August.
Ein gemütliches Lokal mit hervorragender
Küche. Friulanische Spezialitäten werden
hier sehr leicht und aromatisch zubereitet.
Spezialitäten: Risotto mit Peperoni, Gnocchi
mit geräuchertem Käse, Reh mit Gnocchi
aus Kartoffelteig.

Preganziol
(zwischen Treviso und Venedig)

Trattoria alle Grazie
Via Terraglio 114
Ruhetag: Samstag, Sonntag im Juli, sonst
Donnerstagabend und Freitag.
Ein von außen unscheinbar wirkendes mo-
dernes Restaurant an der Hauptstraße mit
jenem betörenden Arrangement frischer

Vor- und Nachspeisen, das ein vertrauener-
weckendes Angebot signalisiert. Phantasievolle Verarbeitung von Radicchio, würzigen
Schnecken, Stockfisch, gegrilltem Lamm.
Die gutgekühlte, milde Grappa beschließt
ein üppiges Mahl.

San Floriano (zwischen Görz und Cormons, an der Weinstraße)

Castello Formentini
Ruhetag: Montag.
Ferien: Januar und Februar.
Elegantes Restaurant in einem uralten Fa-
milienbesitz mit Weingut inmitten des Collio.
Friulanische Gerichte und hervorragende Ei-
genbauweine.

San Giorgio di Valpolicella
(nördlich von Verona)

Trattoria dalla Rosa Alda
Strada Garibaldi 4
Eine gepflegte, einfache Gaststätte ohne
Zugeständnisse an Touristen, hier essen
Leute aus dem Ort die Veroneser Riesensa-
lami zum Wein, Fettucine mit Trüffel, Carpaccio mit Parmesanspänen. Der offene
Valpolicella läßt vergessen, was in nördlichen Supermärkten unter diesem Namen
angeboten wird. Daß es auch noch eine
schattige Terrasse gibt, erhöht das Eßver-
gnügen.

Sant'Ambrogio di Valpolicella
(nördlich von Verona)

Ristorante Groto di Corgnan
Via Corgnano 41
Ruhetag: Sonntagabend und Montag.
Ferien: August.
Eine hervorragende Chance, Valpolicella,
dort, wo er wächst, in Begleitung erstklassi-

ger Spezialitäten zu verkosten: mit hausgemachten Pasteten, Polenta mit Pilzen, Ente mit Morcheln.

Sant'Andrat del Judrio (zwischen Udine und Görz)

Osteria dell'Armistizio 1866
Piazza Zorutti 7
Ruhetag: Montag.
Ferien: August.
Eines der sympathischsten friulanischen Restaurants mit einem *fogolâr,* auf dem aromatisch gewürztes Fleisch gegrillt wird und wo es alle Spezialitäten der heimischen Küche in hoher Qualität gibt. Das nach Jahreszeit wechselnde Angebot bestimmt den Speisezettel. Die Atmosphäre verdankt das Lokal den sympathischen und tüchtigen Wirtinnen.

Sappada (Provinz Belluno, nahe der Grenze zwischen Friaul und Venetien)

Ristorante Hotel Belvedere
Cima Sappada
Ferien: jedes Jahr anders.
Inmitten von Zweieinhalbtausendern liegt der bei jungen Italienern sehr beliebte Wintersportort, von dem aus im Sommer lohnende Touren möglich sind. Raffinierte Variationen der handfesten Bergkost werden in diesem Restaurant serviert: *Gnocchi* aus Edelkastanien, Käseknödel mit Salbei, Koteletts mit Trauben, Wildgerichte.

Sauris di Sotto

Locanda alla Pace
Ruhetag: Mittwoch.
Ferien: Ende September – Anfang Oktober.
Hier gibt es den berühmten geräucherten Schinken des Ortes, geselchte Würste mit Kraut, Gnocchi mit Käsesauce, hausgemachtes Brot.

Solighetto di Pieve di Soligo (30 km von Treviso)

Locanda da Lino
Ruhetag: Montag.
Ferien: Juli.
Zwölf Fremdenzimmer. Ein hervorragendes Restaurant nahe der Weißweinstraße, gemütlich mit vielen Kupferkesseln und typisch venetischer Küche. Besonders köstlich in der Saison: Trüffelrisotto, Perlhuhn in Pfeffersauce. Prosecco, der leichte Weißwein eigener Produktion, wird offen serviert.

Tarcento

Al Mulin vieri
Via dei Molini 10
Ruhetag: Dienstag.
Ferien: Juni.
Nicht ganz leicht zu finden, obwohl es Hinweisschilder gibt, die zu dieser alten Mühle am Flußufer führen. Ein wunderschönes Gartenrestaurant mit typisch friulanischer Kost, z. B.: Orzo e fagioli (Gerste mit Bohnen), Risotto mit Spargel oder Pilzen, Forelle mit Pilzen, Strudel.

Tavagnacco (bei Udine)

Trattoria al Grop
Via Mateotti 7
Ruhetag: Donnerstagabend und Freitag.
Ferien: Juli.
Das Lokal ist berühmt für seine Spargelspezialitäten, seine Pilz- und Wildgerichte. Es ist ziemlich groß, aber nicht ungemütlich. An Feiertagen sollte man es meiden, weil hier Familienfeste gefeiert werden und die Chance gering ist, daß man noch Platz findet.

Treviso

Ristorante Alfredo El Toulà
Via Collalto 26
Ruhetag: Sonntagabend (Juli, August), Montag.
Eines der elegantesten Lokale Venetiens, Stammhaus einer kleinen, erlesenen Re-

staurantkette, zu der auch das Villenhotel Relais El Toulà in Paderno di Ponzano (mit Restaurant) gehört. Hier bekommt man eine raffinierte Melange aus italienischer und internationaler Küche aus den edelsten Ingredienzien. Alfredo ist der Erfinder des oft kopierten Carpaccio – hauchdünn geschnittenen marinierten Rindsfilets mit Käsespänen. Berühmt sind Alfredos Risotti mit Artischoken, Rindsmark oder Trüffel, sein Branzino – Seebarsch mit Gemüsen, seine Fruchttorten und die unwiderstehliche Crème Catalane.

Ristorante Beccherie
Piazza G. Ancillotto 11
Ruhetag: Donnerstagabend und Freitag.
Ferien: Mitte–Ende Juli.
Handfeste Küche mit dem Schwergewicht auf den Spezialitäten der Gegend: Radicchio mit Bohnen und Nudeln, als Suppe und gegrillt angeboten. Große Auswahl an gegrilltem Fleisch.

All' Antica Torre
Via Inferiore 55
Ruhetag: Sonntag,
Ferien: August.
Ein sympathisches Lokal mit vielen Bildern, die befreundete Maler dem Wirt überließen. Gute, einfache Küche, wie überall in dieser Gegend vom Markt inspiriert.

Osteria al Dante
Piazza Garibaldi 6
Ruhetag: Samstag abend und Sonntag,
Ferien: August.
Ein typisches, einfaches Lokal, in dem man auch nur ein Glas Wein trinken und Cicchetti – kleine Imbisse – zu sich nehmen kann.

Tricesimo

Boschetti
Piazza Mazzini 10
Ruhetag: Montag.
Ferien: 15 Tage im August.

Eines jener eleganten, exquisiten Restaurants, die ihren (hohen) Preis wert sind. Leichte, bekömmliche Küche mit vielen Fischspezialitäten, Abwandlungen friulanischer Rezepte. Jedes Detail stimmt, von den hausgemachten, knusprigen Grissini bis zu den Miniaturdesserts zum Kaffee. Das Service ist der Noblesse der Küche angepaßt. Ein kleines Hotel mit sehr gepflegten Zimmern und eine einfachere Taverne gehören zum Haus.

Triest

Ristorante »Al Granzo«
Piazza Venezia 7
Ruhetag: Mittwoch.
Frischer Fisch, hervorragend zubereitet, gutes Service, sympathische Umgebung, im Sommer eine kleine Terrasse mit Blick auf die Fischhalle und den Hafen – eines der angenehmsten Restaurants Triests – allerdings wie alle guten Fischrestaurants in der gehobenen Preiskategorie.

Antica Trattoria Suban
Via Comici 2
Ruhetag: Montagmittag und Dienstag.
Ferien: August.
Spezialitäten der slawischen Küche, wie die üppige Jota, eine Suppe aus Kraut, Speck und Fleisch oder Schinken mit Meerrettich, Wildgerichte mit Kartoffelstrudel. Man bekommt hier auch den Karstwein Terrano.

Trattoria ai Fiori
Piazza Hortis 7
Ruhetag: Dienstag und Mittwoch.
Ein angenehmes, klassisches Lokal mit hervorragenden Fischvorspeisen und Fischgerichten, die phantasievoll zubereitet werden. Sehr gute Weine.

Buffet da Pepi
Via Cassa di Risparmio 3

Ruhetag: Sonntag, Ferien: Juli.
Ein einfaches, typisch triestinisches Lokal mit slawischer Küche. Äußerst preiswert.

An der Straße von Triest nach Monfalcone (nach Grignano)
Trattoria »Alla Costiera«
In herrlicher Lage über dem Meer. Spezialitäten: Fisch. Eine steile Treppe führt zu einem kleinen, steinigen Badeplatz.

Udine

Alla Buona Vite
Via Treppo 10 (nicht weit vom erzbischöflichen Palais)
Ruhetag: Sonntagabend und Montag.
Ferien: August.
Die venezianischen Besitzer kultivieren ihre Vorliebe für Fisch und Meeresfrüchte, die Spaghetti allo chef sind eine köstliche Allianz zwischen Nudeln und Krebsen, Tintenfische serviert man wie in Venedig in ihrer schwarzen Sauce mit Polenta.

Vitello d'Oro
Via Valvason 4 (beim Markt)
Ruhetag: Mittwoch.
Ferien: Juli.
Ein traditionsreiches, gemütliches Lokal mit reicher Auswahl an Vorspeisen, friulanischen Fleischgerichten, frischem Fisch, üppigen Desserts.

Antica Maddalena
Via Pelliccerie 4 (nicht weit vom Markt)
Ruhetag: Sonntag und Montagmittag.
Ferien: August.
Ein elegantes, kleines Restaurant mit guter Küche.

Là di Moret
Viale Tricesimo 154
Ruhetag: Freitag und Sonntag (im Sommer),
Ferien: Juli.

Besonders hübsch sitzt man hier im alten Teil des Restaurants, in der Nähe des *fogolâr,* des friulanischen Kamins. Spezialitäten des Landes, wie Rigatoni alla Moret – Teigwaren mit Schinken – aus Sauris, Gulasch mit Gnocchetti (kleine Nockerln), im Herbst Wildgerichte.

Alla Vedova
Via Tavagnacco 9
Ruhetag: Sonntag abend und Montag,
Ferien: August.
Ein volkstümliches Lokal mit Garten und *fogolâr,* in dem die handfeste friulanische Küche zu Hause ist, mit Muset e brovada (Wurst mit gesäuerten Rüben), gegrilltem Fleisch und Geflügel.

Verona

Arche
Via Arche Scaligere 6
Ruhetag: Sonntag und Montag mittag,
Ferien: Juli.
In nächster Nähe der Scaliger-Gräber, in einem Haus, das den Montecchi gehörte, der Familie, die Shakespeare für seine Julia reklamierte, befindet sich dieses traditionsreiche Fischlokal. Alle Köstlichkeiten der venezianischen Küche von Sarde in saor über Risotto nero, gegrillte Scampi finden sich hier in Luxusausgabe.

Il Desco
Via Sebastiano 7
Ruhetag: Sonntag.
Ferien: Mitte Juni – Anfang Juli.
Stimmungsvolles Restaurant in einem alten Palazzo mit äußerst einfallsreicher Küche: Tortellini mit aromatisch gewürzter Fischfülle, Jakobsmuscheln mit rosa Pfeffer. Sehr teuer.

I Dodici Apostoli
Corticella San Marco 3

Ruhetag: Sonntagabend und Montag.
Ferien: Mitte Juni–Anfang Juli.
Das klassische Veroneser Lokal, von dem
es abwechselnd heißt, es verdiene seinen
Ruf nicht oder es hätte ihn wiedergefunden.
Hoffnungslos ohne Anmeldung zur Zeit der
Arena. Spezialität: Trüffeltoast, Lachs im
Brotteig.

Nuova Cà dell'Ebreo
Via Bresciana 8
Ruhetag: Montagabend und Dienstag.
Ferien: Ende Juni – Mitte Juli.
Außerhalb von Verona an der Strada Statale
11. Ein einfaches, typisches Lokal, berühmt
für sein Bollito misto (gemischtes, gekochtes
Fleisch) mit pikanten Saucen, seine Pasta e
fagioli und seine Braten.

Re Teodorico
Piazzale Castel San Pietro
Ruhetag: Mittwoch.
Ferien: November.
Von der Terrasse ein herrlicher Ausblick
über die Dächer der Stadt. Spezialitäten:
Fisch. Teuer.

Vicenza

Allo Scudo di Francia
Via Piancoli 4
Ruhetag: Sonntagabend und Montag.
Ferien: erste Hälfte August.
Hier sitzt man im Sommer kühl und bequem
unter den schönen Gewölben eines gotischen Palazzos und kann an Ort und Stelle
nachprüfen, wie Baccalà (Stockfisch) auf vicentinische Art schmeckt, hat die übliche
Riesenauswahl an Vorspeisen und Desserts. Wem Puttana (Prostituierte) offeriert
wird, muß mit Fruchtcreme rechnen.

Ristorante da Remo
Via Ca Impenta 14 (bei der Autobahnaus-
fahrt Vicenza Est-Osten)

Ruhetag: Sonntagabend und Montag.
In den Stallungen einer alten Villa präsentiert
sich dieses kultivierte Lokal, in dem es besondere Köstlichkeiten zu entdecken gibt,
z. B.: Paetta al malgaragno – Truthahn mit
Granatapfelsauce –, im Frühjahr Milchlamm
und Kitz, Risotto mit Kürbis oder mit Rosmarin.

Ristorante da Sergio e Ciaccio al Pozzo
Via Sant'Antonio 1
Ruhetag: Dienstag.
Elegantes Jugendstilinterieur als Rahmen
eines herzhaften Eßerlebnisses. Spezialitä-
ten: Steinpilzsuppe, frischer Lachs in zarter
Cognacsauce, Kalbshaxen mit Gemüse.

Gran Caffè Garibaldi
Piazza dei Signori
Ruhetag: Dienstag abend und Mittwoch.
Ein Logenplatz im Zentrum Vicenzas mit
Kaffeehaus- und Restaurantbetrieb.

Zompitta di Reana del Roiale

Leicht zu finden, wenn man von Tricesimo
Richtung Nîmis fährt und auf den Ortshin-
weis Zompitta achtet.

Antica Trattoria »da Rochet«
Ruhetag: Mittwoch.
Ferien: Mitte August – Mitte September.
Eine idyllische alte Mühle an einem Bach,
mit verwuchertem Garten, mitten im Lokal
ein *fogolâr*. Eine große Auswahl an Risotto,
je nach Saison mit Hopfensprossen, Spargel, Pilzen, Wurst. Hauptgerichte: Fleisch
oder Fisch, deren Zubereitung am Grill man
speichelschluckend verfolgt. Als Dessert ein
besonders gutes Tiramisù. In der Nachbarschaft: Kenner und Genießer, die aus ihrem
Wohlbehagen kein Hehl machen. Ein Lokal,
das aus vielen Gründen – auch die modera-
ten Preise gehören dazu – einen Umweg
wert ist.

Speisekarte

Abacchio	Milchlamm
Anguilla (auch bisato oder bisao)	Aal
Anguria	Wassermelone
Animella	Bries, Milken
Asparagi	Spargel
Baccalà (auch stoccafisso)	Stockfisch
Besciamella	Bechamel
Bistecca	Beefsteak
Bollito	gekochtes Fleisch
Branzino	Seebarsch
Brodo	Bouillon
Brodetto	Fischsuppe
Burro	Butter
Calamari	Tintenfische
Cape Lunghe	Stabmuscheln
Cape sante	Jakobsmuscheln
Carciofo	Artischocke
Coda di rospo	(Wörtlich: Krötenschwanz) Angler, bzw. Seeteufel, ein Fisch mit festem Fleisch und starker Mittelgräte
Colomba	Gebäck in Taubenform
Coperto	In ganz Italien zahlt man einen Pauschalpreis für Brot und Gedeck
Cotechino	Kochwurst
Cozze	Miesmuscheln
Crostata	Flacher, mit Obst oder Nüssen belegter Kuchen
Fagioli	grüne Bohnen
Faraona	Perlhuhn
Fegato	Leber
Fettucine	Bandnudeln
Finocchio	Fenchel
Fiori di zucca	Kürbisblüten. Sie werden in Backteig getunkt und gebacken
Formaggio	Käse
Fragole	Erdbeeren
Fritto misto	In Backteig gehüllte und frittierte Stücke von Gemüse, Fleisch, Innereien oder Fisch, bzw. Meeresfrüchten
Funghi	Pilze
Funghi porcini	Steinpilze

Garusoli	Meeresschnecken
Gnocchi	Nocken aus Kartoffelteig oder Maisgrieß
Granceola	Meeresspinne
Involtini	Rouladen
Lamponi	Himbeeren
Lasagne	breite Nudeln
Lepre	Wildhase
Luganighe	Schweinswurst
Macedonia di frutta	Obstsalat
Mandorle	Mandeln
Mele	Äpfel
Minestrone	Dicke Gemüsesuppe
Molecche	Krabben, die zur Zeit ihres Panzerwechsels im Frühjahr und im Herbst gefangen und gebraten werden
Mostarda	Senf
Nervetti	Kalbsknorpel, gekocht, gewürzt und gesäuert, eventuell mit rucola, einem Salat, serviert
Orata	Goldbrasse
Peperoncino	kleine, scharfe Pfefferschote
Peperoni	milde Paprikaschoten
Polenta	Maisbrai, goldgelb oder weiß. Wird häufig gegrillt zu Fisch oder Fleisch gereicht
Pollo	Huhn
Pomodoro	Tomate
Porro	Lauch
Prezzemolo	Petersilie
Prosciutto	Schinken
Quaglia	Wachtel
Radicchio	Zartbitter schmeckender Salat, häufig rot oder rot-weiß gefleckt, aber auch grün
Risotto	Suppiges Reisgericht als Vorspeise mit Fisch, Meeresfrüchten, Pilzen, Spargel, Kräutern und geriebenem Parmesan
Rognone	Niere
Rucola	Aromatisch-bitterer Salat mit kleinen, grünen Blättern

Salsa	Sauce
San Pietro	St. Petersfisch, grätenarm
Scaloppina	Schnitzel
Schie	Kleine graue Meereskrabben
Semifreddo	Halbgefrorenes
Seppia	Tintenfisch (wird er mit seinem eigenen Saft zubereitet, heißt er seppia in umido oder col negro)
Sgombro	Makrele
Sogliola	Seezunge
Spinaci	Spinat
Sugo	Sauce, Saft
Tartuffi	Trüffel
Tartuffi di mare	Meerestrüffel, eine Muschelart
Tiramisú	(Wörtlich: zieh mich hinauf) Ein Dessert aus kaffee- und likörgetränktem Biskuit, Creme und geriebener Schokolade
Tonno	Thunfisch
Trifolato	Wörtlich: getrüffelt. Meist mit Petersilie und Knoblauch gewürzt
Triglie	Seebarbe
Trippe	Kutteln
Uovo	Ei
Uva	Weintraube
Vino della casa	Der offene Wein des Hauses
Vitello	Kalb
Vongole	Venusmuscheln
Zucca	Kürbis
Zuppa	Suppe

Weingüter, die man besuchen kann

Alle Weingüter, die ein Hinweisschild an der Straße und einen Zweig darüber ausstellen, freuen sich über interessierte Besucher. Hier nur ein paar Hinweise auf Weinproduzenten, die ganz speziell darauf eingestellt sind, besonders wenn man sich vorher telefonisch ankündigt.

Azienda Agricola »Conti Attems«
Lucinico (Görz)
∅ 0481/390206

Azienda Agricola »Villa Russiz«
Capriva del Friuli (Görz)
∅ 0481/60277

Cantina del Friuli Centrale
Bertiolo (Udine)
⌀ 0432/91 70 24

Antica Azienda Agricola dei Conti Formentini
S. Floriano del Collio (Görz)
⌀ 0481/8 11 23

Azienda Agricola Fratelli Pighin
Pavia di Udine
⌀ 0432/67 54 44

Cantina Produttori Vini del Collio e dell'Isonzo
Cormons (Görz)
⌀ 0481/6 05 79

Feiertage

1. Januar
25. April (Befreiungstag)
Ostermontag
1. Mai
15. August (Mariä Himmelfahrt, traditioneller Ferienbeginn der Italiener)
1. November (Allerheiligen)
8. Dezember (Mariä Empfängnis)
25. und 26. Dezember

An diesen Tagen halten Läden und Banken geschlossen. Fällt einer dieser Feiertage auf einen Donnerstag oder Dienstag gilt der dazwischenliegende Freitag oder Montag automatisch als Feiertag.

GIASSICO

MITTELEUROPA

Feste

»Sagra«, das ist der Schlüssel zu den populären Festen des Landes. Wo der Hinweis »sagra« steht, kann man sich ruhig niederlassen zu unverfälschtem Wein, gegrillten Fischen, Würsten, Koteletts, lustiger Musik und fröhlichen Kontakten. Zur Kirschenzeit gibt es eine *sagra* in **Maròstica**, fast jeder weinproduzierende Ort veranstaltet eine oder mehrere nicht nur zur Lesezeit, sondern auch während des Jahres, Kirchen feiern ihre Feste genauso übermütig wie die kommunistische Zeitung »L'Unità« oder Traditionalisten den Geburtstag von Franz Joseph am 18. August in **Giassico.** Meist wird getanzt, häufig gibt es Volksmärsche, bei denen alle gewinnen, wenn auch nicht viel – und sei es auch nur ein Plus an Kondition.

In **Caorle** wird im Juni die »Festa del Centro Storico« gefeiert, in der es in der schönen Altstadt des populären Badeortes, rund um die Kathedrale aus dem 11. Jahrhundert,

von Eß- und Tanzlustigen wimmelt. Es werden Fischgerichte angeboten. Im August gibt es dann die »Festa del Pesca«, ein Fest zu Ehren von Fisch und Fischern.

Von **Grado** aus zieht am ersten Sonntag im Juli eine Schiffsprozession auf die Wallfahrtsinsel Barbana, dabei wird die Madonnenstatue der Kirche Santa Eufemia mitgeführt.

Der Fischerort **Marano Lagunare** feiert am 15. Juni seinen Schutzheiligen San Vito mit einer feierlichen Schiffsprozession.

In **Sacile** wird am Sonntag nach *ferragosto* (dem 15. August) die »Sagra dei Osei« (siehe S. 246) gefeiert, die traditionelle Vogelmesse, bei der auch Vogelstimmenimitatoren auftreten.

Der »Kuß der Kreuze«, eine feierliche Prozession zur Kirche **S. Pietro di Cárnia bei**

Zúglio, findet am Tag von Christi Himmelfahrt statt. Dabei berühren die fahnengeschmückten Kreuze das Kreuz der Kirche.

Am Karfreitag wird seit Jahrhunderten im friulanischen **Erto** die Passion Christi sehr eindrucksvoll dargestellt.

In **Tarcento** findet jedes Jahr Mitte Juli ein fünftägiges Folklorefest mit Musik und Tanz bekannter Gruppen statt. Es heißt: »Europa dei Cuori«.

Am Faschingssonntag ziehen riesige, figurengeschmückte Wagen durch den kleinen Ort **Muggia** bei Triest, daran schließt sich ein turbulentes Fest an.

Am 24. Juni, dem Johannestag, steigen in den karnischen Dörfern, z. B. in **Ravascletto,** glühende Holzscheiben in den Nachthimmel, dabei werden die Namen vermutlicher Liebespaare ausgerufen.

In **Asiago** reitet der Pfarrer an Festtagen auf einem weißen Pferd um die Felder der Umgebung und singt das Evangelium. Eine Prozession folgt ihm mit Gebeten für ein gutes landwirtschaftliches Jahr. Fronleichnam wird überall im Land mit feierlichen Umzügen und gestreuten Blumen gefeiert. In **Cortina** gibt es am Abend ein Fest mit Schießwettbewerb, Tanz, Feuerwerk und ausgelassenen Späßen.

Die beiden Marienfeiertage, am 15. August und am 8. September, sind der Anlaß großer Umzüge, zum Beispiel zur Kirche auf dem **Monte Berico in Vicenza.**

In **Padua** wird der Tag des Heiligen Antonius, der 13. Juni, unter großer Anteilnahme mit Prozessionen gefeiert. Kinder, die von einer Krankheit geheilt wurden, nehmen in kleinen Franziskanerkutten daran teil.

Ein Hundefest feiert **Bellino** (Rovigo) am 26. November. Die Hunde dürfen zu Ehren ihres Schutzpatrons, des Heiligen Bellino, ohne Maulkorb herumlaufen und bekommen besonders gutes Futter.

Verona feiert nicht nur im Juli und August sein großes Opernfest in der Arena, sondern auch am Freitag vor dem Faschingssonntag den »Re di gnocco«, den Knödelkönig. Die besten Köchinnen Veronas wetteifern dabei mit ihren Geheimrezepten, die ganze Stadt ißt Gnocchi und läßt sie in Wein schwimmen.

Weniger bekannt ist in Verona die Frühlingssaison, die Konzerte und Opern in die Arena bringt.

ARENA DI VERONA

Karten für die Arena in Verona bekommt man in größeren Reisebüros, man muß sie mindestens ein halbes Jahr vor der Aufführung bestellen.

Manchmal gelingt es, unmittelbar vor der Vorstellung noch Rückgabekarten zu ergattern, manchmal verfügen Hotelportiers oder die Cafékellner an der Piazza Brà über Einzelkarten.

Geld

Banken sind von Montag bis Freitag von 8.30–13.30 Uhr geöffnet. Nachmittags, an Samstagen, Sonntagen und Feiertagen bleiben sie geschlossen. In frequentierten Ferienorten gibt es Reisebüros, die zu den üblichen Geschäftszeiten Geld wechseln und Wechselstuben (auch in Bahnhöfen), die meist auch am Wochenende offenhalten.

Geschäftszeiten

Offiziell sind die Läden zwischen Montag und Samstag von 9–13 Uhr und von 15.30–19.30 Uhr geöffnet. Lebensmittelläden halten meist bis 20 Uhr und später offen. An einem Tag pro Woche kann geschlossen bleiben – in Triest ist es der Montag. Aber nicht alle Läden halten diesen Ruhetag ein.

Gesundheit

Ärztliche Nothilfedienste (Pronto Soccorso) ∅ 113

Hinweistafeln an **Apotheken** (Farmacia) geben jeweils die nächste diensthabende Nachtapotheke an.

Internationale Krankenscheine von Touristen aus EG-Ländern und Österreich werden in Italien akzeptiert. Man muß sie in einer Landeskrankenkasse (INAM-Büro) bestätigen lassen. Wer eine Arztrechnung selbst zahlt, kann sie der eigenen Krankenkasse einreichen, sofern die einzelnen Beträge genau bezeichnet und die Leistungen detailliert aufgeführt sind.

Listen deutschsprechender Ärzte liegen in Fremdenverkehrsbüros aus.

Heilbäder

Im Friaul

Arta Terme, nördlich von Tolmezzo
Kurmittel: Schwefelhaltiges Mineralwasser für Bäder, Inhalationen, Schlammpakkungen.
Gegen: Arthritis, Bronchitis, Hautkrankheiten, Darm- und Leberleiden.

Grado

Kurmittel: stark salzhaltiges Meerwasser für Bäder, Inhalationen; quarz-, jod- und salzreicher Sand für Sandbäder.
Gegen: Rheumatismus, Ischias, Arthritis, Stoffwechselstörungen, Erkrankungen der oberen Luftwege, Frauenkrankheiten.

Lignano

Kurmittel: salzhaltiges Meerwasser zum Baden und Inhalieren; quarz-, jod- und salzreicher Sand für Sandbäder.
Gegen: Stoffwechselstörungen, Rheumatismus, Ischias, Arthritis, Frauenkrankheiten, Erkrankungen der oberen Atemwege.

In Venetien

Abano Terme
Kurmittel: Heilschlamm mit vegetabilen und mineralischen Bestandteilen. Radioaktive, jod- und bromhaltige Mineralwässer. Schwitzgrotten. Inhalationen.
Gegen: Rheumatismus, Entzündungen der Muskeln, Sehnen, Nerven und des Knochenmarks. Gicht. Übergewicht, chronische Katarrhe.

Montegrotto, Battaglia Terme und **Galzignano** haben die gleichen Kurmittel und Anwendungen wie Abano.

Klima

So unterschiedlich wie die Landschaften der Regionen Friaul-Julisch Venetien und Venetien ist auch das Klima.

Im Norden herrscht alpines Wetter, der von Bergen abgeschirmte Gardasee ist besonders mild, die Po-Ebene wird vom Kontinentalklima bestimmt.

Triest wird im Winter von der gefürchteten Bora heimgesucht, die winterlichen Adriastürme lassen sich kaum vorstellen, wenn man die langen, warmen Küstensommer kennt.

In beiden Regionen sind Frühling und Herbst mild, September und Oktober zeichnen sich durch klares, warmes Wetter aus, das z. B. im euganeeischen Hügelland noch Sommertemperaturen zeitigen kann. Danach setzen die ersten Nebel ein.

Konsulate

Deutsche Konsulate

Triest
Via Cellini 3
∅ (040) 234 11, 301 24, 684 53

Venedig
San Marco, Sottoportego Giustinian 2888
∅ (041) 522 51 00

Österreichische Konsulate

Triest
Via dei Navali 23
∅ (040) 790 891

Venedig
Piazzalle Romo 416/4
∅ (041) 520 04 56

Schweizerisches Konsulat

Venedig
Dorsoduro, Campo San Agnese 810
∅ (041) 522 59 96

Kuriositäten

»La pazza Italia« – das verrückte Italien –, heißt ein Führer von Michele Neri zu kuriosen und sehenswerten Bauten, Denkmälern, Festen. Er weist zum Beispiel auf den vier Wochen dauernden *Karneval* des Skiortes *Sappada* hin, in dem geschmückte Wagen durch den Ort ziehen, Maskeraden und Bälle veranstaltet werden. Auf das *Luftfahrtmuseum* in *San Pelagio* bei Carrara San Giorgio, den *Dinosaurierpark* in *Bussolengo* bei Verona mit seinen gigantischen Reproduktionen von Urviechern. Auf den elegantesten Stall der Welt, im *Schloß Porto-Colleoni* in Thiene, wo Pferde zwischen Marmorplastiken standen. Auf das *Benjamin Gigli-Museum* in *Monfalcone,* Via Mazzini 15, mit der größten Sammlung von Platten und Erinnerungsstücken an den großen Tenor. Auf einen »*Supermarkt*« *mittelalterlicher Waffen und Rüstungen* in *Maniago,* Via dei Fabbri 13, wo man Nachbildungen kaufen kann. Und auf die kostbarste *Grappa* aus dem an sich schon sehr seltenen Picolit-Wein: in der Destillerie von Gianola Nonino in *Percoto* bei Udine. Und noch auf eine Menge anderer Kuriositäten.

Märkte

Jede Gemeinde mit Marktrecht veranstaltet regelmäßige Märkte. In kleinen Orten meist

einmal in der Woche – den Tag erfährt man im Hotel oder im Fremdenverkehrsamt.

Täglich, außer sonn- und feiertags, halten die Märkte größerer Orte offen. Besonders reizvoll die Märkte von: **Triest** auf der Piazza di Ponte Rosso am Canal Grande. **Padua** auf drei ineinandergehenden Plätzen rund um die Basilika. Jeden Samstag findet hier auf dem Prato della Valle, unweit der Basilika des Heiligen Antonius, Markt statt. Vor und nach dem Fest des Heiligen Antonius am 13. Juni wird hier zehn Tage nacheinander Markt gehalten. In **Verona** und **Vicenza** ist die jeweilige Piazza delle Erbe im Zentrum stimmungsvoller Marktplatz, in **Udine** die Piazza Mateotti.

Fischmärkte halten Montag geschlossen und sperren Mittag zu. Ein besonders reichhaltiger Fischmarkt ist in **Marano Lagunare.**

Messen

Lebendig und interessant in ihrer Spezialisierung sind die Messen von Triest, Pordenone, Udine, Görz und Verona.

Triest bietet unter anderem mit der *Nauticamp* eine Ausstellung der Sportschiffahrt, des Camping und Caravanning, außerdem eine Ausstellung für *Seetransporte* der oberen Adria und eine *Seniorenmesse* (Ente Fiera Trieste, Piazzale De Gasperi 1).

Görz veranstaltet *landwirtschaftliche Messen* und eine *Lebensmittelausstellung* (Via della Banca 15).

Pordenone macht *Gartenausstellungen* und *Messen für Klimatechnik, Kunsthandwerk, Motoren,* (Viale Treviso 1).

Udine hat unter anderem eine große *Sesselmesse* (Udine esposizioni, Ufficio Fiera Torreani).

Verona zeigt auf seinen Messen: *Möbel, Wein, Kräuter, Naturstein* und *Maschinen*

der Steinverarbeitung, Fleisch, Zootechnik und bei der Fieracavalli: *Pferde* (Fiere di Verona Casella Postale 525).

Mitbringsel

Wein aus Friaul und dem Veneto. Man kauft ihn sehr gut in den Weingütern selbst, die sich durch Schilder und Zweige an den Hauptstraßen bemerkbar machen. Zwei hervorragende Vinotheken: Enoteca Serenissima in Gradisca und die Enoteca in Soave. Unverfälschter Picolit ist sehr selten zu haben. Neben den Weinen des Anbaugebiets Grave del Friuli führt die Weinkellerei in Bertiolo (Cantina del Friuli Centrale, siehe Seite 357) bei Udine auch Picolit vom Weingut Perusini.

Grappa kauft man sehr gut in der Distilleria Nardini in Bassano di Grappa (in der großen Brücke).

Eine andere, hervorragende Grappamarke: Nonino.

Getrocknete Pilze werden in allen Lebensmittelläden der Region angeboten. Besonders schöne in Bassano di Grappa.

San Daniele-Schinken und *Speck* aus Sauris gibt es in friulanischen Delikatessenläden und in den Orten San Daniele und Sauris direkt.

Schmiedeeisen in traditionellen Formen wird in verschiedenen Läden in San Daniele angeboten, außerdem in Lazise, bei Bruno Terracciano, Via Verona Lago, und in Verona bei Gino Bonetti, Via Filippini 7, und Alessandra Ciresola, Via Ponte Nuovo 9.

Kunsthandwerk aus Olivenholz: Fratelli Cipani, Gardone Riviera, Via Carere.

Am Ostufer des Gardasees gedeihen Olivenbäume, das *Olio vergine* – kaltgepreßtes Öl – wird direkt von den Bauern verkauft. (Hinweistafeln an der Uferstraße.)

Schöne *Antiquitätenläden* findet man in Vicenza: Antichità Cappelini, Contrà Ponti 18; Antichità Speranza, Via Vescovado 20; Antichità Menato, Corso Fogazzaro 41.

Große Auswahl an *Keramik* gibt es in und um Bassano di Grappa, Asolo, Vicenza. Eine Keramikkünstlerin in Padua: Ione Pinton, Via Graziano 10.

Künstlerische *Seidentücher* und *modische Accessoires:* Lorenzi, Vicenza, Corso Palladio 204 a.

Eine Konditorei mit *venetischen Patisserien:* Offelleria Meneghina, Vicenza, Contrà Cavour 18.

Spitzen und Stickerei: Rita Sciamanna, Verona, Lungadige Porta Vittoria 15 a; Scuola Antico Ricamo, Asolo, Via Canova 314.

Schmuck: Vicenza, Oreficeria Fina, Corso Palladio 42; Adria, Fratelli Cavazzini, Corso Vittorio Emmanuele.

Messinggeräte: Lorenza Smanto, Padua, Via Balbo 1; Abano Terme, Pironti e Candido, Via C. Battisti 76.

Trödler und Buchantiquare findet man konzentriert in der Triestiner Altstadt, rund um die Kirche Sant'Antonio Vecchio.

Kostbares Glas: Valeria Stefanini, Padua, Via Tadi 23; Italo e Marco Varisco, Treviso, Via Nervesa di Battaglia 61; Salvatore Cavallini, Verona, Via Milone 15.

Museen

Die offiziellen Öffnungszeiten stimmen nicht immer mit den tatsächlichen überein. Wer Risiken scheut, sollte nach Möglichkeit zwischen 10 und 12 Uhr vormittags kommen und den Montag meiden.

Adria

Archäologisches Museum
Piazzale degli Etruschi 1

Kostbare Funde aus venetischer, griechischer, etruskischer, keltischer und römischer Zeit, darunter wunderschöner Goldschmuck, Bronzefibeln, Millefiorigläser, Keramik.
Montag geschlossen. Wochentags 9–12 und 15–18 Uhr, im Winter 9–14 Uhr, sonn- und feiertags 9–13 Uhr geöffnet.

Aquileia

Archäologisches Museum
Via Roma 1
Eine der interessantesten Sammlungen römischer Kunstwerke und Gebrauchsgegenstände.
Montag geschlossen. Wochentags 9–12.30 Uhr und 15–18 Uhr, sonntags 9–13 Uhr geöffnet.

Frühchristliches Museum
An der Kreuzung der Via Sacra mit der Via Gemina rechts abbiegen
In einem alten Kloster, das bis ins vorige Jahrhundert Teil eines Weinguts war, sind herrliche Mosaikböden und frühchristliche Kultgegenstände zu sehen.
Montag geschlossen. Wochentags 9–12.30 Uhr und 15–18 Uhr, sonntags 9–13 Uhr geöffnet.

Römische Grabmäler
Der Beschließer ist in der Via XXIV Maggio 7 zu finden. Der Zugang liegt gegenüber.

Arquà Petrarca

Das Haus des Dichters Francesco Petrarca mit einem Kamin aus dem 16. Jahrhundert, antiken Möbeln, Bildern und Erinnerungsstücken.
Montag geschlossen. Wochentags 9–12 Uhr und 14–19.30 Uhr, sonn- und feiertags 9–12.30 Uhr und 14–18 Uhr geöffnet.

Bassano di Grappa

Museum

In einem Kloster aus dem 15. Jahrhundert bei der Kirche S. Francesco
Viele wichtige Bilder der Malerdynastie Bassano und ihrer Schüler, Keramiken und Münzen.
Montag geschlossen. Wochentags 10 bis 12.30 Uhr und 15–18.30 Uhr, samstags nur bis 18 Uhr, sonntags 10–12.30 Uhr geöffnet.

Cividale

Christliches Museum

Das Museum mit dem Baptisterium und dem Ratchisaltar befindet sich im Dom, der über Mittag geschlossen wird.

Archäologisches Museum

Es zeigt Kunstschätze aus römischer, langobardischer und venezianischer Zeit und liegt vis-à-vis des Doms an der Piazza.
Montag geschlossen. Wochentags 9–13 Uhr, sonn- und feiertags 9–12.45 Uhr geöffnet.

Tempietto Langobardo

Der Kustos ist in der Via Monastero Maggiore 17 erreichbar.
Eine langobardische Kirche mit Anklängen an den byzantinischen Stil mit reichem Figurenschmuck.
Montag geschlossen. Wochentags 9–12 und 14–17 Uhr, sonn- und feiertags 9–13 Uhr geöffnet.

Este

Museo Nazionale Atestino

Im Palazzo Mocenigo, innerhalb des Burgbereichs
Eine bedeutende archäologische Sammlung, mit Objekten aus prähistorischer Zeit, venetischen und römischen Funden.
Montag geschlossen. Im Sommer wochentags 9–12 und 15–18 Uhr, sonn- und feiertags 9–12 Uhr geöffnet.

Görz

Provinzmuseum

Im Palazzo Attems, Borgo Castello 15
Eine Gemäldesammlung heimischer Maler vom 17. Jahrhundert bis zur Gegenwart und eine Dokumentation des Ersten Weltkrieges.
Montag geschlossen. Wochentags 9.30 bis 12.30 Uhr und 15.30–18.30 Uhr geöffnet.

Museum für Kunst und Geschichte

Auf dem Burgberg, bei der Kirche S. Spirito
Exponate aus der Geschichte und Volkskunst.
Montag geschlossen. Wochentags 9–12 und 15–20 Uhr, sonn- und feiertags 9–20 Uhr geöffnet.

Padua

Scrovegni-Kapelle

In der Arena an der Piazza Eremitani
Eine schlichte Backsteinkapelle mit Tonnengewölbe, die in ihrem Inneren in 38 Bildern Szenen aus dem Leben Mariens und Jesus' zeigt. Und über dem Eingang eine eindrucksvolle Darstellung des Jüngsten Gerichtes: das umfangreichste und am besten erhaltene Werk des Malers Giotto.
Ostern, Weihnachten, Neujahr geschlossen. Im Sommer täglich 9.30–12.30 und 14.30–17.30 Uhr, im Winter 9.30–12.30 und 13.30–16.30 Uhr geöffnet.

Palazzo della Ragione (»il Salone«)

Der riesige mittelalterliche Gerichts- und Versammlungssaal Paduas mit der hölzer-

nen Nachbildung des Pferdes Gattamelatas und Fresken aus dem 15. Jahrhundert.
Ostern, Weihnachten, Neujahr und am 15. August geschlossen. Im Sommer täglich 9–12.30 und 14–18.30 Uhr, im Winter 10–12.30 und 13.30–16.30 Uhr geöffnet.

Museum
Neben der Basilika
Gemälde der venezianischen Schule: Tintoretto, Tiepolo, Pietro Longhi und eine archäologische Sammlung.
Montag geschlossen. Täglich 9–13.30 Uhr geöffnet.

Botanischer Garten
In der Nachbarschaft des Museums
Der erste botanische Garten Europas.
Täglich 8–12 und 14–18 Uhr geöffnet.

Pieve di Cadore

Haus des Tizian
Geburtshaus des großen Malers mit antiken Möbeln, Drucken, Manuskripten und dem Diplom der Adelung durch Karl V.
Montag geschlossen. Täglich 9–12 und 15–18 Uhr geöffnet.

Pordenone

Museum
Corso Vittorio Emmanuele II Nr. 15
Eine kostbare Sammlung – darunter Pordenone, Tintoretto, Canova – in einem gotischen Palast mit Renaissanceelementen.
Montag geschlossen. Täglich 9.30–12.30 und 15–18.30 Uhr geöffnet.

Possagno
(bei Bassano di Grappa)

Geburtshaus von Antonio Canova
(1757–1822)
Hier werden die Gipsentwürfe und Stiche, Zeichnungen, Skizzen des bekannten klassizistischen Bildhauers gezeigt. Außerdem die Möbel seiner Eltern.
Montag geschlossen. Im Sommer täglich 8–12 und 15–19 Uhr, im Winter 9–12 und 14–16 Uhr geöffnet. Im gleichen Ort liegt der klassizistische Tempel, in dem Canova begraben ist.

Tolmezzo

Karnisches Volkskunstmuseum
Piazza Garibaldi, im Palazzo Campeis aus dem 18. Jahrhundert untergebracht
Eine umfangreiche Sammlung bäuerlicher Kunst- und Gebrauchsgegenstände.
Dienstag geschlossen. April bis September täglich 9–12 und 15–18 Uhr, Oktober bis März 9–12 und 14.30–17.30 Uhr geöffnet.

Treviso

Museum
Borgo Cavour 22
Eine reiche Bildersammlung mit den Werken vieler trevisaner Maler wie Girolamo da Treviso und Bildern venezianischer Künstler, wie Giovanni Bellini, Tizian, Alessandro Longhi.
Montag geschlossen. Wochentags im Sommer 9–12 und 14–18 Uhr, sonn- und feiertags 10–12 Uhr geöffnet.

Casa Trevigiana
Via Canova 38
Ein nach dem Krieg wiederhergestellter gotischer Palazzo mit Sammlungen antiker Möbel, Kunst- und Gebrauchsgegenstände. Im

Garten ein kleines Haus aus dem 14. oder 15. Jahrhundert, das hier einen neuen Platz fand.
Montag geschlossen. Wochentags 10–12 und 14–16 Uhr, sonn- und feiertags 10–12 Uhr geöffnet.

Triest

Lapidarium
Neben der Kirche von S. Giusto mit dem Zenotaph für Winckelmann
Montag geschlossen. Täglich 9–13 Uhr geöffnet.

Castello di S. Giusto
Waffen, Bilder, Möbel aus venezianischer Zeit. Von der Bastei des Schlosses ein wunderbarer Blick über Triest und die Bucht. Im Schloß ist ein hübsches Restaurant.
Montag geschlossen. Täglich 9–14 Uhr, im Winter 9–13 Uhr geöffnet.

Museo Sartorio
Larga Papa Giovanni XIII 1/3
Eine klassizistische Villa mit antiken Interieurs, Keramik und Ikonen.
Montag geschlossen. Wochentags 9.30–13 und 17–19.30 Uhr, sonn- und feiertags 9–13.30 Uhr geöffnet.

Museo Morpurgo
Via Imbriani 5
Ein reich ausgestatteter Bürgerpalazzo mit Kunstwerken, darunter ein Altar von Veit Stoß.
Montag geschlossen. Täglich 9–13 Uhr geöffnet.

Museo Revoltella
Via A. Diaz 27
Großbürgerliches Stadtpalais mit Malerei und Plastik des 18. und 19. Jahrhunderts.
Montag geschlossen. Täglich 9–13 Uhr geöffnet.

Museo del Mare
Via Campo Marzio 1
Schiffahrt, Fischerei und Hafenbau sind hier mit schönen Exponaten vertreten, darunter ein Schiffsschraubenmodell von Josef Ressel und ein Telegraph von Marconi.
Montag geschlossen. Täglich 9–13 Uhr geöffnet.

Schloß Miramare
Sieben Kilometer von der Stadt entfernt, an der Küstenstraße. Historismusschloß mit herrlich gelegenem Park des österreichischen Erzherzogs Maximilian. Im Sommer finden hier abends Son e Lumière-Spektakel statt.
Montag geschlossen. Wochentags 9–14 Uhr, sonn- und feiertags 9–13 Uhr geöffnet. Der Park ist bis eine Stunde vor Sonnenuntergang gratis zugänglich.

In **Rupingrande** im Karst, fast an der jugoslawischen Grenze, wurde ein typisches Karsthaus, Casa carsica, als Heimatmuseum eingerichtet.

Udine

Städtisches Museum
Im Kastell
Eine überreiche Sammlung friulanischer und venezianischer Kunst, darunter Domenico da Tolmezzo, Caravaggio, Pietro Longhi, Palma il Giovane.

Öffnungszeiten vor der Restaurierung: Montag geschlossen. Täglich 9–12 und 14–16 Uhr (im Sommer 15–18 Uhr) geöffnet.

Oratorio della Purità
Gegenüber des Doms
Schlüssel in der Sakristei.
Tiepolofresken.

Erzbischöfliches Palais
Piazza Patriarcato
Auskunft im Sekretariat.
Tiepolofresken.

Schatzkammer des Doms
Links neben der Kirche
Reliquien, Gemälde, Plastiken und Kultgegenstände.
Dienstag, Donnerstag und Samstag 9–12 Uhr geöffnet.

Friulanisches Volkskunstmuseum
Via Poscoli 3
In einem Palazzo aus dem 17. Jahrhundert ist eine kostbare Sammlung bäuerlicher Kunst- und Gebrauchsgegenstände ausgestellt.
Montag geschlossen. Täglich 9–12 Uhr geöffnet.

Verona

Museum
Im Castelvecchio, der Scaligerburg an der Etschbrücke.
Eine opulente Sammlung Veroneser und venezianischer Kunst, darunter Altichiero, Stefano da Verona, Pisanello, Mantegna, Bellini, Tintoretto, Tiepolo. Auf einer Außentreppe steht das berühmte lächelnde Reiterstandbild Cangrandes I. della Scala. Er hat Dante in Verona Zuflucht gewährt.

Montag geschlossen. Täglich 9–14 Uhr geöffnet.

Grab der Julia
In der Kirche San Francesco, Via Luigi da Porto
Montag geschlossen. Im Sommer täglich 9–12 und 15–18.30 Uhr geöffnet.

Römisches Theater
Auf dem Hügel San Pietro
Im Sommer finden hier Shakespeare-Aufführungen statt.
Montag geschlossen. Im Sommer täglich 9–12 Uhr und 15–18.30 Uhr (an Winternachmittagen eine Stunde kürzer) geöffnet.

Die **Arena** ist im Sommer von 8–19 Uhr zu besichtigen (Mai–September), sonst von 9–12.30 und 14.30–18 Uhr.

Vicenza

Museum
Im Palazzo Chiericati
In diesem Palladio-Bau am Ende des Corso Palladio sind bemerkenswerte Bilder venezianischer und venetischer Maler aus dem 14. – 18. Jahrhundert zu sehen, darunter Werke von Veronese, Tintoretto, Bassano, Sansovino, Tiepolo.
Montag geschlossen. Dienstag bis Samstag 9–12.30 und 15–18.30 Uhr, sonntags 9–12.30 Uhr geöffnet.

Teatro Olimpico
Dieses letzte Werk Palladios steht dem Palazzo Chiericati gegenüber.
Wochentags im Sommer 9–12.30 und 14.30–17.30, sonntags 9–12.30 und 14.30–17 Uhr geöffnet.

Sportliche Aktivitäten

Badeseen

Im Friaul

Fusinesee, Predilsee (südlich von Tarvis)

Doberdòsee (im Karst, verschwindet manchmal, siehe Seite 83) nördlich von Monfalcone

Verzegnissee (südlich von Tolmezzo)

Saurissee (bei Sauris di Sotto)

Bárcissee (westlich von Maniago), durch ihn fließt die Cellina, ein kristallblauer Fluß in einem tiefeingeschnittenen Tal, Treffpunkt der Kanufahrer

San Danielesee (bei San Daniele)

In Venetien

Gardasee

Santa Crocesee (nördlich von Vittorio Veneto)

Alleghesee (unterhalb des Monte Civetta)

Misurinasee (bei den Drei Zinnen)

Auronzostausee (bei Auronzo)

Golf

Plätze mit 18 Löchern

Mogliano, bei der Villa Condulmer

Valsanbizio, 10 km südwestlich von Abano Terme

Plätze mit 9 Löchern

Verona, Udine, Asiago, Triest

Auskünfte bei den Fremdenverkehrsstellen oder Federazione Italiana Golf, 00196 Rom, Viale Tiziano 70.

Kanufahren

Vom Bárcissee im Friaul durch das romantische Cellinatal.

Reiten

Bibione

Reitbahn

Auskünfte: Fremdenverkehrsamt, Viale Aurora 20

Caorle

Reitschule Valle Altanea

Auskünfte: Fremdenverkehrsamt Piazza Europa 3 oder Informationsbüro Porto Santa Margherita, Corso Genova 21

Chioggia

Auskünfte: Sottomarina Viale Veneto 32

Grado

Auskünfte: Fremdenverkehrsbüro Viale Dante Alighieri 58

Iésolo

Auskünfte: Fremdenverkehrsbüro Piazza Brescia 13

Lignano

Auskünfte: Lignano Sabbiadoro, Via Latisana 42; Lignano Pinet, Piazza Rosa dei Venti 26

Abano Terme

Auskünfte: Fremdenverkehrsbüro Via Pietro d'Abano 18

Eine hübsche Reiterpension ist im Wirtschaftstrakt einer wunderschönen friulanischen Villa untergebracht. Man kann hierher die eigenen Pferde mitbringen. Die Zimmer sind klein, nett eingerichtet, sehr gemütliche Aufenthalts- und Speiseräume mit einem *fogólâr*: Albergo-Ristorante »Il Borgo«, Soleschiano di Manzano, ∅ 0432/755177

Auskünfte über Reitsport gibt auch die Federazione Italiana Sport Equestri, 00196 Rom, Via Tiziano 70

Segelfliegen

Schulen gibt es in Asiago, Ronchi di Legionari (bei Triest), Padua, Vicenza.

Auskünfte: Centro Nazionale di Volo e Vela dell' Aero Club d'Italiana, 02100 Rieti, Via Rosatelli.

Segeln

Mitglieder von Yachtclubs können an der Adria die Einrichtungen italienischer Häfen benützen. Die Ankergenehmigung erteilt die Hafenverwaltung.

Segelklubs gibt es in Albarella, Cavallino, Grado, Grignano, Iésolo, Lignano, Muggia, Rosolina Mare, Sistiana, Triest.

Auskünfte: Federazione Italiana Vela, 16126 Genua, Porticciolo Duca degli Abruzzi

Wandern

Julische und Karnische Alpen bilden den Nordrand Friauls, Dolomiten, Lessinische Berge und der Monte Baldo grenzen Venetien nach Norden ab. In diesem riesigen Bergbogen finden Wanderer und Kletterer unzählige Möglichkeiten, Gipfel zu stürmen.

Das bekannteste und überlaufendste Gebiet ist das Cadore, das Dolomitenland rund um Cortina d'Ampezzo.

Viel weniger bekannt und landschaftlich wunderschön ist das an Jugoslawien grenzende Gebiet der Julischen Alpen, die vom Triestiner Kaufmann Julius Kugy erforscht wurden.

Ein Blumenparadies eröffnet sich im Gebiet der Saiser-Alm bei Valbruna.

Wunderbare Aussicht über die Karnischen Alpen hat man vom Monte Tinìsa südlich von Sauris, wo es einen Panorama-Rundweg gibt, der den Namen der jung verstorbenen Alpinistin Tiziana Weiss trägt.

Eine wenig erschlossene, reizvolle Region: die Feltriner und Belluneser Alpen mit dem Hochplateau der Vette Feltrine und der Cimonega-Gruppe, bzw. den Monti del Sole zwischen dem Canale del Mis und dem Canal d'Agordo. Ein Gebiet für Individualisten mit spärlichen Unterkunftsmöglichkeiten und speziell im Herbst unbeschreiblich schönen Stimmungen.

Die Schiara-Gruppe der Belluneser Dolomiten ist in den letzten Jahren gut erschlossen worden. Die Dolomiten-Höhenwege 1, 2, 3 streifen diese Gebiete.

Entdeckungen kann man auch in den nördlich von Verona gelegenen Lessinischen Bergen machen. Sieben Täler gliedern dieses Bergland: Valpolicella, Val Pantena, Val di Squaranto, Val di Mezzane, Val d'Illasi, Val Tramigna und Val d'Alpone. Die Weinhügel gehen hier langsam in romantisches Bergland über, dessen Karsterscheinungen, Fossilienfunde und Sprachinseln (s. S. 220) dem Wanderer ganz besondere Erlebnisse bieten.

Der Monte Baldo (s. S. 226) am Rand des Gardasees begrenzt das venetische Bergland nach Westen. Seine ungewöhnliche Blütenpracht macht einen Ausflug im Frühsommer zum Erlebnis.

Nur wenige Wälder haben sich südlich des Berglandes erhalten: der Bosco Romagno am Rand des Collio, bei Corno di Rosazzo, der Bosco di Plessiva, zwischen Cormons und Plessiva. Und der Bosco del Cansiglio, nördlich von Vittorio Veneto und Sacile, einer der ältesten Wälder Italiens. Alle drei Wälder sind mit Fußwegen erschlossen, der Cansiglio auch mit der Straße von La Crosetta nach Norden, von der Fußwege ausgehen.

Wintersport

In den alpinen Regionen Friauls und Venetiens gibt es viele abwechslungsreiche Möglichkeiten, Wintersport zu betreiben.

In den Julischen Alpen ist das Gebiet um Tarvis gut erschlossen. In Camporosso, Valbruna gibt es Sessel- und Schlepplifte, eine Gondelbahn auf den Monte Lussari, Ski- und Langlaufschulen, 30 km Schipisten – die bekanntesten sind die Di Prampero- und die neue Florianca-Tarvisio Abfahrtsstrecke. Es bestehen Ausflugsmöglichkeiten in die Wintersportgebiete von Arnoldstein und Villach (Österreich) und Kranjska Gora (Jugoslawien). In der ersten Januarwoche findet auf den Sprungschanzen von Tarvis, Villach und Planica das Dreiländer-Springturnier statt. In der letzten Februarwoche ein internationales Langlaufrennen mit über 2000 Beteiligten.

Sella Nevea besitzt das niedrigste Firnfeld Europas, hier kann man das ganze Jahr über skilaufen. Eine Gondelbahn und sechs Schlepplifte befördern die Touristen auf rund 1800 Meter Höhe. Es gibt eine Sommer- und eine Winterskischule.

In den Karnischen Alpen liegt das landschaftlich wunderschöne Wintersportgebiet Zoncolan-Ravascletto. 35 km Loipen und Pisten stehen zur Verfügung, zwei Sprungschanzen, ein Eislaufplatz, eine Schule für Drachenflieger, eine natürliche Rodelbahn, außerdem eine Skischule. Das Gebiet ist besonders sonnenbegünstigt.

Forni di Sopra liegt an der Grenze zum Cadore, in sehr schneesicherem Gebiet. Es bietet fünf Schlepplifte, drei Doppelsessellifte, 17 km Abfahrtspisten mit 1100 m Höhenunterschied, eine Langlaufloipe, auf der internationale Wettbewerbe stattfinden. Der kleine, alte Ort verfügt über familiäre Hotels.

Piancavallo liegt nördlich von Pordenone, nur 15 km über der Ebene, auf 1300 Meter Höhe. Zwei Doppelsessellifte führen auf 1800 Meter Höhe. Es gibt daneben noch 13 Skilifte, Eislaufplatz, Sauna und Hallenbad, eine Anlage für künstlichen Schnee.

Sappada, in einem sonnigen Hochtal der Dolomiten, 1250 m hoch gelegen, ist eine deutsche Sprachinsel mit alten Traditionen. Es gibt 30 km Pisten am Fuß der Zweieinhalbtausender, Schlepp- und Sessellifte, eine Eisbahn, die Möglichkeit für hochalpine Abfahrten.

Cortina d'Ampezzo, der Wintersportort mit der längsten Tradition, bietet die vielfältigsten Möglichkeiten: 160 km Skipisten, 74 km Langlaufloipe, sieben Seilbahnen, eine Gondelbahn, 19 Sessellifte, 26 Schlepplifte, ein Olympia-Eisstadion, Bob- und Rodelbahnen, eine Olympia-Sprungschanze, Hallenbad, Sauna, Skischulen, die Auswahl zwischen 70 Hotels aller Kategorien – hier findet jeder Wintersportler etwas.

Rund um Cortina gibt es eine Reihe kleinerer, wunderschön gelegener Bergorte mit ausgezeichneten Wintersportmöglichkeiten: Auronzo di Cadore und Misurina, beide an Seen gelegen, am Fuß bizarrer Dolomitengipfel, sind die bekanntesten.

Wunderschöne, naturbelassene Orte mit Wintersportmöglichkeit sind die Dörfer des Agordinotals: Arabba, Voltago Agordino, Gosaldo. Hauptort ist Agordo mit wunderschönen Renaissancepalästen. Am besten erschlossen ist Alleghe mit 60 Pisten, 23 Liften, sieben Kilometer von der Marmolada entfernt, wo es auch Möglichkeiten für Sommerskilauf gibt.

Das Hochplateau von Asiago, 1000 Meter hoch, ist ein Langlaufzentrum, es gibt aber auch 56 Skilifte, 120 km Pisten verschiedener Schwierigkeitsgrade, Schwimmbad, Sauna, Eisstadion. Auf diesem Hochplateau hat sich eine Form des Altdeutschen erhalten.

Straßennamen und was sie bedeuten

In den Straßenbezeichnungen oberitalienischer Städte wiederholen sich einige markante Namen, deren Bedeutung hier erklärt werden soll:

Carducci, Giosuè (1835–1907)
Einer der wichtigsten Schriftsteller des ausgehenden 19. Jahrhunderts. Er bekam 1906 den Nobelpreis für Literatur. Besonders bemerkenswert ist seine Lyrik, die nachempfundene klassische Formen mit modernen Gedanken verbindet.

Cavour, Camillo (1810–1861)
Der gemäßigte Liberale war einer der Vorkämpfer für die Einigung Italiens. Durch seinen Einsatz trat der französische Kaiser Napoleon III. 1859 in den Krieg gegen Österreich ein. Er mit der Abtretung der Lombardei endete, die bisher zu Österreich gehörte.

Croce, Benedetto (1866–1952)
Historiker, Politiker und Philosoph, Gegner des Faschismus, Herausgeber der literarisch-kritischen Zeitschrift »La Critica«. Durch seine Arbeit wurde der im 19. Jahrhundert in Italien vorherrschende Positivismus überwunden.

De Gasperi, Alcide (1881–1954)
Politiker und Publizist, Gegner des Faschismus, Mitbegründer und später Generalsekretär der Democrazia Christiana, von 1945–1953 Ministerpräsident, 1944–1946 und 1951–1953 auch Außenminister. 1946 beschloß er mit dem österreichischen Außenminister Karl Gruber das Südtiroler Autonomieabkommen.

Garibaldi, Giuseppe (1807–1882)
Freiheitskämpfer. Der piemontesische Marineoffizier kämpfte in der Lombardei gegen Österreich, leitete den »Zug der Tausend«, eine Freischartruppe gegen Sizilien, Vorkämpfer für die Einigung Italiens unter Viktor Emanuel II. (1866). Eine der populärsten Erscheinungen des 19. Jahrhunderts.

Fermi, Enrico (1901–1954)
Kernphysiker, der die Kernumwandlung durch Neutronenbeschuß entdeckte und die erste Kern-Kettenreaktion leitete. 1938 bekam er den Nobelpreis für Physik.

Foscolo, Ugo (1778–1827)
Dichter, Literaturwissenschaftler und Gegner Napoleons. Vorläufer der Einigungsbewegung Italiens.

Leopardi, Giacomo (1798–1837)
Dichter patriotischer Gesänge und empfindsam-dunkler Lyrik von sehr klarer Form. Er gilt als der wichtigste italienische Dichter nach Petrarca.

Manzoni, Alessandro (1785–1873)
Dichter. Sein Roman »I promessi sposi« (»Die Verlobten«) gilt als wichtigstes Werk der modernen italienischen Prosa.

Matteotti, Giacomo (1885–1924)
Führender sozialistischer Politiker, Gegner des Faschismus. Nach seiner Ermordung verließen die antifaschistischen Parteien das italienische Parlament.

Mazzini, Giuseppe (1805–1872)
Vorkämpfer des italienischen Nationalstaats, Gegner der Fremdherrschaft in Italien. Gemeinsam mit Garibaldi verteidigte er Rom gegen das französische Heer (1849).

Nievo, Ippolito (1831–1861)
Dichter, der in seinem Buch »Bekenntnisse eines Achtzigjährigen« das Leben in Friaul und Venetien schildert. Er nahm an Garibaldis »Zug der Tausend« teil.

Oberdan, Guglielmo (ursprünglich Wilhelm Oberdank) 1858–1882
Mitglied der Irredenta. Nach einem Attentatsversuch auf Kaiser Franz Joseph wurde er hingerichtet.

Saba, Umberto (1883–1957)
Lyriker aus Triest, in dessen Werk die deutsche, slawische und jüdische Tradition der Stadt eine wichtige Rolle spielt.

Sarpi, Paolo (1552–1623)
Servitenmönch und theologischer Berater der Republik Venedig, Autor einer Geschichte des Konzils von Trient. Verfechter einer protestantischen Koalition gegen Rom.

Segantini, Giovanni (1858–1899)
Maler. Das Thema seiner Bilder sind das Hochgebirge und seine Bewohner.

Vittorio, Emmanuele II (1820–1878)
König von Italien, vorher König von Sardinien, aus dem Hause Savoyen. In seiner Regierungszeit erfolgte mit der aktiven Hilfe seines Ministerpräsidenten Cavour die Einigung Italiens (1866).

Vittorio Veneto
Venetische Stadt, in deren Nähe im Ersten Weltkrieg die letzte italienisch-österreichische Schlacht der Alpenfront stattfand. Danach kam es zum Waffenstillstand (3. 11. 1918).

Venti Settembre (20. September)
Tag der Besetzung Roms im Jahr 1870 durch königlich italienische Truppen und Abzug der französischen Besatzung: Rom wird Hauptstadt des italienischen Königreichs. (Als Vittorio Emmanuele 1861 den Titel eines Königs von Italien annahm, war Turin die Hauptstadt, 1865 Florenz.)

Telefonieren

Nicht nur in Telefonzellen und Postämtern, sondern auch in Bars und Läden, die durch eine gelbe Wählscheibe und die Inschrift »Telefono pubblico« gekennzeichnet sind, kann man telefonieren.

Eingeworfen werden Münzen oder *gettoni* – eingekerbte Münzen, die man vom Automaten oder an Bars bekommt.

Vorwahl von Italien nach Deutschland: 0049, nach Österreich: 0043, in die Schweiz: 0041.

Vorwahl von Deutschland nach Italien: 0039, von Österreich nach Italien: 040, von der Schweiz nach Italien: 0039.

Vorwahl (bei Telefongesprächen innerhalb Italiens muß der Vorwahlnummer der jeweiligen Stadt eine Null vorangestellt werden)

Iésolo	421
Lignano	431
Görz	481
Caorle	421
Cortina	436
Grado	431
Malcesine	45
Padua	49
Pordenone	434
Treviso	422
Triest	40
Udine	432
Verona	45
Vicenza	444

Unterkunft

Hotels

Das sind sehr persönliche Empfehlungen als Ergänzung der geschilderten Landschaften und Routen: in den Städten wurden entweder zentral gelegene Häuser oder besonders reizvolle, stille am Rand der Stadt gewählt. Eine eigene Kategorie sind die Hotels für Genießer, die sich durch besonderes Ambiente, Lage oder Küche auszeichnen. Freundliche, familiäre Unterkünfte wurden gegenüber teuren Allerweltshotels bevorzugt.

Die vielen Hotels der großen Adriaorte und der Kurorte der euganeeischen Hügel – Abano Terme, Montegrotto, Battaglia Terme, Galzignano –, die meist pauschal und über Reiseveranstalter gebucht werden, sind hier ausgeklammert.

Asolo

Duse
✆ 0423/55241
Ein freundliches, einfaches Hotel.
(S. a. Hotels für Genießer, S. 372)

Auronzo di Cadore

Al Lago
✆ 0435/9314
Einfaches, ruhiges Hotel mit schönem Ausblick.

Bassano di Grappa

Belvedere
Piazzale Generale Giardino 14
∅ 0424/298 45
Komfortables Haus.

Cividale

Locanda al Castello
Via Castello 18
∅ 0432/7332 42
Im alten Kastell von Cividale kann man nicht nur in sympathischer Umgebung essen, sondern auch in eher einfachen Zimmern übernachten.

Conegliano

Sporting Hotel Ragno d'Oro
Via Diaz 37
∅ 0438/249 55
Ein ruhig gelegenes Hotel mit Tennisplatz und Schwimmbecken.

Cortina d'Ampezzo

Miramonti Majestic
Ortsteil Pezzièlo 3
∅ 0436/4201
Ein Hotel der Superlative mit entsprechenden Preisen. Ein typisches Luxushotel der Jahrhundertwende mit modernstem Komfort, in herrlicher Lage und mit Feinschmekkerrestaurant.

Sporthotel Tofana, Pocol
∅ 0436/3281
Außerhalb des Orts gelegen, mit herrlichem Dolomitenblick.

(S. a. Hotels für Genießer, S. 372)

Garda

Flora
∅ 045/7255348
Hotel mit Garten, Tennis, Schwimmbecken.

Malcesine

Alpi
∅ 045/7400717
Stilles Hotel mit Garten und Swimmingpool.

Olivi
∅ 045/7400444
Angenehmes Haus mit hübschem Garten, Schwimmbecken, sieben Sandtennisplätzen, davon zwei überdacht.

Maximilian
∅ 045/7400317
Ruhiges Hotel mit Olivengarten am Seeufer.

Mira

Hotel Rescossa
Via Nazionale 415
∅ 041/423637
An einem der schönsten Orte der Brentariviera, nur 13 Kilometer von Venedig entfernt. Ein ehemaliges Kloster, komfortabel modernisiert.

Misurina

Miralago
∅ 0436/39123
Der Ausblick auf den See und die Dolomiten ist von diesem einfachen Hotel überwältigend.

Padua

Donatello
Piazza del Santo
∅ 049/8750634

Ein kleines Hotel gegenüber der Basilika mit Gartenrestaurant.

Villa Altichiero
Sechs Kilometer von Padua entfernt in Altichiero, Via Altichiero 2
∅ 049/61 51 11
Eine Parkvilla mit Schwimmbecken und gutem Restaurant.

Hotel El Rustego
Acht Kilometer von Padua entfernt in Rubano, auf der Straße nach Vicenza.
∅ 049/63 14 66
Ein rustikal eingerichtetes modernes Hotel im Grünen mit ausgezeichneter Küche.

Sheraton Padova Hotel
Ponte di Brenta
∅ 049/8 07 03 99
Nahe der Autostrada A 4 gelegenes bequemes und gut erreichbares Hotel.

(S. a. Hotels für Genießer, S. 372)

Peschiera del Garda – San Benedetto

Peschiera
Località Bergamini
∅ 045/7 55 05 26
Ruhiges, angenehmes Haus, 2,5 km von Peschiera entfernt.

Pozzale bei Pieve di Cadore

Al Tabià
∅ 0435/3 16 93
Ein rustikales, ruhiges Sporthotel in schöner Umgebung, zwei Kilometer von Pieve di Cadore entfernt.

San Daniele di Friuli

Al Picaron
Colle Picaron

∅ 0432/95 71 87
Auf einem Hügel außerhalb von San Daniele, mit herrlichem Blick auf die Stadt liegt dieses sympathische kleine Hotel mit einem guten Restaurant.

Tolmezzo

Hotel Cimenti
Via della Vittoria 28
∅ 0433/29 26
Angenehmes, einfaches Hotel mit gutem Restaurant.

Treviso

Continental
Via Roma 16
∅ 0422/5 72 16
Zentral gelegen.

(S. a. Hotels für Genießer, S. 372)

Tricesimo

Boschetti
Piazza Mazzini 10
∅ 0432/85 12 30
Das Hotel ist ebenso gepflegt wie das dazugehörige Restaurant. Zwölf Kilometer von Udine entfernt.

Triest

Duchi d'Aosta
Via dell'Orologio 2
∅ 040/6 20 81
Ein elegantes Haus im Zentrum mit Restaurant.

Savoia Excelsior Palace
Riva del Mandracchio 4
∅ 040/76 90
Fin de siècle-Atmosphäre mit einem Hauch Art Deco. Man wohnt in Riesenzimmern, die

auf der Meeresseite liegenden Räume ge-
währen dem Gast einen prachtvollen Blick in
die Bucht.

Nuovo Hotel San Giusto
Via Cristoforo Belli 3
∅ 040 / 76 38 26
Preiswert, in schöner Lage beim Schloß.

Triest-Grignano
Adriatico Palace
∅ 040 / 22 42 41
Sieben Kilometer von Triest entfernt, unter
der Küstenstraße, in der Nachbarschaft von
Miramare. Mit eigenem Bad.

Marina di Aurisina
Europa Hotel
∅ 040 / 20 02 11 / 20 02 30 / 20 03 86 /
20 03 87
Unterhalb der Küstenstraße in den Fels hin-
eingebautes Hotel in herrlicher Lage mit eigenem Strand. Wird oft für Tagungen gebucht. – Vorbestellungen sind empfehlens-
wert.

In den kleinen Orten der Triestiner Riviera,
z. B. Sistiana, Duino, gibt es unterhalb der
Straße, über dem Meer eine Reihe kleiner
Pensionen, in denen man hübsch und preiswert wohnen kann.

Udine

Astoria Hotel Italia
Piazza 20. Settembre 24
∅ 04 32 / 50 50 91
Ein traditionelles Hotel in einem alten Palazzo, sehr zentral gelegen mit gutem Restaurant.

Là di Moret
Viale Tricesimo 276
∅ 04 32 / 47 12 50

Ein einfaches Haus, verkehrsgünstig an der
Einfahrt nach Udine gelegen, das auch hervorragende Küche bietet.

(S. a. unter Tricesimo, S. 370)

Verona

Due Torri
Piazza Sant'Anastasia 4
∅ 045 / 59 50 44
Das Due Torri ist Veronas berühmtestes Ho-
tel, es liegt nahe der Kirche Sant'Anastasia.
Luxuriös eingerichtet.

Colomba d'Oro
Via Cattaneo 10
∅ 045 / 59 53 00
Zentral gelegenes, angenehmes Hotel in der
Nähe der Arena.

Motelagip
Strada Statale 11, vier Kilometer von Verona
entfernt
∅ 045 / 97 20 33
Das Motelagip bietet die Vorteile aller Agip-
hotels: es ist funktionell, man kann pro-
blemlos parken und es erspart auf der
Durchreise die Hotelsuche im Einbahnstra-
ßengewirr einer unbekannten Stadt.

Vicenza

Europa
Viale S. Lazzaro
∅ 04 44 / 34 11 38
Gut ausgestattetes Hotel mit Restaurant und
Konferenzraum.

Campo Marzio
Viale Roma 21
∅ 04 44 / 54 57 00
Zentral gelegen und komfortabel.

(S. a. Hotels für Genießer, S. 372)

Hotels für Genießer

Sie sind in traumhaft schönen venetischen Villen, in umgebauten Bauernhäusern oder in feudalen Palazzi zu finden, fast immer in ruhiger und schöner Umgebung und manchmal weit erschwinglicher als sie aussehen.

Arcugnano (bei Vicenza)

Hotel Michelangelo
∅ 0444/550300
Nur ein paar Kilometer vom Stadtzentrum Vicenzas entfernt, in der herrlichen Hügellandschaft der Monti Berici liegt dieses angenehme Villenhotel. Im Garten ein Swimmingpool.

Asolo

Villa Cipriani
∅ 0423/55444
Eines der schönsten Hotels Italiens, inmitten der zypressenbestandenen Hügel über den schönen Dächern Asolos gelegen. Mit einem berühmten Restaurant. Teuer.

Cormons (bei Görz)

Sirk
Località Subida 22
∅ 0481/60531
Ein kleines, behagliches Hotel, zu dem ein in der ganzen Gegend bekanntes Feinschmeckerlokal gehört. Besonders hübsch die Dependance, Bungalows mit kleiner Küche.

Cortina d'Ampezzo

Hotel Menardi
Via Majon 112
∅ 0436/2400
Ein umgebautes altes Bauernhaus mit Blick auf die Dolomiten, in einem Park.

Dolo (am Brentakanal)

Villa Ducale
∅ 041/420094
Eine der vielen, schönen Villen dieser Gegend mit einem Park und intimen Zimmern. Von November bis März geschlossen.

Latisana

Hotel Bella Venezia
Via Giovanni XXIII
∅ 0431/59647
Rund fünfzig Kilometer von Udine entfernt, auf dem Weg zum Meer liegt dieses Hotel am Rand von Latisana. Von Grün umgeben, mit angenehmen Zimmern. Und einem Restaurant, dessen Fischspezialitäten renommiert sind.

Marocco di Mogliano Veneto

Parkhotel Cormorano
∅ 041/42444
Mitten in einem Park steht diese Villa aus dem 18. Jahrhundert, die elegante, ruhige Zimmer hat.

Mogliano Veneto

Villa Condulmer
∅ 041/457100
Ein feudaler Landsitz mit gemütlichen Zimmern, einem hervorragenden Restaurant, Swimming-pool und Golfplatz (18 Löcher), besonders aufmerksamer Service. Von Ende Oktober bis Ende März geschlossen.

Padua

Hotel Le Padovanelle
Am Rand der Stadt, neben dem Hippodrom, auf der Straße zum Brentakanal
∅ 049/625622
Beim Frühstück kann man den Jockeys beim Training zuschauen – die Fenster des Re-

staurants gehen auf den Trabrennplatz. Das ebenerdige Bungalowhotel liegt denkbar ruhig, die hübschen Zimmer gehen ins Grüne. Es gibt ein Schwimmbad und einen Tennisplatz. Das Restaurant ist gut.

Ponzano Veneto (bei Treviso)

Relais del Toulà
Ø 0422/96023
Nicht ganz leicht zu finden, aber die Suche wert: eine venetische Bilderbuchvilla inmitten der Weinberge, elegant, mit köstlichem Restaurant und Schwimmbad.

Tambre (Belluno) auf dem Hochplateau des Cansiglio

Hotel San Marco
Ø 0438/585350
Ein besonders stilles, schöngelegenes Haus der zweiten Kategorie in einer unberührten Landschaft. In rund 1000 Meter Höhe.

Jugendherbergen

Asiago

Ekar
Via Costalunga
Ø 0424/62777
1.12.–31.3.; 20.6.–10.9.

Feltre

Feltre
Piazza Maggiore, Castello di Alboino
Ø 0439/2540
1.4.–31.10.

Ièsolo – Lido

Via Mameli 103, 30017
Ø 0421/90350
1.5.–15.9.

Montagnana

Rocca degli Alberi
Castello degli Alberi (Porta Legnano)
Ø 0429/81076
15.4.–15.10.

Triest-Grignano

Viale Miramare 331
Ø 040/2241102
1.3.–31.10.

Verona

Salita Fontana del Ferro 15 (Veronetta)
Ø 045/590360
Ganzjährig

Verkehrsmittel

Annähernd parallel zu den großen Straßen verlaufen die wichtigsten **Bahnlinien.** Eisenbahntickets sind relativ billig, vor allem auf weiten Strecken. Platzkarten braucht man für den Rapido, einen Fernschnellzug mit Preisaufschlag – Diretto und Direttissimo sind Schnellzüge ohne Zuschlag. Alle drei Zugarten führen Speise-, Schlaf- und Pullman-Wagen. Lokalzüge, die in allen Stationen stehenbleiben, heißen seltsamerweise Accelerato – beschleunigte Züge. Der Inter-Rail Paß für junge Leute zwischen 10 und 26 Jahren gilt auch in Italien.

Ein dichtes Netz von **Autobusverbindungen** spannt sich zwischen den kleinen und kleinsten Orten der Region.

Erfahrene **Autostopper** haben gute Erinnerungen an italienische Autofahrer. Sie beginnen ihre Route vor den Autobahnauffahrten und lassen sich bei Rasthäusern absetzen – dort bekommt man sehr leicht Kontakt mit dem nächsten Autofahrer. Sonntage sind zum Stoppen ungünstig, da sind meist überfüllte Familienautos unterwegs.

Villen

Pisani in Stra am Brentakanal
Montag geschlossen. Täglich 9–14 Uhr geöffnet.
Malcontenta am Brentakanal
1. Mai bis 30. Oktober, Dienstag, Samstag, erster Sonntag im Monat 9–12 Uhr geöffnet. Bei der Fahrt mit dem Burchiello ist ein Besuch der Malcontenta eingeplant.
Barbaro in Maser
Juni bis September Dienstag, Samstag, Sonn- und Feiertage 15–18 Uhr, Oktober bis Mai 14–17 Uhr geöffnet. Hinter dem Hauptgebäude ist ein besonders hübsches kleines Kutschenmuseum.
La Rotonda am südlichen Stadtrand von Vicenza

Nur der Garten ist mit Ausnahme von Montag täglich von 9–12 Uhr und von 15–19 Uhr zugänglich.
Valmarana ai Nani einige Schritte von der Rotonda entfernt
Zwischen 13. März und 15. November nur an Wochentagen 15–18 Uhr, zwischen 1. Mai und 30. September 15.30–18.30 Uhr und Donnerstag, Samstag, Sonntag und Feiertag von 10–12 Uhr geöffnet.
Godi Valmarana Lugo di Vicenza (bei Thiene)
Mitte März bis Ende Oktober Dienstag, Samstag, Sonn- und Feiertage mit Ausnahme von Juni bis August: 14–18 Uhr geöffnet. Juni bis August 15–19 Uhr.
Barbarigo in Valsanbizio (euganeeische Hügel)
Täglich 14–18 Uhr geöffnet, aber nur der schöne Park mit seinem Nymphäum kann betreten werden.
Es gibt eine sehr ausführliche Broschüre mit Spezialkarte, die sich mit den Villen im Veneto auseinandersetzt in italienischer Sprache: Ville venete, Guida turistica, Istituto Geografico de Agostini, Novara 1983.

Register

Stichpunkte, die eindeutig aus dem Inhaltsverzeichnis zu erschließen sind, wurden nicht ins Register aufgenommen.

Personenregister

»Richtig reisen«: Venedig

Foto-Illustration von Helga Sittl. 312 Seiten mit 46 farbigen und 209 einfarbigen Abbildungen, 12 Karten, 56 Seiten praktischen Reisehinweisen, Register

»In sehr lebendig geschriebenen Kapiteln über Geschichte und Alltag Venedigs werden mit Sachkenntnis so verschiedene Aspekte behandelt wie zum Beispiel die Herstellung von marmoriertem Papier, der Fischmarkt, die Art, wie die Dogen gewählt wurden, oder die Kunstschätze. Darüber hinaus gibt das Buch noch einen Abschnitt über die Brenta und die wichtigsten Inseln in sehr liebevoller Darstellung. Der Band enthält auch viele praktische und konkrete Informationen für den klugen Reisenden. Ein hübsches, intelligentes Buch, das in die Bibliothek jedes Venedig-Kenners und -Liebhabers gehört.«

Frankfurter Allgemeine Zeitung

»Ein unentbehrliches Buch für Venedig-Reiselustige.«

Westfalen Blatt

Venedig

Die Stadt in der Lagune – Kirchen und Paläste, Gondeln und Karneval
Von Thorsten Droste. 392 Seiten mit 37 farbigen und 148 einfarbigen Abbildungen, 104 Karten und Plänen, 18 Seiten praktischen Reisehinweisen, Glossar, Register (DuMont Kunst-Reiseführer)

»Thorsten Droste hat in der herausragenden Reihe des DuMont Buchverlages einen Kunst-Reiseführer über die Stadt in der Lagune verfaßt. Dieser exquisite und mit Fotos gut dokumentierte Führer gibt dem Kunstfreund umfassende Auskunft von der Geschichte der Stadt, über die architektonischen und künstlerischen Glanzstücke bis zu den versteckten Kostbarkeiten, die gerade in Venedig sonder Zahl sind.«

Oberösterreichische Nachrichten

»Richtig reisen«

Die Innenstadt von Triest

1 Bahnhof
2 Museum »Morpurgo«
3 Kirche Sant' Antonio Nuovo
4 Kirche S. Spiridione
5 Palazzo della Borsa
6 Teatro Verdi
7 Palazzo del Governo
8 Palazzo Comunale
9 Römisches Theater
10 Questura
11 Kirche Santa Maria Maggiore und Kirche San Silvestro
12 Arco di Riccardo
13 Fischmarkt
14 Marinemuseum
15 Palazzo Revoltella
16 Museum Sartorio
17 Kastell und Kirche San Giusto
18 Risorgemento-Museum
19 Universität
20 Café »San Marco«
21 Café »Tommaseo«
22 Café »degli Specchi«